Freiberufler für Dummies – Schummelseite

Wie Sie den ersten Schritt in die Selbstständigkeit managen

✔ Mein Job, mein Hobby, meine Talente: Ob Sie sich aus der eigenen Branche, aus Begabung oder aus Leidenschaft für dieses oder jenes heraus selbstständig machen – nahezu alle Wege führen ans Ziel!

✔ Meine Schwächen, meine Stärken: Nehmen Sie sich die Zeit, um zu prüfen und testen, ob Sie ein Freiberufler-Typ sind.

✔ Mein Wissen, meine Recherchen, mein Status: Frei oder nicht frei, das ist rechtlich oft die Frage. Klären Sie frühzeitig, ob der Fiskus Sie als Freiberufler akzeptiert oder nicht.

Was Sie über Ihren Markt, Ihre Kunden und Ihre Konkurrenz wissen sollten

Drei wichtige Fragen zum Markt

1. Wie groß ist Ihr Markt?
2. Welchen Einflussfaktoren unterliegt Ihr Markt?
3. Wie groß ist das Umsatzpotenzial Ihrer Agentur, Ihrer Praxis oder Ihrer Kanzlei?

Drei Fragen zum Kunden

4. Wer könnten Ihre Kunden sein?
5. Wie groß ist Ihre Zielgruppe?
6. Warum sollten Kunden Geld für Ihre Dienstleistung oder Ihr Produkt ausgeben?

Drei Fragen zur Konkurrenz

7. Wie groß ist Ihre Konkurrenz?
8. Wer ist überhaupt ein Konkurrent?
9. Wo liegt Ihr Alleinstellungsmerkmal im Markt?

So funktioniert ein Businessplan

Welche Fakten Ihr Businessplan unbedingt enthalten muss:

✔ Was bieten Sie an?

✔ Wem bieten Sie das an?

✔ Mit welchen Argumenten (USP)?

✔ Zu welchen Konditionen (Preis)?

✔ Wo befindet sich Ihr Büro, Ihre Praxis, Ihre Agentur (Standort)?

✔ Sind Sie allein oder gibt es einen Partner oder ein Team?

✔ Wie organisieren Sie Ihren Alltag?

✔ Welche Ziele verfolgt Ihr Unternehmen (Finanzplanung)?

W0175471

Freiberufler für Dummies – Schummelseite

Alles rund um die Kapitalquellen für Ihren Start als Freiberufler

✔ Der Freiberufler selbst: Spar- und/oder Sacheinlagen

✔ Die 3Fs - Family, Friends and Fools: Eigenkapital und Kredite von Familie, Freunden und Förderern

✔ Die staatliche Förderung: KfW, Arbeitsagenturen und Co

✔ Die Profis für Kredite: die Bankinstitute

✔ Helfer für Freiberufler: Leasing, Kommissionsgeschäfte und Ähnliches

Voraussetzungen für einen erfolgreichen Start als Freiberufler

✔ Im Mittelpunkt steht Ihr Produkt oder Ihre Dienstleistung mit seinen Alleinstellungsmerkmalen)

✔ Ein detaillierter Businessplan gibt Ihnen den Weg im ersten Jahr sowie den kaufmännischen Rahmen vor

✔ Die Corporate Identity – vom Logo bis zum Webauftritt – bestimmt die Außenwirkung Ihres Unternehmens.

✔ Ein kompaktes Versicherungspaket sichert Sie beziehungsweise Ihre Familie vor dem Worst Case ab und ermöglicht es Ihnen, sich auf Ihre Arbeit zu konzentrieren.

Fallen, vor denen sich Freiberufler hüten müssen

✔ Ausruhen, wenn die Auftragsbücher voll sind

✔ Nur auf einen Kunden setzen

✔ Den ganzen Tag im Büro sitzen

✔ Die Konkurrenz missachten

✔ Sich auf bisherige Qualifikationen verlassen

✔ Kundenwünsche nicht berücksichtigenl

✔ Ohne festgelegtes Tagespensum arbeitens

✔ Budgetcheck vernachlässigen

✔ An Ideen und Plänen krampfhaft festhalten

✔ Kritiker ignorieren

Freiberufler für Dummies

Steffi Sammet und Stefan Schwartz

Freiberufler für Dummies

WILEY-VCH Verlag GmbH & Co. KGaA

Bibliografische Information der Deutschen Nationalbibliothek
Die Deutsche Nationalbibliothek verzeichnet diese Publikation
in der Deutschen Nationalbibliografie; detaillierte bibliografische
Daten sind im Internet über http://dnb.d-nb.de abrufbar.

1. Auflage 2011

© 2011 WILEY-VCH Verlag GmbH & Co. KGaA, Weinheim

Wiley, the Wiley logo, Für Dummies, the Dummies Man logo, and related trademarks and trade dress are trademarks
or registered trademarks of John Wiley & Sons, Inc. and/or its affiliates, in the United States and other countries.
Used by permission.

Wiley, die Bezeichnung »Für Dummies«, das Dummies-Mann-Logo und darauf bezogene Gestaltungen sind Marken
oder eingetragene Marken von John Wiley & Sons, Inc., USA, Deutschland und in anderen Ländern.

Das vorliegende Werk wurde sorgfältig erarbeitet. Dennoch übernehmen Autoren und Verlag für die Richtigkeit von
Angaben, Hinweisen und Ratschlägen sowie eventuelle Druckfehler keine Haftung.

Printed in Germany

Gedruckt auf säurefreiem Papier

Projektmanagement und Lektorat Evelyn Boos, Schondorf am Ammersee
Satz Mitterweger und Partner, Plankstadt
Druck und Bindung Media-Print Informationstechnologie GmbH, Paderborn

ISBN: 978-3-527-70654-9

Über die Autoren

Steffi Sammet beschäftigte sich viele Jahre mit den Themen Freiberufler und Existenzgründung – in sicherer Position als Wirtschaftsredakteurin für das Nachrichtenmagazin Focus. Zu ihren weiteren Themengebieten zählten Karriere und Arbeitsmarkt, aber auch Spezialmärkte wie Spielwaren und Sportartikelhersteller. Das Interesse an Adidas, Puma und Co. stammt vor allem aus ihrer Zeit als Leistungssportlerin – Steffi Sammet spielte lange Zeit in der höchsten deutschen Tennis-Liga und gewann mit bayerischen Auswahlmannschaften mehrere deutsche Meisterschaftstitel.

Seit 2005 ist Steffi Sammet erfolgreich ihr eigener Chef. Als freie Autorin betreibt sie ein Medienbüro. 2008 war sie als Korrespondentin in China tätig. Neben Artikeln für Magazine und renommierte Tageszeitungen verfasst die studierte Germanistin unter anderem ausführliche Unternehmensporträts. Außerdem analysiert sie für ihre Kunden Trends in verschiedenen Branchen, um ihnen strategische Entscheidungen zu erleichtern.

»Freiberufler für Dummies« ist Steffi Sammets viertes Buch; neben »Existenzgründung für Dummies« das zweite in der »... für Dummies«-Reihe.

Stefan Schwartz ist seit 2007 Freiberufler und kann jedem nur raten, ebenfalls den Schritt in eine freie Tätigkeit zu wagen. Er berät insbesondere Mittelständler, Unternehmensberater und Private-Equity-Gesellschaften in Kommunikationsfragen und erstellt für diese Texte jeder Art – vom Namensbeitrag in Zeitschriften bis hin zum kompletten Geschäftsbericht. Trotz einer zum Teil hohen Arbeitsbelastung schätzt er die Vorzüge des Freiberuflerlebens sehr; dazu zählt die freie Zeiteinteilung ebenso wie das selbstständige Arbeiten sowie die Chance, sich in neuen Projekten für Kunden ständig weiterzuentwickeln; 2008/2009 lernte er so beispielsweise eine Menge über die Möglichkeiten sozialer Netzwerke.

Das notwendige Rüstzeug für seine heutige Tätigkeit erwarb sich der Volkswirt sieben Jahre lang als Wirtschaftsredakteur beim Nachrichtenmagazin Focus. Im Jahr 2000 gründete er gemeinsam mit einer Kollegin eine Agentur für Finanzkommunikation, die er Ende 2004 erfolgreich verkaufte. Nach zwei Jahren als Angestellter eines großen Agenturnetzwerkes entschloss er sich 2007, in die Selbstständigkeit zurückzukehren – und zwar als Freiberufler

»Freiberufler für Dummies« ist Stefan Schwartz fünftes Buch und das zweite in der »... für Dummies«-Reihe.

Cartoons im Überblick

von Rich Tennant

"Schauen wir mal, ob Sie risikobereit genug sind, um als Freiberufler zu arbeiten. Wie vertraut sind Sie mit der Betreuung von Schlangen?"

Seite 27

"Erstaunlich, er hat geschlagene neun Stunden gebraucht, um seinen Desktop aufzuräumen."

Seite 61

"Wir haben eine ganze Reihe hohler Bäume zur Auswahl. Wie viele Nüsse würden Sie denn gerne investieren?"

Seite 91

"Dies ist durchaus ein besonderer Geschäftsplan, Frau Meier. Es ist der erste seiner Art, dessen Unternehmensleitspruch lautet: ...hält mir Ärger vom Hals'."

Seite 127

"Moment mal, er hat Dir eine Eigentumsversicherung verkauft, für den Fall, dass die Hölle zufriert?"

Seite 203

"So, was zum Teufel wollen Sie mir andrehen?"

Seite 255

Fax: 001-978-546-7747
Internet: www.the5thwave.com
E-Mail: richtennant@the5thwave.com

Inhaltsverzeichnis

Einführung   **21**

    Über dieses Buch   22
    Konventionen in diesem Buch   22
    Was Sie nicht lesen müssen   22
    Törichte Annahmen über den Leser   23
    Wie dieses Buch aufgebaut ist   23
    Teil I: Gute Zeiten für Freiberufler   23
    Teil II: Inspiration, Innovation, Disziplin – was den Freiberufler
        auszeichnen sollte   24
    Teil III: Vom Traum zum ersten Auftrag   24
    Teil IV: Frei arbeiten heißt arbeiten   24
    Teil V: Alles über Zahlen: Umsatz, Steuern, Versicherungen   24
    Teil VI: Der Top-Ten-Teil   24
    Symbole, die in diesem Buch verwendet werden   25
    Wie es weitergeht   25

Teil I
Gute Zeiten für Freiberufler   **27**

Kapitel 1
Ich bin dann mal mein eigener Chef!   **29**

    Die Basis Ihrer Entscheidung   29
        Die Freiheit nehme ich mir!   30
        Der Anfang einer Erfolg versprechenden Idee   30
        Ein lang ersehnter Traum – ok, aber ohne Ziele geht gar nichts!   31
        Freiberufler oder nicht Freiberufler – Das ist jetzt die Frage!   31
    Recherchieren für den Erfolg: Ist mein neuer Weg tatsächlich lukrativ?   32
        Der Markt bestimmt die Nachfrage   32
        Der Kunde bestimmt über Ihren Erfolg   33
        Die Konkurrenz bestimmt die Preise – oder auch nicht!   34
    Pflicht und Kür jedes Freiberuflers   34
        Die Basis: Der Businessplan   35
        Die Fleißarbeit: Von A wie Ausstattung bis Z wie Zeitmanagement   35
    Unentbehrliche Zahlenspiele   36
        Ihr Erfolg schwarz auf weiß   36
        Puffer für den Fiskus   36
        Policen für die eigene Sicherheit   37

Mittendrin statt nur dabei 37
Kritische Kontrolle 38
Fiese Fallen 38

Kapitel 2
Der Siegeszug der Freiberufler 39

Der Abschied vom festen Arbeitsplatz 39
Vorteil Service – Allein dient es sich leichter 41
Der Beginn einer neuen Ära: Das Internet 42
Mehr Freizeit – Eine Mega-Chance für freie Köpfe 43
Vorteil Freiberufler – Noch mehr gute Gründe für den Siegeszug
der freien Experten 43

Kapitel 3
Frei oder nicht frei – Wer gilt eigentlich als Freiberufler? 45

Wen der Staat als Freiberufler akzeptiert 45
Heilkundliche Berufe 46
Freie Kulturberufe 46
Technische und naturwissenschaftliche Berufe 47
Rechts- und wirtschaftsberatende Berufe 47
Katalogberufen ähnliche Berufe 48
Und was bin ich? 50
Freiberufler oder Gewerbetreibender? 50
Freiberufler, freier Mitarbeiter, Freelancer, Pauschalist? 53
Freier Mitarbeiter 55
Pauschalisten 56
Freelancer 56
E-Lancer 56
Wo Freiberuflern Grenzen gesetzt sind 56
Die Sonderstellung der Kammerberufe 57
Die höchstkammerliche Erteilung der Zulassung 57
Beantragung der Eintragung 58
Die Kammer an Ihrer Seite 58
Und noch ein paar Besonderheiten 59
Besser vorsorgen als nachsehen: Versorgungswerke 59
Werben oder nicht werben dürfen – das ist hier die Frage 60

Teil II
Inspiration, Innovation, Disziplin – Was den Freiberufler auszeichnen sollte

Teil II Inspiration, Innovation, Disziplin – Was den Freiberufler auszeichnen sollte **61**

Kapitel 4
Ich bin frei – ein Traum, den fast jeder verwirklichen kann **63**

Beweggründe, frei zu arbeiten	63
Raus aus dem Alltag – rein ins Abenteuer	63
Der frustrierte Arbeitnehmer	64
Der kreative Fantast	65
Der neugierige Experte	66
Der standesbewusste Diplomand	66
Und täglich lockt der Traum	67
Meine Branche, mein Wissen, meine Zukunft	67
Ein Hobby – ein Beruf!	68
Nischen, Ecken, Lücken – Viele günstige Gelegenheiten	69
Was kann ich wirklich gut?	69
Blick über den Gartenzaun	70
Warum nicht mal hier oder mal dort	70
So geht's los	71
Erste Versuche: Jeder fängt mal klein an	71
Engagement für Fortgeschrittene: 400 Euro-Jobs	71
Raus aus dem Job, rein ins eigene Büro	73
Vom Hörsaal in den eigenen Chefsessel	73

Kapitel 5
Schritt für Schritt in die berufliche Freiheit **75**

Das Pflichtprogramm für jeden Freien	75
Ohne Disziplin läuft nichts	77
Freier Mitarbeiter allein zu Haus	78
Worte statt Taten	79
Risikobewusst und (ein bisschen) mutig	79
Her mit der Kohle: Wer den Start in die Selbstständigkeit finanziert	79
Die erste Adresse	80
Die Bank und ich	81
Meine Freunde und ich	81
Der Staat und ich	82
Und so berechnet sich der Gründungszuschuss	83
Die große Sinnfrage: Was will ich?	83
Genügend Geld zum Leben	83
Und noch mehr Geld	84
Leben ohne Stechuhr	85
Vom Beruf zum Lebensstil: Die digitale Bohème	86

Leistung aus Leidenschaft 86
Die Zielvereinbarung mit sich selbst 87
Die Königsdisziplin: Leben mit der Unsicherheit 89

Teil III
Vom Traum zum ersten Auftrag 91

Kapitel 6
Potenziale und Honorare – Die Geheimnisse des Marktes 93

Pure Recherche: So analysieren Sie den Markt im Detail 93
Stagnation oder Expansion: Was verspricht die Branche für die Zukunft? 95
Hören und Sehen: Werden Sie wirklich gebraucht? 96
Reine Zahlenspiele: Die Grundlage Ihrer Existenz 96
Das Geheimnis der marktüblichen Honorare 97
Gebühren, Honorare und Vergütungen per Verordnung 98
Gebührenordnung für Ärzte (GOÄ) 98
Honorarordnung für Architekten und Ingenieure (HOAI) 98
Rechtsanwaltsvergütungsgesetz (RVG) 99
Warum Sie sich keinesfalls zu billig verkaufen dürfen 100

Kapitel 7
Ein Kunde allein ist nicht genug 103

Definieren Sie Ihre potenziellen Kunden 103
Lernen Sie möglichst viel über Ihre potenziellen Kunden 104
Jeder Kunde hat Wünsche – finden Sie heraus, welche! 105
Das erste Mal ist gar nicht so schwer 105
Die Rolle der 3 Fs 106
Einmal Kunde, immer Kunde 107
Viele helfende Hände – Erfolgsfaktor Netzwerk 108
Verführen und binden Sie Ihre Kunden 110
Wachsen Sie an unterschiedlichen Aufgaben 110
Zeigen Sie, warum nur Sie der Richtige sind 111
Eingebunden, aber unabhängig: Wie sich Freie optimal
in Unternehmen integrieren 112
Das Dilemma mit der Scheinselbstständigkeit 113
Warum der Staat Freiberuflern so strenge Auflagen macht 114
Was das für Freiberufler bedeutet 115

Kapitel 8
Die leidige Konkurrenz 117

Wettbewerber erkennen 117

Der größte Konkurrent: Der angestellte Arbeitnehmer 118
Der gesetzte Kontrahent: Der Pauschalist und seine Vorteile 119
Kampf um jeden Auftrag: Wie Freiberufler untereinander konkurrieren 120
Vertrauen ist gut, Planung ist besser 121
Kontern im Konkurrenzkampf 122
Erfolgreiche Projekte und Referenzen sprechen lassen 122
Marketing, Preise, Innovationen – Vielerlei Mittel im Kampf 123

Teil IV
Frei arbeiten heißt arbeiten   127

Kapitel 9
Ohne Plan läuft nichts   129

Am Anfang steht … der Businessplan 129
Bevor es losgeht: Legen Sie Ihre Ziele fest 130
Beschreiben Sie Ihr Geschäftsmodell 132
Erklären Sie Kunde, Markt und Konkurrenz 133
Der Markt macht's 133
Konkurrenz belebt das Geschäft 134
Erläutern Sie Ihre Preisstrategie und Ihre Standortwahl 136
Zeigen Sie Umsatz und Kosten auf 138
Ermitteln Sie Gewinn und Liquidität 141
Businessplan light – Soviel Plan muss mindestens sein 143
Der rote Faden für die Zukunft 143
Ob Krise oder Boom – Ein Kontrollblick lohnt sich immer 144
Andere Fakten – andere Meinung: Warum Korrekturen
am Businessplan erlaubt sind 144

Kapitel 10
Fleißarbeit ist Pflicht   147

Nomen est omen: Die Namenswahl 147
Firma oder nicht – Das ist die nächste Frage 149
Der Wissensdurst der Behörden 150
Was das Gewerbeamt wissen will 150
Ab dem ersten Tag dabei: Das Finanzamt 151
Das Arbeitsamt braucht nur, wer Arbeit schafft 152
Wer Gewerbe treibt, wird verkammert 152
… und der klassische Freiberufler auch! 153
Großes Tamtam für den eigenen Auftritt 153
Der digitale Schlüssel zum Erfolg: Die eigene Website 153
Ein Internetauftritt reicht nicht – Soziale Netzwerke im Web 155
Jede Menge Auswahl 156

Der professionelle Auftritt aus einem Guss 157
Gebe mir die Ehre: Visitenkarten 157
Wer schreibt, bleibt: Briefpapier 158
Das schönste Dokument: Die Rechnung 158
Was sonst noch denkbar ist: Mit Druckerzeugnissen auf Kundenfang 158
Vorsicht Falle: Einschränkungen bei der Werbung 159

Kapitel 11
Planung ist das halbe Leben 161

Der Tag hat 24 Stunden: Wann mache ich was? 161
Gewusst wie: So planen Sie Ihren Tag 161
Die besten Hilfsmittel für Ihre Tagesplanung 162
Und noch mehr Zeitmanagement: Die Wochenplanung 163
Zwei hohe Künste: Negieren und Delegieren 164
Sagen Sie Nein 164
Spezialaufgaben für Spezialisten 165
Work-Life-Balance: Auf der Suche nach dem heiligen Gral 166

Kapitel 12
Das eigene Büro – Kein Ort für Stubenhocker 169

Der Standort Ihres Arbeitsplatzes 169
Mein Heim ist mein Büro 169
Mieter oder Untermieter: Wenn Sie auswärts arbeiten 171
Die Ausstattung Ihres Arbeitsplatzes 173
Die Technik: Immer im Netz und (fast) immer erreichbar 173
Das Mobiliar: Ihr Rücken arbeitet mit 175
Daheim und doch unterwegs: Die Kunst des virtuellen Netzwerkens 175
Nutzen Sie soziale Netzwerke 176
Der Brief lebt: Andere Formen virtuellen Netzwerkens 177
Raus aus dem Büro: Netzwerken im richtigen Leben 178
Von Mittagessen und Happy Hours 178
Von Rotariern und anderen geschlossenen Zirkeln 179
Von Innungen und Verbänden 179

Kapitel 13
Die eigene Praxis oder Kanzlei – Das kleine Einmaleins
für klassische Freiberufler 181

Die ideale Finanzierung für einen perfekten Start 181
Wo erhalte ich Startkapital? 183
Worauf muss ich bei einem Kredit achten? 184
Und so klappt's mit den Finanzen 185
Der erste Mitarbeiter – Auf dem Weg zum Unternehmer 185
So finden Sie den richtigen Mitarbeiter 187

Wo Sie nach den richtigen Mitarbeitern Ausschau halten 188
Was als Chef mit Mitarbeitern alles auf Sie zukommt 188

Kapitel 14
Gemeinsam stark – Wie Freiberufler große Projekte stemmen **191**

Die Kunst des Projektmanagements – die Bewältigung von Großaufträgen 191
In kleinen Schritten zu großen Aufträgen 192
Werkzeuge für den Arbeitsalltag 192
Die hohe Kunst des Projektmanagements: Die Arbeit im Team 194
Planung ist gut, Kontrolle ist besser 194
Projektmanagement: Eine Wissenschaft für sich 195
Mehr Power ohne feste Bindung: Partnerschaften für Freiberufler 196
Studenten und Aushilfen richtig einsetzen 198
Projekt Unternehmen: Was Freiberufler als Arbeitgeber beachten müssen 200

Teil V
Alles über Zahlen: Umsatz, Steuern, Versicherungen **203**

Kapitel 15
Der Werkzeugkasten für den finanziellen Erfolg **205**

Haben oder nicht haben: Soll-Ist-Vergleich 206
Was am Ende übrig bleibt: Hilfsmittel zur Erfolgskontrolle 207
Einnahmen-Überschuss-Rechnung 209
Gewinn-und-Verlust-Rechnung 209
Manch einer muss Bilanz ziehen 210
Wie Bares fließt: Der Cashflow 212
Wo bleibt eigentlich mein Geld? – Der private Haushaltsplan 213
Strenger als jeder Bankangestellte: Die Sicherheitskontrolle 215
BWA: Betriebswirtschaftliche Auswertung 215
Wie Sie erfolgreich Ihre Forderungen eintreiben 217
Ich will ja nicht drängeln, aber … 218
Kein Zahlungseingang? Auf ein Wiedersehen vor Gericht! 219
Nur drei Schritte bis zur Pfändung 221
Wenn's nicht rund läuft: Der finanzielle Engpass 221
Welche Ausgaben sind überflüssig? 221
Reicht der Notgroschen? 223

Kapitel 16
Wenn der Fiskus die Hand aufhält **225**

Wo der Fiskus zuschlägt 225
Die Last der Einkommensteuer 225

Die Lust der Betriebsausgaben 226
Immer auf Achse – und der Fiskus ist immer dabei 227
Wenn der Fiskus Miete zahlt 227
Netzwerken und Steuern sparen 228
Große Anschaffungen über Jahre abschreiben 229
Einnahmen minus Ausgaben: Die persönliche Steuererklärung 229
Die Krux der Vorauszahlung 231
19 Prozent für Vater Staat: Die Umsatzsteuer 231
Eine Steuer als durchlaufender Posten 232
Die angenehme Seite: Der Vorsteuerabzug 233
Immer wieder Zahltag 234
Virtuell oder persönlich: Hier finden Sie Unterstützung 234
Per Mausklick zum Finanzamt 234
Steuerprogramme erleichtern das Leben 235
Ein Partner fürs (Freiberufler-)Leben: Der Steuerberater 237

Kapitel 17
Lieber auf Nummer sicher gehen

239

Was für die gesetzliche Versicherung spricht 240
Und was private Versicherer bieten 241
Krank für den Rest des Lebens – Die Berufsunfähigkeit 242
Ein Leben nach dem Beruf – Die Altersvorsorge 244
Eine Versicherung für Ihr Leben 247
Glücklich, wer Künstler ist 248
Wie werde ich Mitglied in der KSK? 248
Wie hoch ist mein monatlicher Beitrag? 249
Manchmal freiwillig, manchmal nicht – Was Genossenschaften und Versor-
gungswerke fordern 250
Unter Genossen 250
Rente vom Versorgungswerk 252
Und wenn es im Job schief läuft – die Berufshaftpflicht 253

Teil VI
Der Top-Ten-Teil

255

Kapitel 18
Zehn Punkte, die Freiberufler beachten müssen

257

Prüfen Sie Ihre Arbeitsqualität 257
Achten Sie auf ein spannendes, ausgewogenes Kundenportfolio 258
Halten Sie engen Kontakt zu Ihren Kunden 260
Beobachten Sie den Markt und reagieren Sie auf Veränderungen 261
Kontrollieren Sie, ob Sie Ihre Ziele erreichen 262

Legen Sie schöpferische Pausen ein   263
Suchen Sie immer wieder neue Herausforderungen   264
Bleiben Sie im Gespräch   264
Behalten Sie alle wesentlichen Zahlen im Blick   265
Nehmen Sie rechtzeitig Partner ins Boot   265

Kapitel 19
Zehn Fallen, vor denen Freiberufler sich hüten müssen   **267**

Selbstzufriedenheit: Ausruhen, wenn die Auftragsbücher voll sind   267
Abhängigkeit: Nur auf einen Kunden setzen   268
Bequemlichkeit: Den ganzen Tag im Büro sitzen   268
Überheblichkeit: Konkurrenz missachten   269
Passivität: Sich auf die bisherigen Qualifikationen verlassen   270
Ignoranz: Kundenwünsche nicht berücksichtigen   270
Disziplinlosigkeit: Ohne festgelegtes Tagespensum arbeiten   271
Sorglosigkeit: Budgetcheck vernachlässigen   271
Sturheit: An Ideen und Plänen krampfhaft festhalten   272
Taubheit: Kritiker ignorieren   272

Kapitel 20
Die zehn wichtigsten Internetadressen für Freiberufler   **275**

www.freie-berufe.de   275
www.ifb-gruendung.de   276
www.kfw.de   276
www.gruendungsstarter.de   276
www.foerderdatenbank.de   277
www.softwarepaket.de   278
www.ihk.de   279
www.foerderland.de   279
www.xing.de   279
www.123recht.net   280

Stichwortverzeichnis   **281**

Einführung

Wie oft haben Sie schon mit Ihrer Familie oder Ihren Freunden abends bei einer guten Flasche Rotwein darüber philosophiert, wie es wohl wäre, sich als Freiberufler selbstständig zu machen? Möglicherweise schlummert die Idee aber auch schon seit Jahren unausgesprochen in Ihrem Inneren oder aber Sie hatten erst vor Kurzem die Eingebung, vielleicht Ihr eigener Chef zu werden.

Ganz egal, wie lang Sie sich schon damit beschäftigen, Ihr Glück als Freiberufler oder klassisches Ein-Mann-Unternehmen zu versuchen: Dieses Buch wird Ihnen helfen, Ihre beruflichen Träume zu verwirklichen.

Vor lauter Euphorie, möglicherweise bald nicht mehr in das alte, muffige Büro gehen oder nie mehr die cholerischen Wutanfälle Ihres Vorgesetzten ertragen zu müssen, sollten Sie jedoch nicht vergessen, sich tatsächlich bewusst zu machen, was es bedeutet, Freiberufler zu sein. Es werden immer wieder neue Herausforderungen, harte Arbeit und schwierige Themen auf Sie zukommen. Denn wer sein eigener Chef sein will, muss

✔ detaillierte Fachkenntnisse mitbringen

✔ Organisationstalent besitzen

✔ Disziplin haben

✔ Zeitmanagement betreiben

✔ Netzwerke pflegen

✔ Werbung machen

✔ Rechtsfragen meistern

✔ Strategien entwickeln

✔ Konflikte bewältigen

Falls Sie sich jetzt zweifelnd fragen, ob Sie tatsächlich so ein Tausendsassa sind, lesen Sie erst dieses Buch, bevor Sie sich eine Antwort geben. Denn zu all diesen Herausforderungen finden Sie hier viele wertvolle Tipps, Hinweise und Checklisten. Beispiele von erfolgreichen Freiberuflern zeigen Ihnen, welche Schritte wichtig sind und worauf Sie als Selbstständiger unbedingt achten müssen.

Nach der Lektüre dieses Buches werden Sie sich bestimmt keine Sorgen mehr machen, ob Sie all diese Aufgaben meistern können; nach dieser Lektüre werden Sie gar keine Zeit mehr haben, Zweifel zu hegen; nach dieser Lektüre werden Sie sich nämlich umgehend daran machen, Ihren Traum von der Selbstständigkeit schnellstmöglich in die Tat umzusetzen.

Alle Checklisten aus dem Buch sowie eine Reihe von Musterverträgen finden Sie als Download im Internet unter http://www.wiley-vch.de/publish/dt/books/ISBN978-3-527-70654-9. Sie liegen im Word-Format vor, so dass Sie sie ganz einfach abwandeln können, wenn Sie mögen.

Über dieses Buch

Auf seinen mehr als 300 Seiten informiert Sie *Freiberufler für Dummies* über alles Wissenswerte rund um das Thema Freiberufler und freiberufliches Ein-Mann-Unternehmen: Sie erfahren, welche Vorteile es bringt, selbstständig zu sein und wie Ihnen der Start in die berufliche Freiheit glückt. Am Ende des Buches wissen Sie, wie Sie Markt und Kunden analysieren, welche Daten und Fakten für Sie unverzichtbar sind und wie Sie sich und Ihre Familie vor Rückschlägen im Job finanziell absichern.

Natürlich enthält das Buch viele Informationen, die Sie bereits kennen. An der einen oder anderen Stelle stoßen Sie aber bestimmt auf Hinweise oder Tipps, mit denen Sie sich noch nicht beschäftigt haben. Möglicherweise helfen Ihnen auch die Beispiele von erfolgreichen Freiberuflern, den idealen Weg zu finden beziehungsweise klassische Anfängerfehler zu vermeiden.

Freiberufler für Dummies hilft Ihnen aber auch dann weiter, wenn Sie schon längst im Alltagsstress Ihrer eigenen Werbeagentur oder Schreinerwerkstatt den Überblick zu verlieren oder als Anwalt zwischen Aktenbergen zu versinken drohen. In solchen Fällen sind beispielsweise die Tipps für ein striktes Zeitmanagement oder ein funktionierendes Ablagesystem in der Praxis sehr nützlich.

Konventionen in diesem Buch

In seinem *Zauberberg* hat Thomas Mann über Hunderte von Seiten Buchstabe an Buchstabe gereiht: Zwischenüberschriften, Hervorhebungen oder gar Symbole waren dem Literaten fremd. Damit Sie sich in diesem Buch leichter zurechtfinden als im *Zauberberg*, finden Sie wie in allen anderen *Für Dummies*-Büchern bestimmte Konventionen:

✔ **Fettdruck** wird verwendet, um die wichtigen Elemente bei Schritt-für-Schritt-Anleitungen oder Aufzählungen hervorzuheben.

✔ *Kursiv* werden neue Wörter oder Begriffe geschrieben.

✔ `In dieser Schriftart` werden Internetadressen und Formeln dargestellt.

Was Sie nicht lesen müssen

In unregelmäßigen Abständen finden Sie in diesem Buch grau hinterlegte Textkästen. Die können Sie ebenso überspringen wie die Passagen, die Ihnen möglicherweise nichts Neues bieten. Sie müssen *Freiberufler für Dummies* keinesfalls von A bis Z durcharbeiten – Sie können ungehindert an jeder erdenklichen Stelle des Buches ein– und wieder aussteigen.

Törichte Annahmen über den Leser

Wir wissen nicht, ob Sie eine Vorliebe für schwarze, schnelle Autos oder großräumige Vans haben. Natürlich wissen wir auch nicht, ob Sie gern in die Oper oder lieber auf ein Heavy-Metal-Konzert gehen. Wir tappen also ziemlich im Dunkeln, sind uns aber dennoch sicher, ein paar wesentliche Gedanken, die Sie derzeit beschäftigen, zu kennen:

✔ Sie überlegen, sich als Freiberufler selbstständig zu machen, um Ihr eigener Chef zu werden.

✔ Sie wollen sich über alles Wesentliche und Wissenswerte dazu informieren.

✔ Sie möchten erfahren, welche Hilfsmittel und Strategien Selbstständigen helfen, den Sprung in die berufliche Unabhängigkeit zu meistern.

✔ Sie wollen nichts dem Zufall überlassen und sammeln Wissen über den klassischen Alltag eines Freiberuflers.

Sie nicken? Prima! Dann haben wir Ihre Situation ja genau richtig eingeschätzt. Um Ihnen den Schritt in die Freiberuflichkeit zu erleichtern, haben wir alle wichtigen Informationen für Sie gesammelt und aufbereitet. Auch wenn wir Ihnen den Erfolg als Freiberufler nicht garantieren können – mit dem Rüstzeug, das wir Ihnen bieten, sind Sie bestens für Ihre beruflichen Pläne präpariert.

Wie dieses Buch aufgebaut ist

Freiberufler für Dummies besteht aus sechs Teilen. Je nachdem, wie intensiv Sie sich schon mit dem Thema Freiberufler beschäftigt haben, können einige Kapitel für Sie wichtiger als andere sein. Eine feste Reihenfolge müssen Sie beim Lesen ja ohnehin nicht einhalten.

Teil I: Gute Zeiten für Freiberufler

Zur richtigen Zeit am richtigen Ort: Wer derzeit darüber nachdenkt, sich als Freiberufler selbstständig zu machen, kann den Zeitpunkt fast nicht besser erwischen. Der Vormarsch des Internets, aber auch der nachhaltige Trend in Deutschlands Unternehmen, Arbeiten und Dienstleistungen extern erledigen zu lassen, schafft eine ideale Plattform für selbstständige Freiberufler. Teil I von *Freiberufler für Dummies* gibt Ihnen einen ersten Überblick über die wesentlichen Aspekte der Selbstständigkeit, informiert Sie über den Abschied vom festen Arbeitsplatz und den Siegeszug der Freiberufler und klärt natürlich auch die Frage, wen der Staat überhaupt als Freiberufler akzeptiert.

Teil II: Inspiration, Innovation, Disziplin – was den Freiberufler auszeichnen sollte

Um erfolgreich ihr eigener Chef zu werden, müssen Freiberufler eine gewisse Persönlichkeit und bestimmte Qualitäten mitbringen. In Teil II erfahren Sie, welche Besonderheiten Sie auszeichnen sollten, wenn Sie sich selbstständig machen wollen. Zugleich zeigt Ihnen Teil II auch all die Wege, auf denen Sie Ihren Traum von der Selbstständigkeit verwirklichen können. Aber auch über Zielsetzungen und Pflichten eines Freiberuflers finden sich viele wertvolle Informationen in Teil II.

Teil III: Vom Traum zum ersten Auftrag

Wer als Freiberufler sein Geld verdienen will, muss sich detailliert mit seinem Markt, seinen Kunden und seinen Konkurrenten auseinandersetzen. Um den erhofften Erfolg zu erzielen, sollten Freiberufler ihre Stärken betonen und im Konkurrenzkampf kontern können. Beachten Freiberufler einige wesentliche Grundregeln in all diesen Bereichen, wird der erste lukrative Auftrag nicht lange auf sich warten lassen.

Teil IV: Frei arbeiten heißt arbeiten

Die Basis für den Erfolg eines Freiberuflers liefert der Businessplan. Weithin gilt: Ihre Geschäftsidee ist nur so gut wie Ihr Businessplan. Er legt den roten Faden für Ihren zukünftigen beruflichen Erfolg fest. Teil IV zeigt Ihnen auch, welche Fleißarbeiten Sie erledigen müssen, ehe Sie als eigener Chef Geld verdienen – vom Aufbau der eigenen Internetseite bis hin zu einem effektiven Zeitmanagement, das es Ihnen ermöglicht, alle anfallenden Aufgaben perfekt zu erledigen. Und außerdem zeigen wir Ihnen, warum klassische Freiberufler wie Ärzte auch als Manager gefordert sind, wenn sie eine Praxis eröffnen.

Teil V: Alles über Zahlen: Umsatz, Steuern, Versicherungen

In diesem Teil erfahren Sie, wie Sie den Überblick über alle wesentlichen Zahlen und Fakten Ihres Unternehmens bewahren. Von wichtigen Kontrollinstrumenten für Ihre Finanzen über die Forderungen des Fiskus bis hin zur idealen Absicherung finden Sie in Teil V viele wichtige und informative Details.

Teil VI: Der Top-Ten-Teil

In Teil VI haben wir für Sie alle Hinweise, Tipps und Stolperfallen zusammengestellt, die Sie als Freiberufler berücksichtigen sollten. Hier dreht sich alles um Ihr kleines, selbstständiges

Unternehmen. Diesen Teil lesen Sie am besten immer dann, wenn Sie das Gefühl haben, sich zu verzetteln und wieder den Überblick gewinnen wollen.

Symbole, die in diesem Buch verwendet werden

Neben dem Text finden Sie ab und zu Symbole, die Folgendes bedeuten:

 Dieses Symbol kennzeichnet Tipps, mit denen Sie Ihr Unternehmen voranbringen.

 Dieses Symbol soll Ihre Aufmerksamkeit auf Beispiele aus der Praxis lenken.

 Vorsicht: Sie können sich die Finger verbrennen, wenn Sie die Warnung nicht beachten.

 Diese Tipps sollten Sie stets im Hinterkopf behalten.

 Texte mit diesem Zeichen bringen Sie zum Schmunzeln, enthalten aber auch wertvolle Tipps für die Praxis.

 Checklisten, Musterverträge etc., die Sie im Internet als Download finden, sind so gekennzeichnet.

Wie es weitergeht

Da wir nicht wissen, welche Informationen Ihnen rund um das Thema Freiberufler bereits zur Verfügung stehen, können wir Ihnen natürlich nicht sagen, wie und wo Sie am besten anfangen, *Freiberufler für Dummies* zu lesen. Wir raten Ihnen jedoch, sich Zeit zu nehmen und das Buch in aller Ruhe durchzublättern. Bestimmt finden Sie dann schon ein oder zwei Kapitel, die Sie besonders interessieren. Möglicherweise wollen Sie aber Ihr Wissen, das Sie bereits haben, vertiefen und lesen ein Kapitel zu diesem Themenbereich. Ganz Wagemutige starten nicht irgendwo in der Mitte, sondern fangen tatsächlich am Anfang an ...

Um sich ideal zu orientieren beziehungsweise die für Sie interessanten Kapitel zu finden, sollten Sie das Inhaltverzeichnis nicht vergessen. Eine weitere hilfreiche Stütze ist der Index, mit dem Sie ebenfalls schnell bestimmte Themen oder Stichworte entdecken können.

Teil I

Gute Zeiten für Freiberufler

The 5th Wave — By Rich Tennant

»Schauen wir mal, ob Sie risikobereit genug sind, um als Freiberufler zu arbeiten. Wie vertraut sind Sie mit der Betreuung von Schlangen?«

In diesem Teil ...

Den Traum, ihr eigener Chef zu werden, haben in Deutschland Hunderttausende. In diesem Teil geben wir Ihnen zunächst einen Überblick über alle Aspekte der Selbstständigkeit, also sozusagen eine Zusammenfassung dessen, was Sie im Verlauf des Buches detailliert erfahren werden. Zugleich zeigen wir Ihnen, warum Sie gerade jetzt beste Voraussetzungen vorfinden, um als Freiberufler Ihr Glück zu versuchen – auch wenn nach wie vor ein wenig Mut dazu gehört. Zugleich erfahren Sie in Teil I, wen der Staat eigentlich als Freiberufler akzeptiert und wo selbst eigenen Chefs bindende Grenzen gesetzt sind.

Ich bin dann mal mein eigener Chef!

In diesem Kapitel

▷ Ein erster Überblick über das Dasein als Freiberufler

▷ Schritt für Schritt sein eigener Chef werden

▷ Was Ihnen dieses Buch bietet

Wohin man auch schaut, es gibt sie überall: die Freiberufler! Ob selbstständig tätige Krankenpfleger, Apotheker, Grafiker, Steuerberater oder Ärzte – auch Sie haben in Ihrem Leben bestimmt immer wieder Kontakt mit freiberuflichen Dienstleistern und Beratern. Und denken Sie einmal nach, wer in Ihrem Umfeld sein berufliches Glück als Freiberufler macht!

Sie alle haben vermutlich klein angefangen – so wie Sie jetzt! Um sich früher oder später beruflich ebenso erfolgreich wie Ihr Anwalt oder Ihr Fitnesscoach zu etablieren, sollten Sie sich sowohl für den Start als auch für Ihr zukünftiges Leben als Freiberufler ideal vorbereiten – und dabei hilft Ihnen *Freiberufler für Dummies*. Das Buch könnte in Zukunft Ihr täglicher Begleiter, Ihr kritischer Berater und auch Ihr tröstender Seelsorger werden, wenn es gerade mal nicht rund läuft.

Dieses erste Kapitel zeigt Ihnen, wie Sie Ihre Pläne als Freiberufler Schritt für Schritt realisieren. Sie lernen, dass Sie erst

✔ eine Geschäftsidee/ein Geschäftsmodell brauchen

✔ anschließend Marktforschung betreiben müssen

✔ dann einen detaillierten Businessplan benötigen

✔ und Ihren Arbeitsalltag strukturieren sollten

Wenn Sie sich nach der Lektüre dieses Kapitels fragen, ob dies alles wirklich notwendig beziehungsweise ein Garant für den beruflichen Erfolg ist oder gleich vor den scheinbar unzähligen Aufgaben kapituliert, sollten Sie sich die vielen Vorteile bewusst machen, die ein Freiberufler genießt – wenn er denn seine Träume realisiert: Die Liste reicht je nach Neigung und Laune von A wie »auf eigene Rechnung« bis Z wie »Zeiteinteilung nach eigenem Gusto«.

Die Basis Ihrer Entscheidung

In Deutschland gibt es schätzungsweise zwei Millionen Freiberufler – und die Zahl wächst von Jahr zu Jahr. Allein dieser Trend zeigt, dass es offensichtlich viele gute Gründe gibt, warum Menschen sich selbstständig machen und als Freiberufler ihren eigenen Weg gehen wollen. Und keine Sorge, Sie müssen dafür nicht einmal das Rad neu erfinden.

Die Freiheit nehme ich mir!

In Deutschland ist es längst nicht mehr üblich, über Jahrzehnte hinweg an ein und demselben Arbeitsplatz für einen Arbeitgeber zu malochen. Die Lebensläufe vieler Berufstätiger lesen sich inzwischen wie ein spannender Roman, der an vier, fünf oder sechs verschiedenen Orten spielt. Auch die Vielfältigkeit der Aufgaben nimmt deutlich zu.

Der Schritt vom gesicherten Angestelltenverhältnis zum Freiberufler ist daher oft auch gar nicht mehr weit. Dennoch lassen sich nach wie vor ganz typische Entscheidungsfaktoren für die freiberufliche Selbstständigkeit finden. Sie wollen freiberuflich arbeiten, weil

✔ Ihre Geschäftsidee vielversprechend ist

✔ Sie Ihre bisherigen beruflichen Erfahrungen endlich voll ausschöpfen wollen

✔ Sie Ihr eigener Chef sein wollen

✔ Sie Ihren Chef satt haben

✔ Ihr Job Sie langweilt

✔ Sie Ihre Zeit frei einteilen wollen

✔ Ihr Job bald wegrationalisiert werden wird

✔ Ihr Job keine Perspektiven bietet

Wir behaupten keinesfalls, dass wir alle Gründe genannt haben, die Sie in die Freiberuflichkeit locken. Letztendlich belegen aber auch Umfragen immer wieder, dass es vor allem drei Argumente sind, die Menschen antreiben, frei zu arbeiten:

1. Die Chance, eigenverantwortlich und selbstständig zu handeln

2. Die Chance, seine Zeit nahezu selbstbestimmt einteilen zu können

3. Die Chance, jederzeit neue Herausforderungen zu finden

Der Anfang einer Erfolg versprechenden Idee

Mag sein, dass es am Anfang nur ein Hirngespinst war. Möglicherweise war Ihre Geschäftsidee aber auch ein Traum, dem Sie seit Jahren nachhängen. Oder Sie sind erst gestern durch die Fußgängerzone Ihrer Stadt gelaufen und dabei ist Ihnen die perfekte Idee für Ihre Selbstständigkeit gekommen. Wie und wann Sie auf Ihre Geschäftsidee gestoßen sind, ist völlig unerheblich.

Unter Umständen haben Sie aber noch gar keine Idee, sondern suchen händeringend nach einem guten Einfall – und das, obwohl Sie sich unbedingt als Freiberufler selbstständig machen wollen, um endlich Ihre Arbeitszeit frei einteilen zu können. Vielleicht hatten Sie bisher einfach nicht die Ruhe und Muße über potenzielle Ideen nachzudenken; nehmen Sie sich also ein wenig Zeit und überlegen Sie,

✔ welche Talente Sie auszeichnen

✔ wann Sie das letzte Mal gedacht haben, dieses oder jenes müsste man besser machen

✔ welche Serviceleistung oder welches Angebot aus Ihrem Umfeld Sie begeistert

✔ welche witzige, unterhaltsame oder hilfreiche Dienstleistung Sie während Ihres letzten Urlaubs genutzt haben

 Bestimmt gibt es noch jede Menge weitere Ansätze, um auf eine passende Geschäftsidee zu kommen. Möglicherweise können Sie sich all diese Arbeit aber auch sparen: Prüfen Sie doch mal die vorhandenen Angebote am Markt. Vielleicht sind Sie ja Physiotherapeut und in Ihrer Stadt gibt es nur ein oder zwei Anlaufstellen für Rückenleidende? Oder Sie sind Ingenieur und ein Blick ins Branchenbuch zeigt Ihnen, dass es in Ihrer Region an beratenden Ingenieuren mangelt? Manchmal reicht es auch, einfach nur zu registrieren, was sich gerade um einen herum tut.

Ein lang ersehnter Traum – ok, aber ohne Ziele geht gar nichts!

Vom DAX-Konzern bis zum Ein-Mann-Betrieb: Alle Unternehmen, gleich welcher Größenordnung, verfolgen bestimmte Ziele für ihr Geschäft:

✔ Steigerung des Umsatzes

✔ Steigerung des Gewinns

✔ Europa- oder weltweite Expansion

✔ Erhöhung des Bekanntheitsgrads

✔ Verbesserung der Produkte

✔ Maßgeschneiderte Beratung

✔ Erweiterung des Kundenportfolios

Und, und, und … – die Liste könnten wir beliebig fortsetzen. Was für Betriebe aller Art gängig ist, gilt auch für Freiberufler. Ob freiberuflich tätiger Anwalt, Journalist oder Unternehmensberater: Wer sich seinen Traum vom Freiberuflerdasein erfüllt, sollte immer Ziele für sein Geschäft festlegen – die ganz oder teilweise mit den Zielen großer Unternehmen identisch sein können. In jedem Fall sollten Sie darauf achten, dass Ihre Ziele ehrgeizig sind, gleichzeitig aber erreichbar bleiben, sonst droht schnell Frust!

Freiberufler oder nicht Freiberufler – Das ist jetzt die Frage!

Wenn Sie eine spruchreife Idee realisieren wollen, gilt es weitere Hausaufgaben zu erledigen: Sie stehen vor der großen Aufgabe herauszufinden, ob Sie der Gesetzgeber als Freiberufler akzeptiert oder nicht. Um diese – zugegeben oft äußerst knifflige Frage – zu beantworten, können Sie komplizierte Gesetzestexte wälzen oder seitenlange Listen mit Berufsbezeichnungen durchwühlen. Wertvolle Informationen finden Sie allerdings auch

✔ im Internet

✔ in der Fachliteratur

✔ bei Fachverbänden

✔ im Kapitel 3 dieses Buches

Und warum das Ganze? Nun, als Freiberufler müssen Sie keine Gewerbesteuer bezahlen und das macht ein Geschäftsmodell als freiberuflich Selbstständiger sehr attraktiv.

Recherchieren für den Erfolg: Ist mein neuer Weg tatsächlich lukrativ?

Klar, Sie schweben auf Wolke sieben, weil die Realisierung Ihres beruflichen Traums in greifbarer Nähe ist: endlich frei und ungebunden! Allerdings stehen Sie jetzt auch vor einem wahren Härtetest: Wie ein Bergsteiger, der nach dem langweiligen Forstweg vor dem Einstieg in die Steilwand steht, müssen Sie prüfen, was Ihre Idee in der Praxis tatsächlich taugt. Dabei ist es wichtig, dass Sie sich dazu zwingen, diese Frage so ehrlich wie möglich zu beantworten – selbst wenn das Ergebnis bitter sein sollte! Wer zuviel riskiert, zahlt spätestens bei der Umsetzung seiner Idee in die Praxis bitteres Lehrgeld. Zum Trost: Ein sicherheitsbewusster Bergsteiger dreht auch um, wenn auf seiner Route ein Gewitter aufzieht.

Der Markt bestimmt die Nachfrage

Sie könnten an dieser Stelle jetzt muntere Zahlenspielchen treiben: In Deutschland leben etwa 80 Millionen Menschen, die in Summe weit mehr als zwei Billionen Euro erwirtschaften. Wenn Sie davon nur ein Millionstel erwischen würden, hätten Sie einen Umsatz von zwei Millionen Euro!

Klingt toll, doch leider sind Milchmädchenrechnungen dieser Art für die Analyse Ihres Marktes völlig untauglich. Vielmehr müssen Sie sich darauf konzentrieren, welche schlüssigen Daten über Ihren Markt präsentiert werden. Hierbei unterscheidet man

✔ die primäre Marktforschung

✔ die sekundäre Marktforschung

Hinter der hochtrabenden Bezeichnung *primäre Marktforschung* verstecken sich traditionelle und altbekannte Methoden wie

✔ Kundenbefragungen

✔ Kundenmeinungen

✔ Kundenanalysen

Die *sekundäre Marktforschung* dagegen befasst sich mit der Auswertung von Datenmaterial aus bestehenden Quellen. Um an diese Ergebnisse zu kommen, gibt es in Deutschland ein paar perfekte Anlaufstellen:

✔ die Kammern und Innungen Ihrer Branche

✔ die Arbeitgeber- und Branchenverbände Ihrer Branche

✔ die Statistischen Landesämter

✔ das Statistische Bundesamt

✔ örtliche Medien

✔ örtliche Finanzinstitute

Wer mit seiner Ausbeute jetzt immer noch nicht glücklich ist, kann sein Glück im Internet versuchen. Hier tummelt sich inzwischen eine Vielzahl an kleineren und größeren Anbietern von Datenmaterial, die oft gute und aussagekräftige Informationen bieten.

Mehr zur Marktforschung finden Sie in Kapitel 6.

Der Kunde bestimmt über Ihren Erfolg

Klar, Sie machen sich als Freiberufler möglicherweise selbstständig, weil Sie Ihre Zeit frei einteilen, über die Art und Weise Ihrer Arbeitsabläufe selbst entscheiden oder partout Ihr eigener Chef sein wollen. Eines dürfen Sie angesichts all dieser Verlockungen dennoch nicht vergessen: Der Kunde ist König!

Damit stehen Sie vor zwei Herausforderungen:

1. Wie finde ich potenzielle Kunden?

2. Wie binde ich sie an mich?

   Sie sollten Ihre Gedanken stets um Ihre Kunden kreisen lassen und sich immer fragen: Warum könnten potenzielle Kunden bereit sein, Geld auszugeben, um mir oder meiner Firma einen Auftrag zu erteilen? Um diese Schlüsselfrage, die für den Erfolg Ihrer Kanzlei, Ihrer Agentur oder Ihrer Praxis entscheidend ist, zu beantworten, müssen Sie sich noch ein paar weitere Fragen stellen:

3. Was mache nur ich?

4. Was mache ich besser als meine Wettbewerber?

5. Was unterscheidet mich von meiner Konkurrenz?

 Die Antworten auf diese Fragen fallen Ihnen leicht, wenn Sie eine *Unique Selling Proposition (USP)* haben. Unique steht für einzigartig, Selling fürs Verkaufen und Proposition für die Aufstellung Ihres Betriebs, Ihres Geschäftsmodells. Sprich: Sobald es Ihnen gelingt, sich von Ihrer Konkurrenz abzuheben und Ihren Kunden zu zeigen, warum er bei Ihnen perfekt aufgehoben ist, haben Sie eine ideale Basis dafür geschaffen, dass die Ausgaben Ihrer Kunden in Ihre Kasse fließen.

Kapitel 7 beschäftigt sich mit der Kundengewinnung und -bindung.

Die Konkurrenz bestimmt die Preise – oder auch nicht!

Viele Freiberufler finden Nischen, in denen es kaum Konkurrenten zu geben scheint: Da sucht ein Unternehmen einen freiberuflichen Ingenieur, der über sein Metier lesbare Texte schreiben kann. Dort benötigt ein Investor-Relations-Manager einen erfahrenen Berater, um nicht betriebsblind zu werden. Und ganz woanders kommt eine Frau auf die Idee, im eigenen Dorf ein Yoga-Studio zu eröffnen, anstatt tagtäglich in die Stadt zu pendeln, um dort als angestellte Yoga-Lehrerin zu arbeiten.

Doch selbst, wenn Sie den Vorteil genießen, vor Ort konkurrenzlos zu bleiben, müssen Sie sich immer wieder mit Ihren Konkurrenten auseinandersetzen. Und an dieser Stelle taucht dann auch schon die erste wesentliche Frage auf: Wer ist denn überhaupt ein Wettbewerber? Um Ihre Konkurrenz zu definieren, helfen Ihnen die folgenden Kriterien weiter:

✔ Wer agiert in meiner Region? Sprich: Welche Betriebe aus meiner Branche, meinem Tätigkeitszweig gibt es in meiner Stadt, meinem Landkreis usw.?

✔ Welche Kunden decken sie ab? Sprich: Erreichen sie beispielsweise Konsumenten mit einem durchschnittlichen Monatseinkommen oder Auftraggeber mit üppigen Budgets?

✔ Welche Bedürfnisse erfüllen sie ihren Kunden? Sprich: Bieten sie ihnen beispielsweise nur speziell zugeschnittene Dienstleistungen und Produkte an oder decken sie ein ganzes Segment ab?

Sobald Sie diese Fragen geklärt haben, können Sie die Preispolitik der Konkurrenz genauer unter die Lupe nehmen:

✔ Liegen die Wettbewerber mit ihren Preisen unter oder über dem von Ihnen angestrebten Preisniveau?

✔ Welche Leistungen beinhaltet diese Preise?

✔ Für welche Extras verlangen Ihre Wettbewerber ein Extra-Honorar?

 Wer in dieser Situation seine USP ganz genau kennt, kann seine eigene Preisgestaltung durchsetzen und muss sich nicht zwingend den möglicherweise recht niedrigen Preisen der Konkurrenz anpassen.

In Kapitel 8 _Die leidige Konkurrenz_ können Sie mehr über die Wettbewerbsanalyse erfahren.

Pflicht und Kür jedes Freiberuflers

Sie wissen also jetzt bereits, was Sie für wen machen wollen und wie Sie sich von Ihrer Konkurrenz absetzen? Wunderbar! Denn dann können Sie jetzt all die Dinge erledigen, die für den Erfolg Ihres Geschäftsmodells Voraussetzung sind.

Die Basis: Der Businessplan

Ohne Wenn und Aber: Um sicherzustellen, dass sich Ihre Idee realisieren lässt und sich auch für Sie rechnet, müssen Sie einen Businessplan schreiben. Wie solch ein Dokument aussieht, können Sie in Kapitel 9 *Ohne Plan läuft nichts* nachlesen.

 Auch wenn Sie nur eine Ein-Mann-Beratung oder ein Eine-Frau- Grafikerbüro betreiben wollen: Auf die Erstellung eines Businessplans sollten Sie nie verzichten! Denn dieses Dokument schützt Sie – wenn Sie nur kritisch genug alle Fakten durchleuchtet haben – vor bösen finanziellen Überraschungen. Gleichzeitig ist solch ein Businessplan meist die entscheidende Hilfe, um für den Start in das Freiberuflerdasein das notwendige Startkapital von einem der zahlreichen Förderprogramme von Bund und Ländern für Freie Berufe zu ergattern.

Folgendes sollte Ihr Businessplan auf alle Fälle enthalten:

✔ die Beschreibung Ihrer Dienstleistung/Ihres Produkts

✔ Ihr Alleinstellungsmerkmal

✔ Informationen über den Markt, den Wettbewerb und die Kunden

✔ Informationen über das Marketing beziehungsweise die Kundenakquise

✔ Informationen über die Chancen und Risiken

✔ Ihre Finanzierungspläne

✔ Einnahmen und Ausgaben der ersten ein bis drei Jahre

Die Fleißarbeit: Von A wie Ausstattung bis Z wie Zeitmanagement

Falls Sie bisher noch die Sitzbank in einem Hörsaal gedrückt oder sich an Ihrem bisherigen Arbeitsplatz nur um genau zwei oder drei Aufgaben gekümmert haben, sollten Sie sich eines klarmachen: Damit ist es jetzt ein für allemal vorbei! Als Freiberufler sind Sie nicht nur Experte für diese oder jene Aufgabe. Nein, ab sofort müssen Sie sich auch auf vielen anderen Gebieten bewähren. Als Freiberufler kümmern sie sich um

✔ Ihr Zeitmanagement

✔ Ihre Mitarbeiter

✔ Ihre Umsätze

✔ Ihre Steuerangelegenheiten

✔ Ihre Kundenakquise

✔ Ihre Wettbewerber

✔ den Markt

✔ Ihre Netzwerke

✔ die Einrichtung Ihres Büros, Ihrer Kanzlei oder Ihrer Praxis

Ab sofort sind Sie also als Tausendsassa unterwegs! Als Generalist verhandeln Sie morgens mit einem potenziellen Kunden über eine Zusammenarbeit, gehen mittags mit einen Branchenexperten essen, leiten nachmittags die Teamsitzung und diskutieren abends mit Ihrem Steuerberater über Ihren Monatsabschluss.

Und all diese Aufgaben verschlingen Zeit, gehören aber zum beruflichen Alltag eines jeden Freiberuflers – denn ohne sie könnte wohl keiner die Leistungen bringen, die der Kunde von ihm erwartet. Die Kapitel 10, 11 und 12 enthalten viele wertvolle Informationen, die Ihnen helfen, diese Fleißarbeiten zu meistern.

Unentbehrliche Zahlenspiele

Viel zu viele Freiberufler schrecken vor dem Schritt in die Selbstständigkeit zurück, weil sie glauben, nicht mit Zahlen umgehen zu können. Gehören Sie auch dazu? Ein Irrglaube, denn mit ein wenig Geduld können Sie sich das nötige Rüstzeug binnen Tagen aneignen. Und schon das reicht aus, um sich nicht im Zahlendschungel der Finanzen zu verirren oder sich sogar plötzlich mit einem leeren Konto konfrontiert zu sehen.

Vor all in Teil V finden Sie eine Fülle von Hinweisen, wie Sie sich einen möglichst aussagekräftigen und detaillierten Überblick über Ihre finanzielle Situation verschaffen können.

Ihr Erfolg schwarz auf weiß

Beim Jonglieren mit allen relevanten Zahlen können Sie letztendlich drei Dokumenten vertrauen, die Ihnen schnell, übersichtlich und deutlich verraten, ob Ihre Kalkulationen beziehungsweise Einnahmen und Ausgaben passen:

✔ der Soll-Ist-Vergleich

✔ der private Haushaltsplan

✔ die betriebswirtschaftliche Auswertung – kurz BWA

Stoßen Sie auf Ungereimtheiten oder stellt das Ergebnis Ihrer Rechnungen Sie am Ende nicht zufrieden, müssen Sie sich die drei Dokumente genau vorknöpfen und gegebenenfalls ein wenig an dem einen oder anderen Rädchen drehen.

Puffer für den Fiskus

Kennen Sie das Buch *Der dritte Mann* von Graham Greene? Während Greenes Hauptakteur Harry Lime jedoch regelmäßig in den dunkelsten Ecken Wiens in den Untergrund verschwand, taucht der Fiskus bei Freiberuflern oft aus dem Nichts auf! Er kassiert von ihnen vor allem

✔ Umsatzsteuer

✔ Einkommensteuer

Um die monatliche beziehungsweise quartalsweise Zahlung Ihrer Umsatzsteuer kommen Sie in der Regel nicht herum, es sei denn, Sie sind von der Umsatzsteuer befreit. Während Sie sich vielleicht gerade noch über Ihre glänzenden Einnahmen des Vorjahres gefreut haben, steht möglicherweise das Finanzamt schon vor der Tür und fordert angesichts Ihres Einkommens üppige Vorauszahlungen ab dem nächsten Quartal.

Da die Finanzbeamten in der Regel keine Gnade kennen, sollten Sie stets genügend Geld auf der hohen Kante haben – auch für das nächste, übernächste und überübernächste Quartal.

Was der Fiskus sonst noch von Ihnen fordert beziehungsweise erwartet, finden Sie in Kapitel 16 *Wenn der Fiskus die Hand aufhält* wieder.

Policen für die eigene Sicherheit

Viele Freiberufler starten aus einem Angestelltenverhältnis heraus in ihre Selbstständigkeit. Während sie dort durch ihren Arbeitgeber bei den staatlichen Sozialkassen versichert waren, endet dieser Zwang mit dem Wechsel ihres beruflichen Status. Idealerweise zwingen sich Freiberufler dann aber, die gesparten Beiträge für ihren Mindestschutz einzusetzen.

Gleich mehrere Risiken sollten Sie unbedingt absichern:

✔ Krankheit

✔ Berufsunfähigkeit

✔ Altersvorsorge

✔ Todesfall (falls Sie eine Familie haben)

Natürlich liegt es nahe, die ersten drei Punkte ohne Wenn und Aber abzusichern. Und je nachdem, in welcher Lebenssituation Sie sich befinden und wie alt Sie sind, sollten Sie auch eine entsprechende Altersvorsorge betreiben. Wer gar Ehepartner und Kind zu versorgen hat, muss zudem für den Worst Case gewappnet sein.

Grundsätzlich gilt: Vorsorgen ist besser als ärgern – auch wenn die Versicherer immer detailliertere Informationen von ihren Kunden verlangen. Wer ausreichend versichert beziehungsweise abgesichert ist, kann sich gelassen seiner Arbeit widmen.

Mittendrin statt nur dabei

Ihre Agentur, Praxis oder Kanzlei läuft, immer mehr Kunden klopfen an, die Umsätze steigen und unter dem Strich bleibt ein üppiger Gewinn? Glückwunsch, dann haben Sie vor und nach dem Schritt in Ihre freiberufliche Tätigkeit alles richtig gemacht! Wer sich jetzt aber entspannt zurücklehnen will, den müssen wir enttäuschen: Je nachdem, welche Pläne und Ziele Sie verfolgen, müssen Sie weiter dran bleiben!

Das heißt jetzt nicht, dass Sie sich nie Urlaub oder Freizeit gönnen dürfen und jeden Kundenauftrag annehmen müssen. Grundsätzlich aber sollten Sie konsequent Ihre Geschäftsidee weiterentwickeln und expandieren, mit Mitarbeitern, Partnern oder innerhalb Ihres Netzwerkes.

Kritische Kontrolle

Egal, ob Sie als Einzelkämpfer oder mit einem Team arbeiten: Es gibt etliche Themen, die unbedingt Chefsache bleiben sollten. Dazu zählen

✔ Kontakt zu Schlüsselkunden

✔ Kontakt zu Multiplikatoren

✔ Mitarbeiterführung

✔ Zeitmanagement

✔ Strategie

✔ Qualitätskontrolle

Früher oder später läuft jeder Freiberufler – wie übrigens jeder andere Unternehmer auch – Gefahr, nachlässig zu werden. Wer gar nicht erst in solch einen Strudel geraten will, nimmt sich fest vor, regelmäßig mit kritischem Blick zu kontrollieren, ob er alle wesentlichen Punkte seines Betriebs noch fest im Griff hat und ob die Qualität noch stimmt.

Fiese Fallen

Last but not least wollen wir Ihnen noch einen wertvollen Tipp mit auf den Weg in Ihre freiberufliche Selbstständigkeit geben. Auch wenn alles bestens klappt und Sie mit den Resultaten Ihres Betriebs vollauf zufrieden sind: Behalten Sie die klassischen Fallen im Hinterkopf, die Freiberufler ebenso wie Existenzgründer schon des Öfteren schwer in Bedrängnis gebracht haben. Woran Sie stets denken und wovor Sie sich immer hüten sollten, lesen Sie in Kapitel 19.

So gerüstet, können Sie jetzt direkt Ihre freiberufliche Karriere starten. Und denken Sie daran: Auch wenn dieses Buch hauptsächlich von Herausforderungen und unerlässlichen Arbeiten handelt, bietet ein Leben als Freiberufler vor allem und zuallererst fantastische Möglichkeiten, seine eigenen Ziele im Beruf zu verwirklichen und zugleich selbstbestimmt eine Balance zwischen Arbeit, Familie und Freunden zu finden. Es lohnt sich!

Der Siegeszug der Freiberufler

In diesem Kapitel

▷ Neue Chancen in einer grundlegend veränderten Arbeitswelt

▷ Das Internet als Auftragsmotor für Freiberufler

▷ Warum Unternehmen zunehmend Externe beschäftigen

S chule, Lehre, Beruf – und danach 40 Jahre von 8 bis 17 Uhr beim selben Arbeitgeber. Dieses Karrieremuster des 20. Jahrhunderts ist schon lange passé. Die vergangenen 20 Jahre haben in der Arbeitswelt Umbrüche hervorgebracht wie zuletzt die Industrielle Revolution. Zu den großen Gewinnern zählen: die Freiberufler! Die rasante Entwicklung der Informations- und Telekommunikationstechnologien und die zunehmende Globalisierung der Wirtschaft, gepaart mit einem höheren Bedarf an Flexibilität und einem geschärften Kostenbewusstsein, haben Freiberufler in vielen Bereichen der Wirtschaft zu einer wichtigen Ergänzung und Alternative für fest angestellte Mitarbeiter gemacht. Und diese Entwicklung hält an – gute Zeiten für Ihre Überlegungen in Sachen Selbstständigkeit!

Der Abschied vom festen Arbeitsplatz

Wer sich deutsche Arbeitsmarktstatistiken nur flüchtig anschaut, mag denken: »Ist doch alles halb so wild.« Denn erstens gab es in den Jahren 2008 und 2009 so viele Erwerbspersonen wie noch nie und zweitens verharrte die Zahl der Arbeitslosen laut Statistischem Bundesamt 2009 trotz globaler Krise auf einem Niveau, das Deutschland zuletzt Mitte der 1990er-Jahre und in der Hochzeit der New Economy erlebt hatte.

Doch hinter dieser erfreulichen Entwicklung stecken dramatische Veränderungen: Zwar steigt nahezu alljährlich die Zahl der Angestellten in unserem Land leicht an, doch der Zuwachs beruht in erster Linie auf dem Siegeszug der Teilzeitkräfte – die Zahl der Vollzeitbeschäftigten nimmt dagegen ab. Zugleich wächst Jahr für Jahr die Zahl der Selbstständigen (siehe Abbildung 2.1). Und das sind Sie und wir, die Freiberufler dieser Republik. Mittlerweile gibt es in Deutschland wieder so viele Selbstständige wie zuletzt Anfang der 1970er-Jahre, als noch Millionen Kleinunternehmer Tante-Emma-Läden und kleine Handwerksbetriebe unterhielten.

Zu den 4,4 Millionen Selbstständigen in Deutschland zählen selbstverständlich nicht nur Freiberufler. Das Spektrum reicht von den führenden Unternehmern dieser Republik bis zum Kioskbesitzer mit Gewerbeschein. Doch Schätzungen gehen davon aus, dass zumindest die Hälfte dieser Personengruppe Freiberufler sind. Mehr über die Unterschiede von Freiberuflern und Gewerbetreibenden erfahren Sie in Kapitel 3.

Ach ja, und um das Ganze richtig kompliziert zu machen, verdingen sich gerade Teilzeitkräfte immer häufiger nebenher noch als freie Mitarbeiter. Wenn Sie gut sind und das nötige

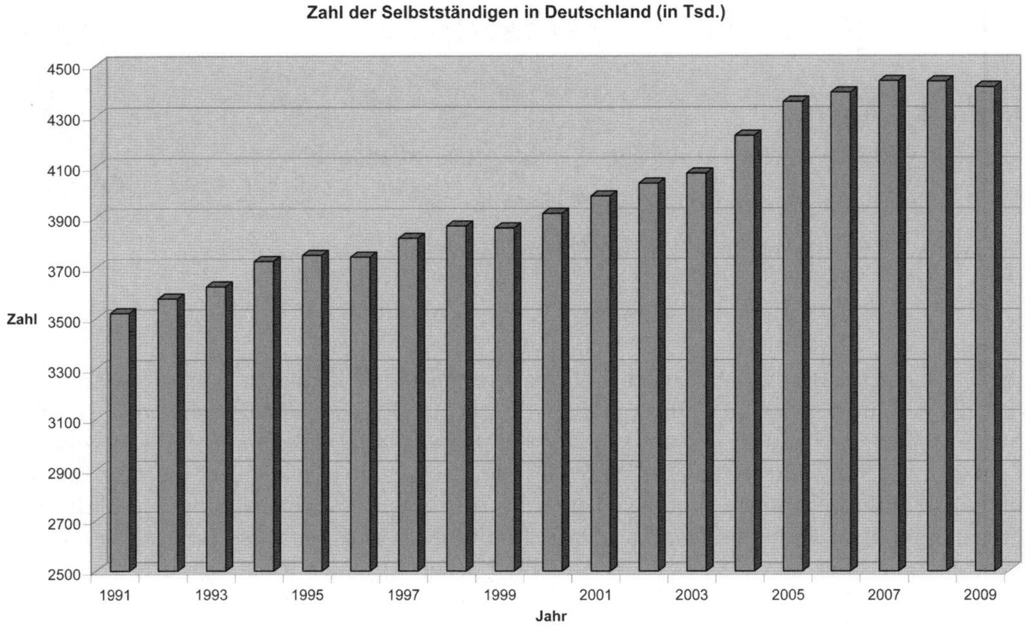

Zahl der Selbstständigen in Deutschland (in Tsd.)

Abbildung 2.1: So entwickelt sich die Zahl der Selbstständigen in Deutschland

Quäntchen Glück haben, kann sich auch daraus früher oder später eine voll ausgewachsene freie Tätigkeit entwickeln.

Aber egal, wie Sie die Statistik auch wenden, eines ist klar: Die Zahl der Freiberufler wächst. Und das hat Gründe, die

✔ aus grundlegenden Veränderungen der Wirtschaft resultieren

✔ auf einer veränderten Arbeitswelt beruhen

Millionen Freiberufler können nicht irren

Jenseits des Atlantiks, in den USA, hat die Rezession in den Jahren 2008 und 2009 den Arbeitsmarkt von Grund auf verändert. Und die Gewinner sind: Freiberufler jeglicher Couleur. Das Marktforschungsinstitut IDC schätzt, dass mittlerweile zwölf Millionen US-Amerikaner ihr Geld als Ein-Mann-Unternehmer in der Regel von ihrem Heimarbeitsplatz aus verdienen. Und in den kommenden Jahren prognostiziert IDC eine weitere Steigerung auf mindestens 14 Millionen – das sind dann immerhin schon zehn Prozent aller Angestellten. Immer mehr Internetportale spezialisieren sich darauf, diese wachsende Zielgruppe qualifizierter Freiberufler mit möglichen Auftraggebern zusammenzubringen. Ein Milliardenmarkt entsteht und es ist nur eine Frage der Zeit, bis solche E-Lancing-Websites auch in Deutschland starten und die Kundenakquise entscheidend erleichtern.

Vorteil Service – Allein dient es sich leichter

Im 20. Jahrhundert war die Wirtschaft durch große Organisationen geprägt. Unternehmen beschäftigten nicht nur Menschen, um ein bestimmtes Produkt herzustellen und zu verkaufen, sondern zugleich Heerscharen interner Dienstleister: Juristen, Wachleute, Lkw-Fahrer, Steuerexperten, auch Köche für die Kantine, Parkwächter für die firmeneigenen Abstellplätze, Betriebsärzte und Krankenschwestern oder sogar Bademeister für das Firmenschwimmbad.

Nach dem Ende des Wirtschaftswunders setzte sich nach und nach die Erkenntnis durch, dass die Beschäftigung einer solch großen Zahl unterschiedlicher Berufsgruppen weder effizient noch Wert steigernd ist. Konzentration auf Kernkompetenzen – so lautete das neue Mantra. Und dieses forcierte den Wandel unserer Gesellschaft von der Industrie- zur Dienstleistungsgesellschaft. Heute arbeitet nur noch knapp jeder fünfte Erwerbstätige im produzierenden Gewerbe – der weitaus größte Teil dient.

Eine Übersicht, wie viele Selbstständige in den einzelnen Branchen arbeitet, zeigt Abbildung 2.2.

Erwerbstätige nach Wirtschaftsbereichen 2009

2,2

30,7

19,4

5,5

%

17,2

25,0

- ■ Land-, Forstwirtschaft, Fischerei
- ▨ Produzierendes Gewerbe (ohne Baugewerbe)
- ▨ Baugewerbe
- ▨ Handel, Gastgewerbe, Verkehr
- ▫ Finanzierung, Vermietung, Unternehmensdienstleistungen
- ■ Öffentliche und private Dienstleister

© Statistisches Bundesamt, Wiesbaden 2010

Abbildung 2.2: So verteilen sich die Erwerbstätigen auf die verschiedenen Wirtschaftssektoren.

Das Erstaunliche dabei: Deutschland produziert heute nicht weniger Güter als früher, sondern mehr – dies aber wesentlich effizienter. Und dafür sorgen Heerscharen von Dienstleistern. Zu dieser Gruppe zählen zwar unverändert auch traditionelle Dienstleister wie Banken und Versicherungen, aber eben auch eine ständig wachsende Zahl von Freiberuflern. Erst die Spezialisierung der Wirtschaft und die Bereitschaft, mit externen Dienstleistern zusammenzuarbeiten, verschaffte diesen die Möglichkeit, als Klein- oder Kleinstunternehmer eine Nische am Markt zu finden. Während es natürlich undenkbar ist, ein Auto in Eigenregie zu fertigen, so ist es hingegen heute gang und gäbe, Entwürfe für einzelne Modelle von verschiedenen Freiberuflern planen und zeichnen zu lassen.

 Sie sehen: Dienstleistungen für Unternehmen sind ein perfektes Einsatzgebiet für Sie als Freiberufler, da Sie dazu „nur" eine gute Ausbildung, entsprechende Fertigkeiten und ein passendes Netzwerk für Ihre Akquise benötigen. Ok, ein leistungsstarker Rechner und ein Internetanschluss helfen Ihnen sicherlich auch noch weiter.

Der Beginn einer neuen Ära: Das Internet

Den Jüngeren mag es schwer fallen sich das vorzustellen, aber ja: Es gab eine Welt vor dem World Wide Web. In dieser Welt erhielt man einmal am Tag Post, und Büroboten sorgten dafür, dass die richtigen Akten zur richtigen Zeit zum richtigen Ort kamen – und das klappte auch meist. Schreibbüros und Sekretärinnen en tagein, tagaus damit beschäftigt, die Korrespondenz mit der Außenwelt zu erledigen und so zu archivieren, dass man sie wieder fand.

In einer solchen Welt, fiel es schwer, Freiberufler zu integrieren. Stellen Sie sich mal vor: Herr X beschließt, Ihnen einen Auftrag zu erteilen, ruft dazu seine Assistenz zum Diktat, verwirft den ersten Brief und unterschreibt ihn nach drei Tagen. Die Post braucht weitere zwei, bevor Sie ihn aus dem Briefkasten fischen und feststellen, dass Ihnen der Termin nicht passt. Also schreiben Sie einen entsprechenden Brief und bringen ihn zur Post. In der Zwischenzeit haben Sie zwar versucht, Herrn X telefonisch zu erreichen, doch leider erwischen Sie ihn nicht – und er versucht es auch vergeblich. In einer solchen Welt war die Beschäftigung von Freiberuflern eine Rarität.

Heute, wo Nachrichten mit zehn Megabit pro Sekunde und mehr durch den Äther geschickt werden und Smartphones dafür sorgen, dass Sie überall erreichbar sind, ist es dagegen für die Herren X dieser Welt viel einfacher, sich für die Zusammenarbeit mit einem Externen zu entscheiden. Denn eigentlich ist es für sie gar kein Unterschied, ob sie nun mit einem Angestellten in einer anderen Filiale oder eben einem Externen zusammenarbeiten – Hauptsache, der gewünschte Auftrag wird fristgerecht und in der erforderlichen Qualität erledigt.

Das Dumme dabei: Das Internet kennt keine Grenzen. Gerade unternehmensnahe Dienstleister im IT-Umfeld konkurrieren heute mit Wettbewerbern rund um den Globus. Gute Englisch-Übersetzer gibt es in den USA genauso wie in Australien und freie Programmierer finden sich von Shanghai bis Silicon Valley. Ihr großer Vorteil in Berlin oder München: Sie können sich vor Ort ein Netzwerk aufbauen und den persönlichen Kontakt zum Kunden pflegen; das lässt sich vom Terminal in Singapur nur schwer bewerkstelligen. Eventuell können Sie sich sogar die globale Arbeitsteilung zu Nutze machen und beispielsweise mit einem Übersetzer in einer anderen Zeitzone zusammenarbeiten, der Ihre Texte über Nacht ins Englische oder Spanische bringt.

Und noch etwas Gutes bietet der Einsatz der neuesten IT- und Kommunikationstechniken in allen Bereichen der Wirtschaft: Sie müssen Ihre Arbeit nicht unbedingt in einem Büro erledigen. Einen leistungsstarken Internetanschluss gibt es mittlerweile auch in Strand- oder Bergnähe und Laptop und Mobiltelefon haben Sie ja ohnehin meist dabei. Und diese Flexibilität, die sich ja zunehmend auch Angestellte zunutze machen, erleichtert wiederum Unternehmen die Beschäftigung von Freiberuflern.

Das Internet erweist sich für freiberuflich Tätige aus mehreren Gründen als Jobmaschine:

✔ Es erlaubt eine rasche Kommunikation.

✔ Es erlaubt den zügigen Austausch von Dokumenten.

✔ Es ermöglicht die gemeinsame Arbeit an Dokumenten von mehreren Standorten aus.

✔ Es vergrößert die Zahl möglicher Kooperationspartner.

✔ Es macht Freiberufler unabhängig von einem festen Arbeitsplatz.

✔ Es erleichtert die Integration von Freiberuflern in interne Arbeitsabläufe.

Mehr Freizeit – Eine Mega-Chance für freie Köpfe

Parallel zum Wandel zur Dienstleistungsgesellschaft sank in Deutschland die Arbeitszeit und der Wohlstand stieg. Und diese beiden Faktoren bilden die entscheidenden Parameter für einen weiteren Zukunftsmarkt für Freiberufler: Dienstleistungen für Privatleute. Seien es Massagen oder Steuererklärungen, Gartenarbeiten oder DJ-Tätigkeiten: Immer häufiger nutzen wohlhabende Bundesbürger bei ihrer Freizeitgestaltung die Dienste von Freiberuflern.

Früher waren sie dabei auf eine kleine Auswahl von Angeboten beschränkt. Erinnern Sie sich noch an Sport in den 1970er-Jahren? Den Geruch von Turnhallen und schlecht gelüfteten Umkleidekabinen? Genau in diese Lücke stießen zahllose Fitness- und Wellnessangebote und erschlossen Freiberuflern einen gewaltigen Markt. Denn die jungen Firmen setzen nicht mehr länger auf das klassische Angestelltenheer, sondern vertrauen je nach Auftragslage und Bedarf auf Freiberufler jeglicher Couleur.

Aber auch klassische Freiberufler profitieren vom gesellschaftlichen Wandel, allen voran die medizinischen Berufe. Ihre Klientel zahlt immer mehr Geld aus eigener Tasche, um fit und begehrenswert zu bleiben: Ärzten eröffnen Schönheitsoperationen ebenso einen Milliardenmarkt wie Apothekern die Nachfrage nach Anti-Aging-Präparaten.

Vorteil Freiberufler – Noch mehr gute Gründe für den Siegeszug der freien Experten

Der gesellschaftliche Wandel hin zur Freizeit- und Dienstleistungsgesellschaft verläuft parallel zu einem grundlegenden Wandel in den Unternehmen. Deren Konzentration auf Kernkompetenzen ging mit völlig neuen Arbeits- und Organisationsstrukturen einher. Flexibilität ist alles in dieser neuen Arbeitswelt – und wer könnte flexibler sein als Freiberufler? Lange machte das Schlagwort vom Unternehmer im Unternehmen die Runde, bevor die Unternehmen merkten, dass sie dann doch genauso gut direkt auf Unternehmer setzen könnten. Die Folge: Große wie kleinere Firmen engagieren für Spezialaufgaben und Spitzenlasten heute wie selbstverständlich freie gewerbliche oder freiberufliche Mitarbeiter.

Mit der Zeit haben sie dabei erkannt, dass der ständige Austausch mit freien Mitarbeitern, Pauschalisten & Co. noch einen weiteren, nicht zu unterschätzenden Vorteil birgt: In der Regel dienen diese Ein-Mann-Unternehmen mehreren Herren und bringen so immer wieder neue Ideen von außen in ein Unternehmen.

Bleibt noch ein letzter, für Freiberufler weniger angenehmer Punkt: Sie sind jederzeit kündbar, ihr Honorar ist frei verhandelbar und ihre Arbeitszeit unterliegt keinen Grenzen. Leidvoll mussten viele Freie dies in der letzten Rezession erfahren, als Unternehmen ihre Stammbelegschaft mit Kurzarbeit durchfütterten und das Heer der Dienstleister auf Nulldiät setzten. Doch ähnlich Zeitarbeitern spüren die Freien in Unternehmen auch rasch wieder die ersten

Anzeichen eines Aufschwungs. Denn bevor Unternehmen eine neue Stelle schaffen, decken sie die Mehrarbeit erst einmal mit Freien ab.

An dieser Stelle noch ein Wort zu den Honoraren: Sicher, das Honorar ist erst einmal frei verhandelbar. Wenn Sie aber gut und vor allem dann auch noch bestens eingearbeitet sind, überlegt sich ein Auftraggeber dreimal, ob er Ihnen wirklich das Honorar kürzt. Im Gegenteil: Da Dienstleister häufig nicht dem Personalbudget zugerechnet werden, auf das Vorstand und Aufsichtsrat besonders sorgfältig achten, lagern vielbeschäftigte Abteilungen gern etwas mehr an Dritte aus – und zahlen auch noch einen Aufschlag, falls alles über das Wochenende fertig werden soll.

Unternehmen schätzen Freiberufler, weil sie

✔ zeitlich flexibel arbeiten

✔ keine Kündigungsfristen haben

✔ keinen Anspruch auf bezahlte Urlaubs- und Krankentage haben

✔ ihre Honorare unabhängig von Tarifen verhandeln

✔ den Blick von außen mitbringen und Betriebsblindheit verhindern

Gleichzeitig finden Freiberufler immer mehr Einsatzmöglichkeiten, weil

✔ der Bedarf an flexibel einsetzbaren Mitarbeitern steigt

✔ ein kurzfristiger Bedarf an bestimmten Arbeiten wächst

✔ ein höheres Maß an Unsicherheit mittelfristige Personalplanung erschwert und freie Mitarbeiter, ob gewerblich oder freiberuflich, eine willkommene Ergänzung sind

✔ flache, flexible Organisationsstrukturen die Zusammenarbeit von internen und externen Kräften erleichtern

✔ die Zusammenarbeit von internen und externen Kräften das Know-how von Unternehmen vergrößert

Frei oder nicht frei – Wer gilt eigentlich als Freiberufler?

In diesem Kapitel

▶ Wie der Staat freiberufliche Tätigkeiten definiert

▶ Welche Gesetze Freiberufler akzeptieren müssen

▶ Die Besonderheiten der Kammerberufe

Die alten Römer versuchten sich bereits 600 bis 400 v. Chr. an der Definition der *Freien Berufe*. Der römische Gelehrte Marcianus Capella prägte den Begriff *Artes liberales* und unterschied um 400 v. Chr. schon sieben freie Künste, zu denen unter anderem Grammatik, Geometrie und Medizin zählten. Als Freiberufler galten daher im alten Rom vor allem Ärzte, Sachverwalter, Architekten und Ingenieure.

Heutzutage tut sich der Staat um ein Vielfaches schwerer, Tätigkeiten als freiberuflich oder gewerblich einzustufen. Komplizierte Gesetzestexte, seitenlange Listen und unzählige Gerichtsurteile versuchen inzwischen, die entsprechenden Definitionen eines Freien Berufes festzulegen beziehungsweise die Tätigkeiten in die passende Kategorie einzuordnen.

Damit Ihr Traum, als Freiberufler selbstständig zu sein, nicht in einer gewerblichen Tätigkeit mit hoher Steuerbelastung endet, informiert Sie dieses Kapitel ausführlich darüber, wie der Staat freiberufliche Tätigkeiten definiert und welchen Gesetzen Sie in der Regel unterliegen. Und natürlich erfahren Sie auch, was es mit allen gängigen Bezeichnungen für Freiberufler auf sich hat und welche Sonderrolle die sogenannten *Kammerberufe* spielen.

Wen der Staat als Freiberufler akzeptiert

Auch wenn es inzwischen Jahrtausende her ist – ein feiner Hauch der römischen Antike lässt sich auch heute noch rund um das Thema Freiberufler finden: Im alten Rom leitete sich der Begriff Freie Berufe von dem des *Freien Bürgers* ab. Nur er konnte sich bestimmte Fachkenntnisse und Fertigkeiten aneignen. Seine Produkte oder Dienstleistungen sollten nicht nur einzelnen Individuen, sondern der ganzen Gesellschaft zugute kommen.

Wenn Sie sich die Mühe machen und mal in den deutschen Gesetzestexten blättern, die sich mit Freiberuflern beschäftigen, finden Sie ähnliche Aussagen. So definiert beispielsweise das deutsche *Partnerschaftsgesellschaftsgesetz* von 1995 Freiberuflichkeit folgendermaßen:

> *»Die Freien Berufe haben im Allgemeinen auf der Grundlage besonderer beruflicher Qualifikation oder schöpferischer Begabung die persönliche, eigenverantwortliche und fachlich unabhängige Erbringung von Dienstleistung höherer Art im Interesse der Auftraggeber und der Allgemeinheit zum Inhalt.«*

Nun, so allgemein hilft Ihnen das sicherlich noch nicht entscheidend weiter bei der Frage, ob der Gesetzgeber Ihr Geschäftmodell als freiberufliche Tätigkeit einstuft oder nicht. Aber vielleicht macht es Ihnen ja die gängige Unterteilung der Freien Berufe leichter: Grundsätzlich unterscheiden Staat, Organisationen und Verbände vier Gruppen von Freiberuflern.

Heilkundliche Berufe

Da wären zunächst die heilkundlichen Berufe zu nennen. Zu ihnen zählen:

✔ Ärzte

✔ Zahnärzte

✔ Tierärzte

✔ Apotheker

✔ Psychotherapeuten

✔ Physiotherapeuten

✔ Ergotherapeuten

✔ Heilpraktiker

✔ Logopäden

✔ Motopäden

✔ Kranken-/Altenpfleger

✔ Berufsbetreuer

Freie Kulturberufe

Möglicherweise fällt Ihre Tätigkeit aber auch in die Gruppe der freien Kulturberufe. Dazu gehören:

✔ Künstler

✔ Journalisten

✔ Diplompädagogen

✔ Dolmetscher

✔ Übersetzer

✔ Schriftsteller

✔ Designer

✔ Restauratoren

✔ Yogalehrer

✔ Tanztherapeuten

✔ Okularisten

Technische und naturwissenschaftliche Berufe

Falls Sie anstelle des Tanzbeins lieber Bleistift und Lineal schwingen oder am Computer 3D-Immobilienmodelle entwerfen, müssen Sie sich zu der Gruppe der technischen und naturwissenschaftlichen Berufe zählen. Zu ihren Mitgliedern gehören

✔ Architekten

✔ Landschaftsarchitekten

✔ Innenarchitekten

✔ Stadtplaner

✔ Ingenieure

✔ Vermessungsingenieure

✔ Vereidigte Sachverständige

✔ See-/Hafenlotsen

✔ Chemiker

✔ Biologen

✔ Umweltgutachter

✔ Informatiker

Rechts- und wirtschaftsberatende Berufe

Zu guter Letzt gibt es auch noch die Gruppe der rechts- und wirtschaftsberatenden Berufe. Ihr zugehörig sind

✔ Rechtsanwälte

✔ Notare

✔ Patentanwälte

✔ Steuerberater

✔ Wirtschaftsprüfer

✔ Buchprüfer

✔ Unternehmensberater

✔ Wirtschaftsberater

✔ Rentenberater

✔ Versicherungsmathematiker

✔ Psychologen

Katalogberufen ähnliche Berufe

Sollten Sie jetzt erstaunt aufblicken und sich fragen, warum Sie Ihren Job partout nicht finden können? Nun, es gibt noch eine weitere Liste, die etliche freiberufliche Tätigkeiten aufzählt. Denn neben den oben aufgezählten – sogenannten *Katalogberufen* – gibt es für den Gesetzgeber noch *Katalogberufen ähnliche Berufe*.

Es würde den Rahmen dieses Kapitels sprengen, wenn wir hier alle Katalogberufen ähnlichen Berufe aufzählen, aber eine kleine Auswahl wollen wir Ihnen natürlich schon bieten. Aber wie gesagt, die Aufzählung ist keinesfalls vollständig! Zu Katalogberufen ähnlichen Berufen zählen unter anderem

✔ Aushilfsmusiker

✔ Bademeister

✔ Bauleiter

✔ Bauschätzer

✔ Bergführer

✔ Bildhauer

✔ Blutgruppengutachter

✔ Show- und Quizmaster

✔ Diätassistent

✔ Dirigent

✔ EDV-Berater

✔ Erfinder

✔ Erzieher

✔ Erzprobennehmer

✔ Fernsehansager

✔ Fleischbeschauer

✔ Frachtenprüfer

✔ Güterbesichtiger

✔ Havariesachverständiger

✔ Industriedesigner

✔ Informationsfahrtbegleiter

✔ Insolvenzverwalter

✔ Kameramann

✔ Kartograph

- ✔ Kompasskompensierer auf Seeschiffen
- ✔ Kunstsachverständiger
- ✔ Marketingberater
- ✔ Marktforscher
- ✔ Netzplantechniker
- ✔ Prozessagent
- ✔ Rätselhersteller
- ✔ Reitlehrer
- ✔ Restaurator
- ✔ Schauspieler
- ✔ Sicherheitsberater
- ✔ Steinmetz
- ✔ Synchronsprecher
- ✔ Systemanalytiker
- ✔ Textilentwerfer
- ✔ Trainer
- ✔ Trauerredner
- ✔ Treuhänder
- ✔ Visagist
- ✔ Werbetexter
- ✔ Wissenschaftler
- ✔ Zauberer

Ein Extraplätzchen im Steuergesetzbuch

Deutschland wäre nicht Deutschland, wenn das Dasein der etwa zwei Millionen Freiberufler nicht auch im deutschen Steuergesetz explizit verankert wäre. In § 18 Absatz 1 Nummer 1 des Einkommensteuergesetzes erfahren Sie genauestens, welche Tätigkeiten im steuerrechtlichen Sinn als freiberuflich gelten. Hier unterscheidet der Gesetzgeber auch zwischen Katalogberufen und Katalogberufen ähnlichen Berufen. Letztere müssen den Katalogberufen in allen Punkten entsprechen und alle Wesensmerkmale eines Katalogberufes ganz oder zumindest fast vollständig enthalten. Vergleichbare Ausbildungswege beispielsweise sind Voraussetzung für die jeweilige Ausübung eines Berufes.

Der Bundesverband der Freien Berufe charakterisiert die Freien Berufe allerdings wesentlich anschaulicher als die Texte in den deutschen Gesetzesbüchern. Die Organisation betont für die Beschreibung von Freien Berufen

✔ **die notwendige Professionalität der Freiberufler.** Die Menschen beziehungsweise Auftraggeber benötigen zunehmend kompetente Unterstützung, die hoch qualifizierte Freiberufler bieten: Sie helfen, beraten und vertreten neutral und fachlich unabhängig.

✔ **die Verantwortung der Freiberufler für das Gemeinwohl.** An der Sicherung ihrer Gesundheitsvorsorge, der Rechtsordnung und der Kultur sind alle Bürger interessiert. Da Freiberufler in der Regel der Allgemeinheit gegenüber verpflichtet sind, tragen sie hierfür besonders Sorge.

✔ **die Selbstkontrolle der Freiberufler.** Ob Patienten, Mandanten oder Klienten – alle erwarten persönliche Betreuung auf neuestem Wissensstand. Eine strenge Selbstkontrolle sollte stets die erwartete Qualität gewährleisten.

✔ **die Eigenverantwortlichkeit der Freiberufler.** Nur wer Verantwortung übernimmt, schafft Vertrauen und sichert Wachstum.

> ### Kleine Gruppe – große Wirkung
>
> In Deutschland sind Freiberufler mehrheitlich selbstständig tätig. Sie erwirtschaften etwa neun bis zehn Prozent des Bruttosozialproduktes und beschäftigen circa drei Millionen Mitarbeiter.

Und was bin ich?

Warum wir uns so viel Mühe machen und all die Berufe auflisten? Und warum wir so sehr auf den Definitionen für Freie Berufe pochen? Nun, die Frage scheint auf den ersten Blick berechtigt. Da es in Deutschland jedoch vielerlei Formen von beruflicher Selbstständigkeit gibt, sollten Sie ganz genau wissen, wie Sie sich als Freiberufler beispielsweise von Gewerbetreibenden unterscheiden. Und Sie sollten auch darüber informiert sein, was der Status eines freien Mitarbeiters beziehungsweise eines Freelancers für eine steuerrechtliche beziehungsweise arbeitsrechtliche Bedeutung hat.

Freiberufler oder Gewerbetreibender?

Sie hatten sich schon in rosigen Farben ausgemalt, wie Sie als Freiberufler glücklich werden und jetzt müssen Sie sich durch trockene, rechtliche Materie kämpfen, ob Sie überhaupt als Freiberufler durchgehen? Ja, leider! Doch allem schwerem Amtsdeutsch und juristischen Feinheiten zum Trotz: Wenn Sie frühzeitig sicherstellen, dass Sie als Freiberufler und nicht als Gewerbetreibender agieren, ersparen Sie sich später viel Ärger!

Grundsätzlich gibt es drei verschiedene Formen von Selbstständigkeit:

1. Die selbstständige Tätigkeit im Sinne des § 18 Einkommensteuergesetzes, die einer freiberuflichen Tätigkeit entspricht.

2. Die selbstständige Tätigkeit im Sinne des § 15 Einkommensteuergesetzes, die einer gewerblichen Tätigkeit entspricht.

3. Die sonstige selbstständige Tätigkeit im Sinne des § 18, Nummer 2 bis 3 des Einkommensteuergesetzes, die beispielsweise einer Tätigkeit als gewerbliches Aufsichtsratsmitglied entspricht.

Gehen wir einmal davon aus, dass Sie einer Tätigkeit nachgehen wollen, die zu den Katalog- oder Katalogberufen ähnlichen Berufen zählt, wie beispielsweise Kosmetikerin, Grafiker oder Vermessungsingenieur – dann kommen Sie in den Genuss einiger Besonderheiten, die den Status als Freiberufler gegenüber Gewerbetreibenden so attraktiv macht. Sie

✔ müssen kein Gewerbe anmelden

✔ müssen keine Gewerbesteuer zahlen

✔ müssen lediglich eine Einnahmen-Überschuss-Rechnung aufstellen

✔ müssen keine doppelte Buchführung betreiben

✔ haben die Möglichkeit, eine *Partnerschaftsgesellschaft* zu gründen

---

Das Partnerschaftsgesellschaftsgesetz (PartG)

Die Partnerschaftsgesellschaft ist ein besonderes Extra für Freiberufler: Sie ist eine Gesellschaftsform, in der sich Angehörige Freier Berufe zusammenschließen können. Gemäß dem PartGG üben unter anderem Ärzte, Krankengymnasten, Psychologen, Architekten, Handelschemiker, Journalisten, Übersetzer oder auch Ingenieure und Schriftsteller freiberufliche Tätigkeiten aus. Wer eine Partnerschaftsgesellschaft gründet, muss beim *Partnerschaftsregister* folgende Inhalte angeben:

✔ Name und Sitz der Partnerschaft

✔ Name, Vorname und Wohnort der Partner

✔ den ausgeübten Beruf der Partnerschaft

Rechtlich gesehen ähnelt eine Partnerschaftsgesellschaft einer *offenen Handelsgesellschaft (OHG)*. Für bestehende Verbindlichkeiten haften die Partner neben der Partnerschaft stets als Gesamtschuldner.

Wie viele Eheleute in Deutschland wollen möglicherweise auch freiberufliche Partner irgendwann einmal ihre Partnerschaft wieder beenden – aus welchen Gründen auch immer! Als aufgelöst gilt eine Partnerschaftsgesellschaft dann, wenn

✔ der festgelegte Zeitraum der Partnerschaft abgelaufen ist

✔ die Partner es beschließen

✔ ein Insolvenzverfahren über das Vermögen der Partnerschaft eingeleitet wird

Besteht die Partnerschaft aus drei oder mehr Mitgliedern, können sich natürlich einzelne Partner aus der Gesellschaft verabschieden. Unter anderem, wenn

✔ ein Insolvenzverfahren über ihr Vermögen eröffnet wird

✔ sie die Partnerschaft kündigen

✔ sie die erforderliche Zulassung zur Ausübung ihres Freien Berufes verlieren

✔ sie versterben

Sie sehen: Die Vorteile, als Freiberufler anerkannt zu werden, liegen auf der Hand. Allerdings können Sie nicht darauf hoffen, dass Ihr örtliches Finanzamt Ihre Freiberuflichkeit förmlich anerkennt! Das macht die Behörde stets nur bei gewerblichen Betrieben. Es gibt jedoch einige Anhaltspunkte, die Ihnen signalisieren, dass Ihre Freiberuflichkeit von Ihrem Finanzamt akzeptiert beziehungsweise bestätigt ist:

✔ die Aufhebung bereits erlassener Gewerbesteuerbescheide

✔ kein Erlass neuer Gewerbesteuerbescheide

✔ die Mitteilung, dass die Einnahmen als Einkünfte aus freiberuflicher Tätigkeit gelten

✔ die Änderung des Einkommensteuerbescheids in Einkünfte aus freiberuflicher Tätigkeit

 Holen Sie erst fachmännische Tipps und Ratschläge von Ihrem Rechtsanwalt oder Ihrem Steuerberater ein, bevor Sie Ihre freiberufliche Tätigkeit bei Ihrem Finanzamt anmelden und eine ausführliche Begründung beziehungsweise Beschreibung Ihrer Tätigkeit abliefern.

Darüber hinaus gibt es noch weitere Abgrenzungsmerkmale eines freiberuflichen Jobs gegenüber einer gewerblichen Arbeit: allen voran die persönliche Arbeitsleistung. Verfügen Sie über eigene Fachkenntnisse und sind aufgrund dessen leitend und eigenverantwortlich aktiv, gelten Sie in der Regel als Freiberufler. Allerdings nur dann, wenn sich diese leitende, eigenverantwortliche Tätigkeit auf die gesamte Arbeit bezieht – nicht nur auf einzelne Teilaspekte.

In der Praxis bedeutet das beispielsweise für einen Journalisten, dass er nicht nur die Recherche eines Artikels organisiert und durchführt, sondern auch den Text selbst unter allen wesentlichen Vorgaben wie der journalistischen Sorgfaltspflicht verfasst. Sprich, er übernimmt die volle fachliche Verantwortung für jeden einzelnen Teilbereich des gesamten Auftrags.

Um die Einschätzung zu erleichtern, ob Sie tatsächlich als Freiberufler durchgehen oder nicht, können Sie die Tabelle 3.1 sowie die Abbildung 3.1 zu Hilfe nehmen. Je mehr Fragen Sie mit Ja beantworten, desto größer die Wahrscheinlichkeit, dass Ihre Tätigkeit vom Fiskus als freiberufliche anerkannt wird.

 Diese Checkliste und alle anderen Checklisten und Musterverträge finden Sie als Download im Internet unter http://www.wiley-vch.de/publish/dt/books/ ISBN978-3-527-70654-9.

Jetzt müssen Sie nur noch Ihre Antworten anhand des Schaubilds verwenden, um festzustellen, ob Sie tatsächlich freiberuflich arbeiten oder nicht. Folgen Sie einfach dem jeweiligen Pfad, den Ihre Antworten Ihnen vorgeben.

Bin ich ein Freiberufler?	Ja	Nein
1. Sind Sie wirtschaftlich selbstständig?		
2. Erfüllen Sie Ihre Aufgaben unabhängig von Weisungen?		
3. Tragen Sie das unternehmerische Risiko und die Kosten der Arbeitsausführungen?		
4. Ist Ihre Arbeitszeit nach Dauer, Beginn und Ende durch Auftraggeber bindend festgelegt?		
5. Sind Sie unmittelbar in den Arbeitsablauf und die Organisation von Auftraggebern integriert?		
6. Können Sie für Ihre Tätigkeit eine besondere berufliche Qualifikation nachweisen?		
7. Erbringen Sie geistig-ideelle Leistungen?		
8. Besteht zu den Leistungsnehmern ein gegenseitiges und auf Dauer angelegtes Vertrauensverhältnis?		
9. Ist dieses Vertrauensverhältnis auf einer freien Wahlentscheidung der Leistungsnehmer begründet?		
10. Erbringen Sie die Leistungen persönlich?		
11. Sind Sie eigenverantwortlich tätig?		
12. Sind Sie in Ihrem Unternehmen leitend tätig?		
13. Arbeiten Sie fachlich unabhängig?		
14. Sind Sie wissenschaftlich tätig?		
15. Sind Sie künstlerisch tätig?		
16. Sind Sie schriftstellerisch tätig?		
17. Sind Sie unterrichtend und/oder erziehend tätig?		

Tabelle 3.1: Checkliste: Bin ich ein Freiberufler? Teil I
(Quelle: Institut für Freie Berufe, Nürnberg)

Freiberufler, freier Mitarbeiter, Freelancer, Pauschalist?

Kennen Sie diese Art von Wortspielen? Alle Schimmel sind Pferde, aber nicht jedes Pferd ist ein Schimmel! Eine ähnliche Wortklauberei lässt sich auch mit freien Mitarbeitern und freiberuflich Tätigen betreiben, denn nicht jeder freie Mitarbeiter ist automatisch auch ein Freiberufler.

Aber am besten fangen wir von vorne an: Sie wissen also jetzt, dass Sie als Freiberufler gelten? Wunderbar! Dann sollten Sie sich im nächsten Schritt mit einigen Begriffen auseinandersetzen, die möglicherweise Verwirrung stiften, da sie im Alltag permanent von Auftraggebern, Kunden oder Kollegen verwendet werden – aber längst nicht immer im korrekten Kontext. Zu ihnen zählen insbesondere

✔ Freier Mitarbeiter

✔ Freelancer

✔ Pauschalist

Das klingt jetzt fürchterlich kompliziert, ist es aber gar nicht – denn so viel vorweg: Für keinen dieser Begriffe gibt es detaillierte gesetzliche Vorgaben.

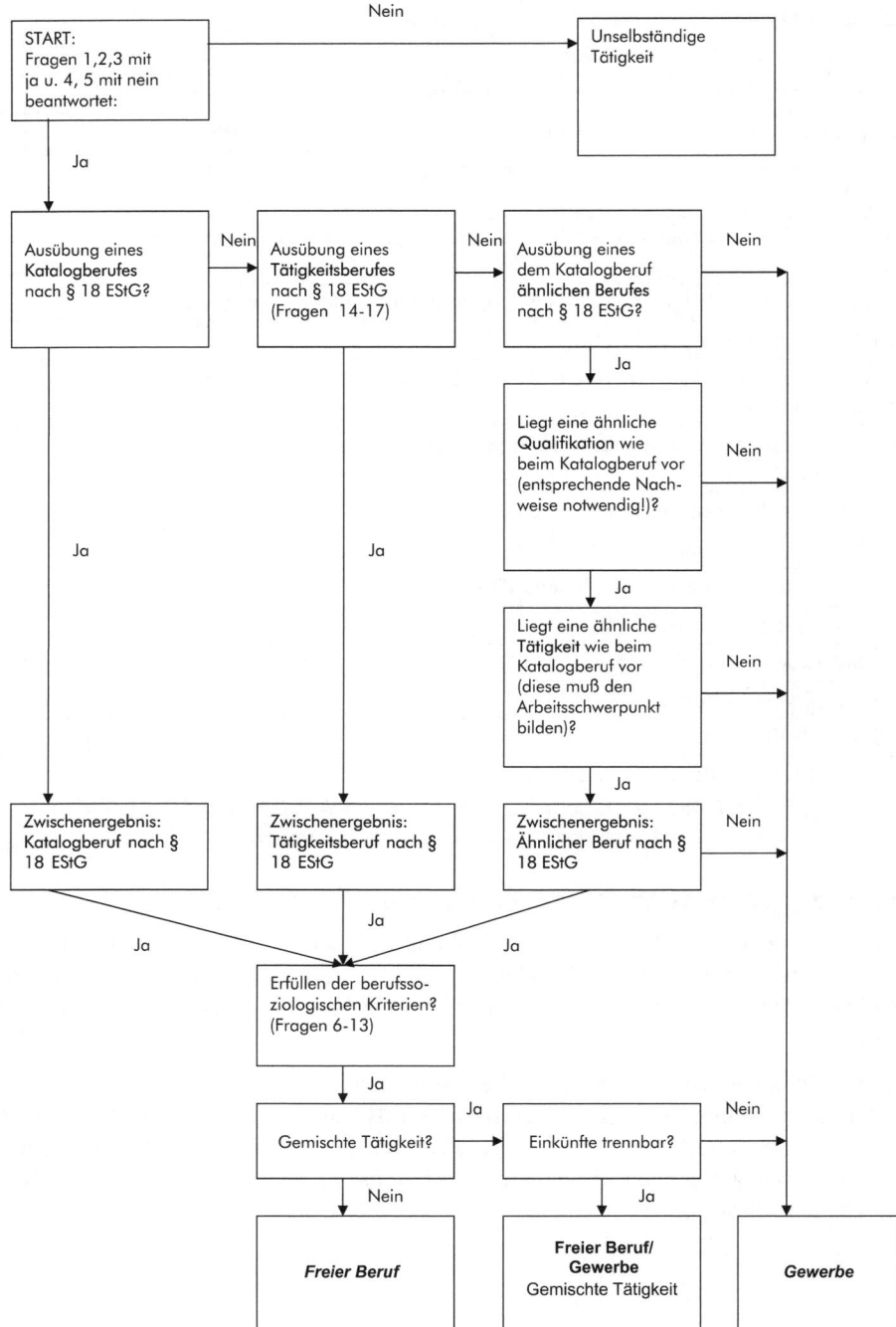

Abbildung 3.1: Prüfschema: Bin ich ein Freiberufler? Teil II
(Quelle: Institut für Freie Berufe, Nürnberg)

Freier Mitarbeiter

Ein freies Mitarbeiterverhältnis bedeutet in der Praxis lediglich, dass die beiden Vertragsparteien – sprich Auftraggeber und Auftragnehmer – die gegenseitige Rechtsbeziehung den Regeln des *freien Dienstvertrages* beziehungsweise des *Werkvertrages* unterwerfen und kein Arbeitsverhältnis eingehen.

Der freie Dienstvertrag und der Werkvertrag

Wer in Deutschland arbeitet, unterschreibt in der Regel einen Arbeitsvertrag. Dieses klassische Dokument enthält jedoch einige Unterformen, zu denen unter anderem der freie Dienstvertrag zählt. Solch ein Papier verpflichtet normalerweise den Auftragnehmer zu einer einmaligen festgelegten Dienstleistung. Allerdings weist der Auftraggeber den Auftragnehmer nicht für die Tätigkeit an – sprich: Es gibt keine berufliche Abhängigkeit zwischen den beiden. Typischerweise schließen beispielsweise Rechtsanwälte und Mandanten oder Fahrlehrer und Fahrschüler freie Dienstverträge ab.

Da die Bezeichnung freier Dienstvertrag allein nicht ausreicht, um solch ein Vertragsverhältnis zu verankern, müssen die Parteien noch einige weitere Kriterien berücksichtigen: Der Auftragnehmer

✔ bestimmt über seine Arbeitszeit frei

✔ gestaltet seine Arbeit frei – es gibt lediglich eine Zielvorgabe

✔ hat eine eigene Arbeitsstätte

✔ trägt ein unternehmerisches Risiko und erhält nur bei Erfolg sein Honorar

✔ kann keinen Anspruch auf soziale Leistungen oder Urlaub geltend machen

✔ erhält keine festen Bezüge, keine Überstundenvergütung und keine Vergütung im Krankheitsfall

✔ hat keine ständige Dienstbereitschaft

✔ darf weiteren Tätigkeiten nachgehen

Wer einen freien Dienstvertrag unterschreibt, verpflichtet sich also zur Erbringung einer Leistung und schuldet dem Auftraggeber eine Tätigkeit. Wer einen Werkvertrag unterzeichnet, verpflichtet sich dagegen zur Herstellung eines versprochenen Werkes und schuldet damit dem Auftraggeber einen bestimmten Erfolg.

Ob Dienst- oder Werkvertrag: Beide Vertragsarten können sowohl eine freiberufliche als auch eine gewerbliche Tätigkeit umfassen.

Freie Mitarbeiter finden sich in nahezu allen Unternehmen – unabhängig von ihrer Größe beziehungsweise ihrer Branche. Sie erhalten in der Regel Aufträge für Dienstleistungen oder Tätigkeiten, die

✔ sie außerhalb des Unternehmens leisten können

✔ für das Unternehmen eine ergänzende oder hilfreiche Funktion haben

Freiberufliche Unternehmensberater planen die Umstrukturierung eines Betriebs, freiberufliche Journalisten schreiben Artikel für Medien, gewerblich tätige Heizungsbauer helfen Kollegen tageweise aus – als freie Mitarbeiter auf der Basis eines Dienst- oder Werkvertrags, der auf längere Zeit oder für ein einmaliges Projekt angelegt ist, ohne dass es sich dabei um ein klassisches Arbeitsverhältnis handelt.

 Allein der Abschluss eines Vertrags über eine freie Mitarbeit sagt nichts darüber aus, ob der Auftragnehmer Freiberufler ist oder nicht. Setzen Sie daher freie Mitarbeit grundsätzlich nicht mit freiberuflicher Tätigkeit gleich – die Auftragnehmer können durchaus Gewerbetreibende sein.

Pauschalisten

Eine besondere Form freier Mitarbeiter stellen _Pauschalisten_ dar: Sie finden sich rechtlich irgendwo zwischen dem Status eines freien Mitarbeiters und eines fest angestellten Arbeitnehmers wieder. Aber auch für Auftragnehmer, die sich als Pauschalisten engagieren lassen, gilt: Sie können sowohl freiberuflichen als auch gewerblichen Tätigkeiten nachgehen. Wer mehr über die Vor- und Nachteile des Pauschalisten-Daseins lesen will, findet in Kapitel 8 mehr Informationen darüber.

Freelancer

Wer angesichts dieser Vielfalt an Begriffen langsam verzweifelt, sollte jetzt nicht aufgeben: Denn mit dem letzten gängigen Begriff rund um das Thema Freiberufler, freie Mitarbeit oder ähnliches – dem _Freelancer_ - braucht er sich nicht lange beschäftigen. Ein Freelancer ist nämlich nichts anderes als ein freier Mitarbeiter.

 Das Synonym für freier Mitarbeiter hat eine wesentliche längere Historie als die deutsche Bezeichnung: Im Mittelalter entstand der Begriff »Freelancer« für Ritter, die als Söldner tätig waren, also pro Einsatz engagiert und bezahlt wurden sind (engl.: lance – die Lanze). Die Antwort, ob dieser Job als freiberufliche oder gewerbliche Tätigkeit eingestuft werden sollte, bleiben wir Ihnen an dieser Stelle allerdings schuldig.

E-Lancer

Inzwischen macht auch zunehmend das Wort _E-Lancer_ die Runde: Es steht für Freelancer oder eben freie Mitarbeiter, die in virtuellen Teams zusammenarbeiten. Das e leitet sich vom englischen Wort _electronics_ ab.

Wo Freiberuflern Grenzen gesetzt sind

Als eigener Chef sein Geld zu verdienen, Arbeitszeit und Arbeitsumfang selbst einzuteilen oder sich sogar von dem einen oder anderen nörgelnden Auftraggeber zu verabschieden – Freiberufler scheinen über grenzenlose Freiheit zu verfügen. Das gilt allerdings nur auf den ersten Blick, denn Väterchen Staat schreibt auch Freiberuflern noch einiges vor – und einigen freiberuflichen Gruppen mehr als anderen.

Die Sonderstellung der Kammerberufe

Betroffen von besonderen Vorschriften sind die sogenannten *kammerfähigen Freien Berufe*. Sie müssen sich als Pflichtmitglied in der für sie zuständigen Berufskammer registrieren lassen. Zu den kammerfähigen Freien Berufen zählen

✔ Ärzte

✔ Zahnärzte

✔ Tierärzte

✔ Apotheker

✔ Notare

✔ Rechtsanwälte

✔ Patentanwälte

✔ Steuerberater

✔ Wirtschaftsprüfer

✔ Architekten

✔ Beratende Ingenieure

Die Idee, die hinter dem System der Kammern steckt, ist ebenso einfach wie nachvollziehbar: Eine ganze Reihe von freiberuflichen Tätigkeiten erfordern eine sehr hohe fachliche Kompetenz inklusive einer entsprechenden Ausbildung. Sie gewährleisten beispielsweise die medizinische Versorgung der Bevölkerung beziehungsweise dienen der Rechtspflege hierzulande. Sie sichern eine unabhängige Beratung oder haben eine ordnungspolitische Funktion wie Notare und Wirtschaftsprüfer.

Die höchstkammerliche Erteilung der Zulassung

Und damit in Deutschland alles seine Ordnung behält, müssen Freiberufler bestimmter Berufsgruppen die entsprechende Ausbildung nachweisen – und genau das machen sie bei der jeweiligen Kammer. Ob die betreffende Kammer dem Antragsteller letztendlich die Zulassung erteilt, hängt von drei Faktoren ab:

1. seiner persönlichen Zuverlässigkeit, die er mit einem polizeilichen Führungszeugnis nachweisen muss

2. seiner fachlichen Qualifikation, zu der ein abgeschlossenes Studium oder ein vergleichbarer Aus- und Weiterbildungsweg zählt

3. seinen sachlichen Voraussetzungen, die er unter anderem durch eine Auskunft aus dem Schuldnerverzeichnis nachweisen muss, da er eine gewisse wirtschaftliche Leistungsfähigkeit mitbringen sollte

Beantragung der Eintragung

Falls Sie sich beispielsweise ein Architekturbüro eröffnen wollen, müssen Sie bei Ihrer lokalen Architektenkammer Ihre Eintragung beantragen. Dazu brauchen Sie jede Menge Unterlagen, wie beispielsweise

✔ Ihren Personalausweis

✔ den Eintragungsantrag

✔ einen lückenlosen Lebenslauf

✔ beglaubigte Kopien Ihrer Prüfungszeugnisse

✔ Arbeitszeugnisse Ihrer praktischen Tätigkeiten

Eine genaue Aufstellung der erforderlichen Unterlagen erhalten Sie bei der für Sie zuständigen Kammer.

Für die Bearbeitung der Anträge verlangen die meisten Kammern eine Gebühr, die durchschnittlich 300 Euro beträgt. Das Geld müssen Sie in der Regel bezahlen, sobald Ihr Antrag bei der entsprechenden Kammer eingeht. Da in vielen Kammern ein sogenannter Eintragungsausschuss tagt, kann es Ihnen durchaus passieren, dass es bis zu drei Monate und länger dauert, ehe das Gremium mal wieder zusammenkommt und über Ihren Antrag entscheidet.

Die Kammer an Ihrer Seite

Natürlich bedeutet es eine Menge Aufwand, Mitglied in einer Kammer zu werden – zumal, wenn es auch noch unfreiwillig ist. Vielleicht ist es aber ein kleiner Trost, dass die meisten Kammern ihren Mitgliedern ein umfangreiches Service- und Dienstleistungsangebot zur Verfügung stellen. Sie

✔ beraten in Honorarfragen

✔ organisieren Informationsveranstaltungen, Messen oder Kongresse

✔ informieren über neue Trends und Entwicklungen in der jeweiligen Branche

✔ veröffentlichen regelmäßig Fachblätter und Mitgliedermagazine mit wertvollen Informationen

✔ veröffentlichen Projekte

✔ informieren über Ausbildungswege ihrer Branche

✔ vermitteln berufliche Partnerschaften

✔ bieten juristischen Rat und Hilfe in Streitfällen

 Ob Sächsische Psychotherapeutenkammer, Hessische Landesärztekammer oder Bayerische Ingenieurskammer – wer seine Mitgliedschaft beantragt, sollte sich möglichst detailliert über die Gebühren erkundigen, die seine Kammer jährlich von ihm verlangt. Auch die Nachfrage, ob demnächst eine Beitragserhöhung ansteht, sollten Sie nicht vergessen. Zwar müssen Sie die Summe so oder so zahlen,

da Sie ja durch Ihren verkammerten Beruf zu einer Mitgliedschaft verpflichtet sind. Je genauer Sie aber wissen, welche Ausgaben auf Sie zukommen, desto besser können Sie kalkulieren.

Und noch ein paar Besonderheiten

Normalerweise ist es mit der Pflichtmitgliedschaft allein allerdings nicht getan: Auf Freiberufler, die in Kammerberufen tätig sind, kommen in der Regel noch einige weitere Besonderheiten ihrer Zunft zu. Dazu zählen unter anderem

✔ die Pflichtmitgliedschaft in berufsständischen *Versorgungswerken*

✔ die Regelungen für die *Werbung*

Besser vorsorgen als nachsehen: Versorgungswerke

In Deutschland findet sich eine Vielzahl an verschiedensten Versorgungswerken, die betroffenen Freiberuflern in allen Fragen rund um Zukunftsvorsorge und rechtliche Absicherung mit einem Rundum-Sorglos-Paket zur Seite stehen. Eine kleine Aufzählung gefällig?

✔ Versorgungswerk der Anwälte Hamburg

✔ Versorgungswerk der Architektenkammer Nordrhein-Westfalen

✔ Versorgungswerk Handwerk

✔ Bayerische Apothekerversorgung

✔ Ingenieurversorgung Mecklenburg-Vorpommern

Das Portfolio der Versorgungswerke umfasst nahezu alles, was Sie als Freiberufler – ob Arzt, Ingenieur oder Apotheker – ohnehin brauchen:

✔ Private Berufs- und Zukunftsvorsorge

✔ Betriebliche Altersversorgung

✔ Berufsunfähigkeit

✔ Private Krankenversicherung

✔ Betriebshaftpflichtversicherung

✔ Private Unfallversicherung

✔ Rechtschutzversicherung

✔ Kraftfahrtversicherung

Kniffliger wird es dagegen für Sie, wenn Sie als Freiberufler Werbung für Ihr Studio, Ihre Praxis oder Ihre Kanzlei machen wollen. In Deutschland war Werbung für Ärzte, Anwälte oder Architekten lange Zeit ein Fremdwort. Grund dieses allgemeinen Werbeverbots waren die Berufsordnungen – das von der Rechtsanwalts-, Ärzte- oder Apothekerkammer verabschiedete Standesrecht: Die Regelungen sollten eine Kommerzialisierung dieser Berufe verhindern.

Werben oder nicht werben dürfen – das ist hier die Frage

Inzwischen jedoch hat die Europäische Union die meisten sogenannten _berufsständischen Werbeverbote_ aufgehoben. Den allerletzten Schliff erhielt die neue Werbefreiheit in Deutschland durch eine EU-Dienstleistungsrichtlinie, die alle Mitgliedstaaten bis Ende des Jahres 2009 umsetzen mussten.

Jetzt können Apotheker oder Steuerberater munter ihre neuen Kommunikationschancen nutzen und Werbung in eigener Sache machen – soweit das anderweitige Vorschriften zulassen.

Die Werbung von Freiberuflern darf nicht irreführenden oder belästigenden Charakter haben. Im Gegensatz zu reinen Wirtschaftsunternehmen sollte sie grundsätzlich nur sachliche und rein berufsbezogene Informationen enthalten. Wer nichts falsch machen will, studiert am besten die jeweiligen Vorgaben und Richtlinien seiner Branche.

Welche Methoden am meisten Erfolg versprechen beziehungsweise welche rechtlichen Grundlagen Sie für Ihre Werbemaßnahmen weiterhin berücksichtigen müssen, können Sie in Kapitel 10 nachlesen. Generell finden Sie unter den Internetadressen www.direkt-plus.de oder unter www.freie-berufe.de weitere nützliche Details zur Werbefreiheit für Freiberufler in Deutschland.

Teil II

Inspiration, Innovation, Disziplin – Was den Freiberufler auszeichnen sollte

»Erstaunlich, er hat geschlagene neun Stunden gebraucht, um seinen Desktop aufzuräumen.«

In diesem Teil ...

Inspiration, Innovation, Disziplin – wer sich als Freiberufler selbstständig machen will, muss viele Herausforderungen bewältigen. Chancen dazu bieten sich nahezu immer und auch nahezu überall. In diesem Teil können Sie sich über erste Gehversuche als Freiberufler informieren. Sie erfahren auch, um welche Aufgaben Sie keinesfalls herumkommen und warum Sie dafür geschaffen sein müssen, mit Unsicherheit zu leben. Wir zeigen Ihnen, wie Sie sich kritisch analysieren und herausfiltern, ob Sie wirklich für ein Dasein als Freiberufler geeignet sind.

Ich bin frei – ein Traum, den fast jeder verwirklichen kann

4

In diesem Kapitel

▶ Die Beweggründe, frei zu arbeiten

▶ Die Basis für die Geschäftsidee

▶ Viele Chancen für den Einstieg in die berufliche Freiheit

▶ Verlockendes und Verpflichtendes für jeden Freiberufler

Sie erwägen schon seit Längerem, sich selbstständig zu machen? Aber immer wieder kommen Ihnen Zweifel, ob Sie der richtige Typ dafür sind? Nur zu Ihrer Beruhigung: Den typischen Freiberufler gibt es nicht! Und wenn Sie 100 Freiberufler treffen, können Sie mit großer Sicherheit davon ausgehen, 100 verschiedene Typen kennen zu lernen.

So heterogen die Charaktere, so unterschiedlich sind in der Regel auch die Wege, die Freiberufler gehen, um sich selbstständig zu machen. Hier macht der eine sein Hobby zum Beruf, da nützt der andere die fachspezifischen Kenntnisse aus seinem ehemaligen Job. Und während mancher erste Aufträge lieber erst einmal in den Abendstunden erledigt, weil er seinen Job nicht gleich kündigen will, kaufen sich andere nach bestandenem Universitätsdiplom sofort einen Chefsessel und eröffnen ein eigenes Büro.

In diesem Kapitel zeigen wir Ihnen die unterschiedlichsten Antriebe, als Freiberufler zu arbeiten. Auch über die vielfältigen Wege in die berufliche Freiheit erfahren Sie einiges. Damit Sie wissen, was auf Sie zukommt, wenn Sie als Freiberufler Ihr Glück versuchen, beschreiben wir zudem, welche persönlichen Voraussetzungen Sie mitbringen sollten – denn die zugegebenermaßen unbestrittenen Vorteile, sein eigener Chef zu sein, machen die Selbstständigkeit bei Weitem nicht allein aus.

Beweggründe, frei zu arbeiten

Doch warum sollten Sie das Freiberuflersein einer festen Anstellung vorziehen? Viele Motivationen können hinter dem Wunsch stecken, freiberuflich arbeiten zu wollen.

Raus aus dem Alltag – rein ins Abenteuer

Sind es die aufdringlichen Töne der elektronischen Arbeitszeiterfassung, die Machtkämpfe unter den Kollegen oder die Tobsuchtsanfälle des Chefs, die Ihnen schon seit einiger Zeit Ihren Job vergällen? Oder sind Sie einfach nur an einem Punkt in Ihrer Karriere angekommen, an dem Sie sich fragen, ob Sie wirklich die nächsten 20 Jahre so weiter machen oder beruflich doch lieber noch etwas Neues, etwas Herausforderndes erleben wollen? Möglicherweise macht Ihnen Ihr Job auch sehr viel Spaß, aber Sie träumen schon lange davon, Ihre Kompetenzen nicht nur partiell, sondern umfassend zu nutzen, was in Ihrem derzeitigen Job nicht realisierbar ist.

Wer sich die Werdegänge von Freiberuflern genauer anschaut, stellt schnell fest, dass es die unterschiedlichsten Gründe, Anlässe oder Auslöser waren, die den jeweiligen Kandidaten dazu gebracht haben, als Freiberufler Karriere zu machen. Möglicherweise entdecken Sie bei sich Ähnlichkeiten mit dem einen oder anderen der nachfolgenden Charaktere. Vielleicht befreit Sie aber auch eine der Typenbeschreibungen von Ihren letzten Zweifeln, ob Sie Ihr Glück tatsächlich als Freiberufler versuchen sollten.

Der frustrierte Arbeitnehmer

Für die Kollegen ist die Welt der frustrierten Arbeitnehmer scheinbar völlig in Ordnung: Sie sind immer pünktlich, erledigen ihre Aufgaben tadellos und gleichen bei Konflikten aus. Auch ihre Vorgesetzten ahnen oft nichts von der wahren Gefühlswelt der frustrierten Arbeitnehmer: Sie freuen sich, dass die Mitarbeiter zuverlässig und einsatzbereit sind und ihre Projekte im Griff haben.

Tatsächlich schaut es im Inneren solcher Mitarbeiter aber oft alles andere als rosig aus. Unter Umständen hadern sie schon seit Jahren mit dem Umstand, dass sie keine Chancen haben, sich weiterzuentwickeln. Oft fehlen ihnen innerhalb ihres Unternehmens erfahrene Vorbilder, denen sie nacheifern könnten. Übernimmt dann auch noch ein Kollege die frei gewordene Führungsposition, obwohl er kaum Fachexpertise mitbringt, resignieren viele frustrierte Arbeitnehmer endgültig.

Ab dem Moment absolvieren sie Tag für Tag, Woche für Woche oder sogar Jahr für Jahr den immer gleichen Trott, bis sie möglicherweise endlich auf die rettende Idee kommen, ihrem Arbeitgeber zu kündigen, um – soweit in ihrem Berufszweig machbar – ihr Fachwissen und ihre Erfahrung zukünftig als Freiberufler zu nützen.

 Ich bin dann mal weg

Jahrelang galt ein 43-jähriger Ingenieur in seiner Abteilung als einer der Besten: Das Wissen, das Organisationstalent und das Zeitmanagement des Verfahrenstechnikers aus Südbayern waren unbestritten. Stand ein großes, neues Projekt an, fiel die Wahl stets auf Müller. Dennoch war Müller bei seinem Arbeitgeber, einem großen, deutschen Chemieunternehmen, nicht mehr glücklich: Immer wieder betonte er, dass er nicht bis zum Rentenalter Projektleiter bleiben wolle.

Seine kleine Revolution hatte Erfolg: Um Müller nicht als Arbeitnehmer zu verlieren, bot ihm der Chef eine Stelle in einem anderem Unternehmensbereich an. Nachdem Müller jedoch noch einmal intensiv nachgedacht hatte, erschien ihm ein völlig anderer Weg wesentlich reizvoller: Er lehnte das neue Jobangebot ab, überreichte seinem Arbeitgeber die Kündigung und machte sich mit einem Ingenieurbüro selbstständig. Inzwischen ist er mit seinem Ein-Mann-Unternehmen bestens im Geschäft.

Wer bei seinem Arbeitgeber auf Teilzeit- oder Vollzeitbasis angestellt und einer der Leistungsträger ist, sein Geld zukünftig aber als Freiberufler verdienen will, sollte unbedingt das Gespräch mit seinem Chef suchen, ehe er kündigt: Unter Umständen verpflichtet der Vorgesetzte den abtrünnigen Beschäftigten sofort als freien Mitarbeiter oder gibt ihm als Starthilfe zumindest einen ersten Auftrag, weil er das Wissen und das Engagement des betreffenden Mitarbeiters nicht verlieren will. Und obendrein spart sich das Unternehmen so die teuren Lohnnebenkosten, weiß aber genau, dass der freiheitsliebende Beschäftigte den Auftrag oder das Projekt zur größten Zufriedenheit absolvieren wird.

Der kreative Fantast

Für Vorgesetzte sind sie oft unersetzlich: die kreativen Fantasten. Sie sprudeln auf jeder Abteilungskonferenz vor Ideen, und sogar beim Mittagessen in der Kantine kommen ihnen noch schräge Gedanken und innovative Einfälle. Sie können sich zu jeder Zeit neue Strategien, neue Geschäftsfelder oder ungewöhnliche Kundenakquisitionen vorstellen – kurz gesagt, ihrer Fantasie sind kaum Grenzen gesetzt.

Während ihrer gedanklichen Spritztouren entwickeln sie oft viel versprechende Ideen, die sie dann nicht mehr loslassen. Eine bittere Tatsache für jeden Arbeitgeber, denn meist lässt die Kündigung nicht mehr lange auf sich warten. Schließlich können sich die kreativen Fantasten dank ihrer großen Vorstellungskraft und ihres Einfallsreichtums bis ins kleinste Detail ausmalen, was sie als Freiberufler alles erwartet.

Ungewöhnliche Inszenierung

Sechs Jahre lang studierte ein Musikliebhaber Orchesterdirigieren in Weimar und München. Nach Abschluss der Meisterklasse im Jahr 2007 wollte der Musiker allerdings sofort dirigieren und zusammen mit vielen Musikern ein Werk einstudieren. Für Dirigenten in dieser Phase ihres Berufslebens normalerweise ein völlig abwegiger Wunsch: In der Regel korrepetieren ausgebildete Dirigenten zunächst an der Oper, wo sie jahrelang Sänger am Klavier begleiten.

Um sich seinen Wunsch möglichst schnell zu erfüllen, fand der Dirigent jedoch eine Lösung und stand kurz darauf mit Taktstock am Pult: Er scharte andere Musikhochschulabsolventen um sich, um Beethovens Neunte in der Münchner Residenz aufzunehmen und als CD zu verkaufen.

Um seinen Lebensunterhalt zu sichern und die Kosten solcher Produktionen vorzufinanzieren, spielt er als freiberuflicher Dirigent Filmmusiken ein und dirigiert Uraufführungen oder zeitgenössische Werke. Außerdem unterrichtet er und leitet darüber hinaus das Symphonieorchester einer Münchner Vorortgemeinde.

Der neugierige Experte

Gehören Sie auch zu diesen Typen, die es nicht lassen können? Die auf ihrem Fachgebiet immer wieder etwas Neues ausprobieren oder Fremdes erkunden müssen? Ob Chemiker im Labor, Personalmanager im Büro oder Journalistin auf Recherche: Wissensdurstige Experten halten stets Ausschau nach neuen Ideen und entdecken so unbearbeitete Nischen.

Von einer Entdeckung bis zur Idee, genau in dieser Lücke mit seiner Expertise neue, berufliche Chancen zu suchen, ist es dann meist nicht mehr weit.

Frau Koeltzschs ungewöhnliches Gespür für Beratungsbedarf

Die Wahl-Münchnerin Irina Koeltzsch hatte als Personalmanagerin in einem Unternehmen die Aufgabe, Mitarbeiter, die für einige Zeit für ihren Arbeitgeber in die USA und nach Asien gehen sollten, in allen Fragen rund um dem Umzug und den Aufenthalt zu betreuen. Im Rahmen ihrer Arbeit beobachtete Frau Koeltzsch immer wieder, was sich in diesem Spezialgebiet außerhalb ihres Unternehmens so tat. Dabei stellte die Personalmanagerin fest, dass der Bedarf an Agenturen, die Unternehmen bei der Entsendung ihrer Mitarbeiter ins Ausland beraten, immens groß war.

Nachdem sie mehr als ein Jahr lang reiflich überlegt hatte, ob ihre Beobachtungen tatsächlich stimmten, überwog die Neugierde. Also beschloss sie, ihren Job zu kündigen und das *expat office koeltzsch* zu gründen. Inzwischen betreut sie erfolgreich Kunden aus verschiedensten Branchen rund um das Thema Auslandsentsendung.

Der standesbewusste Diplomand

Früher waren es die draufgängerischen Kerle aus dem Wilden Westen, die ihren großen Freiheitsdrang auf dem Rücken schneller Mustangs auslebten. An Zeit und Ort fühlten sich Cowboys kaum gebunden. Heute sind es standesbewusste Diplomanden – mal lässig in Jeans, mal in feinem Zwirn -, die sich partout nicht binden wollen: Sie träumen von ihrer beruflicher Unabhängigkeit. Daher enden viele freiheitsliebende Hochschulabsolventen oft als Freiberufler. Sie gründen ihre eigene Firma, eröffnen eine eigene Kanzlei oder Praxis oder schlagen sich als klassisches Ein-Mann-Unternehmen durch.

Angst, dass sie mit ihrem Berufsmodell scheitern könnten, haben die wenigsten Diplomanden: Sie besitzen meist Charakterzüge, die für den Erfolg als Freiberufler überaus hilfreich sind, nämlich

✔ Neugierde

✔ Mut

✔ Risikobereitschaft

✔ Ehrgeiz

✔ Konsequenz

✔ Selbstbewusstsein

✔ Entscheidungsfreudigkeit

Und täglich lockt der Traum

Manche Dinge müssen Möchtegern-Freiberufler einfach probieren, um zu wissen, ob sie so klappen. Wer davon träumt, sein eigener Chef zu sein, sollte im Vorfeld konsequent Augen und Ohren offen halten, um alle sich bietenden Chancen zu erkennen: Denn der Weg vom Traum, endlich frei zu arbeiten, bis zur Wirklichkeit ist oft gar nicht so beschwerlich und mühsam, wie es auf den ersten Blick scheint.

Ob kopiert, abgeguckt oder völlig neu erfunden: Wer als Freiberufler loslegen will, findet zahlreiche Möglichkeiten, sich zu verwirklichen – einen Königsweg gibt es nicht. So unterschiedlich die Typen, so verschieden sind auch die Ausgangspunkte in die berufliche Freiheit.

Viel hilft viel

Die berufliche Vergangenheit eines IT-Experten aus Westdeutschland liest sich so, als ob er schon Dutzende von Jahren hinter dem Bildschirm Web-Anwendungen konzipiert hätte. Dabei ist der Diplom-Informatiker noch gar nicht lang im Geschäft: Er zählt zu den Freiberuflern, die in kürzester Zeit extrem vielfältige Berufserfahrungen gemacht haben.

Nach seinem Fachhochschulabschluss sammelte er als fest angestellter Mitarbeiter eines Software-Dienstleistungsunternehmens zunächst vier Jahre lang Erfahrungen im In- und Ausland. In dieser Zeit bewies er sich als absoluter Tausendsassa: Ob in der Medizin- oder Militärtechnik, der Mikroelektronik oder der Telekommunikation – der Informatiker erledigte die unterschiedlichsten Aufgaben. Er entwickelte unter anderem Software oder Frameworks für Kommunikationskomponenten, entwarf und implementierte Softwarekomponenten und schulte Mitarbeiter auf den Gebieten der objektorientierten Analyse, dem objektorientierten Design und Entwurfsmuster.

Danach war er dann überzeugt, ausreichend Wissen auf Lager zu haben, um als IT-Freiberufler sein Geld zu verdienen. Inzwischen entwickelt er als technischer Projektleiter für Unternehmen aus der Logistikbranche Staplerleitsysteme, erstellt Spezifikationen, Anwendungs- und Systemarchitektur, schult Mitarbeiter und coacht sie begleitend.

Meine Branche, mein Wissen, meine Zukunft

Früher war alles viel besser! Diesen Spruch der Großeltern oder Eltern kennen Sie wahrscheinlich bestens. Lassen Sie es dahin gestellt sein, ob früher wirklich alles besser war, anders war es auf alle Fälle. Früher war das Berufsleben als Selbstständiger meist eindeutig vorgegeben: Entweder absolvierte man nach einer zwei- bis dreijährigen Lehre die Gesellen- und später die Meisterprüfung, bevor man seinen eigenen Betrieb gründete oder man studierte Jura, Pharmazie oder Medizin und startete danach als Freiberufler. Heutzutage setzt sich eine Karriere als Freiberufler meist aus viel mehr Puzzlestückchen zusammen:

✔ Lehre und/oder Studium

✔ Berufserfahrungen in einem festen Arbeitsverhältnis

✔ Weiterbildung zum Experten im beruflichen Fachgebiet

✔ Erweiterung der Fachausbildung durch fachfremde Qualifikationen

✔ Entscheidung für die Selbstständigkeit

Das mag kompliziert klingen, aber dennoch nützen die meisten Beschäftigten ihre ursprüngliche Ausbildung oder ihre Qualifikationen, um als Freiberufler einen neuen Karriereabschnitt zu beginnen. Das zusätzlich angeeignete Wissen verschafft ihnen eine sichere Basis für die eigene Kanzlei, Praxis, das eigene Studio oder die eigene Agentur.

Ein Hobby – ein Beruf!

Sehen Sie den Glanz in den Augen Ihres Freundes, wenn er Ihnen begeistert von seinem letzten Urlaubsort vorschwärmt und Ihnen anschließend minutiös aufzählt, wie er seine freien Tage auf den Kapverden vor Afrika oder auf der malaiischen Insel Langkawi verbracht hat? Kommt das Gespräch dann aber nach einiger Zeit auf seinen Job zu sprechen, verschwindet seine Euphorie in Sekundenschnelle und verwandelt das eben noch so strahlende Gesicht in eine griesgrämige, grimmige Miene.

Freizeitköche, Bastelfreaks, Sportskanonen – wohl jeder hat in seinem Freundes- und Bekanntenkreis Menschen, die sich in ihrer Freizeit voller Enthusiasmus und Leidenschaft Dingen widmen, die ihnen viel Freude bereiten – hier wollen sie Bestleistungen bringen. Fast scheint es dann, dass Faktoren wie Zeit oder Kosten keinerlei Rolle spielen. Solch eine Begeisterung für ein Hobby bietet ideale Vorraussetzungen, um seine Leidenschaft zum Beruf zu machen.

Wer sich mal genauer umschaut und umhört, registriert schnell, dass es sehr viele Menschen gibt, die ihr Hobby erfolgreich zum Beruf machen. Ein paar Beispiele gefällig? Eine ehemalige Schulleiterin hatte schon immer Spaß daran, Veranstaltungen zu organisieren. Seit einigen Jahren schon arbeitet sie deutschlandweit als selbstständige Eventmanagerin. Eine ausgebildete Sekretärin spielte in ihrer freien Zeit leidenschaftlich Golf und bringt heute Jugendlichen und Erwachsenen die richtige Schwungtechnik bei.

Solche Lebenswege lesen sich wie ein Märchen aus Tausendundeiner Nacht. Überraschend ist der Erfolg dieser Freiberufler allerdings nicht. Schließlich wissen sie ab dem ersten Tag, an dem sie ihr eigener Chef sind, wie der Markt, die Kunden und potenzielle Konkurrenten ticken. Zugleich motiviert es enorm, sich den lieben, langen Tag mit Dingen zu beschäftigen, die man sowieso gern macht.

Aller Euphorie zum Trotz müssen Freiberufler, die ihr Hobby zum Beruf machen, stets aufpassen: Um sich eine tragfähige Existenz zu schaffen, sollte das Geschäftsmodell funktionieren. Lassen Sie sich also nicht vorschnell von Ihrer Leidenschaft oder Ihren Träumen verführen. Vielmehr sollten Sie sich angewöhnen, wie ein knallharter Geschäftsmann zu denken: Sie müssen Kunden gewinnen, Umsätze erzielen und Ihre Kosten im Griff behalten.

Nischen, Ecken, Lücken – Viele günstige Gelegenheiten

Ok, den bisherigen Job als Selbstständiger weiter auszuüben oder sein Hobby zum Beruf zu machen, sind wohl die naheliegendsten Möglichkeiten, um als Freiberufler seine Karriere zu starten. Wem sich diese Chancen nicht bieten, weil er beispielsweise als Schichtarbeiter oder Sprechstundenhilfe arbeitet und deswegen auf einen Arbeitgeber angewiesen ist, für den muss das allerdings noch lange nicht das Ende aller Freiberufler-Träume bedeuten. Die Auswahl an alternativen Wegen ist vielfältig:

✔ eigenen Talenten vertrauen

✔ ausländische Geschäftsmodelle übertragen

✔ unbesetzte Nischen finden

»Ich weiß, dass ich nichts weiß.« Die weise Erkenntnis des Griechen Sokrates lässt sich durchaus auch umkehren: »Ich weiß, was ich weiß«. Wer kritisch mit sich und seinen Talenten ins Gericht geht, stößt unter Umständen auf Begabungen, an die er schon lange nicht mehr gedacht oder die er möglicherweise noch nie bewusst wahrgenommen hat. Jetzt entpuppen sich die ungenutzten Talente möglicherweise als Initialzündung für den Schritt in die Selbstständigkeit.

Was kann ich wirklich gut?

Wem es beispielsweise außerordentlich leicht fällt, sich sprachlich exzellent auszudrücken, könnte als freier Ghostwriter oder Redenschreiber sein Geld verdienen – auch wenn er bis dato bei seinem Arbeitgeber Karriere als Ingenieur gemacht hat. Vielleicht denken Sie schon lange nicht mehr an die bissigen Karikaturen, die Sie Student regelmäßig mit wenigen Bleistiftstrichen aufs Papier gezaubert haben? Warum sollten Sie mit diesem zeichnerischen Talent nichts anfangen können? Möglicherweise hat Sie aber auch die jüngste Wirtschaftskrise nach Ihrem Studium in einen Beruf getrieben, den Sie gar nicht angepeilt hatten. Ihre erworbenen Qualifikationen dagegen bleiben ungenutzt.

Falls Sie darüber nachdenken, als Freiberufler Ihr Geld verdienen zu wollen, sollten Sie sich viel Zeit nehmen, um herauszufinden, was Sie können und welche Talente Sie nutzen möchten.

Der berufliche Werdegang eines Münchners birgt einige Überraschungen: Nachdem der gebürtige Türke in München sein Anglistik-Studium mit Bravour absolviert hatte, brauchte er seine hervorragenden Englischkenntnisse plötzlich gar nicht mehr. Als Mitarbeiter einer großen Investor-Relations-Agentur kümmerte er sich vor allem um Anliegen von Kunden, Presse- und Adhoc-Mitteilungen – und das alles auf Deutsch. Da er mit dem Job nie ganz zufrieden war, wollte er endlich seine wahren Qualifikationen nützen und eröffnete eine Agentur für Übersetzungen und englisches Lektorat. Inzwischen verdient der Münchner nicht nur ausreichend Geld als freier Übersetzer, sondern schöpft sein Können perfekt aus.

Blick über den Gartenzaun

Fehlt es an unentdeckten Talenten, um sich damit als Freiberufler zu etablieren, hilft Ihnen möglicherweise eine Geschäftsidee aus dem Ausland weiter. Ein Konzept, dass viele junge Unternehmer gewählt haben beziehungsweise immer noch verfolgen, um die passende Idee für eine Existenzgründung zu finden. Natürlich können Sie als zukünftiger Freiberufler nicht ein komplettes Geschäftsmodell kopieren – aber die eine oder andere Nische, die für Freiberufler geeignet ist, lässt sich dort schon finden.

Die Idee, Geschäftsmodelle insbesondere aus den USA oder England zu importieren, ist zwar keineswegs neu, aber vielversprechend. Gerade die USA empfehlen sich als idealer Ort, um nach pfiffigen Geschäftsideen Ausschau zu halten:

1. Zwischen New York und San Francisco gibt es unzählige kreative Köpfe, die neue Ideen oder Hightech-Innovationen testen, aus denen sich ganze Industrien wie beispielsweise die Themen Blogging und Podcasting entwickeln.

2. Die amerikanische Gesellschaft ist gegenüber Innovationen und ungewöhnlichen Ideen wesentlich aufgeschlossener als europäische Nationen. Die Neugierde der US-Amerikaner bietet neuen Geschäftsmodellen die Chance, sich zu etablieren beziehungsweise schnell durchzusetzen.

3. Zugleich fördert die stark ausgeprägte Wettbewerbskultur der Amerikaner ideale Testbedingungen: Passt ein Geschäftsmodell oder eine Idee nicht optimal, müssen die entsprechenden Schrauben schnell justiert werden, damit die Konkurrenz einem nicht das Geschäft vor der Nase wegschnappt.

Warum nicht mal hier oder mal dort

Neben all diesen Wegen finden sich durchaus noch weitere Möglichkeiten, Ihrem Chef Adieu zu sagen und auf eigene Faust tätig zu werden. So passiert es immer wieder, dass bestimmte Branchen beziehungsweise Geschäfte händeringend nach einem Springer suchen, der Urlaubs-, Schwangerschafts- oder Krankenvertretungen übernimmt. So schreibt der Gesetzgeber beispielsweise Apotheken vor, dass stets ein ausgebildeter Apotheker im Laden anwesend sein muss.

Der Vorteil der freiberuflicher Springer: Sie müssen sich nicht mit lästigen Umsatzzielen, Mitarbeiterführung oder Kundenbindung herumschlagen, sondern treten tage-, wochen- oder monatsweise zu ihrem Dienst an, um sich anschließend einfach wieder eine neue Station zu suchen.

 Als freiberuflicher Springer sein Geld zu verdienen, bedeutet in der Regel, kaum mehr in den eigenen vier Wänden zu schlafen, oft im Auto zu sitzen und sich stets auf ein neues Umfeld einrichten zu müssen. Wen solch ein unstetes Leben möglicherweise belastet, weil er auch seine Freunde oder seine Familie nur noch selten sieht, muss sich gut überlegen, ob er diesen Schritt riskieren will.

Um Ihr Ziel nicht aus den Augen zu verlieren, hilft es Ihnen sicherlich, Ihre bisherigen Erkenntnisse über Ihr geplantes freiberufliches Modell, das dazugehörige Umfeld sowie die Rahmenbedingungen übersichtlich zusammenzustellen. Die Checkliste in Tabelle 4.1 kann Sie dabei unterstützen.

 Diese Checkliste finden Sie als Download unter http://www.wiley-vch.de/ publish/dt/books/ISBN978-3-527-70654-9.

So geht's los

Wenn Sie schon wissen, womit Sie als Freiberufler zukünftig Ihr Einkommen erwirtschaften wollen, haben Sie bereits einen entscheidenden Schritt gemeistert. Jetzt stellt sich aber noch die Frage, wie Sie Ihr neues Berufsleben anfangen. Je nachdem, welcher Typ Sie sind, können Sie vorsichtig, Schritt für Schritt oder sofort voller Elan Ihre Pläne verwirklichen.

Erste Versuche: Jeder fängt mal klein an

Ärzte, Apotheker oder Anwälte, die ihr eigener Chef werden wollen, können diesen Abschnitt des Kapitels getrost überspringen. Sie müssen sich an die strikten Vorgaben des Gesetzgebers halten, wenn sie eine eigene Praxis, Apotheke oder Kanzlei betreiben wollen. Die meisten anderen aber, die davon träumen, frei zu arbeiten, können sich langsam aber sicher an ihr Ziel herantasten.

Schließlich spricht nichts dagegen, zunächst nach den letzten Vorlesungen an der Universität, am Feierabend oder am Wochenende Yoga-Kurse anzubieten, Computerprogramme zu schreiben oder Layouts für Unternehmensmagazine zu entwerfen. In der Regel stellen Sie so nach einigen Wochen und Monaten fest, ob es Ihnen Spaß macht, freiberuflich zu arbeiten. Das Risiko ist dabei äußerst gering, weil Sie Ihren Arbeitsplatz nicht aufgeben müssen, aber erste Erfahrungen als Freiberufler sammeln.

 Wer sich vorsichtig an das Dasein eines Freiberuflers herantastet und seine Dienstleistung zu Beginn nur für einzelne Stunden oder für kleine, überschaubare Projekte anbietet, sollte sein Augenmerk vor allem darauf richten, ob dieses Engagement seinen Erwartungen entspricht. Die Höhe des Honorars sollte vorerst eine untergeordnete Rolle spielen, da Sie ja noch testen, ob Ihnen Ihr zukünftiger beruflicher Wandel überhaupt Freude bereitet.

Engagement für Fortgeschrittene: 400 Euro-Jobs

Natürlich wollen Sie als Freiberufler nicht von einem Arbeitgeber abhängig sein oder sich möglicherweise sogar nach seinen Dienstplänen richten müssen! Wer jedoch frei arbeiten will, aber zumindest sicher über ein kleines Basiseinkommen verfügen will, kann dies auch bestens mithilfe eines 400 Euro-Jobs. Diese so genannten geringfügig entlohnten Beschäftigungen bieten angehenden Freiberuflern einige Vorteile:

Checkliste Geschäftsidee	Ja	Nein
Die Person des Freiberuflers		
Sind Sie fachlich qualifiziert?		
Verfügen Sie über große Branchenerfahrung?		
Verfügen Sie über kaufmännisches Wissen?		
Besitzen Sie besondere Stärken?		
Prägen Sie besondere Schwächen?		
Haben Sie eine konkrete Idee für die freiberufliche Tätigkeit?		
Haben Sie Ihr Modell ausführlich analysiert?		
Agieren Sie in einem Wachstumsmarkt?		
Haben Sie Potenzial, Ihr Angebot weiter zu entwickeln oder auszubauen?		
Stehen Sie schon in Kontakt mit Kunden?		
Lässt sich Ihr freiberufliches Geschäftsmodell nachahmen?		
Haben Sie ein Netzwerk aufgebaut?		
Entwickeln Sie Ihr Netzwerk weiter?		
Der Markt		
Kennen Sie Ihren Markt?		
Ist der Markt groß?		
Beschäftigen Sie sich damit, wie sich der Markt weiterentwickeln könnte?		
Wissen Sie, welchen Bedarf potenzielle Kunden haben?		
Haben Sie bereits Ihre Preise/Ihr Honorar kalkuliert?		
Sind die Preise marktkonform?		
Haben Sie ein Konzept für die Kundenansprache?		
Das Kapital/Das Einkommen		
Verfügen Sie über einen finanziellen Puffer?		
Gibt es ein Worst-Case-Szenario?		
Können Sie von den Einkünften leben?		
Passen Zeitaufwand und Ertrag zusammen?		
Sind Sie privat abgesichert?		
Sonstiges		
Haben Sie mit Ihrer Familie/Ihrem Partner über Ihre Pläne gesprochen?		
Haben Sie sich von unabhängiger Seite Rat eingeholt?		
Haben Sie einen Businessplan geschrieben?		
Haben Sie alle Formalitäten vorbereitet?		
Haben Sie sich, falls nötig, um eine Zulassung gekümmert?		
Wissen Sie, wann Sie starten wollen?		

Tabelle 4.1: Checkliste: So bewahren Sie den Überblick über Ihren Weg in die berufliche Unabhängigkeit

✔ Sie müssen keine Sozialversicherungsbeiträge bezahlen.

✔ Sie erhalten den Lohn für ihren Einsatz im Regelfall brutto gleich netto.

✔ Die Pauschalabgaben zur Sozialversicherung übernimmt der Arbeitgeber.

✔ Sie erwerben in einem 400 Euro-Job – wenn auch geringe – Rentenansprüche für später.

 Wer beispielsweise als angehender freiberuflicher Steuerberater für den Betrieb um die Ecke 20 Stunden im Monat für 15 Euro pro Stunde Teile der Buchhaltung betreut, sichert sich auf diese Weise ein Mindesteinkommen von circa 3.600 Euro jährlich. Auch wenn das jetzt nicht viel klingt, aber mit solch einem Betrag könnten Sie beispielsweise Ihre Krankenversicherung oder die jährlichen Ausgaben für Ihr Auto weitestgehend begleichen.

Raus aus dem Job, rein ins eigene Büro

Vor Jahren blickte der ehemalige Tennisstar Boris Becker verschmitzt grinsend aus den Fernsehbildschirmen in Deutschlands Wohnzimmer und fragte völlig naiv: »Bin ich schon drin? Das ist ja einfach!«. So manchem Freiberufler geht es im Idealfall wie dem Leimener: Kaum hat er gekündigt, schon steckt er voll im Arbeitsstress. Das ist ja einfach! Obwohl er bisher kaum auf Suche nach Kunden war, steht das Telefon auf dem Schreibtisch im eigenen Büro nicht mehr still: Kunde um Kunde meldet sich, um ihn als freien Mitarbeiter für dieses oder jenes – meist dringende – Projekt zu gewinnen.

Derart makellose Blitzstarts müssen nicht verwundern: Wer über mehrere Jahre hinweg als Arbeitnehmer in einem Unternehmen tätig war und sich anschließend in genau diesem Berufsfeld selbstständig macht, verfügt in der Regel über ein sehr gutes Netzwerk. Ein kleiner Wink per E-Mail oder ein kurzer, persönlicher Anruf genügen oft, um nach dem Abschied vom bisherigen Arbeitgeber direkt die ersten Aufträge zu bekommen.

 Viele Wege führen zum Ziel: Mal schwört die Konkurrenz auf die Expertise des frisch gebackenen Freiberuflers, mal ein Kunde des früheren Arbeitgebers. Mal melden sich völlig neue Interessenten, die beispielsweise auf das Leistungsangebot des Freiberuflers im Internet gestoßen sind oder sich auf Empfehlung von anderen Kunden hin an ihn wenden, mal bindet der frühere Vorgesetzte den Freiberufler gleich selbst mit Aufträgen wieder an sich.

Vom Hörsaal in den eigenen Chefsessel

Auf das berufliche Netzwerk kann noch nicht zählen, wer direkt nach dem Studium als Freiberufler Fuß fassen will. Na ja, dank Praktika und Studentenjobs gibt es in vielen Fällen dann doch einige Anknüpfungspunkte. Mehr noch: Gerade in der IT- und Medienwelt verschwimmen Studium und Arbeit häufig miteinander. Hochschüler verbringen häufig mehr Zeit damit, neue Applikationen für Unternehmen zu entwickeln oder als freier Journalist Beiträge selbst für renommierte Zeitungen zu schreiben, als im Hörsaal zu sitzen. Und damit bereiten sie zugleich den Boden für den Start in die Selbstständigkeit direkt nach dem Studium – wenn sie dieses überhaupt noch abschließen. Kontakte knüpfen, die Praxis erlernen, das Handwerk lernen: Wer das während des Studiums systematisch macht, schafft sich eine gute Basis für den Weg in die Selbstständigkeit. Schwieriger sieht es demgegenüber für diejenigen aus, die in stark verschulten Studiengängen zwar viel über Gesetzestexte und die Wirkung von Medikamenten lernen, aber viel zu wenig Zeit haben, parallel auch die Praxis kennenzulernen. Für sie ist der Übergang vom Hörsaal in den Chefsessel mit Risiken verbunden. Wer seinen Freiheitsdrang aufschieben kann, steht oft besser da, wenn er sich erst einmal zwei oder drei Jahre die praktischen Kniffe als Angestellter von einem alten Hasen abschaut – und dann durchstartet.

Schritt für Schritt in die berufliche Freiheit

5

In diesem Kapitel

➤ Was freies Arbeiten wirklich bedeutet

➤ Geldquellen für den Start in die Selbstständigkeit

➤ Ihre persönliche Zielvereinbarung

*U*nabhängig, reich, berühmt... ein wenig träumen ist erlaubt, wenn Sie sich zur Selbstständigkeit entschließen. Doch danach geht es an die Umsetzung Ihrer Träume Schritt für Schritt – schließlich wurde auch Bill Gates nicht über Nacht zum Milliardär. Im Gegenteil: Er rackerte jahrelang, programmierte, antichambrierte und motivierte sein Team. Wer selbstständig sein will, braucht ein hohes Maß an Eigenantrieb und Selbstdisziplin. Wer vor der Entscheidung steht, den Schritt in das Freiberuflertum zu wagen, sollte daher genau prüfen, ob er auch mit den Schattenseiten der Selbstständigkeit leben kann.

Dieser Prüfung sollte sich jeder unterziehen, egal welche Ziele er oder sie als Freiberufler verfolgt. Es ist dabei nicht gesagt, dass Sie fortan bis ins hohe Alter jedem Auftrag hinterher rennen müssen und vorrangig damit beschäftigt sind, Ihr Vermögen zu mehren. Vielmehr kann es genauso erstrebenswert sein, eine gute Balance zwischen Arbeit, Familie und Freizeit zu finden oder seine Arbeit auch als Lebensstil zu begreifen.

In den vergangenen Jahren machte das Wort von der digitalen Boheme die Runde, die in einem Kaffeehaus ihre E-Mails abarbeitet, sich danach mit Branchenkollegen zu einem Gedankenaustausch trifft, um gegen Abend ein Layout fertigzustellen, auf das ein Kunde aus dem persönlichen Netzwerk seit Längerem wartet. Welcher Lebensstil zu Ihnen passt und welche Ziele Sie primär verfolgen wollen, können Sie in diesem Kapitel herausfinden.

Das Pflichtprogramm für jeden Freien

Nein, wir wollen Sie auf keinen Fall von Ihrem Vorhaben abhalten, fortan als Freiberufler Ihr Geld zu verdienen! Ehe Sie aber frohgemut Ihre neue Karriere starten, sollten Sie sich schonungslos mit den Schattenseiten dieses Daseins auseinandersetzen. Frei arbeiten heißt

✔ ungeregelte und längere Arbeitszeiten

✔ weniger Urlaub

✔ stark schwankendes Einkommen

✔ Verzicht auf soziale Absicherung

Wer schon bei all diesen Punkten Bauchgrimmen bekommt, sollte sehr kritisch mit sich selbst sein: Schließlich muss sich ein erfolgreicher Freiberufler nicht nur diesen Herausforderungen stellen, sondern auch noch zusätzliche Talente und Charakterzüge mitbringen:

✔ Disziplin

✔ Risikobereitschaft

✔ Kommunikationsfähigkeit

✔ Eigenverantwortlichkeit

✔ wirtschaftliches Verständnis

Bevor Sie sich jetzt noch weiter in die Details vertiefen, die Freiberuflern das berufliche Leben möglicherweise ein wenig erschweren, beantworten Sie sich offen und ehrlich folgende Fragen, um Ihre eigenen Stärken und Schwächen zu finden:

✔ **Können Sie sich selbst motivieren?** Als Freiberufler haben Sie keinen Chef mehr, der Ihnen Ziele setzt und Arbeiten vorgibt. Sie müssen sich täglich selbst anleiten und antreiben.

✔ **Können Sie sich selbst Ziele stecken?** Oder boshaft gefragt: Versuchen Sie ernsthaft, Ihre Vorsätze in die Tat umzusetzen? Als Freier müssen Sie geplante Vorhaben auch realisieren.

✔ **Sind Sie fit und belastbar?** Glauben Sie uns, auch wenn Sie bisher schon über 40 Wochenstunden gearbeitet haben: Beim Freiberufler sammeln sich auch schnell mal 50 bis 60 Stunden wöchentlich an. Daher sollten Sie unbedingt darauf achten, trotzdem Zeit für regelmäßigen Sport zu finden.

✔ **Halten Sie Misserfolge aus?** Niemand spürt Misserfolge oder Rückschläge so brutal wie Selbstständige. Da fällt es durchaus mal schwer zu akzeptieren, dass der Kunde den vermeintlich schwächeren Konkurrenten bevorzugt.

Es ist nicht schlimm, wenn Sie die eine oder andere Frage nicht sofort mit Ja beantworten. Vielleicht schreiben Sie diese kleinen Mankos aber auf einen Zettel, den Sie gut sichtbar an den Kühlschrank, auf Ihren Schreibtisch oder in Ihren Geldbeutel stecken. Es schadet schließlich nicht, sich an die eigenen Schwächen zu erinnern und bewusst daran zu arbeiten.

Und möglicherweise kompensieren Sie gewisse Defizite ja auch, weil Sie in anderen Bereichen, zu denen unter anderem auch Disziplin, Eigenverantwortung, Kommunikationsfähigkeit und Risikobereitschaft zählen, besonders stark sind.

Sollten Sie sich überhaupt nicht sicher sein, ob Sie zum Freiberufler taugen, hilft Ihnen der folgende kleine Test in Tabelle 5.1 weiter. Wer hier entspannt und zuversichtlich zumindest einen großen Teil der Fragen mit Ja beantwortet, kann sich frohgemut in seine neue, berufliche Zukunft stürzen.

 Unter http://www.wiley-vch.de/publish/dt/books/ISBN978-3-527-70654-9 finden Sie die Checkliste und weiteres Material aus diesem Buch zum Download.

Tauge ich zum Freiberufler?	Ja	Nein
Ich kenne meine Stärken.		
Ich kenne meine Schwächen.		
Ich bin diszipliniert.		
Ich bin zielorientiert.		
Ich bin belastbar.		
Ich bin stressresistent.		
Ich kann meine Zeit gut managen.		
Ich arbeite problemlos unter Zeitdruck.		
Ich entscheide Dinge gern selbst.		
Ich fürchte finanzielle Engpässe nicht.		
Ich entwickle mich gern weiter.		
Ich bin offen für Neues.		
Ich bin flexibel im Umgang mit Menschen.		
Ich kommuniziere effektiv.		

Tabelle 5.1: Checkliste: Habe ich das Zeug zum Freiberufler?

Ohne Disziplin läuft nichts

Es klingt so wunderbar, wenn der eine oder andere Freiberufler von seinem Arbeitsalltag schwärmt:»Ich teile mir meine Zeit frei ein, mittags gehe ich oft joggen.« »Weil ich am bestens abends arbeiten kann, setze ich mich immer erst ab 14 Uhr an den Schreibtisch.« »Wenn schönes Wetter ist, lasse ich meine Arbeit einfach liegen und gehe Schwimmen oder Radfahren. Ich kann ja auch am Wochenende arbeiten.«

Solche Sätze gaukeln ein falsches Bild über den Berufsalltag eines Freiberuflers vor. Natürlich können Freie oft den Stift fallen lassen und bei strahlendem Sonnenschein eine Runde Schwimmen gehen. Die Zeit, die der Ausflug ins Schwimmbad oder an den nahe gelegenen See kostet, müssen sie aber meist reinholen. Statt dann beispielsweise am Sonntagabend ab 20.15 Uhr – so wie ein großer Teil der Deutschen – den wöchentlichen Tatort zu verfolgen, sitzen sie am Schreibtisch und schreiben Texte, entwerfen Baumodelle oder stellen die zehn fehlenden Kreuzworträtsel her, die sie am Montagmorgen abgeben müssen.

Um alle Aufträge pünktlich und zuverlässig abzuliefern, brauchen Freiberufler jede Menge Disziplin – schließlich kommt kein Chef mehr mehrmals täglich im Büro vorbei und fragt nach dem Stand des Projekts oder treibt den offensichtlich leicht phlegmatischen oder unorganisierten Mitarbeiter an.

 Natürlich kennen Sie Ihre Stärken und Schwächen. Dennoch sollten Sie sich durchaus mal eine gewisse Zeit selbst beobachten: Erledigen Sie anfallende Aufgaben sofort oder verschieben Sie sie erst einmal? Wartet das Finanzamt im Jahr 2010 noch immer auf Ihre Steuererklärung 2008? Wie stark ist Ihr innerer Schweinehund? Hält er Sie regelmäßig vom Joggen, Putzen oder Rasenmähen ab? Denken Sie sich oft: Den oder den müsste ich auch mal wieder anrufen? Die Antworten

auf all diese Fragen zeigen Ihnen sehr schnell, ob Sie durch und durch diszipliniert sind oder dazu neigen, es mit Terminen und Vereinbarungen nicht so genau zu nehmen. Die Erkenntnisse aus Ihrem ganz persönlichen Disziplin-Check sollten Sie stets im Hinterkopf behalten, um als Freiberufler nicht im Chaos zu versinken.

Freier Mitarbeiter allein zu Haus

Bernhard und Bianca halfen sich bei ihren Abenteuern stets gegenseitig aus der Patsche. Max und Moritz heckten all ihren Unsinn gemeinsam aus. Und die coolen Jungs rund um George Clooney brüteten im Kinostreifen »Oceans Eleven« solange als Team über ihren Plänen, bis sie ihren Millionen-Coup tatsächlich erfolgreich erledigten.

Mit dem richtigen Partner an der Seite fallen viele Entscheidungen sicherlich leichter. Als Freiberufler haben Sie einen solchen jedoch oft nicht. In der Regel müssen Sie sich allein überlegen, wie Sie strategisch vorgehen beziehungsweise welche Aufträge Sie mit gutem Gewissen annehmen können oder nicht.

Fehlende Kunden oder kreative Tiefs gilt es als Freiberufler meist ebenso allein zu verkraften wie verheerende Bilanzen oder verpasste Unternehmensziele.

Machen Sie sich rechtzeitig klar, was es bedeutet, dass Sie allein auf weiter Flur sind, denn auch der Faktor Zeit spielt für Freiberufler eine enorm wichtige Rolle. Sie können schließlich nicht 24 Stunden am Tag arbeiten! Daher müssen Sie beispielsweise als

✔ alleiniger Inhaber einer Arztpraxis alle Patienten selbst behandeln

✔ Grafikdesigner alle Entwürfe selbst entwickeln

✔ Physiotherapeut, Krankengymnast oder Masseur alle Behandlungen selbst durchführen

✔ Journalist alle Artikel allein recherchieren und verfassen

✔ Anwalt alle Mandanten allein vor Gericht vertreten

✔ Unternehmensberater neue Strategien oder Konzepte allein entwickeln

Nehmen Sie sich jetzt ruhig einige Minuten Zeit, um sich vorzustellen, was hinter diesen kurzen, so simpel klingenden Aussagen tatsächlich steckt. Da ist normalerweise niemand, zu dem Sie ins Büro stiefeln und ihn mal eben bitten können, das Anschreiben, die Recherche oder die Erstellung der dringend notwendigen Power-Point-Präsentation zu übernehmen.

 Ein Mediziner aus Thüringen litt schon nach kürzester Zeit sehr darunter, dass nur er in seiner Praxis als Arzt tätig war. Als angestellter Doktor im Krankenhaus konnte er trotz Schichtdienst halbwegs regelmäßig Sport treiben. Nachdem er jedoch seine Praxis eröffnet hatte, nahm er innerhalb von wenigen Monaten mehr als 15 Kilogramm zu. Die Zeit, Sport zu treiben, habe er im Moment einfach nicht, stellte er schließlich ebenso überrascht wie frustriert fest.

Worte statt Taten

Es nützt Ihnen nichts, wenn Sie ein begnadeter Programmierer oder Architekt sind, wenn potenzielle Kunden gar nicht wissen, dass es Sie gibt. Egal, ob beziehungsweise wie lange Sie schon nach dem Motto »Reden ist Silber, Schweigen ist Gold« gelebt haben – als Freiberufler müssen Sie zumindest ab und zu mit anderen Menschen kommunizieren. Denn Sie können sicher davon ausgehen, dass

✔ potenzielle Kunden Sie in einem persönlichen Gespräch kennenlernen möchten

✔ Auftraggeber mit Ihnen Form, Inhalt und Abgabetermin des Projekts abstimmen wollen

✔ Sie dann und wann auf Messen, Veranstaltungen oder Konferenzen Ihrer Branche neue Kontakte knüpfen sollten

✔ Sie ab und zu zum Telefon greifen müssen, um zusätzliche Fachinformationen einzuholen, steuerrechtliche Fragen zu klären oder Ihr Netzwerk zu erweitern

Und da Sie als Freiberufler – wie ja bereits gesagt – nur selten einen beruflichen Partner an Ihrer Seite haben, müssen Sie im Ernstfall selbst reden, reden, reden.

Risikobewusst und (ein bisschen) mutig

Als Freiberufler müssen Sie ständig Entscheidungen treffen – und Sie wissen so gut wie nie, was morgen passiert. Im Klartext heißt das: Sie wissen heute nicht, ob morgen ein ähnlich guter Auftrag kommt, Ihre Dienstleitung im kommenden Jahr noch benötigt wird, die Konkurrenz weiterhin so phlegmatisch wie bisher bleibt – eine Situation, die gewisse Risiken für Sie birgt.

Lassen Sie sich nicht verschrecken: Ein wenig Mut gehört schon dazu, einen sicheren Job mit regelmäßigem Einkommen, 30 Tagen Urlaub pro Jahr und netten Kollegen zu kündigen und den Sprung ins kalte Wasser zu wagen.

Wer sich aber akribisch mit allen möglichen Szenarien rund um sein Geschäftsmodell beschäftigt hat, weiß in etwa, was ihm blüht und kann sich entsprechend positionieren und absichern.

Her mit der Kohle: Wer den Start in die Selbstständigkeit finanziert

Sie sind immer noch entschlossen, Ihr Glück als Freiberufler zu versuchen? Klasse! Denn wie sagen es Unternehmer alten Schlages immer wieder: »Wer selbstständig ist, sollte es auch werden« Die haben nach einem erfüllten Berufsleben und genügend Geld auf der Bank natürlich leicht reden. Wer anfängt, muss sich dagegen sehr gut überlegen, wo er das nötige Kapital für den Start herbekommt.

Jetzt könnten Sie diese Überlegungen lässig beiseite wischen und darauf verweisen, dass Sie als Texter, Grafiker oder Programmierer mit einem Laptop von Ihrem heimischen Arbeitszimmer aus starten würden und daher nun wirklich keine Finanzierung bräuchten. Wirklich nicht?

Und wer zahlt kommenden Monat die Miete, den Beitrag zur Krankenversicherung, den Einkauf im Supermarkt und die Rate für das Auto? Erwischt. Auch wenn Sie als Ein-Mann-Unternehmen im Home Office starten, sollten Sie sich vorab überlegen, wo in der nächsten Zeit das Geld herkommt – zumindest bis der erste Kunde die erste Rechnung überweist. Andere Freiberufler dagegen müssen in jungen Jahren Haus und Hof verpfänden, um ihre Apotheke oder ihre Praxis zu eröffnen. Glücklicherweise können Sie dabei auf bewährte Helfer zurückgreifen.

Die erste Adresse

Egal, ob Sie gerade anfangen oder schon seit Jahren im Geschäft sind: In der Regel nutzen Freiberufler sich selbst als erste Anlaufstelle in Finanzfragen. Wenn Aufträge ausbleiben oder Kunden zu spät zahlen, greifen sie auf ihre Ersparnisse zurück.

 Erfahrene Kollegen raten Einsteigern, sich möglichst rasch einen sechsmonatigen oder längeren finanziellen Puffer zuzulegen. Sprich: Ihre Ausgaben für ein halbes Jahr sollten kurzfristig auf einem Festgeldkonto verfügbar sein, um eventuelle Lücken zu überbrücken. Sicherheitsbewusste horten hier auch bis zu einem Jahresbetrag und können so selbst schweren Rezessionen einigermaßen gelassen entgegensehen.

Um ein Gefühl dafür zu bekommen, wie viel Geld Sie für schlechte Zeiten brauchen, sollten Sie zumindest einen groben Haushaltsplan besitzen. Mehr dazu lesen Sie in Kapitel 15.

Das liest sich natürlich locker, doch nicht jeder ist in der glücklichen Lage, über 30.000 oder 50.000 Euro auf dem Festgeldkonto zu verfügen. Doch die eigene Bank hat noch mehr Kapitalquellen parat: Dazu kann abbezahltes Wohneigentum ebenso zählen wie eine beleihbare Lebensversicherung.

 Was der Absicherung Ihrer Familie dient, sollten Sie nur in begrenztem Umfang als Kapital für Ihr eigenes Unternehmen einsetzen. Von Beginn an sollten Sie eine klare Grenze ziehen, bis zu der Sie guten Gewissens noch auf Ihr Vermögen zurückgreifen können.

Sobald Sie sich dieser Grenze nähern und kein Kunde in Sicht ist, gibt es nur zwei Möglichkeiten: Entweder finden Sie einen anderen Kapitalgeber, der an Ihre Idee glaubt, oder Sie sollten zumindest wieder vorübergehend mit einem Angestelltenjob einen Beitrag zur Haushaltskasse leisten.

 Reizen Sie Ihren Dispokredit nicht aus! Dispokredite sind fast die teuerste Form der Finanzierung und sollten nur für die Abdeckung von Spitzen genutzt werden. Wenn das Konto über längere Zeit in den roten Zahlen bleibt, helfen Ihnen nur ein Gespräch mit dem Bankberater und eine längerfristige Umfinanzierung. Es ist immer noch günstiger, die eigene Immobilie wieder höher zu beleihen als Monat für Monat zweistellige Zinssätze zu zahlen!

Die Bank und ich

Bei aller Skepsis gegenüber Finanzinstituten sollten Sie dennoch ab dem ersten Tag Ihres Freiberuflerlebens einen guten Kontakt zu einer Bank Ihrer Wahl halten. Sicher, außer einem Dispokredit wird Ihnen die Bank erst einmal keine weitere Finanzierung anbieten – es sei denn, Sie verpfänden Haus und Hof. Doch über die Jahre hinweg können sich dann andere Formen der Finanzierung ergeben. Wenn Sie beispielsweise über längere Zeit hinweg regelmäßig hohe Beträge auf Ihrem Girokonto im Haben verbuchen können, erweitert das Ihren Kreditspielraum, und das zu erheblich günstigeren Konditionen als beim Dispokredit.

Spezialisten für Spezialisten

Für Ärzte und Apotheker ist der Weg zur Bank zu Beginn ihrer Selbstständigkeit unerlässlich. Denn sowohl die Einrichtung einer Praxis beziehungsweise eines Ladenlokals als auch deren Übernahme kostet sechs- wenn nicht sogar siebenstellige Beträge. Während sich herkömmliche Finanzinstitute mit der Finanzierung solcher Summen für Berufseinsteiger schwer tun, hat sich die Deutsche Apotheker- und Ärztebank (www.apobank.de) genau auf diese Klientel spezialisiert. Aus Erfahrung wissen die Genossen, dass eine gute Praxis in guter Lage einen guten Cashflow und damit die Bedienung von Krediten garantiert – und aus dem Kreditnehmer in jungen Jahren mit der Zeit ein begehrter Kunde wird, der seinen Zahlungsverkehr ebenso über diese Bank abwickelt wie seine Vermögensanlagen.

Meine Freunde und ich

Über das eigene Portemonnaie und die Bank hinaus gibt es noch eine weitere häufig genutzte Finanzierungsquelle, genannt die 3Fs. Sie stehen für Family, Friends and Fools. Gerade bei Jüngeren dient häufig ein Kredit oder sogar eine Schenkung der Eltern oder Großeltern als Starthilfe in die Selbstständigkeit. In späteren Jahren können Freunde oder » Fools«, Personen, die einfach an Sie glauben, finanzielle Engpässe überbrücken und Expansionspläne finanzieren. Wer die 3Fs anzapft, sollte sich aber bewusst sein, wie schnell Geld Freundschaften zerstört, und entsprechend professionell handeln. Das heißt: In der Regel sollten Ihre Eltern, Geschwister oder Freunde Zinsen für das Geld erhalten, das Sie von ihnen leihen. Zudem halten Sie in einem schriftlichen Vertrag die wichtigsten Fakten zu Ihrer Finanzierung fest. Dazu zählen:

✔ Höhe des Darlehens

✔ Zeitraum des Darlehens

✔ Höhe des Zinssatzes

✔ Termine und Form der Tilgung

✔ vorzeitige Kündigungsrechte

✔ Sicherheiten

✔ Informationspflichten des Kreditnehmers

Der letzte Punkt diszipliniert Sie zudem selbst. Wenn Sie alle drei Monate Ihren Freunden oder Ihrer Familie Rechenschaft darüber ablegen müssen, was Sie mit deren Geld gemacht haben und wie sich Ihr Geschäft entwickelt hat, können Sie sich vor unangenehmen Wahrheiten nur schwer drücken. Und wenn in den vergangenen drei Monaten kein einziger Kunde auch nur angeklopft hat, ist die Frage durchaus berechtigt, ob Sie mit Ihren Dienstleistungen zur richtigen Zeit am richtigen Ort sind.

Der Staat und ich

Wer aus der Arbeitslosigkeit in die freiberufliche Selbstständigkeit startet, bekommt unter bestimmten Voraussetzungen finanzielle Hilfe vom Staat: Mit dem so genannten Gründungs-zuschuss greift die Bundesagentur für Arbeit entschlossenen Freiberuflern bis zu 15 Monate lang finanziell unter die Arme, um ihnen den Start in ihre neue berufliche Karriere zu er-leichtern.

Natürlich knüpft die Bundesagentur für Arbeit einige Bedingungen an die Antragsteller, ehe sie das Übergangsgeld tatsächlich vergibt:

✔ Der Empfänger des Gründungszuschusses muss Entgeltersatzleistungen vom Arbeitsamt beziehen beziehungsweise Anspruch darauf haben.

✔ Der Empfänger muss in einer Arbeitsbeschaffungs- beziehungsweise Strukturanpassungs-maßnahme beschäftigt sein.

Wer diese Bedingungen erfüllt, muss darüber hinaus noch eine Vielzahl weiterer Vorausset-zungen erfüllen:

✔ Er muss belegen, dass die angestrebte freiberufliche Tätigkeit mindestens 15 Stunden pro Woche umfassen soll.

✔ Er muss seine Pläne beziehungsweise seinen Businessplan von einer frei wählbaren, fach-kundigen Stelle prüfen und die Tragfähigkeit seiner Idee bestätigen lassen. Dafür muss er sein Vorhaben kurz beschreiben, eine Kapitals- und Finanzierungsplanung sowie eine Umsatz- und Rentabilitätsvorschau vorlegen. Auch auf einen Lebenslauf bestehen die be-arbeitenden Arbeitsämter in der Regel.

✔ Last but not least muss er auch noch eine Bestätigung des örtlichen Finanzamts über die Anmeldung für eine freiberufliche Tätigkeit beifügen.

Der scheinbar große Aufwand macht Ihnen sicherlich nicht so viel Mühe wie es vielleicht auf den ersten Blick scheint: Erstens arbeiten Sie ohnehin wahrscheinlich bereits an einen detaillierten Businessplan, in dem schon viele Elemente stecken, die Sie vorlegen müssen. Und zweitens sollten Sie sich bewusst machen, dass der Gründungszuschuss Ihnen den Start in Ihre Selbstständigkeit erheblich erleichtert – und dafür lohnt es sich doch, ein paar Stunden mehr am Schreibtisch zu verbringen, oder?

Und so berechnet sich der Gründungszuschuss

Die Höhe des Gründungszuschusses richtet sich in der Regel nach der Höhe des Arbeitslosengeldes, das Sie zuletzt bezogen haben und wird längstens 15 Monate gewährt. Er besteht aus zwei Phasen, die Sie unterscheiden müssen:

1. Der Grundförderung: In den ersten neuen Monaten erhalten Sie eine Grundförderung in Höhe Ihres bisherigen Arbeitslosengeld-I-Anspruchs zuzüglich einer monatlichen Pauschale von 300 Euro, mit der Sie Ihre Sozialversicherungsausgaben decken können. Allerdings können diese je nach Situation höher oder niedriger ausfallen.

2. **Der Aufbauförderung:** Sie können einmalig eine Verlängerung der Förderung um sechs Monate beantragen. In dieser Zeit erhalten Sie allerdings nur noch die Pauschale in Höhe von 300 Euro. Die Bewilligung der Aufbauförderung liegt im Ermessen des zuständigen Sachbearbeiters.

 Die gesamte Förderung erhalten Sie steuerfrei. Sie unterliegt – anders als das Arbeitslosengeld – noch nicht einmal dem Progressionsvorbehalt. Dies bedeutet: Das Finanzamt behandelt Sie so, als hätten Sie gar keine Förderung erhalten. Auf das zusätzliche erwirtschaftete Einkommen werden zunächst nur die niedrigen Eingangssteuersätze erhoben.

Sie sehen, der Staat kann Ihnen den Start in Ihre Selbstständigkeit erheblich erleichtern, denn angesichts der Dauer der Förderung stehen Sie nicht von Beginn an unter Druck, sofort und auf der Stelle Gewinne erzielen zu müssen.

Um schon mal einschätzen zu können, was Ihnen zusteht können Sie unter `http://www.gruendungszuschuss.de/gruendungsfoerderung/gruendungszuschuss/hoehe-und-dauer.html` eine erste Berechnung mit den für Sie gültigen Faktoren anstellen.

Die große Sinnfrage: Was will ich?

Unabhängig, reich und berühmt: Diese drei Worte standen am Anfang dieses Kapitels als mögliche Ziele eines Freiberuflers. Doch die Wirklichkeit ist viel komplexer. Denn hohe Einkommen lassen sich in der Regel nur erzielen, wenn man Vollgas gibt und 60 bis 70 Stunden pro Woche akquiriert, abarbeitet und sich fortbildet. Das Nachsehen haben dabei Familie und Freunde. Jetzt mögen Sie einwenden, das stimme schon, aber nach einigen Jahren würde sich das ja ändern – aber seien Sie versichert: Damit lügen Sie sich in die eigene Tasche! Als Freiberufler verkaufen Sie vor allem Ihre Leistung und damit sich selbst und wenn diese Leistung nachlässt, sinkt auch das Einkommen. Daher sollten Sie noch vor Ihrer Kündigung aus dem Angestelltenleben gründlich überlegen, welche Ziele Sie als Freiberufler verfolgen.

Genügend Geld zum Leben

Miete, Lebensmittel, Krankenversicherung, Klamotten – all das kostet Geld, das Sie mit Ihrer Arbeit verdienen müssen. Im Vergleich zu Angestellten müssen Sie als Selbstständiger sogar noch ein ganzes Stück mehr verdienen, denn weder zahlt Ihnen ein Arbeitgeber die Hälfte zur

Sozialversicherung dazu noch zahlt er Ihr Gehalt während Ihres Urlaubs oder einer Krankheit weiter. Machen Sie daher zu Beginn Ihres Freiberufler-Daseins einen Kassensturz und listen Sie auf, wie viel Geld Sie benötigen, um Ihren gewohnten Lebensstil aufrechtzuerhalten. Diese Rechnung sollten Sie jetzt mit Ihrem Businessplan vergleichen. Im Idealfall decken Ihre Einnahmen, zumindest nach einer Anlaufzeit, Ihren gewohnten Lebensstil. Ansonsten haben Sie jetzt die Wahl, Ihren Lebensstil zu verändern oder noch einmal zu überlegen, wie Sie zusätzliche Einnahmen generieren können.

Und noch mehr Geld

Es gibt tatsächlich viele Menschen, die zufrieden sind, wenn sie ihr Auskommen haben und dabei noch einen Beruf ausüben, der ihnen Spaß macht. Andere dagegen streben nach einem höheren Einkommen, weil sie

✔ finanzielle Unabhängigkeit erreichen wollen

✔ für das Alter vorsorgen wollen

✔ schon lange von größeren Anschaffungen geträumt haben

✔ ein größeres Haus im Auge haben

Die gute Nachricht: Laut Einkommensstatistik verdienen Selbstständige im Durchschnitt mehr als Angestellte. Die schlechte Nachricht: Dafür müssen sie hart arbeiten, Tag für Tag. Prüfen Sie vorab mit Hilfe der Checkliste aus Tabelle 5.2, ob Sie dazu bereit sind.

Bereit für den Mehrverdienst?	Ja	Nein
Ich kann täglich 10 Stunden und mehr arbeiten.		
Auch am Wochenende habe ich Zeit, mich um berufliche Dinge zu kümmern.		
Ich pflege mein berufliches Netzwerk auch am Abend und am Wochenende.		
Ich bilde mich regelmäßig fort, um besser zu sein als der Wettbewerb.		
Ich entwickele mein Serviceprofil ständig weiter, um noch mehr Kunden zu gewinnen.		
Meine Familie trägt meine Konzentration auf den Beruf mit.		
Ich bin gesund und nehme mir regelmäßig Zeit für Sport.		
Meine Arbeit ist auch mein Hobby: Ich beschäftige mich gern damit.		

Tabelle 5.2: Checkliste: Sind Sie bereit für den Mehrverdienst?

 Die Checkliste gibt es auch als Download unter http://www.wiley-vch.de/publish/dt/books/ISBN978-3-527-70654-9.

Ob und in welchem Maß Sie ein hohes Einkommen realisieren können, hängt natürlich in erster Linie von den Marktpreisen Ihrer Branche ab. Ein Unternehmensberater kann mit ganz anderen Stundensätzen kalkulieren als ein Yoga-Lehrer. Für beide gilt aber: Kunden sind

bereit, für Expertenwissen und exzellente Leistungen einen Aufschlag zu bezahlen – und solche Mehreinnahmen können dazu dienen, Ihr Vermögen Monat für Monat zu mehren.

So lange Sie allein unterwegs sind, bildet Ihre Auslastung die Grenze für den Verdienst. Mehr als zehn oder maximal zwölf Stunden pro Tag an sechs Tagen die Woche kann auf Dauer kein Freiberufler arbeiten, ohne seine Gesundheit und sein Sozialleben nachhaltig zu schädigen. Und das ist kein Einkommen der Welt wert. Jetzt müssen Sie noch einige Stunden pro Monat abziehen, die für Büroarbeiten und Reisen draufgehen – und schon kennen Sie Ihren Maximalverdienst.

Ein Unternehmensberater mit einem Tagessatz von 1.000 Euro ist im Monat bei maximaler Auslastung vielleicht 22 oder 23 Tage vom Kunden gebucht. Macht 22.000 Euro der 23.000 Euro multipliziert mit zwölf – und heraus kommt, Urlaub und Weihnachten berücksichtigt, ein Traumverdienst von rund 250.000 Euro.

Und in der Tat gilt ein solches Einkommen bei vielen Beratern als erstrebenswerte, aber zugleich unabänderliche Einkommensgrenze. Wer als Grafiker oder Yoga-Lehrer mehr verdienen will, muss früher oder später Mitarbeiter einstellen, mit deren Unterstützung er effizienter arbeiten und mehr Kunden bedienen kann..

Leben ohne Stechuhr

Wer als Freiberufler das Ziel der Einkommensmaximierung verfolgt, spürt im Alltag gar keinen so großen Unterschied zum Angestelltenleben. Der Arbeitstag beginnt im Normalfall gegen acht Uhr und endet gegen 18 Uhr – beim Freiberufler sogar eher noch später. Danach bleibt noch ein wenig Zeit für Lektüre, Essen, Fernsehen und Schlaf, bevor der nächste Arbeitstag beginnt.

Aber genau diesem Trott wollen viele ja entrinnen, wenn sie sich selbstständig machen. Sie lockt die Aussicht, morgens einmal Reiten gehen zu können oder zu joggen, um danach von zwölf bis 21 Uhr ihrer Berufstätigkeit nachzugehen. Oder unter der Woche Einkäufe zu erledigen und stattdessen am Sonntagnachmittag ein paar Stunden am Schreibtisch zu verbringen.

Besonders verlockend ist eine solch freie Zeiteinteilung für Eltern, die auf diese Weise Familienleben und Beruf leichter unter einen Hut bekommen können.

Je größer der Wunsch nach Unabhängigkeit, desto realistischer sollten Sie Ihre Verdienstmöglichkeiten planen. Bei Beratern mit Top-Honoraren verlangen Unternehmen zu Recht, dass diese rund um die Uhr parat stehen und anstehende Aufgaben ohne Zeitverzug erledigen – die Runde über den Golfplatz verbietet sich da von selbst. Wer dagegen ein vernünftiges Auskommen sucht, ist erheblich flexibler. Sicher, auch Sie müssen zu Wochenbeginn planen, wann Sie welche Arbeiten erledigen wollen und diesen Plan dann auch erfüllen. Doch lässt sich in eine solche Planung wesentlich leichter mal eine Stunde für Sport oder zwei Stunden für einen Ausflug mit den Kindern blocken.

Vom Beruf zum Lebensstil: Die digitale Bohème

Einen großen Schritt weiter gehen immer mehr Freiberufler gerade im Umfeld des Internets. Webdesigner, Texter und Programmierer entscheiden sich direkt nach dem Studium für ein Leben als Freiberufler und heben dabei die Trennung zwischen Arbeit und Freizeit immer weiter auf. Das liegt zum einen an der Materie: Gehört es zum Job, regelmäßig zu bloggen oder zu twittern, oder ist dies Teil der Freizeitgestaltung? Und dient die ständige Aktualisierung der eigenen Seite auf Facebook der Information des Freundeskreises oder der Kunden?

Zum anderen kristallisiert sich aber hier eine neue Arbeitsform heraus. Die mittlerweile viel zitierte *digitale Boheme* akzeptiert, dass es in einer globalisierten, vernetzten Welt immer weniger feste Jobs gibt und Unternehmen stattdessen auf den projektbezogenen Einsatz von Dienstleistern setzen. Dabei ist es ihnen egal, ob diese in Mumbai, Berlin oder Los Angeles sitzen. Die Hauptsache: Sie erledigen die geforderte Arbeit in der geforderten Zeit und Qualität.

 Für Freiberufler bietet dieses Phänomen tolle Chancen: Sie können einen Monat in einem Strandhaus an der Nordsee leben und sich danach in Paris zur Untermiete einnisten. So lange sie über einen Breitband-Internetanschluss verfügen, können sie munter Aufträge annehmen und abarbeiten.

Das klingt jetzt nach einem eher studentischen Leben und in der Tat ist das Gros der Protagonisten dieser neuen Szene noch vergleichsweise jung und kann daher auch noch eher mit materieller Unsicherheit leben. Doch in der bewussten Entscheidung für eine frühe Selbstständigkeit steckt mehr: eine neue Unternehmerkultur, getragen von einer wachsenden Zahl von Freiberuflern. Sie alle eint die Überzeugung, dass ein vermeintlich sicherer Job als Angestellter heutzutage auch nicht mehr Sicherheit bietet. Im Gegenteil: Der Verlust des Arbeitsplatzes führt Angestellte schnurstracks in die Arbeitslosigkeit. Der Verlust eines Kunden dagegen schmälert zwar das Einkommen, ohne aber die Existenz direkt zu gefährden.

Leistung aus Leidenschaft

Ein Auskommen, ein hohes Einkommen oder eine vernünftige Work-Life-Balance: Dies sind in den meisten Fällen die vorrangigen Ziele von Freiberuflern. Doch daneben gibt es noch einen weiten Katalog erstrebenswerter Ziele:

✔ Der eine möchte einfach keine Kompromisse in Sachen Qualität mehr eingehen.

✔ Der nächste möchte seine Idee von der perfekten Dienstleistung realisieren, ohne mit internen Widerständen kämpfen zu müssen .

✔ Wieder andere treibt vor allem die Faszination einer bestimmten Tätigkeit in die Selbstständigkeit, wo sie ihrer Leidenschaft ohne das wache Auge eines Chefs nachgehen können.

In der Regel finden solchermaßen motivierte Freiberufler früher oder später auch ihre Nische am Markt. Kunden registrieren, mit welcher Begeisterung und Leidenschaft diese Ein-Mann-Unternehmen ihrer Tätigkeit nachgehen und honorieren dies. Doch sollten Qualitätsfanatiker nie die betriebswirtschaftlichen Fakten aus den Augen verlieren – und genau in diese Falle tappen sie immer und immer wieder.

 Hier hilft nur eins: Planung, Einhaltung der Planung und Kontrolle der Planung. Wer sich in einem Businessplan eine Marschroute für ein Jahr setzt und monatlich kontrolliert, wie weit er auf dem Weg gekommen ist, erkennt in der Regel rasch, dass er zu wenig Umsätze erwirtschaftet und zu viel Zeit mit dem Tüfteln an Details seiner Dienstleistung verbringt. Auf dieser Basis lässt sich gegensteuern und bewusst ein ganzer Monat für die Akquise weiterer Kunden reservieren – die Leidenschaft für die Sache muss ein wenig zurückstehen. Schließlich wollen Miete, Versicherungen und der Alltag finanziert sein.

Die Zielvereinbarung mit sich selbst

Hohe Qualität, ein gutes Auskommen und genügend Zeit für die Familie – wer all dies gleichzeitig anstrebt, provoziert früher oder später Zielkonflikte. Doch die lassen sich lösen: Schließen Sie doch einfach einmal pro Jahr eine Zielvereinbarung mit sich selbst! Sie kennen das Procedere als Angestellter: Gemeinsam mit Ihrem Chef sind Sie dabei Ihre Leistungen des vergangenen Jahres durchgegangen, haben über Stärken und Schwächen geredet und auf dieser Basis eine Vereinbarung getroffen. Darin standen:

✔ Ihre primären Ziele für das kommende Jahr

✔ Messgrößen, um Ihren Erfolg zu bewerten

✔ Meilensteine, um den Zwischenstand Ihrer Arbeit zu kontrollieren

✔ ein Termin für das nächste Gespräch

Genau – das machen Sie einmal pro Jahr auch als Freiberufler. Als Gesprächspartner stehen Sie sich zwar nur selbst zur Verfügung, aber das macht nichts. Fangen Sie mit einem kritischen Rückblick an:

✔ Was lief gut im vergangenen Jahr?

✔ Was lief schlecht?

✔ Haben Sie Kunden verloren?

✔ Mussten Sie Kritik einstecken?

✔ Sind Sie mit Ihrem Output zufrieden?

✔ Haben Sie die Einkommensziele in Ihrem Businessplan erreicht?

✔ Konnten Sie die geplanten Urlaube und Freizeitaktivitäten einhalten?

Auf Ihre Analyse folgt in einem zweiten Schritt der Blick nach vorn: Was wollen Sie im kommenden Jahr erreichen? Es kann dabei beispielsweise primär darum gehen,

✔ den Kundenkreis zu erweitern

✔ Ihre Angebotspalette zu optimieren

✔ sich persönlich weiter zu qualifizieren

✔ höhere Preise durchzusetzen

✔ die Kosten zu reduzieren

✔ die Arbeitsbelastung zu reduzieren

✔ Ihre Zeitplanung besser einzuhalten

Themen wie Umsätze und Kosten schlüsseln Sie genauer in Ihrem Businessplan auf. In Ihrer Zielvereinbarung geht es darum, die Stoßrichtung Ihrer Tätigkeit festzulegen und auch zu definieren, wie Sie Ihren Erfolg messen. Dazu bieten sich materielle Ziele wie eine Umsatzsteigerung um zehn Prozent an, aber ebenso Qualitätsziele wie beispielsweise der Gewinn von Branchenauszeichnungen oder das Erlangen bestimmter Gütesiegel. Ausgefeiltere Konzepte schließen sogar eine Kundenzufriedenheitsanalyse oder Ähnliches mit ein, aber so weit müssen Sie gar nicht unbedingt gehen. Wichtig ist, dass Sie sich klar werden, was Sie erreichen wollen, wie Sie das schaffen wollen und wie Sie Ihren Erfolg messen.

Der Weg zur persönlichen Zielvereinbarung

Am Anfang steht die Definition Ihres Ziels. Das ist gar nicht so einfach, denn ein solches Ziel sollte im Idealfall gleich vier Dimensionen haben:

✔ eine Zielrichtung

✔ eine Messgröße

✔ eine Zielhöhe der Messgröße

✔ einen Bezugswert

Geht es auch konkreter? Klar! Nehmen wir an, Ihre Zielrichtung heißt Umsatzsteigerung. Dann ist Ihre Messgröße der Umsatz, genauer gesagt der Nettoumsatz nach Abzug von Leistungen Dritter. Jetzt fehlt nur noch eine Zielhöhe, zum Beispiel: zehn Prozent plus, und ein Bezugswert, das Vorjahr.

Die Kunst dabei ist, die Latte nicht zu hoch, aber auch nicht zu niedrig zu legen. Denn wenn sie zu hoch liegt, kommt es nie zu Erfolgserlebnissen, wenn sie dagegen leicht zu überspringen ist, motiviert sie nicht richtig. Um solche Fehlsprünge zu verhindern, haben Experten die SMART-Formel entwickelt. Dabei steht SMART für

✔ Specific = spezifisch

✔ Measurable = messbar

✔ Achievable = erreichbar

✔ Relevant = relevant

✔ Timed = mit einem festen Zeitpunkt versehen

Halten Sie Ihre Zielvereinbarung schriftlich fest und holen Sie sie alle drei Monate aus der Schublade. Und spätestens nach einem Jahr gehen Sie erneut in Klausur, sprechen mit Ihrem Chef (also mit sich selbst!) – und schließen die nächste Zielvereinbarung.

 Legen Sie fest, wie Sie sich für Ihren Erfolg belohnen. Als Angestellter lockte Ihr Chef Sie mit einer variablen Vergütung oder dem Aufstieg in der Hierarchie. Als Unternehmer müssen Sie sich Ihre Anreize selbst schaffen. Gönnen Sie sich etwas bei Erfolg! Dabei sind Ihrer Fantasie keine Grenzen gesetzt – vom Anbau eines Wintergartens mit Whirlpool bis zur Teilnahme an DER Konferenz Ihrer Branche – ist alles erlaubt, was Sie anspornt.

Und für die kleinen Erfolge zwischendurch sollten Sie sich auch eine Liste mit Belohnungen zurechtlegen: Die reicht vom gemeinsamen Essen in einem Sternelokal über ein eigentlich zu teures Kleidungsstück bis hin zu einem Wochenendausflug mit der Familie.

Das mag jetzt trivial klingen, aber fragen Sie mal Freiberufler, die schon länger allein unterwegs sind. Viel zu leicht kann es passieren, dass Sie viel zu lang in Ihrem Alltagstrott verharren und dabei den Spaß an Ihrer Arbeit verlieren – schlicht, weil Sie sich nicht für Ihre Erfolge belohnen. Wer eine Zielvereinbarung mit sich selbst abschließt, hat eine gute Basis, seine Erfolge auch entsprechend zu feiern. Und falls das mal nicht klappt, ist es auch eine ideale Basis, um kritisch die eigene Leistung zu hinterfragen.

Die Königsdisziplin: Leben mit der Unsicherheit

Egal, welche Ziele Sie als Freiberufler verfolgen, eines wird Sie immer wieder beschäftigen: das Thema Unsicherheit. Dabei dreht sich alles um zwei entscheidende Fragen:

1. Bin ich gut genug?

2. Verdiene ich genug?

Die Antwort auf die erste Frage können nur die Kunden geben. Doch im Normalfall loben diese eher selten und kritisieren dafür umso heftiger. Um den Wert der eigenen Leistung orten zu können, sollten Sie regelmäßig den Kontakt zum Wettbewerb suchen. Wirklich? Ja!

Vielleicht nicht unbedingt zu dem unmittelbaren Konkurrent um die Ecke, aber zu Anbietern in Nachbarstädten oder darüber hinaus. Denn in der Regel kommen Sie sich mit denen nicht in die Quere. Initiieren Sie doch eine Xing-Gruppe oder einen überregionalen Stammtisch. Oder übernehmen Sie eine Rolle in Ihrem Branchenverband. Aus den Gesprächen dort hören Sie rasch heraus, wo andere stehen und ob Sie sich mit neuen Themen beschäftigen sollten. In der Regel beruhigt das ungemein, denn wenn Sie selbst ehrgeizig und motiviert sind, können Ihnen nur die wenigsten Wettbewerber etwas vormachen. Und das heißt: Sie sind gut genug!

Wesentlich schwieriger ist der Umgang mit der materiellen Unsicherheit. So lange Sie gut ausgelastet sind, ist das kein Thema, aber wehe, es kommt mal eine Flaute. Selbst wenn diese Mitte Dezember oder im Juli – sprich zur Haupturlaubszeit – hereinbricht, stellt sich schnell die Sinnfrage. Dagegen hilft vor allem dreierlei:

1. **Der Blick auf den Businessplan.** Wenn Sie richtig geplant haben, ist die Delle zur Urlaubszeit bereits in Ihrer Planung berücksichtigt. Sobald Sie sehen, dass Sie dennoch auch in diesem Jahr einen ordentlichen Gewinn einfahren werden, können Sie sich erst einmal beruhigt zurücklehnen.

2. **Ständige Akquise.** Jeder Selbstständige sollte unabhängig von der Auftragslage einen Teil seiner Zeit für das Gespräch mit Kunden und potenziellen Kunden reservieren. Je größer Ihr Netzwerk ist, desto entspannter können Sie eine Flaute aussitzen und diese sogar nutzen, um endlich mal einen kleineren Auftrag eines neuen Kunden anzunehmen.

3. **Reserven aufbauen.** Wenn irgend möglich, sollte man nicht sein ganzes Einkommen konsumieren; das gilt als Angestellter, aber noch mehr als Freiberufler. Wer in guten Zeiten finanzielle Puffer aufbaut, kann die Flaute im Sommer unbesorgt nutzen, endlich mal wieder einen längeren Urlaub zu nehmen und neue Kraft zu tanken.

Das Wichtigste ist aber: Gelassenheit. Je länger Sie als Freiberufler agieren, desto entspannter werden Sie auf kurzfristige Krisen reagieren. Wie sagte schon der Monaco Franze: »A bisserl was geht immer«. Und in diesem Satz steckt viel Wahres. Wer gute Qualität abliefert, vernünftig kalkuliert und sein Netzwerk pflegt, ist immer wieder überrascht, auf welchen Wegen ihn neue Aufträge erreichen.

Teil III

Vom Traum zum ersten Auftrag

The 5th Wave   By Rich Tennant

»Wir haben eine ganze Reihe hohler Bäume zur Auswahl. Wie viele
Nüsse würden Sie denn gerne investieren?«

In diesem Teil ...

Markt, Kunde, Konkurrenz – ohne akribische Recherche über diese drei Bereiche kann der Traum von der Selbstständigkeit als Freiberufler schnell platzen. Teil III zeigt Ihnen Schritt für Schritt, wo und wie Sie sich Informationen über Ihre Branche, Ihre potenziellen Kunden und die leidige Konkurrenz verschaffen können. Und Sie lernen auch, wie Sie dieses Wissen perfekt für Ihre beruflichen Pläne nutzen können.

Damit Sie sich nicht im rechtlichen Dschungel verfangen, informiert dieser Teil auch ausführlich darüber, warum der Staat Freiberuflern das Leben mit dem Thema Scheinselbstständigkeit so schwer macht.

Potenziale und Honorare – Die Geheimnisse des Marktes

6

In diesem Kapitel

▷ Was Sie über Ihren Markt wissen sollten

▷ Wie Sie mehr über Nischen für Freiberufler herausfinden

▷ Warum detaillierte Kenntnisse über das Honorar so wichtig sind

---

Sie wollen Ihr Auto privat verkaufen? Sicherlich studieren Sie deswegen schon seit einiger Zeit die Verkaufsanzeigen in den Zeitungen und Onlinemedien, um sich zu informieren, oder? Schließlich wollen Sie ja wissen, wie viel andere Verkäufer, die ein vergleichbares Modell verkaufen möchten, für ihren Wagen verlangen. Bestimmt haben Sie auch schon die Schwacke-Liste für die Festlegung des Verkaufspreises zu Rate gezogen und möglicherweise dabei festgestellt, dass die Extras Ihres Audi A4 – Ledersitze, Klimaanlage und die außergewöhnliche Radio- und CD-Anlage – Ihnen ein paar Euro mehr bringen.

So wie Sie möglicherweise den Gebrauchtwagenmarkt für den Audi A4 unter die Lupe nehmen, um den bestmöglichen Verkaufspreis zu erzielen, so sollten Sie auch den Markt analysieren, in dem Sie als Freiberufler aktiv werden wollen. Denn nur wenn Sie wissen, wie groß der Markt ist, welche Wettbewerber sich darin tummeln und zu welchen Konditionen diese ihre Waren oder Dienstleistungen anbieten, können Sie erfolgreich mitmischen.

In diesem Kapitel lesen Sie, warum Sie sich nicht ohne Kenntnisse über die zukünftigen Potenziale und die üblichen Honorare Ihres Marktes in das Abenteuer Selbstständigkeit stürzen sollten. Zugleich erfahren Sie, worauf Sie achten müssen, wenn Sie die Höhe Ihrer Honorare berechnen.

Pure Recherche: So analysieren Sie den Markt im Detail

Alle Informationen über Ihren Markt zusammenzutragen, ist ein wenig so, als ob Sie von der Mündung eines langen, großen Flusses bis zu seiner Quelle laufen. Angehende freiberufliche Anwälte wissen natürlich, dass es immer Streit um Kündigungen oder Unterhalt geben wird. Auch Physiotherapeuten oder Journalisten sind sich darüber im Klaren, dass Menschen auch in Zukunft manuelle Therapien brauchen werden beziehungsweise Zeitungen oder Artikel im Internet lesen wollen. Um den Markt für Ihre Geschäftsidee jedoch genau zu kennen, müssen Sie ihn wesentlich weiter eingrenzen.

Um sich einen aussagekräftigen Überblick über den eigenen relevanten Markt zu verschaffen, müssen zukünftige Freiberufler clever recherchieren und möglichst viele Sekundärquellen nützen. Wenn Sie bei bestimmten Anlaufstellen gezielt suchen, erfahren Sie wahrscheinlich weit mehr über Ihren Markt, als Sie gedacht haben.

✔ **Studieren Sie akribisch ortsansässige Medien.** Tagtäglich berichten sie über die Wirtschaft beziehungsweise die Unternehmen in Ihrer Region. In ihren Archiven lassen sich oft Informationen über Marktdaten, Prognosen, Wettbewerber und Kunden finden.

✔ **Klicken Sie sich durchs Web.** Abhängig davon, in welcher Region Sie ansässig sind, haben sich möglicherweise schon Hochschulinstitute, mittelständische und kleine Beratungsunternehmen oder Marktforscher mit Ihrem Markt beschäftigt.

✔ **Klopfen Sie bei den örtlichen Industrie- und Handelskammern an.** Neben Innungen, Verbänden und Branchenexperten verfügen sie in der Regel über schriftliches Informationsmaterial oder sie führen im Idealfall mit Ihnen ein persönliches Gespräch über den von Ihnen anvisierten Markt.

✔ **Fündig werden Sie auch beim Statistischen Bundesamt** (www.destatis.de). Die Behörde und ihre Landesämter sind hierzulande die offizielle Institution für Datensammlung und ihre Auswertung.

Unter Umständen wissen Sie jetzt schon fast alles über Ihren Markt, was Sie für Ihren Start in die Selbstständigkeit brauchen:

✔ Marktvolumen

✔ Kundenzahlen

✔ Kundenstruktur (Alter, Bildung, Geschlecht)

✔ Kunden-, Patienten-, Mandantengewohnheiten

✔ Kauffrequenzen

✔ Wettbewerber

 Geben Sie sich nicht zu früh mit Ihren Rechercheergebnissen zufrieden: Je genauer Sie Ihren Markt und seine Gegebenheiten kennen, desto zielgerichteter lassen sich Ihre Geschäftsidee, Ihr Produkt- oder Dienstleistungsangebot, Ihre Marketingstrategie sowie Ihre Kundenakquise zuschneiden. Daher sollten Sie sich nicht nur auf die *Sekundärmarktforschung* konzentrieren, sondern auch selbst Ihren Markt erforschen: Versuchen Sie, persönliche Beobachtungen zu machen beziehungsweise persönliche Gespräche zu führen.

Die Kunden, die sie (an)rief

Eine erfahrene Journalistin wollte nach ihrer Babypause nicht mehr in den Redaktionsalltag zurück. Die Idee, als Freie zu arbeiten, war nahe liegend. Sie wusste zum damaligen Zeitpunkt jedoch nicht, ob es genügend Zeitungen, Magazine oder Internetportale gab, die an ihrem journalistischen Spezialgebiet, deutsches Arbeitsrecht, Interesse hatten. Kurzerhand rief sie die zuständigen Ressortleiter einiger Medien an und fragte, ob sie Bedarf an einer Freien mit exzellentem Fachwissen im deutschen Arbeitsrecht hätten. Die Anrufe kosteten sie nur einen halben Tag Zeit – wenig später hatte sie mit drei Medien Vereinbarungen über eine längere freie Zusammenarbeit getroffen.

Kommen Sie mit der Recherche über Ihren Markt trotz aller Bemühungen nicht weiter, können Sie noch auf die Expertise von Marktkennern zurückgreifen. Trauen Sie sich ruhig, den einen oder anderen langjährigen Spezialisten aus Ihrer Branche anzusprechen. Viele fühlen sich angesichts so einer Anfrage geschmeichelt und geben gern wertvolle Tipps oder Informationen. Wer sich nicht traut, direkt bei einem Marktkenner anzuklopfen, lässt Freunde oder Bekannte vermitteln, die den Spezialisten gut kennen.

Wenn Sie einen erfahrenen Freiberufler oder Unternehmer für ein Informationsgespräch gewinnen, sollten Sie keinesfalls nach Umsätzen, Gewinnen und Verlusten fragen! Das macht Ihr Gegenüber nur unnötig misstrauisch und kann die Atmosphäre vergiften. Lassen Sie sich stattdessen lieber alles Wissenswerte über Strategien, Kunden und Marktpotenziale erzählen.

Je besser Sie Augen und Ohren offen halten, desto mehr können Sie über Ihren Markt erfahren. Jeder noch so kleine Aspekt lohnt einer Nachfrage und hilft, das große Puzzle vom eigenen relevanten Markt zusammenzusetzen.

Stagnation oder Expansion: Was verspricht die Branche für die Zukunft?

Hätten Sie jemals gedacht, dass Sie eines Tages in Zug, Bus oder U-Bahn einem Menschen gegenüber sitzen würden, der mithilfe eines kleinen, flachen Hightech-Geräts Romane liest? Haben Sie sich noch vor einigen Jahren manchmal gewünscht, dass Autos beim Rückwärtsfahren akustische Signale von sich geben, damit die Fahrer nicht gegen Poller oder Ähnliches stoßen? Hat es Sie stets davor gegraust, Ihre Urlaubsfotos mit Fotoecken in ein Album kleben zu müssen?

Inzwischen piept Ihr Auto munter, wenn Sie einparken. Ihre Urlaubserinnerungen haben Sie digital zu einem wunderschönen Fotobuch verarbeitet und demnächst wollen Sie sich unbedingt einen Kindle oder ein iPad kaufen, um beim nächsten Arztbesuch im Wartezimmer gemütlich das neueste E-Book zu lesen.

Wenn Sie alles über Ihren Markt wissen wollen, dann sollten Sie sich nicht nur mit dem Ist-Zustand beschäftigen. Versuchen Sie konsequent, auch in die Zukunft zu blicken. Vier Fragen helfen Ihnen dabei, sich diesbezüglich erste Eindrücke zu verschaffen:

1. Wie dynamisch ist meine Branche?
2. Welchen Einflüssen unterliegt meine Branche?
3. Wie groß ist das Potenzial der Branche, auf Veränderungen zu reagieren?
4. Welche Qualifikationen fordert meine Branche unter Umständen zukünftig?

Vor 30, 20 und sogar noch vor zehn Jahren war es bei nahezu allen Unternehmen in Deutschland, die auf der Suche nach neuen Mitarbeitern waren, üblich, Stellenangebote in Tageszeitungen zu inserieren. Inzwischen jedoch verzichten viele Unternehmen darauf: Sie schalten ihre Anzeigen in den Stellenbörsen im Internet oder auf ihrer Homepage. Die Konzentration der Unternehmen auf das Netz bescherte den Verlagen immense Umsatzeinbußen, auf die manche bis heute noch keine ideale Antwort gefunden haben.

Wer weiß oder zumindest ahnt, dass in seinem Markt möglicherweise größere Veränderungen anstehen, kann sich entsprechend darauf einstellen, indem er

✔ sein Produkt/seine Dienstleistung anpasst, erweitert oder modernisiert

✔ seine Geschäftsstrategie überdenkt

✔ sich fachlich weiter qualifiziert

Natürlich können Sie sich nie ganz gegen Veränderungen Ihres Marktes wappnen. Ehe Sie sich aber euphorisch als Freiberufler selbstständig machen und dann nach kurzer Zeit frustriert vor dem Aus stehen, weil sich Ihre Branche gerade komplett wandelt oder schrumpft, sollten Sie zumindest einmal über alle Eventualitäten nachgedacht haben.

Hören und Sehen: Werden Sie wirklich gebraucht?

Bevor Sie richtig loslegen, sollten Sie Eine wichtige Frage, die Sie unbedingt klären müssen, ob und für wie viele Freiberufler Ihr Markt überhaupt Kapazitäten hat.

Verschaffen Sie sich einen Überblick über Ihre potenziellen Kunden: Unternehmen, staatliche Institutionen, Mandanten, Patienten. Im nächsten Schritt finden Sie dann heraus:

✔ inwieweit die infrage kommenden Firmen Aufträge an Freiberufler vergeben

✔ ob potenzielle Mandanten oder Patienten in Ihrer Region Bedarf an Ihrem Fachgebiet haben

Ob beim Bäcker, Zahnarzt oder direkt im Büro eines potenziellen Kunden – halten Sie stets Augen und Ohren offen, um Neuigkeiten zu erfahren, die Sie beruflich nützen könnten.

 Nutzen Sie gezielt die Chancen, die sich Ihnen zufällig bieten: Viele Freiberufler müssen schmunzeln, wenn sie danach gefragt werden, wie sie ihre Kunden gefunden und gewonnen haben. So erzählte beispielsweise ein junger Grafiker aus Hamburg, er habe beim Einkaufen gehört, dass in den neuen Bürokomplex nebenan eine Anwaltskanzlei einziehe. Er besorgte sich die Telefonnummer und bot den beiden Juristen an, ihre Internetseite zu gestalten. Zwei Tage später war er sich mit den Anwälten einig – und hatte den Auftrag in der Tasche.

Reine Zahlenspiele: Die Grundlage Ihrer Existenz

Wenn Sie Ihre Marktforschung erfolgreich beendet haben, können Sie sich einen Überblick über Ihre Umsatzchancen verschaffen. Allerdings nur dann, wenn Sie inzwischen auch das Geheimnis der marktüblichen Honorare geknackt haben. Eine unverzichtbare Mammutaufgabe, bei der wir Sie ein wenig unterstützen wollen.

Das Geheimnis der marktüblichen Honorare

»Du, kann ich dich mal was fragen?«, »Sag mal, was ist denn so üblich?« oder »Liege ich mit 60 oder 70 Euro die Stunde richtig?« – so oder so ähnlich lauten oft die Fragen, die angehende Freiberufler erfahrenen Selbstständigen stellen. Nichts scheint so geheimnisumwittert zu sein wie Honorare, Stunden- oder Tagessätze von Freiberuflern.

Um gerade zu Beginn Ihrer Selbstständigkeit nicht im Dunkeln zu tappen, sollten Sie alle möglichen Quellen anzapfen, um mehr über die Entlohnung von Freien herauszufinden: Hilfreiche Informationen haben in der Regel parat

✔ Branchenverbände

✔ Industrie- und Handelskammern

✔ die Bundesagentur für Arbeit

✔ Internetseiten für Freiberufler

✔ Jobbörsen

✔ freiberufliche Kollegen

 Denken Sie ruhig auch mal an das eine oder andere Unternehmen, das Freiberufler engagiert, um etwas über die Höhe der Honorare zu erfahren: Vielleicht kennen Sie ja einen Mitarbeiter, der mehr weiß. Unter Umständen verrät Ihnen ja auch Ihr ehemaliger Arbeitgeber, wie viel er für die Arbeit seiner freiberuflichen Mitarbeiter bezahlt.

In Tabelle 6.1 haben wir Ihnen einige ausgewählte Honorare aufgelistet. Anhand der unterschiedlichen Berechnungsansätze können Sie schon ahnen, dass eine detaillierte Recherche über das Honorar Ihres Marktes ein wenig Geduld und Ausdauer erfordert.

Tätigkeit	Honorar in Euro
Lektor	32 bis 53 (je nach Schwierigkeitsgrad)
Redenschreiber	700 bis 1.250 für 10 Minuten; 2.100 bis 3.750 für 30 Minuten; 3.150 bis 5.625 für 45 Minuten
Autor	10 % der Hardcover-Ausgabe 5 % der Taschenbuch-Ausgabe
Werbetexter	70 bis 120 pro Stunde; 480 bis 960 Tagessatz
Ghostwriter	260 bis 400 pro Normseite Redemanuskript; 200 bis 400 pro Normseite Fachartikel
Eventmanager	2.500 bis 7.500 Organisation Pressekonferenz
IT-Experte	70 bis 80
Grafiker	mind. 76 Basisstundensatz
Physiotherapeut (manuelle Therapie)	22,50 bis 31,70 je 30 Minuten

Tabelle 6.1: Durchschnittliche Honorare ausgewählter Freiberufler

Gebühren, Honorare und Vergütungen per Verordnung

Angehende freiberufliche Ärzte, Architekten oder Anwälte haben es in Honorarfragen zumindest auf den ersten Blick leichter als freiberufliche Kollegen aus anderen Branchen: Sie müssen sich größtenteils an die gesetzlich vorgegebenen Gebührenverordnungen und Richtlinien halten. So gibt es unter anderem speziell

✔ eine Gebührenordnung für Ärzte (GOÄ)

✔ eine Honorarordnung für Architekten und Ingenieure (HOAI)

✔ das Rechtsanwaltsvergütungsgesetz (RVG)

Tabelle 6.2 und 6.3 zeigen Ihnen beispielhaft, welche Honorare beziehungsweise Gebühren Ärzte, Architekten oder Rechtsanwälte von ihren Patienten, Kunden und Mandanten in der Regel fordern dürfen.

Gebührenordnung für Ärzte (GOÄ)

An dieser Stelle noch auf die Regelungen einzugehen, ob Sie als Arzt einen einfachen, zweifachen oder sogar einen 3,5-fachen Satz zur Abrechnung anwenden dürfen, würde den Rahmen dieses Kapitels sprengen. Vermutlich empfiehlt es sich für Ärzte ohnehin, die mühevolle Abrechnung ihrer medizinischen Leistungen an Experten auszulagern, die sich tagtäglich mit dieser Materie beschäftigen.

Erbrachte Leistung des Mediziners	Gebühr in Euro
Blutentnahme mittels Spritze, Kanüle oder Katheder aus der Vene	2,33
Akupunktur zur Behandlung von Schmerzen	11,66
Punktion eines Schulter- oder Hüftgelenks	14,57
Schutzimpfung intramuskulär	4,66
Ultraschalluntersuchung eines Organs	11,66
Stationäre intensivmedizinische Überwachung und Behandlung eines Patienten auf einer dafür eingerichteten gesonderten Betteneinheit eines Krankenhauses mit spezieller Personal- und Geräteausstattung – bis zu 24 Stunden Dauer	52,46
Intravenöse Kurznarkose	7,05
Vollnarkose	12,24
Inhalationstherapie – auch mittels Ultraschallvernebelung	2,21
Phototherapie eines Neugeborenen, je Tag	29,14

Tabelle 6.2: Gebührenvorgaben für Mediziner für erbrachte Leistungen nach GOÄ

Honorarordnung für Architekten und Ingenieure (HOAI)

Ähnlich wie Mediziner sind auch Architekten an ihre Gebührenordnung gebunden. Entgegen der landläufigen Meinung, ihr Honorar errechne sich unmittelbar prozentual aus dem Wert der Bausumme, müssen sie stets die HOAI anwenden.

Schaffe, schaffe, Häusle baue

Wer als Architekt den Auftrag erhält, für ein Einfamilienwohnhaus mit einfachem bis durchschnittlichen Standard die Genehmigungsplanung durchzuführen, darf seinen Auftraggebern folgendes Honorar in Rechnung stellen:

Die Kostenberechnung des Gebäudes ergab Nettosummen für die Baukonstruktion von 200.000 Euro und 50.000 Euro für die technische Gebäudeinstallation. Somit betragen die anrechenbaren Kosten insgesamt 250.000 Euro. Auftraggeber und Architekt hatten zuvor einen Mittelsatz als Honorarsatz vereinbart. Nun schreibt § 34 HOAI und eine Honorarzone III folgende Rechnung vor: $0{,}27 \times (29.018\,\text{Euro} + 35.610\,\text{Euro})/2 = 8.724{,}78$ Euro zuzüglich Mehrwertsteuer und Nebenkosten.

Die Vorgaben der HOAI gelten immer dann, wenn Sie als Architekt oder Ingenieur Ihr Planungsbüro in Deutschland betreiben und dort die angeforderte Arbeit erledigen.

Rechtsanwaltsvergütungsgesetz (RVG)

Über ein wenig mehr Spielraum können sich dagegen Rechtsanwälte freuen: Anwaltshonorare sind inzwischen Verhandlungssache. Das RVG enthält lediglich Höchstsätze für den Fall, dass Sie mit Ihren Mandanten keine Gebührenvereinbarung getroffen haben und er den Status eines Verbrauchers hat. Einen Überblick erhalten Sie in Tabelle 6.3.

In den meisten Fällen richtet sich das Honorar eines Anwalts nach dem Gegenstandswert seiner Tätigkeit – dem jeweiligen Geldvermögen oder sonstigem Gegenstandswert ordnet die RVG eine bestimmte Gebühr zu, an die sich der Anwalt – wie bereits gesagt- jedoch nicht halten muss. So muss er die anfallenden Gebühren keinesfalls mit dem Faktor 1,0 berechnen, sondern kann den Faktor verringern oder erhöhen.

Streitwert in Euro	Gebührenhöhe (1,0)
300	25
2.500	161
5.000	301
10.000	486
25.000	686
110.000	1.354
350.000	2.406

Tabelle 6.3: Gebührentabelle laut RVG

Warum Sie sich keinesfalls zu billig verkaufen dürfen

✔ Wenn Sie gerade dabei sind, sich selbstständig zu machen oder neue Kunden gewinnen wollen, ist es natürlich verlockend, Honorare zu verlangen, die unter denen der Konkurrenz liegen. Schließlich wissen Sie vermutlich aus eigener Erfahrung, dass man am liebsten dem Handwerker, Getränkelieferanten oder Gärtner den Zuschlag gibt, der bei gleicher Leistung weniger verlangt als sein Wettbewerber. Doch Vorsicht: Falsche Bescheidenheit kann sich schnell rächen! Zu niedrige Preise können sowohl Auswirkungen auf das Vertrauen der Unternehmen in Ihre Leistungen als auch auf die Rentabilität Ihres Einsatzes haben.

 Ehe ein Unternehmen darüber entscheidet, welchem Freiberufler es den Zuschlag für den Auftrag gibt, diskutieren die Verantwortlichen oft noch über deren Angebote. Im Falle zweier Offerten, die zwar vergleichbare Leistungen anbieten, sich aber vom Honorar her deutlich unterscheiden, taucht in der Regel die Frage auf, wie der eine seine Dienstleistung oder sein Produkt denn so günstig anbieten kann, wenn der andere so viel verlangt – und oft wird dann ganz schnell die Qualität der Dienstleistung oder des Produkts angezweifelt. Für eventuelle Nachfragen des Unternehmens sollten Sie daher stets eine passende Antwort parat halten, um den Auftrag trotz Ihres ungemein günstigen Honorars nicht zu verlieren.

 Ein überaus zuverlässiger Lektor aus Berlin geriet zwei Jahre nach seinem Einstieg in die Selbstständigkeit in Erklärungsnöte: Weil er unbedingt den Zuschlag für das Lektorat des aktuellen Geschäftsberichts bekommen wollte, unterbreitete er dem Kunden ein Preisangebot, das weit unter dem marktüblichen Honorar lag. Der verantwortliche Mitarbeiter des Unternehmens stutzte angesichts des niedrigen Preises und begann Erkundigungen einzuziehen: Systematisch informierte er sich bei den Referenzkunden des Lektors, die dieser auf seiner Internetseite aufgelistet hatte, ob dessen Arbeit denn qualitativ in Ordnung sei. Zwar empfahlen alle Angerufenen den Lektor, fragten aber wiederum bei ihm selbst an, warum das Unternehmen so skeptisch sei. Logischerweise konnte der Lektor nicht offen zugeben, dass er in diesem Fall seine Dienstleistung um ein Vielfaches günstiger angeboten hat als bei seinen Referenzkunden.

Falls Sie bereits das eine oder andere Projekt erfolgreich durchgeführt haben oder Referenzkunden vorweisen können, lassen sich mögliche Zweifel potenzieller Auftraggeber an Ihren fachlichen Qualitäten trotz niedriger Honorarforderungen sicherlich schnell zerstreuen. Bieten Sie Ihre Arbeitsleistung jedoch nicht nur vorübergehend aus strategischen Gründen, sondern mittel- und langfristig zu billig an, sind die Folgen wesentlich gravierender.

Vorausgesetzt, Sie wollen mit Ihren Honoraren übers Jahr gesehen die gleichen Einnahmen erzielen wie angestellte Arbeitnehmer in Ihrem Bereich, sollten Sie unbedingt einige Aspekte beachten:

Zunächst können Sie für die Ermittlung eines sinnvollen Honorars das Jahresgehalt eines fest angestellten Arbeitnehmers aus Ihrer Branche als Basis nützen. Zu diesem Jahresgehalt sollten Sie zusätzlich den Arbeitgeberanteil zur Sozialversicherung von etwa 20 Prozent addieren, den Sie als Freiberufler ja selbst erwirtschaften müssen.

Zuckerl für den Arbeitnehmer – Arbeit für den Freiberufler

Wenn Sie ganz genau vorgehen möchten, sollten Sie für Ihre Einkommensrechnung auch noch alle anderen Extras berücksichtigen, die Arbeitnehmer normalerweise genießen:

✔ 13. Monatsgehalt

✔ Vermögenswirksame Leistungen

✔ Verpflegung- und Fahrtkostenzuschuss

✔ Betriebsrenten

✔ Krankheitsbedingte Fehlzeiten

Wem es auf 50, 75 oder mehr Euro monatlich hin oder her nicht ankommt, der kann sich diese mühevolle Kleinarbeit sparen und seine Honorare am Einkommen sozialversicherungspflichtiger Arbeitnehmer ausrichten.

Wenn Sie jetzt von den 365 Kalendertagen die 104 Wochenendtage sowie die acht gesetzlichen Feiertage und den üblichen Tarifurlaub des Angestellten von 30 Tagen abziehen, bleiben Ihnen noch 223 Tage, an denen Sie Ihren angestrebten Betrag verdienen können.

 Wollen Sie als Freier wie ein angestellter IT-Experte 65.500 Euro brutto jährlich verdienen, müssen Sie den Betrag durch die Anzahl Ihrer möglichen Arbeitstage dividieren, um Ihren Tagessatz zu ermitteln. Das Ergebnis von 294 Euro teilen Sie anschließend durch acht – die übliche Arbeitszeit an einem Arbeitstag. Das Resultat: 36,75 Euro entspricht dem Stundensatz, den Sie als freier IT-Experte mindestens verlangen sollten.

Allerdings wäre es leichtsinnig, die Kalkulation so durchzuziehen. Drei wesentliche Faktoren sollten Freiberufler bei der Festlegung ihres Honorars oder ihrer Tagessätze ebenfalls berücksichtigen:

1. Sie arbeiten in der Regel nicht acht Stunden lang so produktiv, dass Sie Ihrem Kunden die Zeit komplett in Rechnung stellen könnten. In diesen Arbeitszeiten müssen Sie auch neue Aufträge akquirieren, Angebote oder Rechnungen schreiben und Ihre Bücher führen.

2. Studien und Erfahrungen anderer Freiberufler zeigen, dass Sie durchschnittlich einen Auslastungsgrad von 75 Prozent haben. Längere saisonbedingte oder konjunkturelle Flauten sind da noch gar nicht einkalkuliert.

3. Freiberufler nützen nicht nur die eigene Arbeitskraft: Sie müssen auch die Kosten für Räume, Büroausstattung, Computer, Material, betriebliche Versicherungen, Geschäftswagen oder ihre Telekommunikation erwirtschaften.

Um angesichts all dieser Unwägbarkeiten finanziell nicht ins Trudeln zu geraten, empfiehlt es sich, den errechneten Basis-Stundensatz um etwa 50 bis 60 Prozent zu erhöhen. Das klingt viel, doch als Freiberufler tragen Sie ein wesentlich höheres Risiko als ein fest angestellter Arbeitnehmer – und dieses sollten Sie so weit wie möglich entschärfen. Es sei denn, Sie sind finanziell nicht auf eine bestimmte Einnahmenhöhe angewiesen.

Ein Kunde allein ist nicht genug

In diesem Kapitel

▶ Wie Sie mehr über Ansprüche und Gewohnheiten von Kunden lernen

▶ Weshalb Sie Ihre Qualifikationen betonen sollten

▶ Wie Sie Ihren Status als selbstständiger Freiberufler untermauern

Kunden sind der entscheidende Schlüssel für Ihren Erfolg als Freiberufler. Egal, ob Sie ein Produkt oder eine Dienstleistung verkaufen – wer für sein Geschäft Kunden gewinnen will, muss ihre Wünsche, Erwartungen und Ansprüche kennen. Ehe Sie jetzt aber los rennen, um alle Ansprüche und Wünsche Ihrer potenziellen Kunden zu recherchieren, sollten Sie sich genau überlegen, was Sie anbieten können und wollen.

Darüber hinaus müssen Freiberufler beachten, dass der Gesetzgeber einige rechtliche Vorgaben für Selbstständige verankert hat. In diesem Kapitel erfahren Sie daher nicht nur, wie Sie Ihre Kunden näher kennenlernen und sich zielgerichtet mit ihnen auseinandersetzen können. Zugleich finden Sie zahlreiche Informationen über die unterschiedlichen rechtlichen Positionen, die ein Freiberufler innehaben kann – je nachdem, wie sein Auftraggeber und er ihr geschäftliches Verhältnis definiert haben. Faustregel: Je mehr Kunden Sie haben, desto gesicherter Ihr Status als Freiberufler.

Definieren Sie Ihre potenziellen Kunden

Bevor Sie auf den Internetseiten von BMW, Mercedes und Co. Ihren neuen Sportflitzer konfigurieren, von dem Sie schon seit Jahren träumen, nehmen Sie sich bestimmt die Zeit, darüber nachzudenken, welche Extras beziehungsweise welche Ausstattung der Wagen haben soll.

Wie bei der Gestaltung Ihres Traumautos müssen Sie auch beim Thema Kunden den ersten vor dem zweiten Schritt machen: Ehe Sie sich potenzielle Kunden suchen, sollten Sie zunächst Ihre Zielgruppe möglichst genau definieren. Wir haben Ihnen einige Stichworte zusammengestellt, um Ihnen zu helfen, Ihre Zielgruppe zu bestimmen: Wen wollen Sie ansprechen?

✔ Kleine und mittelständische Betriebe?

✔ Firmen in der Region?

✔ Unternehmen in einer bestimmten Branche?

✔ Innovationsführer?

✔ Trendsetter?

✔ Firmen mit einer bestimmten technischen Ausstattung?

✔ Generation 50+?

✔ Berufstätige Mütter?

✔ Teens und Twens?

 Nach einem groben Überblick über die möglichen Kunden bieten auch spezifische Besonderheiten einzelner Branchen oder Unternehmen eine ideale Grundlage für die Entscheidung, welche Kunden man überhaupt ansprechen will. Für eine 35-jährige Grafikerin aus Hamburg beispielsweise stand immer fest: Wöchentlich erscheinende Zeitschriftenmagazine sind für sie kein attraktiver Auftraggeber, da hier der zeitliche Druck in der Regel sehr hoch ist. Stattdessen konzipiert sie schon seit Jahren Broschüren für Unternehmen, die normalerweise einen wesentlich großzügigeren Zeitrahmen setzen als Magazine.

Lernen Sie möglichst viel über Ihre potenziellen Kunden

Ein Tässchen Tee mit leckeren Schokokeksen oder ein Glas Wein mit etwas Käse – wenn Sie sich das erste Mal über Ihre potenziellen Kunden den Kopf zerbrechen, sollten Sie nicht gestresst oder schlecht gelaunt sein und sich selbst in eine Gute-Laune-Stimmung bringen. Angesichts der hohen Ansprüche und Erwartungen vieler Kunden, Patienten oder Mandanten an Dienstleister, Ärzte oder Anwälte könnte Sie Ihre detaillierte Kundenanalyse sonst schnell ernüchtern.

Wir können Sie aber beruhigen: So groß wie die Bandbreite menschlicher Charaktere, so groß ist auch die Vielfalt derer, die die Leistungen von Freiberuflern in Anspruch nehmen. Und jeder von ihnen hat seine ganz persönlichen Vorlieben und Einstellungen. Eines sollten Sie allerdings auch wissen: Egal, ob SPD- oder CDU-Wähler, ob lange Haare oder Glatze, ob geduldig oder herrisch – Ihre möglichen Kunden haben trotz aller Unterschiede auch große Gemeinsamkeiten! Sie

✔ mögen keine unnötigen Wartezeiten

✔ erwarten Anstand und Höflichkeit

✔ möchten von ihren Anwälten, Ärzten oder Beratern kein Fachchinesisch hören

✔ freuen sich über kundenorientierten Service aller Art

✔ fordern Termintreue

✔ erwarten Fairness und Zuverlässigkeit

✔ setzen hohe Fachkompetenz voraus

Mit diesem Wissen fällt es Ihnen sicherlich leichter, sich weiter mit Ihren Kunden zu beschäftigen. Immerhin wissen Sie ja jetzt, dass Sie einige Ansprüche Ihrer möglichen Kunden problemlos erfüllen können.

 Trennen Sie sich möglichst schnell von dem Gedanken, dass jeder Kunde ein guter Kunde ist. Es gibt Kunden, die Sie unnötig Zeit und Geld kosten: Sogenannte _schlechte Kunden_ sind nie mit Ihrer Leistung zufrieden und tun das auch bei jeder Gelegenheit öffentlich kund. Ihr negatives Urteil schadet Ihrem Ruf als fairer und guter Partner. Um sich dieser Gefahr nicht länger als nötig auszusetzen, gibt es für Sie zwei Möglichkeiten, mit Ihren schlechten Kunden umzugehen.

1. Wenn Sie es sich leisten können, nehmen Sie keine Aufträge von diesen Nörglern mehr an.

2. Wenn dieser Auftraggeber Ihnen wirklich wichtig ist, dann tragen Sie alle Informationen, persönlichen Eigenarten, Stärken und Schwächen zusammen, die Sie über ihn finden und werten Sie sie aus. So können Sie sich ganz individuell auf seine Wünsche und Ansprüche einstellen und entsprechend seinem persönlichen Charakter agieren.

Jeder Kunde hat Wünsche – finden Sie heraus, welche!

Sie wissen genau, was Sie können! Jetzt müssen Sie herausfinden, was Ihre potenziellen Kunden bewegt und welche Bedürfnisse sie haben. Anschließend können Sie Ihren möglichen Auftraggebern die passenden Leistungen anbieten:

✔ Börsennotierte Unternehmen müssen einmal jährlich einen Geschäftsbericht anfertigen. Als Grafiker können Sie die Seiten des Dokuments entwerfen und aufbauen.

✔ In Krisenzeiten müssen viele Betriebe sparen. Als Unternehmensberater helfen Sie, ein straffes Kostenmanagement zu entwickeln.

✔ Neue Sportarten faszinieren. Als Sporttrainer bieten Sie nicht nur Ihre Aerobic- und Pilates-Kurse an, sondern auch Walking- oder Spinning-Einheiten.

✔ Viele Unternehmen fürchten, neue Trends in ihrer Branche zu verpassen. Als Trendforscher beraten Sie die Verantwortlichen, welche Veränderungen sie möglicherweise vornehmen müssen, um wettbewerbsfähig zu bleiben.

Zeigen Sie Ihren Kunden, dass Sie einen Blick für ihre Ängste und Bedürfnisse haben und ihre Wünsche respektieren. Signalisieren Sie ihnen, dass Sie im Rahmen Ihrer Möglichkeiten versuchen, ihnen so weit wie möglich entgegen zu kommen.

Trotz der Notwendigkeit, möglichst viel Detailwissen über potenzielle Kunden zu besitzen, dürfen Freiberufler keinesfalls den Blick fürs große Ganze verlieren.

Um als eigener Chef Erfolg zu haben, müssen Sie sich immer wieder fragen, was Ihre Kunden unter Umständen in fünf oder zehn Jahren verlangen. Die Bedürfnisse der Menschen verändern sich laufend – entsprechend wechselt der Bedarf an Produkten und Dienstleistungen. Um mittel- und langfristig erfolgreich zu wirtschaften, sollten Freiberufler immer über aktuelle und maßgebliche Entwicklungen informiert sein.

Das erste Mal ist gar nicht so schwer

Zum Kunden drängt, am Kunden hängt doch alles! Leicht abgewandelt steht das Faust-Zitat für das Thema Nummer eins jedes Freiberuflers: den Kunden, den wählerischen, verwöhnten, kosten- und qualitätsbewussten Kunden. Als Neuling müssen Sie ihm erst einmal klar machen, dass Sie ihm bislang gefehlt haben und seine Firma beziehungsweise sein Alltag besser aussehen würde, wenn er Sie beschäftigt. Dabei gibt es drei typische Fälle:

1. Sie bieten eine Dienstleistung – sei es Massage, Übersetzung oder Programmierung -, die der Kunde ohnehin schon beansprucht. Ihre Chance als Neuer liegt darin, dass Sie diese Leistung besser, schneller oder günstiger erbringen.

2. Sie bieten eine Dienstleistung, die bislang Angestellte erledigen. In diesem Fall ist die Entscheidung für Sie ein Rechenexempel gepaart mit der Frage, ob ein Unternehmer für seine eigenen Leute alternative Beschäftigungen findet. In der Regel kommen Sie ins Geschäft, indem Sie »Spitzenlasten« abdecken – sprich helfen, Arbeit in Zeiten zu bewältigen, in denen der bestehende Personalstamm dies nicht schafft.

3. Sie bieten eine neue Dienstleistung. In diesem Fall müssen Sie Ihrem Kunden erst einmal begreiflich machen, warum es sinnvoll ist, Ihren Service zu nutzen. Denn erst wenn er davon überzeugt ist, gibt er Ihnen eine Chance.

Die Übergänge zwischen diesen Fällen sind fließend, aber zwei Dinge lassen sich generell feststellen:

1. Es ist zwar leichter, mit einer bestehenden Dienstleistung zu starten, aber dafür ist der Wettbewerb vom ersten Tag an härter. In Kapitel 8 können Sie mehr zur leidigen Konkurrenz lesen!

2. Je innovativer Ihre Dienstleistung ist, umso mehr Marketing ist erforderlich Dafür können Sie hier vermutlich höhere Preise durchsetzen und bei Erfolg schneller Ihre Position am Markt ausbauen.

Das klingt Ihnen noch immer zu theoretisch, weil Sie eigentlich eine ganz andere Frage quält: Wie komme ich denn jetzt an den Kunden? Auch hierauf gibt es, weitgehend unabhängig von der Branche, gleich zwei ermunternde Antworten:

Die Rolle der 3 Fs

Bei der Finanzierung von Unternehmen spricht man, wie auch in Kapitel 5 erwähnt, in der Startphase von den drei »Fs«: Family, Friends and Fools. In den meisten Fällen gewährleisten nämlich Familie, Freunde und einige Verrückte, die einfach an Sie und Ihre Geschäftsidee glauben, eine Startfinanzierung (siehe Kapitel 5). Und genau aus diesen Gruppen stammen häufig auch die ersten Kunden. Jetzt ist es nicht so, dass ein junger Zahnarzt erst einmal die Zähne seiner ganzen Familie plombieren muss. Doch die Familie und Freunde können maßgeblich dazu beitragen, dass sich die Eröffnung einer neuen Praxis rasch am Wohnort herumspricht. Und ganz sicher finden sich einige Fools, die mit ihrem bisherigen Arzt unzufrieden sind, die Nähe der neuen Praxis schätzen oder einfach neugierig sind. Und wenn diese zufrieden sind, erzählen auch sie von ihren guten Erfahrungen und vergrößern so den potenziellen Kundenkreis.

Ein Dorf steht Schlange

Als Karin S. nach der Geburt ihrer Tochter beschloss, zumindest für einige Stunden am Tag wieder in ihrem erlernten Beruf als Kosmetikerin zu arbeiten, wusste sie noch nicht, welchen Erfolg sie damit haben sollte. Ihr Mann, ein Architekt, schaffte es binnen weniger Monate, ihr Reihenhaus so umzubauen, dass sie im Erdgeschoss 15 Quadratmeter für ihren eigenen Salon abzwacken konnten. Dann legte sie los und behandelte erst einmal ihre Schwägerin, ihre Schwester und deren Kolleginnen. Und diese erzählten es wiederum ihren Freundinnen, und die ihren Müttern und die ihren Freundinnen... und schon nach wenigen Monaten hatte Karin S. keinen Zweifel mehr, dass sich ihr kleiner Salon rechnen würde. Im Gegenteil: Wer sicher sein wollte, dass der Schönheit regelmäßig ein wenig nachgeholfen wurde, der buchte gleich Termine für ein ganzes Jahr.

Unterschätzen Sie niemals die Wirkung von Mund-zu-Mund-Propaganda! Egal ob Firmenkunde oder Privatmann: Jeder gibt Tipps über gute Dienstleister gern weiter. Und je einfacher zu beschreiben ist, was Sie Besonderes leisten, desto eher kommen solche Botschaften an. Mit einem Handzettel, einer kleinen Broschüre oder einem passenden Internetauftritt können Sie diese Argumente mundgerecht vorformulieren.

Einmal Kunde, immer Kunde

Die zweite große Quelle für Kunden zum Start in die Selbstständigkeit sind – die alten Kunden. Dies ist jetzt kein Aufruf, die Mandanten- oder Abonnentenliste bei der Kündigung eines Angestelltenjobs mitgehen zu lassen. Im Gegenteil: Man sieht sich immer zweimal im Leben und Sie sollten unbedingt ohne Reibungen aus dem bisherigen Job aussteigen und Wettbewerbsverbote in Ihrem Arbeitsvertrag beachten. Aus zwei Gründen rekrutiert sich gerade bei Dienstleistungen für Unternehmen dennoch ein guter Teil der Kunden aus Altkunden.

Egal ob Berater, Entwickler oder Designer: Über die Jahre der Zusammenarbeit entwickeln sich häufig persönliche Beziehungen, sodass der Kunde nicht mehr länger mit einem Unternehmen, sondern in der eigenen Wahrnehmung mit einer Person zusammenarbeitet. Und wenn diese kündigt, ist der Kunde für das Unternehmen in vielen Fällen sowieso verloren. Viele Chefs lassen daher mit sich reden und ermöglichen ihrem bisherigen Angestellten die Mitnahme von ein oder zwei Auftraggebern.

Aus solchen Situationen kann sich auch eine neue Beziehung zwischen Chef und Mitarbeiter entwickeln: Der Chef wird zum ersten Kunden. Wissend, dass er Reisende ziehen lassen soll, aber auch wissend, dass ein Kunde nicht auf die persönliche Betreuung durch Sie verzichten will, bietet er Ziehenden wie Ihnen häufig an, einen Auftrag weiter als Freier zu betreuen und das Honorar mit dem bisherigen Arbeitgeber zu teilen.

Falls Sie Kunden aus Ihrem Angestelltenleben mitnehmen dürfen, sollten Sie dies unbedingt schriftlich regeln. Dies gilt sowohl für die Aufhebung eines Wettbewerbsverbots für bestimmte Kunden als auch für eine neue Arbeitsbeziehung mit Ihrem Chef.

Getrennte Firmen, gemeinsam arbeiten

Die Euphorie von Michael Becker war schnell der Ernüchterung gewichen. Zwei Jahre, nachdem er seine kleine PR-Agentur an ein großes Netzwerk verkauft hatte, hatte er nur noch ein Ziel: Raus! Das Angestelltenleben behagte ihm überhaupt nicht und er war auch längst nicht mehr so kreativ wie früher. Seine neuen Chefs hatten ein Einsehen und tüftelten gemeinsam mit ihm, wie man sich am besten trennen könne. Die Lösung enthielt drei wesentliche Punkte:

✔ Michael Becker verpflichtete sich, noch ein Jahr lang als Freier für die Agentur tätig zu sein und seine Arbeit in dieser Periode zu einem reduzierten Stundensatz abzurechnen.

✔ Danach durfte er jene beiden Kunden mitnehmen, die in Gesprächen klar gemacht hatten, dass sie kein Interesse an einer Zusammenarbeit mit der Agentur hätten. Deren Honorar ermöglichte Michael Becker einen gut gepolsterten Start ins Freiberuflertum.

✔ Im Gegenzug konnte die Agentur ihren Ex-Kollegen weiter in der Akquise und bei größeren Projekten einsetzen.

Nach einer Zeit der Funkstille entwickelte sich unerwartet gerade der letzte Punkt für beide Seiten äußerst positiv: Michael Becker gab Anfragen für größere Projekte außerhalb seiner Kernkompetenz nämlich an seinen Ex-Arbeitgeber weiter. Dieser nutzte dessen Insiderwissen im Gegenzug bei der erfolgreichen Akquise großer Unternehmen, die auf die Seniorität des Beraterteams achteten.

Unabhängig von eventuellen Wettbewerbsverboten in Ihrem Arbeitsvertrag sollten Sie aber überlegen, welche potenziellen Kunden Sie im Laufe Ihres Arbeitslebens bereits kennengelernt haben und wie Sie diesen Kontakt wieder auffrischen könnten. Es spricht nichts dagegen, ehemalige Kunden bei einem Lunch über die eigenen neuen Pläne zu informieren oder auch bestehende Kunden zu fragen, ob man Sie als Referenz nutzen könne oder ob Sie eventuell eine Empfehlung hätten.

Viele helfende Hände – Erfolgsfaktor Netzwerk

Der letzte Punkt leitet gleich zum zweiten Erfolgsfaktor für Freiberufler über: dem funktionierenden Netzwerk. Während man als Angestellter gar nicht umhin kommt, in der Kantine, bei Veranstaltungen und Konferenzen den persönlichen Austausch zu pflegen, müssen Selbstständige von sich aus aktiv werden. Drei Themen stehen beim Netzwerken im Vordergrund:

✔ Akquise

✔ Fortbildung

✔ Erweiterung von Kompetenzen

Als Ein-Mann- oder Ein-Frau-Unternehmen können Sie sich normalerweise keine großen Werbekampagnen oder andere Marketingaktionen leisten. Neben Ihrem eigenen Online- und Offline-Auftritt – falls Sie mehr über dieses Thema wissen wollen, können Sie sich in Kapitel 10 informieren – dürften sich daher Empfehlungen Ihres Netzwerks als das zweite probate Mittel erweisen, Kunden anzulocken. Dies gilt insbesondere bei Geschäften mit Unternehmen. Folgende Personenkreise dienen immer wieder als Empfehler:

✔ Anwälte

✔ Wirtschaftsprüfer

✔ Banken/Kapitalgeber

✔ Unternehmensberater

✔ Personalberater

✔ Branchenkollegen

✔ Aufsichts-/Beiräte

Solche Empfehler in Ihrem Netzwerk können viel Geld wert sein und sind daher entsprechend zu pflegen. Dabei lassen sich zwei Formen der Zusammenarbeit unterscheiden

1. **Die informelle Zusammenarbeit.** Ab und zu ein gemeinsamer Lunch, vielleicht eine gemeinsame Golfpartie einmal pro Jahr und eine Einladung zu einem größeren Abendessen stärken die Verbindung zu Ihren Empfehlern. Ansonsten sind diese eigentlich ganz froh, dass sie wissen, wen sie für bestimmte Aufgaben empfehlen können.

2. **Die formalisierte Zusammenarbeit.** In vielen Branchen sind » Rainmaker«-Prämien gang und gäbe. Dies bedeutet, dass ein Empfehler bei Vertragsabschluss zehn oder 15 Prozent des ersten Jahreshonorars als Prämie erhält. Die gute Nachricht: Solche Kontakte müssen Sie nicht so sorgfältig pflegen wie die zu Personen, die den Kontakt zu potenziellen Auftraggebern aus Gefälligkeit vermitteln.

Bleibt die entscheidende Frage: Wie bauen Sie solche Kontakte am besten auf? Im Idealfall bringen Sie schon eine Reihe von Kontakten aus Ihrem Angestelltenleben mit: ehemalige Vorgesetzte und Kollegen, Dienstleister, mit denen Sie erfolgreich zusammengearbeitet haben und Vertreter anderer Firmen, mit denen Sie im Dialog standen. Es spricht aber auch nichts dagegen, dieses Netzwerk gezielt zu erweitern. So können Sie

✔ soziale Netzwerke nutzen

✔ lokalen Netzwerken beitreten

✔ führende Branchenvertreter gezielt ansprechen

Mehr über die Möglichkeiten des erfolgreichen Netzwerkens finden Sie in Kapitel 10.

Verführen und binden Sie Ihre Kunden

Wetten, dass Sie Ihre Wohnung oder Ihr Haus regelmäßig putzen oder zumindest eine Reinigungskraft engagiert haben? Sie wollen ja in ordentlichen Verhältnissen leben und die Dinge, die Ihnen am Herzen liegen, nicht verkommen lassen. Ein ähnlich inniges Verhältnis sollten Sie auch zu Ihren Kunden aufbauen, sobald Sie sie gewonnen haben. Schließlich wollen Sie langfristig über einen treuen Kundenstamm verfügen, oder?

Um aus Kunden gute und zufriedene Kunden zu machen, sollten Sie sie möglichst genau beobachten und sich diese Beobachtungen notieren. Je mehr Sie über Ihre Kunden wissen, desto besser können Sie auf sie eingehen. Fragen Sie sich gezielt:

✔ Was macht meine Kunden zufrieden?

✔ Wie reagieren sie auf unvorhergesehene Ereignisse?

✔ Welche Anliegen sind ihnen besonders wichtig?

✔ Wie viel Wert legen sie auf eine detaillierte Kommunikation?

✔ Warum schätzen sie diese oder jene Aktion besonders?

✔ Welche Bedenken bringen sie regelmäßig vor?

Bei Ihrem nächsten Angebot oder einer erneuten Zusammenarbeit können Sie all diese Komponenten berücksichtigen und sich als idealer Partner präsentieren. Selbst das Wissen, dass der Auftraggeber seinen Kaffee stets mit Milch und Zucker trinkt, eine eigentlich unbedeutende Kleinigkeit, beschert Freiberuflern Pluspunkte bei ihren Kunden, die – oftmals unbewusst – bei der nächsten Auftragsvergabe den Ausschlag geben.

Ein Journalist aus Dortmund, der für Unternehmen Quartals- und Geschäftsberichte schreibt, beobachtete, dass einer seiner Auftraggeber stets nervös wurde, wenn er während der laufenden Projekte nicht täglich mit ihm in Verbindung stand. Er gewöhnte sich also an, seinen Kunden jeden Morgen anzurufen und über die Fortschritte seiner Arbeit zu informieren. Im folgenden Jahr bewarb sich ein anderer Journalist, der ebenfalls als freiberuflicher Schreiber für das Unternehmen tätig war, mit einem günstigeren Honorar um den Zuschlag für den Geschäftsbericht. Nach kurzer Bedenkzeit vergab der Auftraggeber die Arbeit jedoch wieder an den Dortmunder Journalisten. Der Grund: Er wusste, dass dieser sehr detailliert und zuverlässig kommunizierte, was ihm – dem Auftraggeber – ausgesprochen wichtig war.

Wachsen Sie an unterschiedlichen Aufgaben

Freiberufliche Selbstständige, die für die verschiedensten Auftraggeber arbeiten, machen sehr viele unterschiedliche Erfahrungen. Regelmäßig werden sie mit neuen Daten und Fakten, aber auch mit neuem Wissen und neuen Herausforderungen konfrontiert.

Auch wenn es manches Mal mühsam ist, sich in neue Themenbereiche einzuarbeiten oder sich zusätzliche Fähigkeiten anzueignen – nutzen Sie diese Chancen! Je größer Ihr Leistungsspektrum, desto besser sind wiederum Ihre Chancen, neue Kunden zu gewinnen oder zusätzliche Aufträge von Ihren bisherigen Kunden zu erhalten.

 Offen für Neues zu sein, ist für Freiberufler quasi Pflicht! Aber Vorsicht: Trotz aller Begeisterung für frisches Wissen sollten Sie aufpassen, dass Sie sich nicht verzetteln! Versuchen Sie, Ihre Kenntnisse rund um Ihre Kernkompetenzen zu erweitern und vor allem in diesen Bereichen zusätzliche Erfahrungen zu sammeln.

Zeigen Sie, warum nur Sie der Richtige sind

Es wäre so einfach, wenn weit und breit niemand wäre, der Ihnen Konkurrenz macht! Da es aber so gut wie keine Nische mehr gibt, in der sich nicht mindestens zwei oder drei Wettbewerber tummeln, stehen Sie vor der Herausforderung, sich von Ihrer Konkurrenz abzuheben. Mögliche Differenzierungsmerkmale sind beispielsweise

✔ fachliche Qualifikationen

✔ Erfahrung

✔ Zuverlässigkeit

✔ Termintreue

✔ Netzwerk

✔ analytische oder strategische Fähigkeiten

Um Ihren potenziellen Kunden jedoch nicht jedes Mal langatmig alle Besonderheiten, die Sie auszeichnen, herunterbeten zu müssen, brauchen Sie einen sogenannten *Unique Selling Proposition (USP* – Alleinstellungsmerkmal). Der USP fasst alle einmaligen Leistungskriterien, die Sie Ihren Kunden als Freiberufler bieten, in einer Aussage zusammen. Er weist also auf den entscheidenden Unterschied hin, der Ihre Produkte oder Ihre Dienstleistungen von denen der Konkurrenz unterscheidet und sie damit einzigartig macht. Der USP zeigt praktischerweise auch auf, warum Sie der richtige Partner für Ihre Kunden sind.

Um Ihren USP zu definieren, sollten Sie sich in regelmäßigen Abständen drei Fragen stellen:

1. Was will ich für meine Kunden anders und besser machen als die Konkurrenz?

2. Was will ich meinen Kunden anbieten?

3. Was unterscheidet mich von meinen Wettbewerbern?

Sobald Sie Ihren USP festgelegt haben, müssen Sie ihn möglichst bekannt machen. Dafür bieten sich die verschiedensten Möglichkeiten an – von der Werbung bis hin zum Unternehmenslogo. Die knappe Aussage über den eigenen USP hilft auch bei der Mund-zu-Mund-Propaganda, durch die viele Freiberufler ihre Kunden gewinnen. Reichen Ihren Kunden ein oder zwei Sätze, um Kollegen oder Freunden Ihre Qualitäten zu beschreiben, sind die Chancen groß, dass sie sich gut daran erinnern und sich bei Bedarf an Sie wenden. Je mehr Kunden von Ihrem einzigartigen Angebot profitieren, desto treuer wird natürlich Ihr Kundenstamm und desto größer werden Ihre Umsatz- und Gewinnchancen.

Der folgende kleine Fragenkatalog in Tabelle 7.1 hilft Ihnen, sich bei der Suche beziehungsweise Definition Ihres USP zu orientieren.

So rücken Sie ins Visier potenzieller Kunden!	Ja	Nein	Bemerkung
Strahlen Sie Ihren Kunden gegenüber Vertrauen und Fairness aus?			
Nehmen Sie sich Zeit für Ihre Kunden?			
Bieten Sie Ihre Kunden innovative, ihrem Bedarf entsprechende Leistungen an?			
Weisen Sie Ihre Kunden auf neueste Trends oder Entwicklungen hin?			
Bieten Sie Ihren Kunden unterschiedliche Honorar- oder Pauschalenmodelle an?			
Reagieren Sie kulant auf lange Zahlungsziele Ihrer Kunden?			
Lassen Sie sich bei Bedarf auch kurzfristig engagieren?			
Akzeptieren Sie bei Schwierigkeiten auch Meinungen von Experten aus Ihrem Fachgebiet?			
Reagieren Sie flexibel auf Forderungen Ihrer Kunden?			

Tabelle 7.1: Checkliste: So sichern Sie sich die Aufmerksamkeit potenzieller Kunden

Unter http://www.wiley-vch.de/publish/dt/books/ISBN978-3-527-70654-9 finden Sie die Checkliste und weiteres Material aus diesem Buch zum Download.

Eingebunden, aber unabhängig: Wie sich Freie optimal in Unternehmen integrieren

Egal, ob Sie Ihre Aufträge im heimischen Büro erledigen oder bei Ihrem Auftraggeber vor Ort arbeiten: An bestimmte spezifische Arbeitsabläufe oder andere Besonderheiten Ihres Kunden müssen Sie sich anpassen – auch wenn es schwer fallen mag. Da hilft es Ihnen auch nichts, dass Sie ja gar nicht zum fest angestellten Mitarbeiterkreis zählen, sondern als Freier engagiert sind. In manchen Unternehmen ist es beispielsweise üblich

✔ vor Beginn eines Projekts aufwendige Dokumentationsmappen zu erstellen

✔ die Vorgesetzten nahezu täglich schriftlich über die geleistete Arbeit zu informieren

✔ festgeschriebene Protokollvorlagen zu verwenden

✔ nur eigene Rechnungsvorlagen zu akzeptieren

Neben den fachlichen Besonderheiten pflegen viele Auftraggeber und deren Mitarbeiter oft auch ganz individuelle, persönliche Gewohnheiten, die Sie als Selbstständiger respektieren sollten. Um nicht ins Fettnäpfchen zu treten, sollten Sie einige Regeln beachten, die Ihnen helfen, sich möglichst gut bei Ihrem Auftraggeber zu integrieren:

✔ Beobachten Sie zu Beginn, welche ungeschriebenen und geschriebenen Regeln herrschen.

✔ Agieren Sie offen und kommunikativ.

✔ Stellen Sie Fragen über Abläufe und Prozesse, damit Sie niemandem unnötige Arbeit bereiten oder Termine versäumen.

✔ Kommunizieren Sie nicht nur mit Ihrem unmittelbaren Auftraggeber, sondern machen Sie sich mithilfe von Gesprächen mit anderen Mitarbeitern selbst ein Bild von der Stimmung.

✔ Lassen Sie sich hin und wieder bei Ihrem Auftraggeber blicken, falls Sie im heimischen Büro arbeiten.

✔ Zeigen Sie den festen Mitarbeitern, dass Sie keinen Konkurrenzkampf wollen, sondern sich als zusätzliche Hilfe verstehen.

 Lassen Sie sich nie in interne Querelen oder Machtkämpfe hineinziehen! Beteiligen Sie sich nicht an Diskussionen, in denen schlecht über Kollegen oder womöglich den Chef gesprochen wird. Achten Sie darauf, dass Sie nicht als Maulwurf missbraucht werden, der in einer stillen Stunde mal über diesen oder jenen ausgefragt wird. Das beschert Ihnen nur Ärger! Am Ende sind Sie in der Regel derjenige, von dem sich der Auftraggeber ohne nennenswerte Schwierigkeiten trennen kann.

Das Dilemma mit der Scheinselbstständigkeit

Ausflüge in Deutschlands Paragrafendschungel machen sicherlich niemandem Spaß. Angehende Freiberufler müssen sich jedoch beim Thema Kunden unbedingt mit allen wesentlichen gesetzlichen Vorgaben bezüglich ihres rechtlichen Status beschäftigen, um später böse Überraschungen zu vermeiden.

Der wesentliche Knackpunkt, über den staatliche Behörden und Selbstständige häufig streiten:

✔ Gilt für den betroffenen Freiberufler der Status Selbstständigkeit?

✔ Liegt eine Scheinselbstständigkeit vor?

✔ Unterliegt er der Rentenversicherungspflicht?

Die Tatsache, dass man sein Geld als selbstständiger Freiberufler verdient, sollte jeder Kontrolle seitens der Deutschen Rentenversicherung oder des Finanzamts standhalten. Wer im Zuge einer Prüfung den Stempel *Scheinselbstständig* erhält, dem drohen möglicherweise üppige Nachzahlungen an Vater Staat. Schließlich zahlen Freiberufler aufgrund ihres Status keine Beiträge in die gesetzliche

✔ Krankenversicherung

✔ Rentenversicherung

✔ Pflegeversicherung

✔ Arbeitslosenversicherung

Um die rechtliche Position richtig zu definieren, müssen Freiberufler einiges über die verschiedenen Möglichkeiten wissen. Genau genommen gibt es vier Kategorien:

1. Selbstständigkeit ohne Versicherungspflicht

2. Selbstständig mit Rentenversicherungspflicht

3. Arbeitnehmer mit Sozialversicherungspflicht

4. Scheinselbstständigkeit

Da niemand auf Dauer scheinselbstständig sein kann – das finden Betriebsprüfer und das zuständige Finanzamt früher oder später heraus – ergeben sich Beschäftigungsmöglichkeiten als

✔ echter Selbstständiger ohne jegliche Versicherungspflicht des Selbstständigen und seines Auftraggebers

✔ Selbstständiger mit Auftraggeber, der für sich selbst, unabhängig vom Auftraggeber, Rentenversicherungsbeiträge bezahlt

✔ Arbeitnehmer mit voller Versicherungspflicht

Warum der Staat Freiberuflern so strenge Auflagen macht

Die Diskussion um Selbstständigkeit oder Scheinselbstständigkeit beschäftigt schon seit Jahren Juristen, Freiberufler, Behörden und den Gesetzgeber. Damit Sie den notwendigen Überblick gewinnen, entführen wir Sie an dieser Stelle kurz in die Vergangenheit:

In den 1980- und 1990er Jahren machte sich der Trend hin zum Freiberuflertum immer stärker bemerkbar: Die Bundesregierung registrierte mit Missfallen, dass damit zugleich die Zahl der Beitragszahler für die gesetzlichen Sozialversicherungen sank. 1999 entschloss sie sich daher, einen Kriterienkatalog für die Abgrenzung von scheinselbstständigen und sozialversicherungspflichtigen Tätigkeiten einzuführen. Beantworteten Freiberufler einige Punkte dieses Dokuments mit »Ja«, lag die Vermutung nahe, dass sie zwar mehrere Kunden hatten, aber bei einem davon in einem angestelltenähnlichen Arbeitsverhältnis standen – und flugs war die Versicherungspflicht begründet.

Für Betriebsprüfer, die herausfinden wollten, welchen Status der Freiberufler bei diesem oder jenem Unternehmen innehatte, blieb es aber schwierig, die nötigen Informationen einzuholen. Auftraggeber wie Freiberufler wussten um die Kriterien und legten ihre Verträge so aus, dass die Sozialkassen das Nachsehen hatten.

Da der Gesetzgeber den Kriterienkatalog in der Folge nur halbherzig umsetzte und die Vorgaben nicht den erhofften Erfolg brachten, strich er die Liste nach wenigen Jahren und kehrte im Jahr 2003 im Kern wieder zur alten Rechtslage zurück.

Seither gilt ein Selbstständiger möglicherweise als scheinselbstständig, wenn er eine Beschäftigung ausübt, die

✔ einer weisungsgebundenen Tätigkeit entspricht und

✔ eine Eingliederung in die Arbeitsorganisation des Auftraggebers mit sich bringt

So ganz überzeugt scheint der Gesetzgeber von seiner aktuellen Definition von Scheinselbstständigkeit nicht zu sein: In § 7 Absatz 1 Sozialgesetzbuch betont er ausdrücklich, dass selbst eine weisungsgebundene Tätigkeit, die obendrein noch eine Eingliederung in die Arbeitsorganisation des Auftragsgeber bedeutet, nur Anhaltspunkte für eine Scheinselbstständigkeit seien. Eine Einschränkung, die sich Freiberufler unbedingt merken sollten, um sich im Falle von Streitigkeiten nicht sofort in die Defensive drängen zu lassen.

Alles organisiert, oder was?

Im Gegensatz zu den vorsichtigen Formulierungen, was Scheinselbstständigkeit sein könnte, gibt es für das sperrige Wort Arbeitsorganisation eine klare Definition: Sie beschreibt die Art, den Umfang und die Bedingungen der zielgerichteten Zusammenarbeit verschiedener Menschen mit Arbeitsgegenständen, Informations- und Betriebsmitteln an Objekten oder Projekten. Dazu gehören beispielsweise die Art der Arbeitsaufgaben, der Information, der Kommunikation, der Arbeitszeit sowie der Führung und auch die Art der Zusammenarbeit zwischen den Menschen. Im Klartext: Wer jeden Morgen in immer ein und dasselbe Büro geht und dort mit denselben Kollegen unter den Augen eines Chefs an denselben Projekten arbeitet, zählt zu dessen Arbeitsorganisation und ist damit nicht selbstständig!

Nach einigen Jahre Ruhe rebellieren inzwischen wieder einige Behörden gegen die weiche Formulierung des Gesetzes, indem sie eine weisungsgebundene Tätigkeit sowie eine Eingliederung in die Arbeitsorganisation tatsächlich als die entscheidenden Kriterien für eine Scheinselbstständigkeit ansehen: So versuchen sie einen Beitrag der angeblich Scheinselbstständigen für die gesetzliche Rentenversicherungskasse zu fordern.

Was das für Freiberufler bedeutet

Gegen Zweifel an ihrer Selbstständigkeit können sich Freiberufler gut wappnen. Wer clever vorgeht und einige Aspekte beachtet, vermeidet Diskussionen um seinen Status. Dazu müssen Sie unter anderem Folgendes beachten:

✔ Achten Sie auf die Vertragsvereinbarungen mit Ihren Kunden.

✔ Dokumentieren Sie die praktische Ausgestaltung der Tätigkeit.

✔ Unterstreichen Sie die Kriterien Ihrer selbstständigen Tätigkeit.

Will Ihr Kunde Ihr Engagement beziehungsweise seinen Auftrag an Sie schriftlich in einem Vertrag festhalten, kann er das ruhig machen. Allerdings sollte das Dokument keine Regelungen oder Formulierungen enthalten, die für eine abhängige Beschäftigung sprechen könnten.

Je weniger ein Auftraggeber in einem Vertrag mit Ihnen regelt, desto besser! Achten Sie darauf, dass das Dokument nicht unnötig viele Präambeln wie »Jede Partei ist für sich selbst verantwortlich« enthält. Gehäuft machen derartige Formulierungen die Behörden erst recht misstrauisch.

Falls Sie bereits für einen Kunden arbeiten und keinesfalls in den Verdacht geraten wollen, scheinselbstständig zu sein, können Sie selbst eine kleine kritische Prüfung durchführen. Fragen Sie sich:

✔ Wie setzen Sie den vereinbarten Vertrag um?

✔ Wie üben Sie Ihre Tätigkeit konkret aus?

✔ Welche Rahmenbedingungen legt Ihr Kunde fest?

✔ Worin untercheidet sich Ihre Tätigkeit von der eines festen Mitarbeiters?

Je genauer Sie Ihr Engagement dokumentieren, desto deutlicher können Sie in der Regel zeigen, dass Sie tatsächlich selbstständig sind.

 Machen Sie Ihre besondere Position stets deutlich: Belegen Sie beispielsweise anhand projektbezogener Protokolle Ihre Arbeitsstunden. Unregelmäßige Stundenzahlen, eine individuelle Arbeitszeitgestaltung sowie Tätigkeiten im eigenen Büro und nicht in den Räumen des Auftraggebers demonstrieren Ihre Rolle als selbstständiger Freiberufler deutlich.

Zugleich können selbstständige Freiberufler jederzeit noch einige Joker aus dem Ärmel ziehen, um ungerechtfertigte Angriffe auf ihren Status erfolgreich abzuwehren. Für selbstständige Tätigkeiten spricht unter anderem, dass der Freiberufler

✔ seine Arbeitskraft beziehungsweise sein Know-how für einen bestimmten Zeitraum anbietet

✔ sein Honorar für jeden Auftrag neu verhandelt

✔ in der Wahl des Arbeitsorts frei ist

✔ seine Arbeitszeit selbst bestimmt

✔ Aufträge ablehnen kann

✔ seinen Auftrag weitgehend selbstständig erfüllt

✔ sein Honorar nur bei erbrachter Leistung erhält

✔ keine Mitarbeiter-Vergünstigungen erhält

✔ eigenes Kapital für seine Tätigkeiten investiert

✔ Fortbildungen selbst organisiert und bezahlt

✔ eigene Visitenkarten und eigenes Briefpapier verwendet

✔ Kontakte zu potenziellen Auftraggebern pflegt

✔ neue Kunden akquiriert

Eines sollten Sie bei der ganzen Diskussion nicht vergessen: Wer für drei oder mehr Kunden arbeitet, muss sich über das leidige Thema überhaupt keine Gedanken machen. Und schon aus Gründen der Risikostreuung empfiehlt es sich ja sowieso, früher oder später mehreren Herren zu dienen. Angenehmer Nebeneffekt: Die Rentenversicherung fragt vermutlich nie mehr nach, ob man nicht vielleicht doch und eventuell ein Arbeitnehmer wäre.

Die leidige Konkurrenz

In diesem Kapitel

▶ Die Konkurrenz erkennen

▶ Referenzen sprechen lassen

▶ Aufträge sichern

Sie betreiben das einzige Kosmetikstudio in einem Stadtviertel oder einer kleinen Gemeinde und haben keinerlei Konkurrenz? Perfekt! Damit gehören Sie zu den wenigen Selbstständigen, die sich ganz auf ihr Geschäft konzentrieren können und sich nicht mit potenziellen oder realen Wettbewerbern herumschlagen müssen.

Da es aber nur sehr wenige Freiberufler gibt, die nahezu konkurrenzlos ihre Dienstleistungen oder Produkte anbieten, erfahren Sie in diesem Kapitel mehr über den Umgang mit Ihren Wettbewerbern. Es zahlt sich immer wieder aus, möglichst viel über die Konkurrenz zu wissen: Je mehr Sie über die Arbeitsweise, Preise und Strategien Ihrer Kontrahenten in Erfahrung bringen, desto besser können Sie passende Antworten geben. Schließlich wollen Sie Ihren Wettbewerbern doch möglichst immer einen Schritt voraus sein, oder?

In diesem Kapitel können Sie sich auch darüber informieren, warum Sie Ihre Wettbewerber nicht nur als lästige Konkurrenz sehen sollten. Der Kampf um Kunden mit anderen Architekten, Programmierern, Journalisten oder Ingenieuren birgt oft auch vielerlei Entwicklungspotenzial: Er macht Sie möglicherweise auf neue Trends, pfiffige Strategien oder clevere Akquisitionswege aufmerksam. Um dieses Wissen effektiv zu nützen, zeigen wir Ihnen, welche Mittel Sie für den Wettbewerb mit Ihrer Konkurrenz einsetzen können.

Wettbewerber erkennen

Natürlich müssen freiberufliche Journalisten, die auf Themen wie Auto, Arbeitsmarkt oder moderne Literatur spezialisiert sind, nicht all ihre Wettbewerber kennen. Und bestimmt können auch nicht alle Yoga-Trainer oder Kameramänner ihre Konkurrenten deutschlandweit einzeln aufzählen. Keine Sorge, das müssen Sie auch nicht – egal, in welcher Branche Sie als Freiberufler arbeiten!

Wenn Sie sich ausführlich mit Ihren Wettbewerbern beschäftigen, müssen Sie zunächst herausfiltern, wer tatsächlich ein Konkurrent für Ihr Geschäftsmodell sein könnte. In manchen Branchen lässt sich diese Recherche sehr viel schneller abschließen als in anderen: Während beispielsweise Anwälte ihr Fachgebiet meist bereits auf dem Türschild erwähnen, müssen Sie bei den anderen freiberuflichen Ingenieuren in Ihrer Stadt möglicherweise erst herausfinden, ob sie Experten für Statik, Anlagen- oder Tiefbau sind.

Um sich einen ersten Überblick darüber zu verschaffen, wer denn nun tatsächlich ein Wettbewerber sein könnte, helfen Ihnen die folgenden Fragen:

✔ Bieten andere Personen ähnliche Produkte oder Dienstleistungen wie Sie an?

✔ Entspricht der geforderte Preis/das geforderte Honorar der Konkurrenz Ihren finanziellen Forderungen?

✔ Profitieren die Kunden, die Dienstleistungen Ihrer Konkurrenz in Anspruch nehmen, von den gleichen Angeboten, die Sie auch anbieten?

✔ Nimmt Ihr Wettbewerber nur Aufträge ab einem bestimmten Umsatzvolumen an oder erledigt er auch kleinere Projekte?

✔ Reagiert Ihr Konkurrent auf neue Entwicklungen und Trends oder bleibt er seiner Nische treu?

Jetzt können Sie unter Umständen bereits erkennen, dass es außer Ihnen in Ihrer Region zwar noch andere Unternehmensberater, Kosmetikerinnen oder Grafiker gibt. Aber nur ein kleiner Teil von ihnen zählt tatsächlich zu Ihren Konkurrenten, weil sich die anderen beispielsweise mehr auf andere Nischen konzentrieren oder schon seit vielen Jahren mit immer denselben Auftraggebern zusammenarbeiten.

 Machen Sie bei der Analyse Ihrer Wettbewerber nicht den Fehler, Ihre Kunden aus den Augen zu verlieren! Denn wer seine Wettbewerber bis ins kleinste Detail kennen will, muss genau wissen, welche Bedürfnisse und Wünsche seine Kunden haben. Behalten Sie daher während der Recherche über Ihre Konkurrenten stets zwei Fragen im Hinterkopf:

1. Wie treffen meine Kunden ihre Kaufentscheidung beziehungsweise welche Kriterien sind ihnen bei einer Auftragsvergabe wichtig?

2. Wie und/oder wofür nutzen die Kunden die Dienstleistung oder das Produkt?

Je genauer Sie Ihre Kunden kennen und dadurch wissen, auf welche Kriterien sie besonders achten (Preis, Bedarf, Vertrauen usw.), desto leichter fällt es Ihnen, eine Liste Ihrer Wettbewerber zu erstellen beziehungsweise sie in verschiedene Kategorien einzuteilen.

Der größte Konkurrent: Der angestellte Arbeitnehmer

Als Freiberufler steht Ihnen jedoch nach einer umfassenden Analyse Ihrer potenziellen Wettbewerber in der Regel noch weitere Fleißarbeit bevor: Schließlich konkurrieren Sie nicht nur mit anderen Freiberuflern um Aufträge. Vielmehr droht Ihnen unter Umständen auch Konkurrenz durch die fest angestellten Arbeitnehmer Ihres Auftraggebers.

Die Gründe hierfür sind vielfältig:

✔ Fest angestellte Mitarbeiter kennen in der Regel die Abläufe innerhalb des Unternehmens, während sich ein engagierter Freiberufler erst orientieren beziehungsweise eingewöhnen muss.

✔ Fest angestellte Arbeitnehmer verursachen keine zusätzlichen Kosten, wenn sie anstelle eines Freiberuflers ein Projekt erledigen.

✔ In wirtschaftlich schwierigen Zeiten kann sich ein Auftraggeber meist von heute auf morgen von einem Freien trennen, aber nicht ohne Weiteres von seinen Mitarbeitern.

✔ Unter Umständen bringt der eine oder andere Arbeitnehmer fachlich bessere Qualifikationen mit.

Falls Sie nicht immer direkt mit Ihrem Auftraggeber zu tun haben, sollten Sie sich einen oder zwei Verbündete unter seinen Mitarbeitern suchen, um über aktuelle Entwicklungen oder Neuerungen frühzeitig informiert zu sein. Hören Sie beim Flurfunk unter den Mitarbeitern genau hin – in diesen Gesprächen stecken oft wertvolle Informationen.

Verzichten Sie darauf, gegenüber den fest angestellten Mitarbeitern Ihre Freiheiten beziehungsweise Ihre Weisungsungebundenheit als Freiberufler zu betonen. Gliedern Sie sich so weit wie nötig ein, ohne sich allerdings zu sehr in die internen Unternehmensprozesse verstricken zu lassen. Wenn Sie die Arbeitnehmer durch Ihr Auftreten verärgern, fehlt Ihnen möglicherweise mal ein Freund und Helfer, der Ihnen wichtige Informationen weiterleitet oder Ihnen zur Seite steht, wenn Sie mit einem Problem – sei es menschlicher oder auch fachlicher Natur – nicht weiterkommen!

Der gesetzte Kontrahent: Der Pauschalist und seine Vorteile

Ober sticht Unter! Getreu der alten bayerischen Schafkopfregel gibt es in vielen Unternehmen, aber vor allem in Deutschlands Rundfunkanstalten und Zeitschriftenverlagen, im Bezug auf die Position der Mitarbeiter oft eine überaus detaillierte Hackordnung: Der Pool ihrer Dienstleister setzt sich in der Regel aus freien Mitarbeitern, festen freien Mitarbeitern und Pauschalisten zusammen. Am oberen Ende der Leiter stehen dann noch die fest angestellten Arbeitnehmer.

Wer über die Bezeichnungen für Freiberufler und deren rechtliche Bedeutung mehr wissen will, findet in Kapitel 3 viele wertvolle Informationen.

Für Freiberufler, die Aufträge bei einem Auftraggeber ergattern wollen, der auch Pauschalisten beschäftigt, ist es anfangs meist nicht leicht, sich dort durchzusetzen. In der Regel besetzen die Pauschalisten bestimmte Themen oder Fachbereiche und sobald in einem dieser Gebiete Arbeit anfällt, wird sie meist von den Pauschalisten – die der Auftraggeber ohnehin bezahlt – erledigt. Da viele Pauschalisten in ihren Verträgen vereinbaren, dass sie mehr Honorar erhalten, wenn sie mehr Leistung bringen, als die Mindestpauschale abdeckt, versuchen sie natürlich, zusätzliche Aufträge zu erhalten. Und genau dieser Kreislauf macht aus vielen Pauschalisten große Konkurrenten für jeden Freiberufler, der sich bei einem neuen Kunden etablieren will.

Pauschalisten profitieren in der Regel von einigen Extras, die Auftraggeber für klassische Freiberufler größtenteils nicht in Erwägung ziehen wollen beziehungsweise können:

✔ fest vereinbartes monatliches Honorar beziehungsweise eine monatliche Mindestpauschale

✔ Spesenersatz

✔ Honorarfortzahlung im Krankheitsfall

✔ Anspruch auf bezahlten Urlaub

✔ Kündigungsschutz

Kampf um jeden Auftrag: Wie Freiberufler untereinander konkurrieren

Nun, gegen den Konkurrenzdruck durch fest angestellte Arbeitnehmer oder Pauschalisten können Sie als Freiberufler nur wenig ausrichten. Wesentlich mehr Handlungsspielraum gibt es jedoch gegenüber den übrigen freiberuflichen Wettbewerbern.

Nehmen Sie sich die Zeit, um – so weit möglich – zu beobachten,

✔ welche Strategien Ihre Konkurrenten verfolgen

✔ welche Aktionen sie planen

✔ welche Ziele sie verfolgen

Klar, manche Freiberufler lassen sich partout nicht in die Karten schauen und hüten ihre Pläne wie ihren Augapfel. Und da es für freiberuflich Tätige nahezu keine Veröffentlichungspflichten gibt, müssen Sie schon ein Meisterdetektiv sein, um das eine oder andere Detail über Ihren Wettbewerber herausfinden zu können.

Manchmal verrät aber selbst der verschwiegenste Freiberufler Wissenswertes über seine Agentur, seine Kunden oder seine Strategien – Sie müssen eben sehr aufmerksam hinhören beziehungsweise hinschauen:

✔ Sucht Ihr Wettbewerber plötzlich Kontakt zu anderen Kunden?

✔ Tritt er entgegen sonstiger Gewohnheiten bei öffentlichen Veranstaltungen auf?

✔ Will er mit Ihnen ins Gespräch kommen?

✔ Lamentiert er über die sinkenden Honorare in der Branche?

✔ Erweitert er sein Dienstleistungsangebot?

✔ Reduziert er sein Dienstleistungsangebot?

✔ Finden sich auf seiner Referenzliste plötzlich große Unternehmen statt wie bisher nur mittelständische und kleine Betriebe?

Sie sehen, Signale beziehungsweise Informationen über Ihre Konkurrenz gibt es eine Vielzahl in unterschiedlichster Form – Sie müssen sie nur registrieren und anschließend entsprechend bewerten.

 Sind Sie erst einmal ein wenig über Ihre Wettbewerber beziehungsweise deren Strategien im Bilde, sollten Sie analysieren, wo genau Ihnen die Konkurrenz Kunden abjagen könnte. So sind Sie in der Lage, Ihre eigenen Pläne anzupassen beziehungsweise neu auszurichten und Ihren Wettbewerbern möglicherweise ein Schnippchen zu schlagen.

Jetzt fragen Sie sich vielleicht, warum Sie über die Ziele Ihrer Wettbewerber nachdenken sollen? Schließlich hat doch jeder Freiberufler das Ziel, profitabel zu arbeiten sowie ausreichend Umsatz und Gewinn zu erwirtschaften. Das stimmt natürlich! Aber möglicherweise verfolgt Ihr Wettbewerber nicht nur dieses Primärziel, sondern noch viel größere Pläne!?

Stellen Sie sich nur mal vor, dass Sie als freiberuflicher Physiotherapeut eine kleine Praxis mit zwei Angestellten führen. Ihr Konkurrent zwei Straßen weiter beschäftigt ebenfalls zwei Mitarbeiter. Und an einem Freitagnachmittag entdecken Sie plötzlich, dass er seine Praxis erweitert und drei weitere Therapeuten eingestellt hat. Nun, das mag noch nicht so tragisch sein, aber wenn sich der erste Patient bei Ihnen verabschiedet, weil er in der Praxis Ihres Wettbewerbers nicht wie bei Ihnen tagelang auf einen Termin warten muss, sondern immer gleich am nächsten Tag behandelt wird, ahnen Sie Fürchterliches, stimmt's? Denn durch die veränderte Situation droht Ihrer eigenen Praxis möglicherweise schnell das finanzielle Aus, weil Sie zu wenig Rücklagen für eine Expansion gebildet oder diesen Schritt nie ernstlich erwogen haben!

 Wenn Sie in der Lage sind, auf neue Situationen zu reagieren, vergrößern Sie Ihre Chancen, nicht in die Defensive zu geraten. Machen Sie es sich zur Regel, regelmäßig in überregionalen und örtlichen Medien sowie in Fachzeitschriften all das zu lesen, was für Sie und Ihre freiberufliche Tätigkeit relevant sein könnte. Auf diese Weise sichern Sie sich wesentliche Informationen für den Erfolg Ihrer Praxis, Ihrer Kanzlei oder Ihrer Agentur.

Vertrauen ist gut, Planung ist besser

In einigen Berufssparten, wie zum Beispiel dem medizinischen Sektor, beeinflussen immer mal wieder unerwartete Neuzugänge die Konkurrenzsituation: Vielleicht waren Sie als Hautarzt in Ihrer kleinen Stadt jahrelang allein auf weiter Flur – und plötzlich erteilt der Zulassungsausschuss einem weiteren Hautarzt die Erlaubnis, sich in Ihrer Gemeinde niederzulassen.

Natürlich können Sie gegen diese gültigen, gesetzlichen Vorgehensweisen nichts machen. Um für solche Eventualitäten gewappnet zu sein, sollten Sie stets Ihren Blick auf den Service und die zusätzlichen Angebote Ihrer Praxis richten: Klar ist doch, dass ein zweiter Hautarzt sich, so wie Sie auch, unter anderem mit der Heilung von Ausschlägen, mit Krebsvorsorge und Allergien beschäftigt. Das heißt aber noch lange nicht, dass Sie automatisch die Hälfte Ihrer Patienten an den Neuen verlieren müssen – mit einem effektiven Plan können Sie sich möglicherweise Ihre Pfründe sichern – obwohl der andere Hautarzt mit seiner Praxis vermutlich die gleichen Ziele wie Sie verfolgt.

Kontern im Konkurrenzkampf

Die Möglichkeiten, die Sie nutzen können, um Ihre Lage im Wettkampf mit Ihren Konkurrenten zu optimieren, sind überaus vielfältig:

✔ Sie finden die Pläne Ihrer Wettbewerber uneffektiv und warten zunächst einmal ab.

✔ Sie analysieren die neue Situation und machen sich auf die Suche nach der passenden Antwort auf die Pläne Ihrer Kontrahenten.

✔ Sie verändern Ihre Geschäftsstrategie nur in den Bereichen, in denen Ihnen die Pläne Ihres Konkurrenten gefährlich werden könnten.

✔ Sie planen eigene Schachzüge, die ihrerseits Ihren Wettbewerber in Bedrängnis bringen oder Ihnen neue Geschäftsfelder eröffnen und neue Kunden bescheren.

 Mit erfolgreichen Kontern auf dem Fußballplatz hat eine erfolgreiche Parade in einem Konkurrenzkampf nichts zu tun! Das erhoffte Ergebnis stellt sich in der Regel nur ein, wenn Sie sich ausreichend Zeit nehmen, den Konter detailliert zu planen. Überhastete Aktionen beziehungsweise Reaktionen ohne mittel- oder langfristige Strategie locken Sie schnell auf die falsche Fährte und bescheren Ihnen mehr Ärger als Nutzen.

 Machen Sie es wie ein erfolgreicher Boxer: Betreten Sie den Ring und stellen sich Ihrem Konkurrenten erst, wenn Sie fit genug sind! In der Praxis heißt das: Sie haben alle entscheidenden Kriterien eingehend untersucht, die eine Veränderung Ihres Geschäftsmodells oder Ihrer Geschäftsstrategie bewirken, bevor Sie diese tatsächlich in die Tat umsetzen.

Erfolgreiche Projekte und Referenzen sprechen lassen

Nun ist es ja Gott sei Dank in der Regel nicht so, dass Kunden sofort ihren Lieferanten oder Dienstleister wechseln, weil ein neuer Konkurrent auftaucht oder günstigere Angebote macht. Selbst potenzielle Auftraggeber entscheiden sich nicht immer allein des Geldes, des Auftritts oder des Aussehens wegen für den einen oder anderen Anbieter.

Und genau das ist Ihre Chance! Möglichkeiten, Kunden von sich zu überzeugen, gibt es einige:

✔ Legen Sie Arbeitsproben vor.

✔ Zitieren Sie zufriedene Kunden.

✔ Zählen Sie Referenzkunden auf.

✔ Geben Sie Einblick in Ihr Netzwerk – renommierte Namen zeigen, dass Sie als Experte anerkannt sind.

✔ Lassen Sie – falls vorhanden – auch Ihre Partner für Sie sprechen.

Potenzielle Auftraggeber, die sehen, dass Sie als Berater oder Schreiber bereits für fünf börsennotierte Unternehmen und drei große, bekannte Familienbetriebe gearbeitet haben, ziehen für die anstehende Auftragsvergabe sicherlich nicht mehr Ihren Konkurrenten vor.

Bescheidenheit ist eine Zier! Protzen Sie nicht mit Ihren Referenzen oder Vorzeigeprojekten, sondern stellen Sie sich sachlich und nüchtern dar! Spätestens, wenn Sie Ihren Auftrag mit Bravour erledigt haben, weiß Ihr Kunde, dass Sie der beste Mann sind, den er engagieren konnte.

Wer sich geschickt positioniert und seine Referenzen ideal einsetzt, kann sich Nischen öffnen, von denen selbst Experten nie geglaubt hätten, dass sie überhaupt existieren können. Dadurch halten Sie sich nicht nur die Konkurrenz vom Hals, sondern schaffen sich auch ein Alleinstellungsmerkmal (USP), das große Aufmerksamkeit erregt. Falls Sie mehr über die Hintergründe von Alleinstellungsmerkmalen wissen wollen, können Sie sich in Kapitel 7 informieren.

Allein auf finnischer Flur

Zu der Zeit, als der finnische Handyhersteller Nokia jeden Tag neue Rekorde vermeldete und als absolutes Vorzeigeunternehmen galt, buhlten sehr viel Tageszeitungen und Magazine weltweit um ein Interview mit dem damaligen Vorstandsvorsitzenden. Alle wollten mehr über die immensen Erfolge des Konzerns wissen.

Nun war es jedoch alles andere als einfach, den Zuschlag für ein Gespräch zu ergattern: Denn lange bevor das öffentliche Interesse an Nokia so groß geworden war, war es einem Journalisten gelungen, das Vertrauen des Firmenbosses zu gewinnen. In den folgenden Jahren kam es daher immer wieder vor, dass er nur diesen Journalisten über interessante Neuigkeiten des Konzerns informierte beziehungsweise nur ihm für ein Interview zur Verfügung stand.

Diese Vertrauensposition konnte der Schreiber bestens für seine geschäftliche Situation ausnützen, da quasi jede Zeitung und jedes Magazin dieser Welt unbedingt ein Interview mit dem Vorstandvorsitzenden drucken wollte: Weil der Chef Anfragen fest angestellter Redakteure oft ablehnte, engagierten die Medien den freien Journalisten für ein Interview mit dem heiklen Unternehmenschef.

Ein paar Jahre lang klappte das Geschäftsmodell des freien Journalisten hervorragend. Nachdem aber auch Nokia in die Krise schlitterte und obendrein der Vorstandsvorsitzende wechselte, wurde es um den besagten Autor ein wenig ruhiger.

Marketing, Preise, Innovationen – Vielerlei Mittel im Kampf

Um den Attacken Ihrer Wettbewerber standzuhalten oder sie effektiv parieren zu können, müssen Sie in der Regel Ihre Preis- oder Honorargestaltung auf den Prüfstand stellen. Denn Preise sind ein zentraler Stellhebel im Kampf gegen die Konkurrenz.

Wenn Sie Glück haben, gibt es in Ihrer Branche Vorschriften oder sogar gesetzliche Vorgaben über die Höhe der Honorare oder Gebühren für eine Beratung beziehungsweise eine Behandlung – die Preisfrage stellt sich also nicht. Einige Branchenverbände machen sich jährlich die Mühe, durchschnittliche Preise zu ermitteln und bekannt zu geben – auch hier fällt es leichter, das eigene Honorar festzulegen.

Wer jedoch in Geschäftsbereichen tätig ist, in denen die Entlohnung je nach Projekt variiert, sollte genaue Vorstellungen darüber haben, in welchem finanziellen Rahmen er sich bewegen kann. Neben der Preissituation am Markt muss er berücksichtigen, dass er seine Kosten decken muss und darüber hinaus auch noch Gewinn erwirtschaften sollte.

Ehe Sie also auf die Spottpreise Ihres Konkurrenten reagieren, sollten Sie sich mehrere Fragen beantworten:

✔ Kann ich meine Dienstleistung auf diesem Preisniveau anbieten, ohne mich dabei finanziell zu ruinieren?

✔ Verschaffe ich mir Vorteile bei meinen Kunden, wenn meine Preise schwanken?

✔ Will ich mich überhaupt auf einen Preiskampf einlassen?

Falls Sie eine dieser Fragen mit einem klaren „Nein" beantworten, ist der Konkurrenzkampf über die Preisgestaltung sicherlich nicht der ideale Weg für Sie, sich gegenüber Ihren Wettbewerbern durchzusetzen.

... und raus bist Du!

Eine Frankfurter Werbeagentur beschäftigte lange einen freiberuflichen Grafiker. Nie beanstandete die Agentur in dieser Zeit dessen Honorarforderungen. Nachdem sie aber zwei umsatzstarke Kunden verloren hatte, wurde sie pingelig und begann, mit dem Grafiker um jeden Euro zu feilschen.

Vor der Vergabe eines großen Auftrags stellte sie den Freien letztendlich vor die Entscheidung: Entweder er halbierte er seinen Stundensatz oder der Auftrag ginge an einen jungen, freiberuflichen Kollegen. Der Berufseinsteiger hatte kurz zuvor ein Praktikum bei der Agentur absolviert und seine Dienste angeboten – für Honorare weit unter dem Branchendurchschnitt.

Der Grafiker entschied sich dafür, sich von der Agentur zu verabschieden. Seinen Berechnungen zufolge hätte er mit diesen Preisen kaum mehr Gewinn gemacht – und ein weiteres Projekt für diese Agentur hätte sein Image in der Branche auch nicht weiter verbessert. Die freie Zeit nutzte er anschließend erfolgreich, um einen neuen Kunden zu akquirieren.

Falls Sie sich jetzt Sorgen machen, wie Sie Ihre Konkurrenz in Schach halten sollen, ohne sich auf einen Preiskampf einzulassen, haben wir noch ein paar Tipps für Sie parat. Sie können beispielsweise

✔ Werbung schalten

✔ Fachartikel veröffentlichen

✔ Ihr Netzwerk weiter ausbauen

✔ Konferenzen und/oder Fachmessen besuchen

✔ Veranstaltungen als Sponsor unterstützen

✔ einen Tag der offenen Tür veranstalten

✔ Vorträge halten

✔ den Jahrestag Ihrer Büroeröffnung feiern und potenzielle Kunden einladen

All diese Maßnahmen dienen dazu, Ihr Marketing zu intensivieren beziehungsweise Ihren Bekanntheitsgrad zu erhöhen. Sie sind im Gespräch – und dadurch kommen vielleicht potenzielle Auftraggebern eben mit Ihnen und nicht mit Ihren Konkurrenten in Kontakt!

 Sie verbessern Ihre Situation gegenüber den Wettbewerbern auch, indem Sie für Ihr Büro oder Ihre Agentur einen übersichtlichen und informativen Internetauftritt gestalten und sich auch bei Facebook und Xing ein Profil geben. Inzwischen ist es längst üblich, sich vor oder nach einem Gespräch mit einem Dienstleister Informationen aus dem Internet zu besorgen – und was wäre dafür besser geeignet als Ihr eigener Online-Auftritt?

Teil IV

Frei arbeiten heißt arbeiten

»Dies ist durchaus ein besonderer Geschäftsplan, Frau Meier. Es ist
der erste seiner Art, dessen Unternehmensleitspruch lautet:
...hält mir Ärger vom Hals'.«

In diesem Teil ...

Trial and error – nein, nach diesem Prinzip sollten Sie keinesfalls in Ihre berufliche Unabhängigkeit starten. Die Basis für den Erfolg Ihres Freiberufler-Daseins steckt in einem akribisch ausgearbeiteten Businessplan. Und das heißt, zunächst gilt: schreiben, schreiben, schreiben!

In diesem Teil erfahren Sie, warum Sie überhaupt einen Businessplan brauchen, wenn Sie als Ein-Mann-Betrieb Ihr Glück als Freiberufler versuchen wollen. Außerdem wissen Sie nach der Lektüre dieses Teils, wer alles über Ihre Pläne mehr erfahren muss, damit Sie nicht gleich zu Beginn Ihrer neuen beruflichen Freiheit in Schwierigkeiten geraten. Und Sie lesen auch, wie Sie Ihren Arbeitsalltag am besten managen. Am Ende dieses Teils sollte es für Sie kein Problem mehr sein, als Freiberufler große Projekte zu stemmen beziehungsweise Mitarbeiter erfolgreich zu führen.

Ohne Plan läuft nichts

In diesem Kapitel

▶ Der Bestseller für Freiberufler – der Businessplan

▶ Die Unternehmensziele festlegen

▶ Das Geschäftsmodell erläutern

▶ Die Finanzen prüfen

Am Anfang ist es nur ein Stück leeres Papier. Ist ein Businessplan jedoch fertig gestellt, ist er für jeden Unternehmer vor allem zu Beginn seiner Selbstständigkeit hilfreicher Wegweiser und konsequenter Kontrolleur zugleich. In wohl kaum einer anderen Phase Ihrer Gründung müssen Sie sich so viele Gedanken über Ihren neuen beruflichen Weg machen wie in dem Moment, in dem Sie Ihren Businessplan schreiben. Systematisch analysieren Sie Ihre Geschäftsidee, registrieren und beheben Wissensdefizite und erstellen eine detaillierte Übersicht über Ihre finanziellen Ressourcen.

Damit Sie sich als Freiberufler finanziell nicht heillos übernehmen und in der Lage sind, erfolgreich Geschäfte zu machen, zeigen wir Ihnen in diesem Kapitel, wie Sie Ihre Unternehmensziele definieren, welche Informationen Sie für Ihren Businessplan benötigen und wie Sie Ihre geplanten Kosten, Umsätze und Gewinne übersichtlich darstellen.

Am Anfang steht ... der Businessplan

Natürlich muss nicht jeder angehende Freiberufler gleich hunderttausend Euro in die Hand nehmen, um sich seinen Traum von der Selbstständigkeit zu erfüllen. Im Gegensatz zu Ärzten, Physiotherapeuten oder Apothekern, die sich ihre Praxis einrichten müssen, reicht vielen Freiberuflern ein lauschiges Plätzchen, wo sie mit ihrem Laptop arbeiten können.

Doch auch EDV-Berater, Marktforscher oder Industriedesigner sollten mithilfe eines Businessplans einen Weg festlegen, um als eigener Chef erfolgreich zu sein. Er zeigt Ihnen auf, ob sie Ihr Vorhaben analytisch geplant und systematisch aufgebaut haben. Zugleich hilft er Ihnen, potenzielle Kunden, Partner, Kapitalgeber oder Verbraucher über Ihr Geschäftsmodell, Ihre Finanzierung und Sie selbst als Person zu informieren. Ohne Businessplan in die Selbstständigkeit zu starten, wäre purer Leichtsinn, darin sind sich alle Experten einig.

Ein aussagekräftiger Businessplan enthält in der Regel vier Teile:

✔ die Geschäftsidee

✔ die Planzahlen

✔ den Anhang

✔ die Zusammenfassung

Natürlich können wir Ihnen nicht helfen, Ihren Businessplan zu schreiben. Um Ihnen aber die Erstellung Ihrer eigenen kleinen Unternehmensfibel zu erleichtern, haben wir Ihnen in Tabelle 9.1 eine Checkliste zusammengestellt, mit deren Hilfe Sie sehen können, ob Sie an alle wichtigen Informationen gedacht haben.

Themenbereich	Beschreibung erledigt
Geschäftsidee	
Produkt/Dienstleistung	
Potenzielle Kunden	
Potenzielle Konkurrenz	
Preis- oder Honorargestaltung	
Marketing	
Versicherungen und Pflichtmitgliedschaften	
Steuern und Planrechnungen	
Finanzierung	
Chancen und Risiken des Unternehmens	
Gründerperson	
Lebenslauf	

Tabelle 9.1: Checkliste: Inhalte Businessplan

Unter http://www.wiley-vch.de/publish/dt/books/ISBN978-3-527-70654-9 finden Sie diese Checkliste und weiteres Material aus diesem Buch zum Download.

Wer auf Kredite oder Kapitalgeber angewiesen ist, sollte nicht nur die Inhalte seines Businessplans klar, übersichtlich und informativ darstellen. Vielmehr sollten Sie auch auf die äußere Gestaltung Ihres Dokuments Wert legen: Fettflecken, Tippfehler oder Eselsohren lassen konservative Banker schnell die Augenbrauen hochziehen. Je professioneller der Eindruck, den Ihr Businessplan vermittelt, desto eher sind Geldgeber in der Regel bereit, sich detailliert mit dem Inhalt Ihrer Mappe zu beschäftigen.

Bevor es losgeht: Legen Sie Ihre Ziele fest

Bevor Sie Ihren Urlaub buchen, machen Sie sich sicherlich viele Gedanken darüber, was Sie in den freien Tagen alles erleben, besichtigen oder tun wollen: Bergwanderer legen Routen fest, um diesen oder jenen Gipfel zu erklimmen. Dynamische Surffans informieren sich, in welchem Surfrevier zu welcher Jahreszeit tolle Bedingungen für ihre geplanten Wellenritte herrschen. Familien mit kleinen Kindern suchen nach netten Kinderhotels, die neben Schwimmbad und Spielplatz vielleicht auch ein abwechslungsreiches Tagesprogramm für ihre Kleinen bieten.

Unabhängig davon, wonach die Urlauber Ausschau halten, um sich in ihren Ferien tatsächlich zu erholen, wollen sie bestimmte Ziele realisieren.

Damit Sie als eigener Chef erfolgreich sind, müssen Sie sich ebenfalls darüber klar werden, welche Ziele Sie mit Ihrem kleinen Unternehmen oder Ihrer Agentur verfolgen. Spontan fallen Ihnen wahrscheinlich sofort einige Ziele ein: Sie wollen bestimmt

✔ Umsatz erzielen

✔ Gewinn machen

✔ Kunden gewinnen

✔ Marktnischen besetzen

✔ Konkurrenten abhängen

✔ Freude an der Arbeit haben

Idealerweise wollen Sie bei Ihren Kunden, Mandanten oder Patienten auch punkten, indem Sie unter anderem auf bestimmte Eigenschaften Wert legen:

✔ Pünktlichkeit

✔ Zuverlässigkeit

✔ Qualität

✔ Kreativität

✔ Fairness

Sie merken schon: So banal wie die Aussage »Legen Sie Ihre Ziele fest«, klingt, ist sie gar nicht. Es gibt eine nahezu unerschöpfliche Anzahl an Zielen, die Sie mit Ihrem Schritt in die Selbstständigkeit möglicherweise erreichen wollen.

Die Crux daran: Die Ziele, die Sie mit Ihrem Unternehmen verfolgen, beeinflussen alle Geschäftsentscheidungen. Daher sollten Sie sich viel Zeit nehmen, um Ihre Ziele sorgfältig festzulegen.

 Achten Sie unbedingt darauf, dass die Ziele für Ihr Unternehmen homogen aufeinander abgestimmt sind beziehungsweise sich nicht gegenseitig behindern. Zudem dürfen die festgelegten Ziele Sie nicht in Ihrem Tun oder Ihrer Flexibilität einschränken. Widerspricht ein oder mehrere Ziele anderen Vorgaben, bleiben die erträumten Erfolge oft auf der Strecke. Wer sich beispielsweise ein möglichst großes Kundenportfolio wünscht, muss sich auch darüber im Klaren sein, dass er als Ein-Mann-Show rasch an seine zeitlichen Grenzen stößt.

Wenn Sie glauben, dass Sie Ihre Ziele alle bestimmt und festgelegt haben, versuchen Sie die Vorgaben in einige wenige, möglichst kurze und prägnante Sätze zu packen. Was in der Schule verboten war, dürfen Sie jetzt mit gutem Gewissen tun: Gucken Sie doch einfach bei anderen Unternehmen ab, wie die ihre Unternehmensleitlinien und -ziele formulieren.

Drei, vier ausdrucksstarke Sätze sagen oft mehr über die Ziele eines Unternehmens aus als viele schillernde Worte oder schwere Poesie. Das hat sich beispielsweise ein schwäbisches IT-Unternehmen zu Herzen genommen: »Wir möchten, dass Sie mit Ihrer EDV täglich produktiv arbeiten können. Nicht mehr. Aber auch nicht weniger … Um dies zu erreichen, arbeitet das Team von … jeden Tag an neuen, einfacheren und günstigeren Lösungen. Es vergeht kein Tag, an dem wir nicht Neues dazulernen.«

Das Platzen der New Economy-Blase, das Attentat vom 11. September 2001 in New York, der Zusammenbruch der US-Bank Lehman Brothers – es müssen nicht immer so katastrophale Ereignisse sein, die das bisherige Arbeitsleben vieler Arbeitnehmer oder Freiberufler durcheinander wirbeln. Manchmal reicht es schon, dass in Ihrer Stadt ein weiterer Selbstständiger die gleiche Dienstleistung wie Sie anbietet, um Sie in Schwierigkeiten zu bringen und Ihre Unternehmensziele in weite Ferne rücken zu lassen.

Stellen Sie Ihre Ziele regelmäßig auf den Prüfstand. Sobald sich der Markt verändert, müssen Sie möglicherweise auch Ihre Unternehmensstrategie überarbeiten. Um auf Nummer sicher zu gehen, empfiehlt es sich in solchen Phasen durchaus, Personen, die auf diesem Gebiet Erfahrung haben, um Rat zu fragen oder die neuen Zielvorgaben intensiv mit ihnen zu diskutieren.

Beschreiben Sie Ihr Geschäftsmodell

Liegen Ihre Unternehmensziele sauber und prägnant formuliert vor Ihnen? Perfekt! Dann haben Sie jetzt die ideale Basis, um die große Aufgabe anzupacken: Ihren Businessplan. Zugegeben, für das Schreiben dieses Dokuments brauchen Sie mindestens ebensoviel Energie und Zeit wie für die Bestimmung Ihrer Unternehmensziele. Aber der Einsatz zahlt sich in der Regel aus: Wer sein Geschäftsmodell detailliert beschreiben will, muss sich vorher intensiv und akribisch damit auseinandersetzen.

Wissenslücken, Ungereimtheiten, Defizite – die kritische Beschäftigung mit Ihrer Idee fördert normalerweise alle Probleme zutage, an denen Ihr Geschäftsmodell möglicherweise noch krankt. Das zwingt Sie bereits vor dem Schritt in die Selbstständigkeit, nochmals an Ihren Plänen zu feilen, sich besser auszurichten oder an Ihrer Idee noch einige Elemente zu verändern, zu ergänzen oder zu streichen.

Bevor Sie nicht wirklich alle Zweifel an Ihrem Geschäftsmodell beseitigt haben und nicht alle Fragen klar beantworten konnten, sollten Sie keine neuen Entscheidungen für Ihren Schritt in die Selbstständigkeit treffen. Bedenken Sie: Je überzeugter Sie von Ihrem Unternehmensmodell sind, desto leichter fällt es Ihnen, Kunden, potenzielle Geldgeber oder Partner für sich einzunehmen.

Die Beschreibung Ihrer Geschäftsidee sollte folgende Fragen beantworten:

✔ Welche Produkte/Dienstleistungen biete ich an?

✔ Wie sieht mein Produkt-/Dienstleistungsangebot genau aus?

✔ Wie groß ist der Umfang meiner Produkt-/Dienstleistungsangebote?

✔ Gibt es mein Produkt-/Dienstleistung schon auf dem Markt?

✔ Was kann mein Angebot leisten?

Nehmen Sie sich fest vor, Ihre Geschäftsidee verständlich zu schildern: Fachfremde Gesprächspartner oder Leser Ihres Businessplans werden von unbekannten Kürzeln, Fachtermini und branchenspezifischen Anglizismen abgeschreckt. Sie mögen es ja auch nicht, wenn Ihr Bankberater vor Ihnen sitzt und Sie nach Ihrer BAN fragt, um damit den Crossborder nach EBS abzuwickeln, oder?

Erklären Sie Kunde, Markt und Konkurrenz

Ohne König Kunde läuft nichts: Jetzt müssen Sie sich nochmals mit Ihren potenziellen Kunden, Mandanten oder Patienten beschäftigen. Allein die Beschreibung Ihrer Geschäftsidee reicht nicht, um einen aussagekräftigen Businessplan zu schreiben. Kein Wunder, schließlich erzielen Sie nur Umsatz, wenn Sie die Bedürfnisse und Wünsche Ihrer Auftraggeber erfüllen können. Bevor Sie sich an die Beschreibung Ihrer Kunden machen, hilft es Ihnen sicherlich, sich fünf Fragen zu beantworten:

1. Welchen Nutzen hat der Kunde, wenn er mein Produkt/meine Dienstleistung beansprucht?

2. Welchen Bedarf befriedigt mein Produkt/meine Dienstleistung?

3. Warum könnte der Auftraggeber lieber bei mir statt bei der Konkurrenz anklopfen?

4. Inwieweit kann der Kunde neben meinem Produkt/meiner Dienstleistung von weiteren Serviceangeboten profitieren?

5. Wie registriere ich neue Trends, Wünsche und Bedürfnisse meiner beziehungsweise potenzieller Kunden?

Um diese kniffligen Fragen umfassend zu beantworten, müssen Sie sich im Vorfeld schon einige Zeit mit Ihren Kunden und deren Wünschen und Bedürfnissen beschäftigt haben. In Kapitel 7 können Sie sich ausführlich darüber informieren, wie Sie Ihre Kunden näher kennenlernen.

Der Markt macht's

Wenn Wirtschaftsexperten diskutieren, ist oft nicht nur von Kunden oder Verbrauchern die Rede, sondern auch von Märkten. Da der eine nicht ohne den anderen existieren kann, ist es selbst für den bescheidensten Freiberufler unerlässlich, in seinem Businessplan über den jeweiligen Markt zu informieren.

Da es auch hier viele wichtige Details zu berücksichtigen gilt, möchten wir Sie für wenige Augenblicke in Ihre Kindheit entführen: Können Sie sich an diese Lehrer erinnern, die von Ihnen und Ihren Mitschülern immer alles ganz genau wissen wollten? Ungenaue oder oberflächliche Antworten akzeptierten sie nicht. Stattdessen bohrten sie mit immer neuen Fragen so lange nach, bis sie zufrieden waren oder Sie frustriert zugeben mussten, dass Sie es nicht wissen.

Damit es Ihnen nicht so wie früher ergeht, sollten Sie streng darauf achten, dass Sie in Ihrem Businessplan wirklich alles Wissenswerte über den Markt beschreiben. Genaue Kenntnisse über Ihre Branche oder Ihre Branchennische sind für einen erfolgreichen Start in die Selbstständigkeit ebenso entscheidend wie für die zukünftige Unternehmensstrategie. Wo und wie Sie sich ausführlich über Ihren Markt informieren können, beschreibt Kapitel 6.

Wenn Sie folgende Fragen über Ihre Branche problemlos beantworten können, haben Sie alle wesentlichen Recherchen perfekt durchgeführt:

✔ Wächst, schrumpft oder stagniert meine Branche?

✔ Stehen in meiner Branche Innovationen an?

✔ Wie optimistisch oder pessimistisch ist die Stimmung in meiner Branche?

✔ Wie hoch ist der Umsatz in meiner Branche?

✔ Wie hoch ist der Absatz in meiner Branche?

✔ Wie groß ist in meiner Branche der Bedarf an selbstständigen oder freien Mitarbeitern?

✔ Welche Preisentwicklung prägt meine Branche?

✔ Welche Kostenentwicklung prägt meine Branche?

✔ Wie entwickelt sich die Rendite in meiner Branche?

 Ein Internetmanager will sich als Freiberufler selbstständig machen. In der Beschreibung seiner Geschäftsidee geht er zunächst darauf ein, dass Unternehmen Kundenportale einrichten, Internetauftritte redaktionell und gestalterisch konzipieren, Relaunches planen, Schnittstellen zum technischen Support benötigen und Fotodatenbanken und Archive betreuen lassen. Anschließend zeigt der Internetmanager anhand seines Ausbildungsprofils auf, dass er für diese Unternehmen genau der richtige Mann ist: Sein abgeschlossenes Hochschulstudium der Kommunikationswissenschaften sowie seine Berufserfahrungen in allen Fragen rund um die Umsetzung von Kommunikationskonzepten und die Planung und Steuerung von Projekten sind ideale Grundlagen, um Unternehmen bei ihren Online-Auftritten zu unterstützen. Zudem zeigt der Internetmanager auf, dass er über weiteres, wertvolles Wissen aus den Bereich der neuen Medien und über aktuelle Trends und Entwicklungen webbasierter Technologien wie Twitter, Blogs oder Wikis verfüg. Das erhöht seine Attraktivität bei den Unternehmen weiter. Seine unternehmerischen Chancen betont er, indem er darauf hinweist, dass sich in seiner Region viele moderne Unternehmen tummeln, die jede Menge Akquisepotenzial bieten.

Konkurrenz belebt das Geschäft

So weit, so gut! Da es inzwischen jedoch kaum mehr Wirtschaftsbereiche gibt, in denen nur ein einziges Unternehmen agiert, sondern im Normalfall vier, fünf oder manchmal sogar noch mehr Konkurrenten um Aufträge buhlen, müssen Sie in Ihrem Businessplan auch noch Ihre potenziellen Konkurrenten genauer unter die Lupe nehmen.

Gelingt es Ihrer Konkurrenz, üppige Gewinne zu erzielen, sollten Sie sich davon nicht beeindrucken lassen! Überlegen Sie in Ruhe, wie lange der Wettbewerber bereits vor Ort agiert, welche Dienstleistungen oder Produkte er möglicherweise zusätzlich anbietet, die Sie nicht in Ihrem Angebotsportfolio führen, und welche Preisstrategie er verfolgt. Als Markteinsteiger oder Neuling müssen Sie sich in der Regel ja erst einmal einen Kundenstamm erarbeiten, um Ihre Umsätze nach und nach steigern zu können.

Kurzfristig spielt es zunächst kaum eine Rolle, wie schnell Sie Auftraggeber finden oder Ihre Umsätze steigern. Für den mittel- oder langfristigen Erfolg ist es jedoch entscheidend, wie Sie sich von Ihrer Konkurrenz abgrenzen beziehungsweise wie Sie im Markt auffallen wollen. Und genau diese Fragen sollten Sie in Ihrem Businessplan detailliert darstellen. Zeigen Sie auf,

- ✔ was Ihr Angebot von den Angeboten Ihrer Wettbewerber unterscheidet

- ✔ welche Unterschiede es zwischen Ihnen und Ihren Konkurrenten gibt

- ✔ wie sich das Produkt- oder Dienstleistungsangebot Ihrer Konkurrenten zusammensetzt

- ✔ wie sich Ihr Produkt- oder Dienstleistungsangebot zusammensetzt

- ✔ wer die größten Konkurrenten sind

- ✔ wieso Sie in diesem Bereiche noch Potenzial für Ihr Geschäftsmodell sehen, obwohl bereits Konkurrenz aktiv ist

Ihre *Unique Selling Proposition* (USP – Alleinstellungsmerkmal), sprich alle einmaligen Leistungskriterien, die Sie Ihren Kunden bieten, sollten Sie so konkret wie möglich schildern, um sich von ähnlichen oder identischen Konkurrenten deutlich abzusetzen. Ihr USP definiert immerhin den Unterschied, warum ein Auftraggeber besser mit Ihnen zusammenarbeitet als mit Ihrem Wettbewerber. Wenn Sie mehr über den USP beziehungsweise die Definition des USP erfahren wollen, können Sie sich in Kapitel 7 informieren.

Wellnessspezialisten, Kinderexperten, Seniorenberater

Seit vielen Jahren existieren in einer kleinen Stadt in Süddeutschland sieben Apotheken – allein drei davon liegen an der einzigen Hauptstraße des 18.000 Einwohner großen Ortes. Da die Menschen in dem Städtchen nicht öfter krank sind als in anderen vergleichbaren Gemeinden Deutschlands, zeigt sich klar, wie wichtig ein Alleinstellungsmerkmal für den geschäftlichen Erfolg sein kann. Natürlich verkaufen alle sieben Apotheken Medikamente. Jede einzelne jedoch hat sich eine zusätzliche Nische gesucht oder eine besondere Verkaufsstrategie gewählt. Ihre zusätzlichen Schwerpunkte liegen unter anderem auf homöopathischer Kindermedizin, Wellnessprodukten für Haut und Haar oder der Betreuung älterer Kunden. Andere wiederum locken Kunden mit ihren Öffnungszeiten, regelmäßigen Sonderangeboten oder zusätzlichen Serviceleistungen wie einem Kurierdienst an.

Erläutern Sie Ihre Preisstrategie und Ihre Standortwahl

Einen Businessplan zu schreiben bedeutet, viele Hausaufgaben erledigen zu müssen. Neben Ihrer Geschäftsidee, dem Markt, den Kunden und der Konkurrenz gehört auch Ihre Preisstrategie beziehungsweise die Preisfindung für Ihr Leistungsportfolio in Ihren Businessplan.

Sie müssen erklären, warum Sie diesen Stunden-, Tages- oder Monatssatz ansetzen oder jenes Honorar verlangen. Um dabei nicht zu viel oder zu wenig zu fordern, brauchen Sie einen Überblick über die marktübliche Spanne. Informationen darüber geben Ihnen unter anderem

✔ der Industrie- und Handelskammertag

✔ die Branchenverbände

✔ die Bundesagentur für Arbeit

✔ Jobbörsen

✔ Honorarrechner

Da sich viele Auftraggeber ungern auf Stundensätze einlassen und die Arbeit Externer stattdessen lieber mit einer Pauschale entlohnen, sollten Sie neben den marktüblichen Konditionen auch einen Überblick darüber haben, wie viel Zeit Sie für Ihre Arbeit brauchen: Verschlingt das Schreiben einer vierseitigen Rede nur mehrere Stunden oder gar zwei Arbeitstage? Dauert die Erstellung eines Sachverständigengutachtens durchschnittlich ein oder eher zwei Wochen? Bedeutet das Einstudieren eines Werkes mit einem Laienorchester tagtägliche Arbeit oder reichen drei bis vier Abende pro Woche?

 Wer sich zu billig verkauft, weil er möglicherweise den zeitlichen Aufwand seiner Arbeit unterschätzt, kann früher oder später in finanzielle Schwierigkeiten geraten. Auf gewisse Grenzen beziehungsweise Mindestsätze sollten Sie bei Preisverhandlungen mit Ihrem Kunden stets bestehen. Schließlich können Sie nicht rund um die Uhr Höchstleistung bringen, um sich die nötigen Euro fürs Überleben zu sichern.

Die folgende Liste zeigt, nach welchen Kriterien Sie Ihre Preisstrategie ausrichten können beziehungsweise vielleicht sogar müssen:

✔ Gibt es in Ihrer Branche gesetzliche Vorgaben, an die Sie sich halten müssen?

✔ Wollen Sie Ihre Kunden den Preis selbst bestimmen lassen, indem Sie lediglich einen Richtpreis vorgeben?

✔ Beabsichtigen Sie, für bestimmte Projekte Preispakete zu schnüren oder Festpreise zu vereinbaren, die möglicherweise in Summe die Einzelpreise der enthaltenen Produkte unterschreiten?

✔ Möchten Sie Preisnachlässe für bestimmte Zielgruppen anbieten?

 In bestimmten Unternehmen in Deutschland begehen Selbstständige, die sich als freie Mitarbeiter bewerben, regelrecht einen Tabubruch, wenn sie sich nach dem Honorar erkundigen: Eine Redakteurin mit Berufserfahrung hatte bei einer großen deutschen Zeitung als Freie angeklopft und sofort einen Rückruf erhalten.

Man habe großes Interesse an einer Zusammenarbeit, erklärte der Gesprächspartner freundlich. Nachdem sich die beiden über verschiedene Details geeinigt hatten, fragte die Redakteurin, wie es denn mit dem Honorar aussehe. Nach einem kurzen Schweigen antwortete der Anrufer verdutzt, dass sie die erste Bewerberin sei, die danach frage, das sei man so gar nicht gewöhnt. Erst nach weiterer Rückfragen erfuhr die Redakteurin dann letztendlich, dass die Zeitung nach Zeilen abrechnete und das Honorar jeweils im darauf folgenden Monat überwies.

Ehe Sie sich in Ihrem Businessplan auf die Zahlen stürzen, empfiehlt es sich, noch ein paar Sätze über den Standort Ihres Unternehmens, Ihrer Praxis oder Ihrer Kanzlei zu verlieren. Zwar spielt es für viele Freiberufler im Zeitalter des Internets nur noch eine untergeordnete Rolle, ob sie mitten im Herzen einer Großstadt oder am Rande eines kleinen Dorfes auf dem Land arbeiten: Wer am Computer Stadtpläne für Touristen entwirft oder Events plant, kann sich in der Regel dort niederlassen, wo es ihm am besten gefällt.

Schwere Geburt

Wer in Deutschland als freiberuflicher Mediziner eine eigene Praxis eröffnen will, muss sich gegen allerlei gesetzliche Vorgaben wappnen: Im Gegensatz zu vielen anderen freien Berufen muss ein Mediziner in ein Arztregister eingetragen sein. Anschließend ist er berechtigt, sich in die Warteliste einzutragen, die sein Interesse an einer Niederlassung dokumentiert. Gleichzeitig muss er seinen Wunsch beim Zulassungsausschuss schriftlich beantragen und eine Approbation als Arzt besitzen. Erst wenn das Gremium die Niederlassung des Arztes hier oder dort genehmigt, darf der Mediziner endlich in seiner eigenen Praxis Patienten empfangen.

Versuchen Sie Ihr Glück mit einem anderen freiberuflichen Job, sollten Sie dennoch einige Kriterien bei der Auswahl Ihres Standorts berücksichtigen:

✔ Mietpreise

✔ Höhe der Nebenkosten

✔ Grundstückspreise

✔ Anfahrtswege

✔ Kundennähe

✔ landesspezifische Besonderheiten

✔ Distanz zur Konkurrenz

Unabhängig davon, wo Sie landen: Stellen Sie in Ihrem Businessplan auf alle Fälle die Gründe dafür dar.

Machen Sie an dieser Stelle Ihres Businessplans eine kurze Pause, um eine Zwischenbilanz zu ziehen und sich zu fragen, ob Sie bis dato wirklich an alles gedacht haben. Tabelle 9.2 ist ideal, um Sie bei Ihrer Kontrolle zu unterstützen:

Themenbereiche/Fragen	Erledigt
1. Welche Geschäftsidee habe ich?	
2. Mache ich mich allein oder mit Partner(n) selbstständig?	
3. Bringe ich Erfahrung als Freiberufler mit?	
4. Wo liegen meine Qualifikationen?	
5. Welches Produkt/Dienstleistung will ich anbieten?	
6. Welche Preisstrategie verfolge ich?	
7. Was verlangt die Konkurrenz für das Produkt/die Dienstleistung?	
8. Wie stark ist der Wettbewerb?	
9. Was ist mein USP?	
10. Wie gut kenne ich meine Kunden?	
11. Wie finde ich meine Kunden?	
12. Wie binde ich meine Kunden an mich?	
13. Welche Vorteile bietet der Standort?	
14. Welche Nachteile hat der Standort?	
15. Habe ich eine Marketingstrategie?	
16. Wie flexibel bin ich als Freiberufler?	
17. Wie groß sind meine Wachstumschancen?	
18. Brauche ich mittelfristig Mitarbeiter?	

Tabelle 9.2: Checkliste: Ist mein Businessplan wirklich vollständig?

Diese Checkliste gibt's zum Herunterladen unter http://www.wiley-vch.de/publish/dt/books/ISBN978-3-527-70654-9.

Zeigen Sie Umsatz und Kosten auf

Sind Sie erst einmal so weit, dass Sie alle wesentlichen Fakten und Daten über Ihr Geschäftsmodell, Ihren Markt, potenzielle Kunden und Ihre Wettbewerber zusammengetragen haben, ist bereits die Hälfte geschafft. Jetzt müssen Sie sich in Ihrem Businessplan fast nur noch mit Zahlen beschäftigen.

Damit Ihnen als Freiberufler innerhalb kürzester Zeit nicht das Geld ausgeht, kommen Sie um eine gewissenhafte und vor allem systematische Planung Ihrer Geschäftszahlen nicht herum. Je tiefer Sie dabei ins Detail gehen, desto eher lassen sich mögliche Schwachpunkte Ihres finanziellen Gerüsts erkennen.

Um Ihre Kalkulation möglichst realistisch durchzuführen, sollten Sie zuvor unbedingt die sogenannten *betriebswirtschaftlichen Zahlen* beziehungsweise *Betriebsvergleichszahlen* recherchieren. Branchenverbände, Fachkammern, Handwerkskammern oder auch der Industrie- und Handelskammertag sind für diese Fließaufgabe ideale Anlaufstellen.

Eine der wichtigsten Planzahlen für Ihr Unternehmen ist der Umsatz. Von diesen Einnahmen müssen Sie Miete, Waren oder gegebenenfalls Ihre Mitarbeiter bezahlen. Auch die Kosten für Kranken- und Rentenversicherung beziehungsweise vorgeschriebene Fachversicherungen müssen Sie von Ihrem Umsatz begleichen können. Außerdem muss ja auch noch für Sie selbst noch genug übrig bleiben, um Ihren Lebensunterhalt zu bestreiten.

Ihre Markt- und Wettbewerbsanalyse hilft Ihnen jetzt bei Ihrer Schätzung, welche Umsätze Sie in welchem Zeitraum erwirtschaften können. In der Praxis lassen sich Umsätze auf zwei Wegen ermitteln:

✔ Auf Basis Ihrer Erfahrungswerte beziehungsweise detaillierter Marktdaten planen Sie Ihre Umsatzchancen Kunde für Kunde.

✔ Anhand Ihrer Mindestkosten ermitteln Sie, wie hoch Ihr Mindestumsatz ausfallen sollte.

 Das Ein-Mann-Ingenieur-Büro Planen und Berechnen weiß, dass viele Unternehmen aus der Chemie- oder Baubranche langfristige Aufträge an freiberufliche Ingenieure vergeben, wenn der Bau einer neuen Anlage oder eines neuen Immobilienkomplexes ansteht. Der Inhaber des Büros plant, den branchenüblichen Tagessatz von etwa 600 bis 700 Euro zu verlangen. Er geht davon aus, im ersten Jahr seiner Selbstständigkeit Aufträge für etwa 120 Tage akquirieren zu können. Damit beliefe sich der Umsatz auf einen Betrag zwischen 72.000 und 84.000 Euro. Um seinen Umsatz zu steigern, will der Ingenieur ab dem zweiten Jahr noch zwei, drei kleinere Kunden gewinnen, für die er jeweils 20 bis 40 Tage tätig ist. Auf dieser Basis würde er seinen Umsatz um 12.000 bis etwa 50.000 Euro auf circa 96.000 bis 130.000 Euro verbessern.

Wer seinen Umsatz nicht pro Kunde planen, sondern ihn anhand seiner Mindestkosten errechnen will, muss sich zunächst einen Überblick über alle anfallenden Kosten verschaffen. Dazu zählen

✔ alle Ausgaben für das Unternehmen

✔ alle privaten Ausgaben

Unternehmenskosten lassen sich generell drei unterschiedlichen Kategorien zuteilen:

✔ **Fixe Kosten**: Sie umfassen alle Ausgaben, die Ihnen grundsätzlich entstehen. Dazu zählen beispielsweise Miete, Telekommunikationskosten, Steuern, Versicherungsbeiträge, Leasingraten oder Mitarbeitergehälter.

✔ **Variable Kosten**: Sie fallen beispielsweise für den Ankauf von Waren, Geschäftsreisen oder Aushilfslöhne an.

✔ **Kalkulatorische Kosten**: Sie entstehen, wenn Sie sich Ihr Gehalt auszahlen oder ein Zimmer Ihrer Privatwohnung als Büro nutzen.

Wenn Sie Ihre Unternehmensausgaben und Ihre privaten Ausgaben ermittelt und summiert haben, können Sie mithilfe des Ergebnisses ersehen, wie viel Umsatz Sie jährlich erzielen müssen, um diese Beträge begleichen zu können. Damit die Rechnung tatsächlich aufgeht, müssen Sie wissen, zu welchem Preis Sie Ihr Produkt oder Ihre Dienstleistung anbieten. Bei der Planung Ihrer Preisstrategie helfen Ihnen die Betriebsvergleichszahlen, die Sie spätestens jetzt recherchieren sollten.

Damit Ihnen die Aufstellung Ihrer Kosten ein wenig leichter fällt, haben wir Ihnen in Tabelle 9.3 eine Beispielübersicht mit einigen typischen Kostenpunkten zusammengestellt, die in der Regel – wenn auch nicht unbedingt in dieser Höhe – bei Freiberuflern anfallen.

Plan Sachkosten	In Euro/pro Jahr
Miete, Heizung	6.000
Wasser, Strom	1.000
Versicherungen, Pflichtmitgliedschaften	1.500
Fahrzeug	2.500
Reisekosten	1.500
Werbung	500
Telefon, Internet	1.200
Buchführung, Steuerberater	2.000
Sonstiges	1.000
Summe	**17.200**
Plan kalkulatorische Kosten	
Kranken-, Lebens-, Pflege- und Rentenversicherung	8.000
Miete	12.000
Lebensunterhalt	14.000
Einkommensteuer	14.000
Summe	**48.000**
Aufstellung Gesamtkosten	
Sachkosten	17.200
Kalkulatorische Kosten	48.000
Gesamtkosten	**65.200**

Tabelle 9.3: Beispiel Kostenaufstellung

 Diese beispielhafte Kostenaufstellung finden Sie auch als Download: http://www.wiley-vch.de/publish/dt/books/ISBN978-3-527-70654-9.

 Kontrollieren Sie, ob Sie wirklich alle Kosten in Ihrer Übersicht berücksichtigt haben. Falls Sie beispielsweise für die Eröffnung Ihrer Praxis oder Ihrer Kanzlei einen Kredit aufgenommen haben, dürfen Sie keinesfalls die anfallenden Zinsen vergessen. Schon für einen Kredit über 75.000 Euro müssen Sie bei einem Zinssatz von 4,5 Prozent jährlich 3.375 Euro für Zinsen aufwenden.

Sicherheitsbewusste, risikoscheue Freiberufler zeigen ihre Kostenaufstellung am besten einem Steuerberater. Vielleicht hält der schon den einen oder anderen Hinweis bereit, welche Kosten sie noch von der Steuer absetzen können beziehungsweise welche Ausgaben sie unbedingt noch berücksichtigen müssen.

Ermitteln Sie Gewinn und Liquidität

Es gibt Dinge, die machen nur selten Spaß, sind aber unvermeidlich: Wer beispielsweise am ersten schönen Frühlingstag des Jahres seinen Grill anheizen will, muss ihn zuvor gründlich schrubben. Und wer sich einen neuen Fernseher mit Digitaltechnik zulegt, muss erst einmal die Bedienungsanleitung studieren, ehe er sich über das gestochen scharfe Bild freuen kann.

Als IT-Experte oder Grafikdesigner macht es Ihnen vermutlich eher weniger Spaß, sich mit betriebswirtschaftlichen Dingen auseinanderzusetzen. Ein gewisses Basiswissen sollten Sie sich aber schon aneignen, um Ihr eigenes kleines Unternehmen erfolgreich zu führen.

Um einen Gewinnplan für Ihren Businessplan aufzustellen, sollten Sie sich beispielsweise über die Unterschiede zwischen *Ertrag*, *Erlös*, *Gewinn* und *Aufwand* im Klaren sein.

✔ **Der Ertrag** bezeichnet einen Unternehmenserfolg, der beispielsweise durch die Herstellung oder den Einsatz von Gütern oder Dienstleistungen entsteht.

✔ **Der Erlös** – in der Regel auch Umsatz genannt – erfasst die Summe der Zahlungsansprüche, die Sie als Freiberufler durch den Verkauf Ihrer Waren oder Ihrer Dienstleistung erwerben.

✔ **Der Gewinn** steht für einen erwirtschafteten Überschuss innerhalb eines bestimmten Zeitraums. Der Gewinn ergibt sich aus der Differenz zwischen Aufwand und Ertrag.

✔ **Der Aufwand** nennt den bewerteten Verbrauch aller Güter und Dienstleistungen in einem bestimmten Zeitraum.

Freiberufler, die auf der Suche nach Geldgebern sind, um sich ihren Traum von der Selbstständigkeit zu erfüllen, sollten ihren Gewinnplan so detailliert wie möglich auflisten: Letztendlich vergeben kritische Banker oder Förderinstitutionen nur Kredite, wenn die Rentabilitätsvorschau für das Unternehmen sie überzeugt.

Mit all diesem Detailwissen und den im Vorfeld gesammelten Puzzlestückchen über Ihre Kosten und Ihren Umsatz sollten Sie Ihren Gewinnplan problemlos detailliert darstellen können. Die folgende Übersicht in Tabelle 9.4 zeigt Ihnen exemplarisch, wie der Gewinnplan eines freiberuflichen Architekten aussehen könnte.

Umsatz	55.000 Euro
— Waren- und Materialeinsatz	0 Euro
= Rohertrag I	55.000 Euro
— Personalkosten	0 Euro
= Rohertrag II	55.000 Euro
— fixe, variable Kosten	14.500 Euro
— kalkulatorische Kosten	21.600 Euro
= Erweiterter Cashflow	18.900 Euro
— Zinsen	0 Euro
= Cashflow	18.900 Euro
— Steuern, Abschreibungen	14.000 Euro
= Nettogewinn	**4.900 Euro**

Tabelle 9.4: Beispiel Gewinnplan

 Dieses Beispiel finden Sie als Worddatei unter `http://www.wiley-vch.de/ publish/dt/books/ISBN978-3-527-70654-9`. So können Sie die Beispielzahlen durch Ihre eigenen ersetzen.

Der Gewinnplan des Architekten enthält bereits die kalkulatorischen Kosten – sprich das Einkommen des Architekten, das er mit etwa 1.800 Euro monatlich kalkuliert hat. Nach Abzug von Steuern und Abschreibungen ergibt sich für den fleißigen Freiberufler dann letztendlich ein Nettogewinn von 4.900 Euro.

 Wie die Schilderung Ihrer Geschäftsidee, Ihres Marktes und Ihrer Konkurrenz müssen auch Ihre Finanzen aussagekräftig in Ihrem Businessplan auftauchen – egal, ob Sie auf der Suche nach Geldgebern sind oder nicht. Vergessen Sie nicht: Als selbstständiger Freiberufler verbuchen Sie nicht regelmäßig Geldeingänge auf Ihrem Konto. Mal zahlt ein Kunde nicht pünktlich, mal haben Sie keine Aufträge, mal stellen Sie die Rechnungen nicht sofort. Um nicht unnötig ins Minus zu rutschen, sollten Sie daher stets einen aktuellen Liquiditätsplan parat haben, mit dessen Hilfe Sie rechtzeitig erkennen, wann es eng wird.

Eine Liquiditätsplanung umfasst normalerweise einen Zeitraum von zwölf Monaten und stellt die monatlichen Geldeingänge den monatlichen Geldausgängen gegenüber. So sehen Sie sehr schnell und genau, ob beziehungsweise für welche Monate Sie Rücklagen bilden sollten. Wie Sie einen aussagekräftigen Liquiditätsplan entwickeln, lesen Sie in Kapitel 15.

 Mehr zum Thema Businessplan finden Sie in _Businessplan für Dummies_, einem weiteren Buch aus der »für Dummies«-Reihe.

Businessplan light – Soviel Plan muss mindestens sein

Viele angehende Freiberufler mögen sich an dieser Stelle fragen, ob sie diesen Aufwand wirklich betreiben müssen. Schließlich reicht es ihnen, ein Zimmer ihrer Wohnung in ein kleines Büro zu verwandeln, um dort Softwareprogramme zu entwickeln, Gutachten zu schreiben oder unterschiedlichste Seminare für Mitarbeiterentwicklung zu konzipieren. Kurz und bündig gesagt: Ja! Auch Sie sollten einen Businessplan erstellen!

Fangen Sie einfach mal damit an und Sie werden merken, dass die Struktur eines Businessplans Sie dazu zwingt, über alle für Ihre künftige berufliche Tätigkeit entscheidenden Themen nachzudenken – und das in systematischer Form, Punkt für Punkt.

Im Idealfall hat jeder Freiberufler ein solches Dokument in seiner Schreibtischschublade, egal ob er eine gut gehende Praxis mit einem halben Dutzend Helferinnen betreibt oder allein an seinem Schreibtisch vor sich hin wurstelt. Um die Hürde gerade für Neueinsteiger im Nebenberuf nicht allzu hoch zu legen, finden Sie in Tabelle 9.5 eine kurze Übersicht über einen abgespeckten Businessplan.

Themenbereich	Entscheidende Frage
Geschäftsidee	Was biete ich an?
Potenzielle Kunden	Wem biete ich meine Dienste an?
Preis- oder Honorargestaltung	Zu welchen Konditionen?
Marketing	Wie gewinne ich Kunden?
Planrechnung	Was verdiene ich im ersten Jahr?
Finanzierung	Kann ich davon leben?

Tabelle 9.5: Checkliste: Das brauchen Sie für Ihren Schritt in die Selbstständigkeit

 Diese Checkliste gibt es als Word-Dokument unter http://www.wiley-vch.de/publish/dt/books/ISBN978-3-527-70654-9. So können Sie sie durch eigene Überlegungen ergänzen.

Wie Sie sehen, beschränkt sich diese Kurzform im Wesentlichen auf zwei Themen:

1. die Gewinnung von Kunden

2. Ihren Gewinn

Nur wer über diese beiden Punkte genau Bescheid weiß, wird als Freiberufler Erfolg haben.

Der rote Faden für die Zukunft

Egal, in welcher Branche und mit welchem Fachwissen Sie sich als Freiberufler selbstständig gemacht haben, egal, wie holprig oder erfolgreich Ihr Start in die berufliche Unabhängigkeit war, egal, welche Pläne Sie noch realisieren wollen: Ihr Businessplan sollte Sie immer begleiten! Je mehr Details Sie ihm anvertrauen beziehungsweise in dieses Dokument einarbeiten, desto mehr Informationen erhalten Sie über die Schwachstellen oder Mängel Ihrer Pläne.

Ob Krise oder Boom – Ein Kontrollblick lohnt sich immer

Bei manchen Arbeitgebern ist es durchaus üblich, dass die Mitarbeiter schon im Januar ihre Sitzungs- und Konferenztermine für August, September oder sogar noch später im Jahr kennen. Auch wenn Sie diese starre, extrem vorausplanende Vorgehensweise als Arbeitnehmer stets auf 180 gebracht hat – als Freiberufler sollten Sie sich fest vornehmen, ein- bis zweimal jährlich Ihren Businessplan aus der Schublade zu holen, um ihn zu studieren.

 Machen Sie sich an einem oder zwei bestimmten Tagen im Jahr einen Vermerk in Ihren Blackberry oder Ihren Kalender, der Sie daran erinnert, sich mit Ihrem Businessplan zu beschäftigen. Sollten Sie an diesem Tag partout keine Zeit finden, verschieben Sie Ihr Date mit Ihrer Gründungsfibel – aber höchstens um ein paar Tage!

Sobald Sie sich näher mit dem Dokument beschäftigen beziehungsweise abgleichen, ob Sie Ihre Unternehmensziele tatsächlich erreichen oder nicht, stoßen Sie bestimmt auf Hinweise, Vorhaben oder Pläne, die Sie längst vergessen oder unberücksichtigt gelassen haben. Dabei spielt es keine Rolle, ob Sie gerade in Arbeit versinken oder frustriert am Schreibtisch sitzen und Däumchen drehen, weil sich kein Kunde blicken lässt.

Vergleichen Sie Ihre früheren Annahmen mit der heutigen Situation Ihres Unternehmens und stellen Sie sich folgende Fragen:

✔ Haben Sie tatsächlich neue Kunden akquiriert?

✔ Kennen Sie die Wünsche Ihre Kunden wirklich noch?

✔ Brauchen die Kunden Ihre Dienstleitung/Ihr Produkt noch immer?

✔ Kennen Sie Ihre Wettbewerber noch ausreichend?

✔ Wollten Sie sich nicht auf dem einen oder anderem Gebiet weiterbilden?

✔ Passt die Preisstrategie noch zur heutigen Marktlage?

Je nachdem, wo und wie Sie tätig sind, können natürlich noch andere Fragen auftauchen, die für Sie und Ihr Geschäftsmodell relevant sind. Normalerweise macht aber auch Ihr Businessplan Sie auf all die Aspekte aufmerksam, die für die Zukunft Ihres Unternehmens bedeutsam sein könnten.

Andere Fakten – andere Meinung: Warum Korrekturen am Businessplan erlaubt sind

Wenn Piloten der Fluggesellschaft A einen Streik für einen bestimmten Tag ankündigen, wollen Sie sich als Kunde sicherlich Scherereien und unnötige Wartezeiten ersparen, indem Sie bei Airline B buchen.

Ein herber finanzieller Verlust für Fluggesellschaft A: Da sie jedoch nicht den üblichen Service bietet, darf sie die Untreue ihrer bisherigen Kunden nicht beanstanden. Schließlich hat jeder das Recht, angesichts einer neuen Situation sein Verhalten zu ändern oder seine Entscheidungen zu revidieren.

Ein wichtiger Punkt, den auch Freiberufler immer beachten sollten: Wer bei der Lektüre seines Businessplans feststellt, dass sich die Bedingungen für seine Annahmen verändert haben, sollte das Dokument unbedingt entsprechend korrigieren. Die Ursachen falscher Prognosen können vielerlei Gründe haben:

✔ ein dynamisch wachsender Markt

✔ ein stark schrumpfender Markt

✔ neue Wettbewerber

✔ wachsende Kundenansprüche

✔ steigende Preise

✔ sinkende Preise

In dem Sie solch fundamentale Veränderungen in Ihren Businessplan einbauen, zwingen Sie sich zugleich dazu, sich mit deren Folgen auseinanderzusetzen. Wenn zum Beispiel die Stundensätze sinken, können Sie

✔ mehr Kunden akquirieren

✔ mehr Umsatz mit bestehenden Kunden herausholen

✔ Ihre beruflichen und privaten Kosten senken

Denn falls Sie sich mit solchen Konsequenzen nicht frühzeitig befassen, droht Ihnen früher oder später ein böses Erwachen – nämlich dann, wenn Ihre Ausgaben die Einnahmen übersteigen und das Konto nicht mehr aus den roten Zahlen kommt.

Und noch etwas: Bei allem Ärger über veränderte Rahmenbedingungen sollten Sie nicht die Chancen übersehen, die einer jeden Krise innewohnen. So kann es zum Beispiel sein, dass eine steigende Zahl von Konkurrenten die Stundensätze für Ihre Standarddienstleistungen drückt, Ihre Spezialkenntnisse in einer bestimmten IT-Umgebung oder zu einem bestimmten Thema aber unverändert einzigartig am Markt sind – und in dieser Nische in der Folge sogar Preiserhöhungen möglich sind. Jetzt sollten Sie aus Mangel an Alternativen Ihren bestehenden Kunden nicht gleich eine zehn- oder zwanzigprozentige Erhöhung der Honorare aufoktroyieren. Aber nichts spricht dagegen, Ihre Akquiseaktivitäten zu verstärken und Neukunden gegenüber den höheren Preis zu nennen. Wenn Sie wirklich über eine rare Qualifikation verfügen, werden Sie staunen, zu welchen Ausgaben solche Kunden bereit sind.

Fleißarbeit ist Pflicht

In diesem Kapitel

▶ So finden Sie einen passenden Namen

▶ Was das Finanzamt wissen will

▶ Die Website als Türschild im digitalen Zeitalter

▶ Professioneller Auftritt vom ersten Tag an

Die Entscheidung für die Selbstständigkeit ist gefallen, der Businessplan geschrieben und die ersten Kunden zeigen bereits Interesse? Dann können Sie ja jetzt loslegen. Lassen Sie sich jetzt bloß nicht mehr von Ihrem Vorhaben abbringen, nur weil da noch ein paar Formalien zu erledigen sind. Mit dem Wissen des nachfolgenden Kapitels und ein wenig Geduld schaffen Sie binnen kurzem die nötigen Voraussetzungen, damit es richtig losgehen kann.

Zwei große Themen stehen dabei im Mittelpunkt: Zum einen einige grundsätzliche Überlegungen zu Ihrem Firmennamen sowie der Rechtsform Ihrer neuen Umgebung. Auf dieser Basis können Sie dann wissbegierige Behörden von Ihrem Eintritt in das Freiberuflertum informieren. Zum anderen geht es in diesem Kapitel um die Vorbereitung Ihres Außenauftritts – von der Website bis zum Rechnungsformular. Schließlich wollen Sie ja vom ersten Tag an von Ihren Kunden als Profi wahrgenommen werden.

Nomen est omen: Die Namenswahl

»Raider heißt jetzt Twix« – kaum eine Frage ist zu Beginn der Selbstständigkeit so knifflig wie die Namensfrage. Denn ein einmal gewählter Name sollte über viele Jahre Bestand haben und sich beim Kunden einschleifen – jeder Namenswechsel erschwert unnötig das Geschäft und kostet zudem Geld.

Die einfachste Lösung für dieses Problem: Nehmen Sie doch einfach Ihren eigenen Namen. Als Freiberufler handeln Sie rechtlich ohnehin unter Ihrem Namen und können ihn daher auch direkt für Ihre Aktivitäten verwenden. Wer jetzt moniert, Carlotta Meier würde doch als Name nun wirklich nicht zu einem aufstrebenden Grafikbüro passen, möge bedenken, dass gerade im Geschäft mit Unternehmen die Qualität und die Termintreue den Ausschlag für oder gegen eine langfristige Kundenbindung geben – und wenn sich erst einmal herumspricht, wie gut Carlotta Müller arbeitet, klopfen früher oder später immer mehr Kunden an Ihre Tür.

Traditionell, schlicht, aussagekräftig

Es funktioniert seit Jahren, wenn nicht schon seit Jahrzehnten, und es funktioniert offensichtlich wirklich gut: In Deutschland scheint es ein ungeschriebenes Gesetz zu sein, als Anwalt, Arzt, Architekt oder Ingenieur seinen Namen und seine Fachrichtung auf das Türschild zu schreiben beziehungsweise sein eigenes kleines Unternehmen so zu benennen. Für Kanzleien, Praxen oder Büros dieser Berufssparten sind folgende beispielhafte Bezeichnungen in der Regel die gängigen:

✔ Hans Streit, Fachanwalt für Arbeitsrecht

✔ Peter Zank, Anwalt für Presse- und Internetrecht

✔ Oskar Meier, Architekturbüro

✔ Frieda Schulze & Kathrin Schuster, Architekturbüro

✔ Christian Breuer, Ingenieurbüro

✔ Bauer & Bauer, Ingenieurgemeinschaft

✔ Klaus Gips, Orthopäde

✔ Dirk Bohrer, Zahnarzt

Warum sollten sich die betreffenden Freiberufler auch lange den Kopf über Namen für ihre Kanzlei oder ihr Büro zerbrechen? Schließlich wollen die potenziellen Kunden vor allem eines wissen: Ist das der richtige Arzt, Anwalt oder Ingenieur für meine Belange? Und das können sie angesichts dieser traditionell gewählten Unternehmensnamen auf einen Blick erkennen.

Anders sieht es aus, wenn Sie in einer anderen Branche tätig sind und von Beginn an einen größeren Kundenkreis ansprechen. Dann kann es sich auszahlen, dem eigenen Namen noch eine Tätigkeitsbezeichnung hinzuzufügen, sei es Fitnesstrainerin, PR oder Apple-Support. Bei diesen Bezeichnungen sollten Sie zwei der Grundsätze zur Namensgebung im Hinterkopf haben, die das deutsche Handelsgesetzbuch vorgibt:

✔ **Die Wahrheit.** Der Name darf nur wahre Angaben enthalten und potenzielle Kunden nicht in die Irre führen.

✔ **Die Ausschließlichkeit.** Ihr Unternehmensname muss sich schon aus Eigeninteresse von bestehenden Namen in Ihrer Kommune unterscheiden.

Ach ja, und wo wir gerade beim Handelsgesetzbuch (HGB) sind: Dort bezeichnet das Wort »Firma« den Namen eines Geschäftsmanns. § 17 besagt, die Firma eines Kaufmanns sei der Name, »unter dem er seine Geschäfte betreibt und die Unterschrift abgibt. Ein Kaufmann kann unter seiner Firma klagen und verklagt werden.« Sprich, wenn Sie sich für Ihren eigenen Namen entscheiden, führen Sie künftig eine Doppelexistenz. Vielleicht wollen Sie auch daher Ihren Firmennamen ausbauen? Dann achten Sie auf Folgendes:

Ihr Firmenname darf

✔ Ihren persönlichen Namen enthalten (»Carlotta Müller«)

✔ Ihre Tätigkeit enthalten (»Yogastudio«)

✔ eine Mischung aus Namen und Tätigkeit sein (»Müller-Yoga«)

✔ frei erfunden sein (»Hare Krishna Yoga«)

Ihr Firmenname darf nicht

✔ die Kunden in die Irre führen (»Fit-in-7-Tagen-Yoga«)

✔ fehlende Größe vorspiegeln (»Yoga-Mega-Center«)

✔ unzutreffende geografische oder branchenspezifische Bezeichnungen unterhalten (»Das Kölner Yoga-Studio« auf dem platten Land bei Aachen)

✔ unzutreffende akademische Titel oder Berufsbezeichnungen enthalten (»Prof. Müller-Yoga«)

Angesichts dieser Vorschriften ist es kein Wunder, dass viele Freiberufler einfach ihren eigenen Namen als Firmennamen nehmen – und damit seit vielen Jahren erfolgreich am Markt agieren.

Firma oder nicht – Das ist die nächste Frage

In der Regel starten Freiberufler als Einzelunternehmer. Es ist die mit Abstand einfachste Rechtsform, die auf ihre Bedürfnisse zugeschnitten ist. Die Vorteile auf einen Blick:

✔ wenig Bürokratie

✔ kein Mindestkapital

✔ alleinige Entscheidungsbefugnis

✔ alleiniger Anspruch auf die Gewinne

Allerdings gibt es zwei Wermutstropfen: Erstens haften Sie mit Haus und Hof für Ihre geschäftlichen Aktivitäten. Gläubiger können im Fall der Fälle auf Ihr Privatvermögen zugreifen. Und zweitens sind Sie in den Augen potenzieller Kreditgeber immer noch ein Privatmann. Sprich: Kredit gibt es in der Regel nur, wenn Sie dafür Ihren privaten Besitz, allen voran Ihr Eigenheim, verpfänden.

Insbesondere die Sorge vor möglichen Prozessrisiken und der Schutz der Familie veranlassen früher oder später viele Freiberufler, über die Gründung einer Gesellschaft nachzudenken. Die bevorzugte Variante ist dabei die Gesellschaft mit beschränkter Haftung (GmbH). Denn bei dieser ist die Haftung, wie der Name schon sagt, auf das zu Beginn eingezahlte Kapital beschränkt. Läuft es nicht, geht die GmbH in Konkurs und das Privatvermögen bleibt erhalten. Doch Vorsicht: Die GmbH bringt eine Menge von Pflichten mit sich. Denn die GmbH

✔ ist eine Kapitalgesellschaft mit eigener Rechtspersönlichkeit

✔ ist damit der Träger von Rechten und Pflichten

✔ ist damit zur Steuerzahlung verpflichtet

✔ verfügt über einen Geschäftsführer

Und da die GmbH eine eigene Rechtspersönlichkeit ist, müssen Sie vor dem Start auch eine Satzung erstellen, in der unter anderem der Sitz der Gesellschaft, der Geschäftsbereich und die Summe des Stammkapitals geregelt sind. Der Gesetzgeber verlangt, dass die GmbH mit mindestens 25.000 Euro ausgestattet wird, wobei die Hälfte der Summe auch durch Sachleistungen wie einen Firmenwagen oder ein Laptop erbracht werden kann. Nicht zu vergessen, dass für die Gründung auch noch ein Notar und das Handelsregister Geld sehen wollen. Und erst mit Eintrag in dieses Handelsregister kann eine GmbH auch wirklich Geschäfte abschließen.

 25.000 Euro Kapital, Gründungskosten und eine Menge Formalien. Vor allem in drei Fällen ist die GmbH ungeachtet dessen sinnvoll:

1. Sie ermöglicht eine klare Trennung von Familie und Beruf und schützt für den Fall der Fälle das Privatvermögen.

2. Dies gilt besonders für freiberufliche Tätigkeiten, bei denen man in einer Kanzlei oder Praxis unternehmerisch tätig ist und mit einer GmbH das daraus erwachsende Risiko begrenzt.

3. Sie schützt bei einer Tätigkeit mit höheren Prozessrisiken vor entsprechenden Schadensforderungen von Kunden. Gerade bei Dienstleistungen ist es allerdings extrem schwer, einen konkreten Schaden nachzuweisen.

Für wen diese Rechtsform nicht infrage kommt, der kann sich als Freiberufler auch für eine *Partnerschaftsgesellschaft* entscheiden. Diese Unternehmensform ist ausschließlich freiberuflich Tätigen vorbehalten und birgt jede Menge Vorteile. Wenn Sie mehr über die Partnerschaftsgesellschaft und den dazugehörigen Rechtsrahmen wissen wollen, finden Sie dazu in Kapitel 3 detaillierte Informationen.

Der Wissensdurst der Behörden

Name und Rechtsform geklärt? Dann können Sie jetzt schnurstracks die nächsten Formalien erledigen. Und das heißt: Formulare, Formulare und noch mehr Formulare ausfüllen – beim Gewerbeamt, beim Finanzamt, bei den Kammern und gegebenenfalls beim Arbeitsamt.

Was das Gewerbeamt wissen will

Wer in Deutschland Waren und Dienstleistungen verkauft oder mit diesen handelt, ist grundsätzlich verpflichtet, ein Gewerbe anzumelden. Glücklicherweise gilt in Deutschland Gewerbefreiheit, es gibt erst einmal keine Einschränkungen bei der Anmeldung. Allerdings reicht in einigen Branchen der Gewerbeschein allein nicht aus, es bedarf hier auch noch einer Gewerbeerlaubnis.

Gute Nachricht für Freiberufler: Wer eine der in Kapitel 3 genannten freiberuflichen Tätigkeiten ausübt, kommt um den Gewerbeschein herum. Das Gleiche gilt kurioserweise für die beiden ungleichen Berufsgruppen Landwirt und Wissenschaftler.

Wer etwas anderes machen will, muss sich entweder auf den Weg zum Gewerbeamt machen, das sich meist in den jeweiligen Rathäusern oder in den Ortsämtern der Bezirke befindet, oder die Online-Auftritte seiner Kommune nutzen. Je nach Gewerbe (beispielsweise in der Gastronomie oder bei Ärzten) müssen zusätzliche Befähigungsnachweise vorgelegt werden, bevor der zuständige Beamte den Gewerbeschein ausstellt – und gleichzeitig das Finanzamt, die Industrie- und Handelskammer oder Handwerkskammer, das Statistische Landesamt, das Handelsregistergericht und die Berufsgenossenschaft über den neuen Unternehmer informiert. Glückliche Freiberufler kann man da nur sagen!

 Worauf das Gewerbeamt besteht:

1. Formular mit Angaben zur eigenen Person, Kontaktdaten, Adresse, Beginn und Art der Tätigkeit

2. Bearbeitungsgebühr; sie ist von Gemeinde zu Gemeinde unterschiedlich und beträgt in der Regel 15 bis 80 Euro

3. Identitätsnachweis, sprich Pass oder Personalausweis

4. Handelsregisterauszug, falls Sie eine Firma gründen

5. Aufenthaltsgenehmigung bei ausländischen Staatsangehörigen

6. Genehmigung und Nachweise, falls Ihre Tätigkeit besondere Qualifikationen erfordert (beispielsweise die Konzession in der Gastronomie)

Ab dem ersten Tag dabei: Das Finanzamt

Mit der Anmeldung eines Gewerbes ist eine besonders unangenehme Pflicht verbunden: die Zahlung der Gewerbesteuer. Klassische Freiberufler bleiben zwar von dieser kommunalen Extra-Abgabe verschont, unterliegen aber ansonsten selbstverständlich auch der Steuerpflicht. Mehr über Ihre Steuerzahlungen erfahren Sie in Kapitel 16. Hier geht es lediglich darum, was das Finanzamt bereits zu Beginn Ihrer Tätigkeit von Ihnen erwartet, und das sind im Wesentlichen drei Dinge:

1. die Anmeldung Ihrer Selbstständigkeit

2. eine Schätzung von Umsatz und Gewinn, um entsprechende Vorauszahlungen errechnen zu können

3. die Beantragung einer Steuernummer

Eigentlich müssen nur diejenigen, die auch außerhalb Deutschlands in der EU tätig werden wollen, darüber hinaus eine Umsatzsteuer-Identifikationsnummer beantragen. In der Praxis hat sich die Angabe dieser USt-ID auf Rechnungen aber mittlerweile eingebürgert, sodass Sie diese Nummer direkt beantragen sollten.

Das Bundeszentralamt für Steuern informiert auf seiner Website www.bzst.bund.de ausführlich, wie Sie die USt-ID beantragen können. Entsprechende Formulare finden Sie dort ebenfalls.

Abschließend sei vermerkt, dass Finanzämter beim Neustart von Selbstständigen erstaunlich gelassen bleiben. Wer zu Beginn seiner Tätigkeit darauf verzichtet, eine Gewinnschätzung abzugeben, wird nicht unbedingt direkt belangt. Vielmehr warten die Finanzämter bis zum Jahresende, fordern die Steuererklärung ein und erhalten dann ohnehin ihren Anteil am erwirtschafteten Einkommen. Über den richtigen Umgang mit der Steuerthematik informiert Sie das Kapitel 14 ausführlich.

Das Arbeitsamt braucht nur, wer Arbeit schafft

Für Ein-Mann-Unternehmer interessiert sich die Bundesagentur für Arbeit nicht. Aber wehe dem, der mit einem einzigen Mitarbeiter starten will. In diesem Fall braucht man eine Betriebsnummer – und die gibt es beim Arbeitsamt. Erst mit dieser achtstelligen Nummer können Sie Ihren Mitarbeiter Nummer eins bei Kranken-, Renten- und Arbeitslosenversicherung anmelden und abrechnen.

Folgende Angaben braucht das Arbeitsamt für die Erteilung einer Betriebsnummer:

✔ Firmenadresse

✔ Firmenname

✔ Telefonnummer, Faxnummer oder E-Mail

✔ Ansprechpartner

✔ genaue Branchenbezeichnung

✔ Angaben, ob man sozialversicherungspflichtige oder geringfügig Beschäftigte einstellt

Wer Gewerbe treibt, wird verkammert

Nach wie vor gibt es in Deutschland für Gewerbetreibende eine Zwangsmitgliedschaft bei der örtlichen Industrie- und Handelskammer beziehungsweise der Handwerkskammer. Wer also einen eBay-Shop eröffnet und damit ein Einzelhändler wird, ist vom ersten Tag an auch ein Kammermitglied – ob er will oder nicht.

Die Höhe der Beiträge ist glücklicherweise für Ein-Mann-Unternehmer überschaubar. Der Grundbeitrag liegt bei Kleingewerbetreibenden bei 30 bis 80 Euro und bei Unternehmern mit Handelsregistereintrag zwischen 150 und 300 Euro. Als Gegenleistung erhalten die Kammermitglieder jede Menge Service – von der kostenlosen Beratung über Weiterbildungen bis hin zur Erstellung von Gutachten.

Seit wenigen Jahren zeigen die Kammern ein Herz für Gründer: In den ersten beiden Jahren fällt derzeit kein Grundbetrag an.

... und der klassische Freiberufler auch!

Wer sich jetzt als Freiberufler die Hände reibt, weil er meint, kammerfrei agieren zu können, sollte sich seinen Berufsstand noch einmal genau anschauen. Denn gerade in den großen klassischen freien Berufen gibt es starke Standesorganisationen, in der die gesamte Branche Mitglied ist. Zu den starken Organisationen zählen:

✔ Ärztekammern

✔ Steuerberaterkammern

✔ Wirtschaftsprüferkammern

✔ Rechtsanwaltskammern

✔ Architektenkammern

Alle diese Organisationen verfügen über eine lange Tradition und übernehmen zum Teil sogar originär staatliche Aufgaben. So ist die Rechtsanwaltskammer für die Zulassung von Juristen, die Überwachung der Einhaltung des Berufsrechts in ihrem Bezirk und die Vermittlung in Streitfällen zwischen Anwalt und Mandant zuständig. Auch die Wirtschaftsprüferkammer ist eine Körperschaft des öffentlichen Rechts und vereinigt alle Wirtschaftsprüfer, vereidigten Buchprüfer und die jeweiligen Gesellschaften in Deutschland. Nur wer ihre Prüfung besteht, darf sich überhaupt Wirtschaftsprüfer nennen; auch die Berufsaufsicht obliegt der Kammer.

Freiberufler dieser Berufssparten haben somit gar keine andere Wahl, als sich ebenfalls verkammern zu lassen und die jeweiligen Beiträge zu leisten. Eine Mitgliedschaft in der entsprechenden Berufskammer ist zum Teil sogar Voraussetzung für Freiberufler, um überhaupt tätig sein zu dürfen. Dafür erhalten die freiberuflich Tätigen aber auch umfangreiche Serviceleistungen und wissen die Interessen ihres Berufsstandes in der Öffentlichkeit vertreten. Mehr über die Kammern und ihre Tätigkeiten können Sie in Kapitel 3 nachlesen.

Großes Tamtam für den eigenen Auftritt

Bevor Sie sich in den Alltag stürzen, sollten Sie nicht nur sicherstellen, dass alle Behörden Bescheid wissen. Für Ihren Erfolg ist es weitaus wichtiger, dass möglichst viele Kunden auf möglichst intelligente Art und Weise von Ihrer neuen Tätigkeit erfahren. Voraussetzung dafür ist ein professioneller Außenauftritt vom ersten Tag an. Denn die alte Weisheit vom entscheidenden ersten Eindruck gilt auch für Unternehmen – oder vielleicht gerade da. Wer im Vorfeld hier Energie und Zeit investiert, profitiert im Unternehmerleben in jedem Fall.

Der digitale Schlüssel zum Erfolg: Die eigene Website

Sie zaudern noch, ob Sie wirklich einen Internetauftritt brauchen? Sie kommen mit Ausreden wie: »Ich fange doch ganz klein an« oder »Hier im Ort kennen mich alle«? Dann lesen Sie jetzt ganz langsam die Grundregel für erfolgreiche Unternehmer des 21. Jahrhunderts: »In ist, wer drin ist!«

Aus drei Gründen ist die eigene Website mittlerweile der Dreh- und Angelpunkt für nahezu jede Geschäftstätigkeit:

1. Potenzielle Kunden informieren sich heute in der Regel online über mögliche Dienstleister oder Lieferanten und machen sich hier bereits vor dem ersten Gespräch ein Bild.

2. Die Mehrheit der Bundesbürger nutzt das Netz mittlerweile zu Recherchezwecken. Und wer Physiotherapeut und Göttingen eingibt, soll doch auf Ihre Website und nicht auf die der Konkurrenz stoßen, oder?

3. Die eigene Website bildet die Basis für eine Vielzahl kostengünstiger, aber wirksamer Marketingmaßnahmen, beispielsweise in sozialen Netzwerken.

Überzeugt? Dann fangen Sie jetzt an, Ihre Website zu entwickeln. Am Ende sollte diese auf jeden Fall fünf Fragen beantworten:

1. Was machen Sie?

2. Was machen Sie anders oder möglichst besser als die Konkurrenz?

3. Wer sind Sie und welche Qualifikationen haben Sie?

4. Wo sind Sie?

5. Wie erreicht man Sie?

Aus der Beantwortung dieser fünf Fragen ergibt sich schon fast eine Struktur für den ersten Internetauftritt mit den Rubriken:

✔ Leistung

✔ Über uns

✔ Anfahrt

✔ Kontakt

Je nach Branche sollten Sie dies mit weiteren Informationen anreichern. Wer für Unternehmen Dienstleistungen erbringt, kann mit Referenzen oder mit anonymisierten Fallstudien punkten. Wer eine persönliche Dienstleistung verrichtet, gewinnt mit Statements zufriedener Kunden und mit einer näheren Beschreibung seiner Dienstleistungen.

 Der Siegeszug des Internets hat Abmahnvereinen ein neues Betätigungsfeld eröffnet. Um hier nicht angreifbar zu werden, gehört auf jede Website unbedingt der Name des Verantwortlichen (in der Regel Sie selbst), die Adresse und die Steuernummer. All das lässt sich leicht in einem Impressum unterbringen – und Sie haben Ruhe vor den Abmahnern.

Wenn die Inhalte feststehen, gilt es »nur noch«, sie auch ins Netz zu bringen. Entweder verfügen Sie mittlerweile selbst über die nötigen Grundkenntnisse oder Sie brauchen an dieser Stelle professionelle Unterstützung. Bevor Sie sich auf die Programmierkünste Ihres 14-jährigen Neffen verlassen, sollten Sie lieber ein paar Hundert Euro investieren. Denn schließlich arbeiten Sie gerade am digitalen Schlüssel zu Ihrem Erfolg! In jeder Stadt gibt es mittlerweile eine Fülle freiberuflicher Webdesigner, die sich über den Auftrag eines Freiberufler-Kollegen freuen – und sich eventuell später auch mal revanchieren.

Ein Bild sagt mehr als viele Worte. Das Internet ist ein visuelles Medium. Lange Texte liest hier keiner. Trumpf sind knackige Headlines, kurze Texte, eingängige Grafiken und gute Bilder.

Besondere Bedeutung besitzt Ihr eigenes Porträt. Erinnern Sie sich an den Satz mit dem ersten Eindruck? Sie sollten in jedem Fall einen Profi damit beauftragen, die Fotos für Ihre Website zu machen. Zeigen Sie am besten auch, wo und mit wem Sie arbeiten. Ein simples Passfoto auf einer Website ist ein No-go!

Um jetzt wirklich online zu gehen, müssen Sie abschließend auch noch den nötigen Platz auf einem Server besorgen und sich eine attraktive Adresse, die so genannte Domain, sichern. Letzteres ist gar nicht so simpel, denn allein für das simple Kürzel .de, die gängige Bezeichnung für deutsche Websites, sind bereits mehr als 13 Millionen Namen registriert.

Um herauszufinden, ob eine bestimmte .de-Domain noch frei ist, gehen Sie einfach auf www.denic.de Hier können Sie Ihre Wunschnamen eingeben und sehen, ob diese noch frei ist. Die Anmeldung und Einrichtung übernimmt in der Regel danach Ihr Provider.

Angesichts der Fülle bereits registrierter Namen haben Web-Neulinge im Wesentlichen drei Chancen:

1. Sie werden kreativ und variieren Ihren Firmennamen so lange, bis Sie auf eine freie .de-Domain stoßen.

2. Sie finden eine andere leicht zu merkende Bezeichnung für Ihre Geschäftstätigkeit. So könnte ein Trainer seinen Internetauftritt auch unter www.fitinessen.de anmelden.

3. Sie wählen eine andere so genannte Top-Level-Domain; sprich ein anderes Kürzel hinter Ihrem Firmennamen. Fernsehschaffende greifen beispielsweise gerne auf .tv zu, das Kürzel des Pazifikstaates Tuvalu. Gängiger sind Abkürzungen wie .biz oder .info.

Geben Sie sich niemals vorschnell bei der Domainsuche geschlagen und registrieren Sie sich am Ende als peterschmitz33.de; das kann sich keiner merken! Ihre Kunden sollten sich Ihre Adresse in jedem Fall leicht merken können!

Bleibt noch die Frage nach dem Platz: In der Regel stellt Ihnen Ihr Provider, über den Sie bereits Ihre E-Mails abwickeln, diesen zur Verfügung. Und damit wäre Ihr eigener Webauftritt fertig – aber im Internet müssen Sie schon noch ein wenig bleiben.

Ein Internetauftritt reicht nicht – Soziale Netzwerke im Web

Es gibt Hunderte Millionen von Websites – Ihre ist eine davon. Um die Wahrscheinlichkeit zu erhöhen, dass potenzielle Kunden auf Sie aufmerksam werden, sollten Sie daher nicht nur auf der eigenen Website für sich werben. Vielmehr gilt es, die Vielfalt des Internets zu Ihren Gunsten zu nutzen. Eine besondere Rolle kommt dabei sozialen Netzwerken zu. Vor allem drei Adressen sind für Freiberufler von Interesse:

✔ www.facebook.de. Das weltweit führende soziale Netzwerk war ursprünglich eher in studentischen Kreisen zu Hause, zieht aber mittlerweile Profis aus aller Welt an.

✔ www.xing.de. Von Hamburg aus gestartet ist Xing die führende europäische Plattform für Geschäftskontakte.

✔ www.linkedin.com. Das US-amerikanische Pendant zu Xing; kann in Deutschland allerdings nicht aus dem Schatten des großen Rivalen heraustreten.

Darüber hinaus gibt es noch eine Vielzahl weiterer Netzwerke, die mehr auf jüngere Menschen ausgerichtet sind, wie

✔ www.myspace.de

✔ www.studivz.net

Andere wie www.wer-kennt-wen.de rücken private Kontakte in den Mittelpunkt oder sprechen bestimmte Berufsgruppen an. Mehr über eine erfolgreiche Kundenakquise in diesen Netzwerken finden Sie in Kapitel 11.

Um diese Plattformen zum eigenen Vorteil nutzen zu können, sind drei Dinge erforderlich:

1. ein eigener aussagekräftiger Auftritt mit möglichst umfangreichen Angaben zu beruflichen Qualifikationen und einem professionellen Foto

2. die Bereitschaft, sich aktiv zu engagieren und beispielsweise durch Beiträge in Foren oder durch Beteiligung an Diskussionen Aufmerksamkeit zu erregen

3. die systematischen Erweiterung des Netzwerks; je größer die Zahl der eigenen Kontakte oder Freunde im jeweiligen Netzwerk, desto höher sind die Chancen, über Zweit- und Drittkontakte weitere interessante Gesprächspartner kennenzulernen

 Die Krux im Umgang mit sozialen Netzwerken ist, dass sich hier persönliche Freundschaften und geschäftliche Kontakte mischen. Berichte über ausgedehnte Sauftouren, freizügige Urlaube oder Junggesellenabschiede werden Ihren Kunden jedoch nicht gefallen. Was tun? Entweder verzichten Sie fortan auf die Preisgabe von allzu viel Privatem oder Sie trennen Ihre Netzwerke sauber. Im deutschsprachigen Raum pflegen zum Beispiel viele ihre beruflichen Kontakte auf Xing und nutzen Facebook für den Kontakt zu alten und neuen Freunden.

Jede Menge Auswahl

Über die sozialen Netzwerke hinaus gibt es noch eine Vielzahl weiterer Internetseiten, die für Ihr Geschäft von Interesse sein können. So etablieren sich gerade im IT-Umfeld immer mehr Jobbörsen für Freiberufler wie beispielsweise www.orderwork.de, wo potenzielle Kunden ihre Anfragen online stellen und Freelancer sich darum bewerben können. Ähnliche Foren für die Akquise eröffnen auch einzelne Verbände und Online-Fachzeitschriften. Sobald sich Ihnen in diesem Umfeld die Möglichkeit bietet, sich potenziellen Kunden vorzustellen, sollten Sie diese unbedingt nutzen – und zwar mit der gleichen Professionalität, mit der Sie die eigene Website und Ihre Auftritte in sozialen Netzwerken gestalten. Und wenn Sie nach einer Weile feststellen, dass über eine solche Plattform entweder keine oder die falschen Aufträge ins Haus kommen, können Sie Ihre Angaben immer noch löschen. In der Regel reichen wenige Mausklicks!

Und so werden Sie gefunden – die Krux mit den SuchmaschinenSie haben einen eigenen Internetauftritt, ihr Profil in sozialen Netzwerken ist aktuell – und trotzdem ruft kein Kunde an? Selbst wenn dies zu Beginn einer Selbstständigkeit normal ist, können Sie doch noch das eine oder andere machen, um potenzielle Kunden im Internet auf sich aufmerksam zu machen. Denn jeden Tag geben hunderttausende Bundesbürger simple Suchworte bei Google & Co ein, weil sie einen Arzt, Heilpraktiker, Grafiker oder Anwalt suchen. Damit Ihr Auftritt bei einer solchen Suche möglichst weit oben in der Ergebnisliste landet, sollten Sie drei Dinge beachten:

1. Achten Sie beim Erstellen Ihrer Texte darauf, dass diese die gängigen Suchbegriffe für Ihre Branchen enthalten, denn ansonsten ignorieren Google & Co Ihre Website bei solchen Anfragen vollkommen.

2. Vernetzen Sie Ihre Website mit denen von Kollegen, Branchenverbänden und Branchen-portalen, denn die Links suggerieren den Suchmaschinen eine höhere Attraktivität Ihres Auftritts.

3. Seien Sie aktiv – gerade in sozialen Netzwerken – denn dies wiederum regt Dritte an, sich mit Ihnen zu vernetzen. Und eine entscheidende Währung bei den Suchmaschinen bilden nun mal diese eingehenden und ausgehenden Links.

Der professionelle Auftritt aus einem Guss

So wichtig mittlerweile das Internet für Freiberufler auch sein mag: Sie sollten auch die alte Welt der Druckerzeugnisse nicht ganz aus den Augen verlieren. Zumindest Visitenkarten und Briefpapier braucht selbst der hippste Webdesigner, um sich bei neuen Kunden vorzustellen und seine Rechnungen zu verschicken. Während dieser vom Fach ist und solche Arbeiten deshalb meist selbst erledigen kann, ist es für andere Freiberuflern empfehlenswert, zu diesem Zweck mit einem freien Grafiker zusammenzuarbeiten. Der übernimmt auch die Papieraus-wahl und die Koordination mit der Druckerei.

Gebe mir die Ehre: Visitenkarten

Was auf die Visitenkarte gehört:

✔ Ihr Name

✔ falls vorhanden Ihr Firmenname

✔ Ihre Anschrift

✔ Ihre Kontaktdaten (Telefon und E-Mail)

✔ Ihre Internet-Adresse

✔ eventuell Ihre Seiten bei Facebook & Co.

Lassen Sie sich auf jeden Fall professionelle Visitenkarten von einem Drucker anfertigen. Selbst gemachte und kolorierte Visitenkarten vermitteln immer einen amateurhaften Eindruck. Und das kann nicht in Ihrem Interesse sein!

Wer schreibt, bleibt: Briefpapier

Auf Ihr Briefpapier gehören die folgenden Angaben:

- ✔ Ihr Name
- ✔ falls vorhanden Ihr Firmenname
- ✔ Ihre Anschrift
- ✔ Ihre Kontaktdaten (Telefon und E-Mail)
- ✔ Ihre Internet-Adresse
- ✔ Ihre Bankverbindung
- ✔ Ihre USt-Nummer
- ✔ eventuell die Nummer Ihres Handelsregistereintrags

Egal, ob Sie noch Briefe per Post verschicken oder Ihr Briefpapier nur noch als Vordruck für Anhänge von E-Mails versenden: Es sollte in jedem Fall, so wie Ihre Visitenkarten, einen professionellen Eindruck vermitteln. Dies gilt insbesondere, wenn Sie endlich dazu kommen, Rechnungen zu schreiben.

Das schönste Dokument: Die Rechnung

Wer sein Geld mit kleineren Beträgen von privaten Kunden bar verdient, kommt zumindest am Anfang mit einem Quittungsblock und einem Firmenstempel aus. Wer aber größere Beträge in Rechnung stellt und vor allem mit Unternehmenskunden in Kontakt tritt, braucht von Anfang an ein Rechnungsformular mit eigenem Briefkopf und allen erforderlichen Angaben. Denn sonst haben Sie Ihre schöne Rechnung ein paar Tage nach Versand wieder im Briefkasten, mit einem Hinweis der Buchhaltung Ihres Kunden, diese doch bitte entsprechend der gesetzlichen Vorgaben zu erstellen. Damit Ihnen diese Peinlichkeit erspart bleibt, finden Sie im Kapitel 16 beim Thema Umsatzsteuer eine genaue Übersicht über die notwendigen Angaben auf einer Rechnung.

Was sonst noch denkbar ist: Mit Druckerzeugnissen auf Kundenfang

Es hängt stark von Ihrer Branche und Ihrer Zielgruppe ab, ob Sie über die bislang skizzierte Minimal-Ausstattung noch weitere Unterlagen benötigen. Wer einen breiten Kundenkreis anspricht, kann überlegen, ob er Geld in eine Broschüre oder einen Flyer investiert. Wer als Kreativer tätig wird, kommt nicht umhin, seine Arbeitsproben in eine vernünftige Form zu bringen und beispielsweise eine Mappe anzufertigen. Wer sich als Händler etabliert, wird Werbeanzeigen planen und unter Umständen sogar über einen Katalog nachdenken; wer dagegen als Berater antritt, wird seine Leistung früher oder später in einer Powerpoint-Präsentation offerieren.

Egal, welche schriftlichen Unterlagen für Sie in Betracht kommen: Beherzigen Sie immer die drei folgenden Grundregeln:

- ✔ **Seien Sie professionell.** Wenn Sie sich entschließen, Geld für Marketingmaterialien auszugeben, dann knausern Sie nicht. Billig gemachte Flyer oder Werbeanzeigen verschrecken Kunden eher als dass sie welche anlocken.

- ✔ **Seien Sie prägnant.** Niemand will seitenlange Texte lesen, wenn er sich kurz mal mit einem neuen Dienstleister beschäftigt. Sie müssen es schaffen, binnen 30 Sekunden die Aufmerksamkeit Ihres Lesers zu erlangen. An diesen Formulierungen sollten Sie feilen – oder sich von einem Profil bei diesem Kunststück helfen lassen.

- ✔ **Seien Sie nachhaltig.** Falls Sie sich dazu entschließen, schriftliche Materialien anzufertigen, dann überlegen Sie sich zugleich einen Plan, wie diese zum Einsatz kommen sollen. Ein einzelner Flyer ist schnell weggeworfen, Ein Flyer plus ein Artikel im örtlichen Anzeigenblatt plus ein zweiter Flyer vier Wochen später prägt sich schon eher ein.

Vorsicht Falle: Einschränkungen bei der Werbung

Auch wenn das Werbeverbot in vielen Berufssparten inzwischen aufgehoben beziehungsweise die Werbefreiheit nahezu grenzenlos scheint: In einigen Fachrichtungen sind noch immer einige Gesetze und Verordnungen gültig, die Sie nicht missachten sollten.

Damit Sie leichter herausfinden können, in welchen Berufen es noch die eine oder andere bindende Vorgabe gibt, können Sie einen Blick auf die folgenden Übersichten werfen, in denen wir für einige Berufe wesentliche Informationen rund um das Thema Werbung zusammengetragen haben.

Für ihre Werbemaßnahmen sollten sich Ärzte mit folgenden Verordnungen beziehungsweise Gesetzen befassen:

- ✔ **Berufsordnung der Landesärztekammer:** Muster-Berufsordnung aller Ärztekammern der Bundesländer; in § 27 regelt sie die berufliche Kommunikation und erlaubte Informationen.

- ✔ **Heilmittelwerbegesetz:** Dieses Gesetz regelt bundesweit die Werbung für Arzneimittel und Medizinprodukte. Ärzte sollten vor allem § 10 studieren.

Hier können Apotheker nach wertvollen Informationen über mögliche Werbeaktionen suchen:

- ✔ **Landesapothekerkammern:** Hier finden Apotheker die Berufsordnungen mit den jeweiligen Werberegelungen.

- ✔ **Heilmittelwerbegesetz:** Auch Apotheker sollten sich ausführlich mit diesem Gesetz beschäftigen, da es einige knifflige Passagen enthält.

Ingenieure machen sich am besten schlau im

✔ Musteringenieurkammergesetz: Es regelt in § 26 Absatz 1 Nummer 3 die zulässige Werbung für freiberufliche Ingenieure.

Anwälte, die mehr über erlaubte Werbung in ihrer Sparte wissen wollen, schauen am besten in die

✔ Berufsordnung der Rechtsanwaltskammern: In § 6 finden Rechtsanwälte alles Wissenswerte über Werbung für sich und ihren Berufsstand.

✔ Bundesrechtsanwaltsordnung: Sie behandelt in § 43 b Werbung innerhalb der allgemeinen Berufspflichten eines Anwalts.

 Ob Architekt, Arzt, Anwalt oder Ingenieur: Auf den Webseiten des Bundesverbands der Freien Berufe finden die verschiedenen Berufsstände unter www.freie-berufe.de spezielle Informationsblätter, die genauestens über die erlaubten beziehungsweise nicht erlaubten Werbemaßnahmen dieser Branchen informieren.

Auch in Kapitel 3 finden Sie weitere Informationen zum Thema »Freiberufler und Werbung«.

Mit der folgenden Checkliste in Tabelle 10.1 können Sie abschließend noch einmal überprüfen, ob Sie auf den ersten Tag in der Selbstständigkeit wirklich perfekt vorbereitet sind.

Ihre Unterlagen auf einen Blick	Erledigt
Website	
E-Mail-Signatur	
Auftritte in sozialen Netzwerken	
Visitenkarte	
Briefpapier/Rechnungsformular	
Foto	
Broschüre/Flyer (für bestimmte Berufsgruppen)	
Präsentation (für bestimmte Berufsgruppen)	

Tabelle 10.1: Checkliste: Das brauchen Sie für Ihren ersten Schritt in die Selbständigkeit

 Diese Checklisten und alle weiteren Checklisten aus dem Buch finden Sie als Download im Internet unter http://www.wiley-vch.de/publish/dt/bocks/ISBN978-3-527-70654-9.

Planung ist das halbe Leben

In diesem Kapitel

▶ So organisieren Sie Ihren Tag

▶ Warum Puffer im Kalender so wichtig sind

▶ Vernachlässigen Sie Ihre Familie nicht

*F*reiberufler sind Einzelkämpfer und daher gleichzeitig für den Vertrieb, den Einkauf, die Buchhaltung und das tägliche operative Geschäft zuständig. Trotz des Ihnen abverlangten Multitaskings hat auch Ihr Tag nur 24 Stunden. Und wenn Sie jetzt noch bedenken, dass davon ein paar Stunden Schlaf abgehen, Sie zwischendurch mal essen, einkaufen und duschen müssen und auch die Familie ein Recht auf Ihre Anwesenheit hat, wird die Zeit schnell mal knapp.

Ein professionelles Zeitmanagement ist daher ein entscheidender Erfolgsfaktor für Ihre Selbstständigkeit. Nur wenn es Ihnen gelingt, die richtigen Prioritäten zu setzen, können Sie alle Aufträge termingerecht und in der gewünschten Qualität erledigen. Wer gut gebucht ist, sollte auch frühzeitig überlegen, welche Routinearbeiten er eventuell an andere Freiberufler oder kleine Firmen abgeben kann, um so noch mehr Zeit für seine Kunden und seine Familie zu gewinnen.

Der Tag hat 24 Stunden: Wann mache ich was?

Gerade zu Beginn ihrer Selbstständigkeit haben die meisten Freiberufler das Gefühl, der Tag reiche nicht für alle Arbeiten aus, die sie erledigen wollen und müssen. Sie möchten akquirieren, strukturieren, abarbeiten, die Website optimieren und die ersten Rechnungen schreiben. Sie suchen Partner, Lieferanten, eventuell auch noch einen freien Mitarbeiter und endlich mal einen vernünftigen Bürostuhl ... und opfern am Ende regelmäßig die Wochenenden, um einigermaßen à jour zu sein.

Ganz vermeiden lässt sich der Stress in der ersten Zeit nicht. Sie sollten aber von Beginn an ganz klar einen Termin festlegen, ab dem dieses Chaos ein Ende hat und Sie ein mehr oder minder geregeltes Arbeitsleben zu führen beginnen. Möglich macht dies ein professionelles Zeitmanagement.

Gewusst wie: So planen Sie Ihren Tag

In der Regel werden Sie zwischen acht und neun Uhr mit der Arbeit beginnen und hoffen, ab 19 Uhr mit den Kindern zu Abend essen zu können oder um 20 Uhr im Kino zu sein. Dass heißt: Sie haben zehn bis elf Stunden Zeit zu arbeiten. Um diese Zeit optimal zu nutzen, sollten Sie Ihren Tag mit einigen Minuten Planung beginnen:

✔ Was muss ich heute unbedingt erledigen?

✔ Welche Termine stehen an?

✔ Welche Projekte der kommenden Wochen verlangen jetzt bereits meine Aufmerksamkeit?

Wenn Sie alles Wichtige zusammengestellt haben, sollten Sie anschließend Ihren Tag planen. Von neun bis zwölf Uhr könnten Sie beispielsweise an einem aktuellen Projekt arbeiten, danach steht seit Längerem ein Mittagessen mit einem potenziellen Kunden im Kalender. Ab 15 Uhr gönnen Sie sich eine Stunde, um sich in ein neues Projekt einzulesen und ab 16 Uhr bereiten Sie die Belege der vergangenen Woche für Ihren Steuerberater auf. Ab 17 Uhr schauen Sie sich noch einmal die Arbeit des Vormittags an, bevor Sie diese wie versprochen bis 18.30 Uhr an Ihren Kunden senden. Der Rest des Tages gehört der Durchsicht sämtlicher am Tag aufgelaufener E-Mails sowie der Zeiterfassung.

Egal ob IT-Berater, Texter oder Anwalt: Letztendlich verkaufen die meisten Dienstleister ihre Arbeitszeit. Daher sollten Sie diese auch jeden Tag sorgfältig erfassen und diese lästige Arbeit nicht über Wochen hinweg hinausschieben, um den Arbeitseinsatz dann vage zu schätzen. Spätestens wenn der Kunde eine detaillierte Aufstellung verlangt oder Sie beim nächsten Auftrag gern wüssten, wie viel Zeit so ein Projekt kostet, ärgern Sie sich schwarz über Ihre Nachlässigkeit!

Die besten Hilfsmittel für Ihre Tagesplanung

Wir erinnern uns: Noch in den 1990er Jahren galten schriftliche Terminplaner wie der Filofax als das Nonplusultra modernen Zeitmanagements. Und bis heute bevorzugen viele Menschen solche Ringbücher, um ihren Tag zu planen, Adressen aufzubewahren und sich Notizen zu machen.

Aber Hand aufs Herz: Ganz zeitgemäß ist das nicht mehr. Outlook & Co. haben das Zeitmanagement stark vereinfacht und dank der Synchronisation mit Smartphones hat man alle seine Termine jederzeit parat und kann auch unterwegs schnell umplanen. Und da vermutlich auch Ihre Kunden Outlook benutzen und deren Terminanfragen per Mail bei Ihnen eingehen, kommen Sie eigentlich nicht mehr um die elektronische Planung Ihres Alltages herum.

Elektronische Zeitmanagementsysteme haben noch einen weiteren Vorteil: Sie schaffen Transparenz. Wenn die Zeit zwischen neun und elf Uhr belegt ist, können Sie sie nicht mit einem anderen Termin belegen. Mit dem Stift könnten Sie dagegen in Versuchung geraten, schnell noch etwas dazu zu schreiben und sich einzureden, dass werde schon klappen. Aber seien Sie versichert: In der Regel klappt es nicht!

Die 30-Sekunden-Regel: Die meisten Experten raten dazu, die Dinge, die sich binnen 30 Sekunden oder auch einer Minute erledigen lassen, direkt zu erledigen. Alles was länger dauert, muss sich in Ihre Planung einfügen.

E-Mails gehören zu den übelsten Zeitfressern im Büroalltag. Wer ständig sein Mailprogramm geöffnet hat und jede neue E-Mail liest, lässt sich immer wieder von seiner eigentlichen Arbeit ablenken. Es dauert eben nicht nur 30 Sekunden, sondern mindestens doppelt so lang, bis man nach dem Lesen einer E-Mail wieder in sein aktuelles Projekt zurückgefunden hat. Daher sollten Sie Ihre elektronische Post je nach Aufkommen möglichst nur zwei bis vier Mal pro Tag abrufen, lesen und direkt beantworten.

Und noch mehr Zeitmanagement: Die Wochenplanung

Zu Beginn jeder Woche sollten Sie sich ein wenig mehr Zeit für die Planung Ihres Arbeitsalltags nehmen, damit Sie auf keinen Fall Ihre längerfristigen Projekte aus den Augen verlieren. Zugleich stellen Sie so sicher, dass Sie unangenehme Arbeiten wie die Buchhaltung nicht auf die lange Bank schieben – bis der Fiskus mahnt und Ihre Kunden sich über ausbleibende Rechnungen wundern.

 Wenn die tägliche Arbeit überhandnimmt, verschwinden zwei entscheidende Erfolgsfaktoren des Freiberuflers nur allzu leicht aus dem Fokus: die Akquise und der persönliche Kontakt zu bestehenden Kunden. Reservieren Sie sich daher unbedingt mindestens einen Lunch pro Woche für ein Treffen mit einem bestehenden oder potenziellen Kunden – auch wenn Sie gerade gut ausgelastet sind!

Bei der Planung der Woche leistet die ABC-Analyse wertvolle Dienste:

✔ A steht für absolut dringend

✔ B für dringend

✔ C für weniger dringend

Gerade bei Projekten mit knapp gesetzten Terminen können sich die A-Aufgaben schon einmal häufen, aber wenn Ihre Woche von Beginn an nur noch solche enthält, hat Ihr Zeitmanagement nicht funktioniert. Höchstwahrscheinlich hätten Sie mit der einen oder anderen Aufgabe einfach früher anfangen müssen.

Genau davor bewahrt Sie eine längerfristige Planung. Im Idealfall blockieren Sie noch vor Unterzeichnung eines Projektvertrags die kalkulierten Zeiten in Ihrem Kalender. Und wenn da schon jede Menge andere Termine stehen sollten, müssen Sie sich gut überlegen, ob Sie sich auch noch dieses zusätzliche Projekt aufhalsen wollen. Andernfalls müssen Sie auf jeden Fall erst einmal die bestehenden Termine durchforsten und den notwendigen Platz schaffen, bevor Sie endgültig »Ja« zum nächsten Auftrag sagen.

Fünf goldene Regeln für ein perfektes Zeitmanagement

1. Planen Sie am Morgen kurz Ihren Arbeitstag.

2. Erstellen Sie einmal pro Woche einen Terminplan.

3. Planen Sie ein bis zwei Stunden pro Tag für unvorhergesehene Aufgaben ein.

4. Reservieren Sie einen halben Tag pro Woche für Büroarbeiten – von der Rechnungserstellung bis zur Lektüre von Fachzeitschriften.

5. Halten Sie sich an Ihren Terminplan!

Gerade die zeitlichen Puffer geraten schnell in Vergessenheit. Zu Beginn einer Woche schauen Freiberufler zufrieden auf ihren prall gefüllten Kalender, um spätestens ab Dienstag diese Fülle zu verfluchen. Denn ein dringender Fall eines Mandanten, eine unvorhergesehene Behandlung oder die Lösung eines unerwartet aufgetauchten Problems bei einem aktuellen Projekt lassen sich bei einem zu vollen Terminkalender nur noch dann in die Zeitplanung quetschen, wenn andere Dinge in die Abendstunden oder auf das Wochenende verschoben werden. Wer dagegen konsequent nur sieben Stunden pro Tag mit festgelegten Aufgaben füllt, hat noch genügend Flexibilität, auf solche Situationen zu reagieren. Und glauben Sie langjährigen Selbstständigen: Nahezu jeder Arbeitstag bringt eine unvorgesehene Aufgabe mit sich!

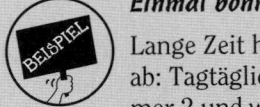

Einmal bohren bitte!

Lange Zeit hetzte sich ein Zahnarzt aus dem Münchner Raum in seiner Praxis ab: Tagtäglich rannte er ununterbrochen von Sprechzimmer 1 in Sprechzimmer 2 und wieder zurück. Von acht Uhr morgens bis 18 Uhr abends. Nachdem er sich immer wieder dabei ertappte, dass er sich abends kaum noch an die Patienten erinnern konnte, die er tagsüber behandelt hatte, ging er streng mit sich ins Gericht. Tatsächlich fand er vielerlei Ansatzpunkte, um das Zeitmanagement in seiner Praxis, aber auch sein eigenes Zeitmanagement zu verbessern.

Seither erkundigt sich seine Sprechstundenhilfe bereits bei der Terminvergabe beim Patienten, ob es sich um einen Kontrolltermin, eine Kariesbehandlung oder ein anderes Anliegen handelt. Dementsprechend plant sie für den Patienten mal zehn, mal 20 oder auch schon mal 60 Minuten für einen Termin ein. Gleichzeitig besteht der Zahnarzt darauf, dass sie pro Tag mindestens zweimal 20 Minuten für Notfälle blockt.

Und der Plan geht auf: Kommt unerwartet ein Patient mit heftigen Zahnschmerzen, verursacht er für die anderen Patienten in der Regel keine zusätzlichen Wartezeiten, da er einen der Notfalltermine beanspruchen kann. Und wenn mal überraschend kein leidender Patient mit dicker Backe in die Praxis kommt, kann sich der Zahnarzt entweder in aller Ruhe Gedanken darüber machen, wie er am besten das Inlay-Problem von Herrn X löst, oder in Ruhe den wichtigen Artikel zum Thema Gesundheitsreform in seinem Fachblatt lesen.

Zwei hohe Künste: Negieren und Delegieren

Als Freiberufler sind Sie Ihr eigener Chef, aber leider fehlen – zumindest zu Beginn Ihrer Selbstständigkeit – meist die hilfreichen Hände, an die Sie so eben mal eine Aufgabe delegieren könnten.

Sagen Sie Nein

Umso wichtiger, dass Sie von Anfang an lernen »Nein!« zu sagen, und sich auf die Tätigkeiten konzentrieren, mit denen Sie Geld verdienen oder die dafür unabdingbar sind. Typische Zeitfresser für Freiberufler sind:

✔ **Freunde:** Wie (einst) als Angestellter sollten Sie darauf achten, dass Sie Privatgespräche möglichst erst nach Feierabend führen.

✔ **Internet:** Mal schnell bei eBay eine Auktion verfolgen, die Flugpreise für den Sommerurlaub checken oder ein paar Schlagzeilen zum gestrigen Fußballspiel lesen – auch diese Aktivitäten gehören in die Abendstunden.

✔ **Einkauf:** Moment, mag mancher einwenden, der bei eBay nach besonders günstigem Büromaterial schaut – das mache ich doch für meine Firma. Wirklich? Vergleichen Sie mal, was Sie durch solche Aktivitäten sparen und was Sie in der gleichen Zeit mit Ihrem Stundensatz verdienen könnten!

✔ **Spam:** Gegen die Mailflut unseriöser Anbieter helfen nur wirksame Programme zum Viren- und Spamschutz.

✔ **Kunden:** Ja, auch Ihre Kunden gehören auf diese Liste. Gerade langjährige Kunden benutzen ihre Dienstleister gern mal als Sparringpartner für die Karriereplanung oder als Berater beim Geburtstagsgeschenk für die Gattin. In Maßen gehört dies zur Kundenpflege, aber man darf durchaus auf eine dringende Arbeit hinweisen, um solche Gespräche zu umgehen. Lieber mit dem besagten Kunden mal ein Lunch vereinbaren, bei dem dann auch private Themen erörtert werden können!

 Und noch ein Wort zu den Kunden und dem Thema Neinsagen: Wenn Sie als Dienstleister Ihre Zeit verkaufen, müssen Sie unbedingt auf die Rentabilität jedes einzelnen Kunden achten. Und wenn ein Kunde vor jedem neuen Auftrag, der dann unter Umständen auch noch klein ausfällt, stundenlange Vorbesprechungen verlangt, um hinterher um so mehr zu reklamieren, dann sollten Sie spätestens bei der dritten Anfrage einfach »Nein« sagen. Sicher, nett verpackt, mit Verweis auf viele Aufträge, aber dennoch schlicht und ergreifend: »Nein!«

Spezialaufgaben für Spezialisten

Es wäre völlig falscher Ehrgeiz, wenn Sie als Freiberufler wirklich alles selbst machen wollten. So wie Sie von Kunden aufgrund Ihrer Spezialkenntnisse hinzugezogen werden, sollten auch Sie sich nicht scheuen, Dienstleister zu beauftragen. Sicher, gerade zu Beginn Ihrer Selbstständigkeit müssen Sie erst einmal dafür sorgen, dass genügend Geld in die Kasse kommt. Aber wenn das Geschäft läuft, ist es an der Zeit, die eigenen Aufgaben auch mit Blick daraufhin zu durchforsten, welche Arbeiten zu viel Zeit kosten, weil Sie sich immer wieder mühsam ins Thema einarbeiten müssen. Beispiele für solche Tätigkeiten sind

✔ Buchhaltung

✔ Reisebuchungen

✔ Webauftritt

✔ Mahnverfahren

Der Klassiker für ein frühzeitiges Outsourcing ist die Buchhaltung. Dies bedeutet keinesfalls, dass Sie ab sofort nur noch Ihre Belege in einen Schuhkarton werfen und Ihr Berater den Rest macht. Vielmehr können Buchhalter und Steuerberater in mehreren Stufen tätig werden:

✔ Stufe 1: Sie erfassen weiter alle Belege in einem Excel-Sheet und schreiben auch selbst die Rechungen. Ihr Dienstleister übernimmt im Wesentlichen nur die Steuererklärung.

✔ Stufe 2: Sie delegieren auch die Rechnungserstellung und schauen nur noch einmal drüber, bevor die Rechnung zum Kunden geht.

✔ Stufe 3: Sie sortieren in der Tat Ihre Belege nur noch vor und Ihr Dienstleister bringt sie dann in ein elektronisches Format und ordnet sie auch einzelnen Kunden zu.

Egal ob Buchhalter, Reisebüro, Grafiker oder Anwalt: Die folgenden Tipps helfen Ihnen, den richtigen Spezialisten zu finden.

1. Nutzen Sie Referenzen. Wer einen Kollegen oder einen anderen Freiberufler gut berät, dürfte sich auch in Ihrem Fall nicht als kompletter Fehlschlag erweisen.

2. Achten Sie auf Augenhöhe. In der Regel sind größere Unternehmen eher an größeren Mandanten interessiert. Freiberufler wissen dagegen Aufträge anderer Freiberufler zu schätzen.

3. Prüfen Sie die Branchenkenntnis. Gerade bei Steuerberatern ist es wichtig, dass sie Ihr Geschäft verstehen.

4. Hören Sie auf Ihren Bauch. Egal ob Anwalt, Webdesigner oder Buchhalter: Sie sollten mit jedem Ihrer Spezialisten gern zusammenarbeiten. Ein Vertrauensverhältnis ist unabdingbar.

5. Verhandeln Sie. Sie sind ein Freiberufler und kein Konzern und sollten daher sehr genau nachfragen, was welche Dienstleistung am Ende kostet. Holen Sie auf jeden Fall auch Vergleichsangebote ein.

Work-Life-Balance: Auf der Suche nach dem heiligen Gral

Bislang haben wir uns nur mit der Organisation Ihres Arbeitsalltags beschäftigt. Doch damit Sie auf Dauer ein zufriedener und erfolgreicher Freiberufler werden, reicht es nicht aus, dass Sie Ihre Arbeitsstunden minutiös planen. Es muss Ihnen vielmehr gelingen, eine Balance zwischen einer spannenden Arbeit und ausreichend Freizeit zu finden. Schließlich war mehr Zeitsouveränität doch auch einer Ihrer Beweggründe, aus dem bisherigen Trott als Angestellter auszubrechen.

Und das ist durchaus machbar. Was halten Sie zum Beispiel davon, in Ihrem Kalender zweimal pro Woche zwei Stunden für Sport zu blocken und nach 19 Uhr grundsätzlich keine Aufgaben und Termine mehr einzutragen? Geht nicht? Geht doch!

Joggen um zwölf Uhr mittags

Ein rheinländischer PR-Berater hat zweimal pro Woche am Mittag eine Verabredung mit sich selbst: Er geht zwischen 12 und 13 Uhr zum Joggen – wenn seine Kunden in der Regel in der Kantine sind. Konsequent lehnt er Anfragen nach Conference Calls um diese Zeit mit Hinweis auf seinen bereits gefüllten Terminkalender ab – schließlich steht dort ja auch groß »Laufen« drin. Ab 13.30 Uhr ist er wieder wie gewohnt zu erreichen. Und wenn ein Kunde ihn mal anblafft, warum er denn nicht zu erreichen sei, verweist er auf die vielen und langwierigen Conference Calls – noch nie hat jemand das hinterfragt.

Jetzt mögen Sie einwenden, dies sei ein Ausnahmefall und wirklich nicht zu verallgemeinern. Das stimmt! Aber wenn Sie sich umschauen, werden Sie sehen, dass viele Freiberufler ihre Nische finden. Die Eine taktet ihren Tag so, dass sie zwischen 16 und 18 Uhr Zeit für ihre Tochter hat, der Nächste hält sich die Zeit zwischen 19 und 20.30 Uhr für das Abendessen im Familienkreis frei – und arbeitet im Zweifelsfall halt danach weiter, andere starten um acht Uhr morgens mit einer Stunde Sport oder blocken einen halben Tag in der Woche für ehrenamtliches Engagement. Es geht, wenn Sie es von Beginn an konsequent einplanen – und dann auch nicht zu viele Aufträge annehmen, die Ihre ganze Planung über den Haufen werfen.

Die Aussage »Es geht« trifft im Übrigen auch für den Bereich Urlaub zu. Ein Thema, über das Freiberufler nur allzu gern klagen. Sicher: Wer meint, außerhalb der Ferienzeiten für drei Wochen nicht erreichbar sein zu können, ist schon mutig. Doch wer seine Urlaubspläne mit seinen Kunden abspricht und sich Zeiten aussucht, in denen ohnehin weniger Arbeit anfällt, kann ruhig mal für zwei Wochen von der Bildfläche verschwinden.

Fünf Tipps für ein ungestörtes Urlaubsvergnügen:

1. Planen Sie rechtzeitig. Möglichst schon zu Jahresbeginn sollten Sie überlegen und gegebenenfalls mit Ihren Kunden absprechen, wann Sie in Urlaub gehen können.

2. Kündigen Sie Ihre Planungen an. Sobald der geplante Urlaubstermin steht, sollten Sie alle Kunden per Mail davon informieren. Spätestens mit dieser Mail wird Ihre Abwesenheit in Outlook notiert.

3. Wiederholen Sie Ihre Ankündigung. Je näher der Termin rückt, desto häufiger sollten Sie auf Ihre bevorstehende Abwesenheit hinweisen, im persönlichen Gespräch, am Telefon oder per E-Mail. So verhindern Sie, dass Ihre Kunden enttäuscht sind, weil Sie gerade jetzt ein Projekt nicht übernehmen können.

4. Machen Sie Ihre Abwesenheit öffentlich. Bevor Sie endlich in den Flieger steigen, sollten Sie auf jeden Fall eine Abwesenheitsnotiz in Ihrem Mail-Account und eine entsprechende Ansage auf Ihrem Anrufbeantworter hinterlassen. Die wichtigste Information ist der erste Tag, an dem Sie wieder erreichbar sind.

5. Planen Sie für den Notfall. Irgendetwas geht immer schief. Und für gute Kunden sollten Sie auch im Urlaub erreichbar, und – wenn es sein muss – in einem Internetcafé vor Ort in der Lage sein, sich ein Dokument anzuschauen oder ein Layout zu prüfen.

Die Alternative zur Erreichbarkeit im Urlaub ist die gute, alte Vertretung. Allerdings war und ist dies immer eine zweischneidige Sache. Denn Ihrer ungetrübten Urlaubsfreude steht das Risiko gegenüber, dass Ihr Kunde am Ende zu viel Gefallen an der Vertretung findet und diese künftig mit den Arbeiten beauftragt, die Sie bisher erledigt haben. Ganz verhindern lässt sich dies nie, aber wenn Sie Kollegen als Vertretung benennen, die sich genauso von Ihnen vertreten lassen, mindern Sie dieses Risiko. Im Idealfall haben Sie für diesen Posten einen langjährigen Vertrauten, der auch im Krankheitsfall mal einspringen könnte.

Die folgende abschließende Checkliste in Tabelle 11.1 soll Ihnen helfen, Ihre Zeit optimal zu planen.

Checkliste zur Zeiteinteilung	Erledigt
1. Sie haben einen Wochenplan	
2. Zu Beginn eines Arbeitstages planen Sie Ihre Zeit	
3. Sie priorisieren Ihre Zeit mit der ABC-Analyse	
4. Sie haben täglich mindestens eine Stunde Puffer für unvorgesehene Aufgaben eingeplant	
5. Sie terminieren langfristige Projekte in einer längerfristigen Zeitplanung	
6. Sie nehmen sich Zeit für den persönlichen Kontakt mit Ihren Kunden	
7. Sie haben jede Woche Zeit für Akquiseaktivitäten geblockt	
8. Ein halber Tag pro Woche gehört Büroarbeiten – von der Buchhaltung bis zur Weiterbildung durch Lektüre	
9. Sie überprüfen regelmäßig, ob nicht Spezialisten einzelne Aufgaben schneller und besser erledigen können	
10. Sie haben Kontakt zu Dienstleistern wie Steuerberatern, Anwälten und Webdesignern in Ihrer Umgebung	
11. Bei aller Arbeit planen Sie auch Zeit für Sport ein	
12. Sie reservieren sich jeden Tag Zeit für Ihre Familie	
13. Sie planen Ihren Urlaub rechtzeitig	
14. Sie informieren Ihre Kunden über Ihren Urlaub	
15. Sie haben einen Notfallplan, falls im Urlaub etwas anbrennt	

Tabelle 11.1: So teilen Sie Ihre Zeit ideal ein

Möchten Sie diese Checkliste ausdrucken und ausfüllen? Sie finden sie als Worddatei zum Herunterladen im Internet unter http://www.wiley-vch.de/publish/dt/books/ISBN978-3-527-70654-9.

Das eigene Büro – Kein Ort für Stubenhocker

In diesem Kapitel

▶ Die Wahl Ihres ersten Arbeitsplatzes

▶ Die Erstausstattung für Ihr Büro

▶ Warum Sie Ihr Büro immer wieder verlassen sollten

E in Laptop, eine schnelle Internetverbindung, ein Telefon – fertig ist die Grundausstattung für viele freiberufliche Dienstleister. Bleibt nur noch die Frage, wo Sie Ihre Technik installieren sollen und welche Adresse Sie auf Ihrer Visitenkarte vermerken. Die kostengünstigste Lösung ist sicher das Home Office, doch nicht immer ist dies auch die beste Wahl.

Egal, ob Home Office, Bürogemeinschaft oder eigene Räume: Für Ihren Erfolg als Freiberufler ist nicht nur entscheidend, dass Sie Ihren Arbeitsplatz vernünftig ausstatten. Dieses Kapitel informiert Sie darüber, warum es genauso wichtig ist, dass Sie sich nicht in Ihrem Büro verstecken. Es erklärt, warum Sie regelmäßig den Kontakt zu Kunden, Partnern und Multiplikatoren suchen und sich durch Gespräche ständig auf dem aktuellen Stand halten sollten. Schließlich wollen Sie nicht Gefahr laufen, dass das Interesse der Kunden an Ihnen und Ihrem schönen Büro nach und nach versickert.

Der Standort Ihres Arbeitsplatzes

Zwei Faktoren sind entscheidend für die Wahl des Standorts Ihres Büros: erstens Ihre Branche und zweitens Ihre persönlichen Präferenzen. Denn wer von Beginn an auf Laufkundschaft setzt oder gut erreichbar für seine Kunden sein muss, kommt nicht umhin, ein Ladenlokal oder ein Büro in guter Lage anzumieten. Wer dagegen vorwiegend telefonisch und per E-Mail mit seinen Kunden kommuniziert und auch nicht direkt mit einem oder mehreren Mitarbeitern startet, kann auch über ein Home Office nachdenken. Das müssen Sie allerdings mögen – und auch durchhalten. Denn die Ablenkungen in den eigenen vier Wänden sind mannigfaltig.

Mein Heim ist mein Büro

Es ist ja schon verführerisch: Aufstehen und noch im Bademantel die Mails checken, danach kurz eine Waschmaschine füllen, bevor Sie unrasiert und ungeduscht um 8.30 Uhr an einem Conference Call teilnehmen. Danach schnell ins Gartencenter (schließlich ist Frühling!), um danach ein paar Stunden am heimischen Rechner zu verbringen ... stop!

Genauso funktioniert Ihr Home Office auf keinen Fall. Denn früher oder später werden Ihre Kunden bemerken, dass Sie sich nicht hundertprozentig für Ihre Arbeit engagieren – und ihre Aufträge möglicherweise an andere Freiberufler vergeben. Das bedeutet nicht, dass Sie sich in Ihrem Home Office nicht ab und an freigeben dürfen, um sich um Ihre Familie oder ein Hobby zu kümmern. Aber Sie sollten diese Zeiten mit Blick auf Ihre laufenden Projekte einplanen und auch zeitlich beschränken.

Die tückische Verführung der Vermischung von Arbeit und Freizeit spricht gegen die Entscheidung für ein Home Office. Doch es gibt auch eine ganze Menge guter Gründe dafür: Allen voran das Kostenargument. Wenn Sie in Ihrer Wohnung oder Ihrem Haus noch genügend Platz für einen Schreibtisch und die notwendige Technik haben, können Sie als Grafiker, IT-Experte oder Texter in der Tat Ihre Firma aus den eigenen vier Wänden heraus betreiben – vorausgesetzt, Sie verfügen über die notwendige Selbstdisziplin.

 Der Fiskus zahlt auch künftig einen Teil der Miete mit: Sie können Ihr Arbeitszimmer unverändert absetzen, wenn Sie hauptsächlich dort tätig sind.

Voraussetzung dafür ist allerdings, dass es ein Arbeitszimmer gibt. Ohne eigenes Zimmer sollten Sie es sich dreimal überlegen, ob Sie nicht doch 200 oder 300 Euro im Monat ausgeben, um als Untermieter in einem Büro unterzuschlüpfen. Denn zwischen Kleiderschrank und Fenster eingeklemmt im heimischen Schlafzimmer jeden Tag zur Arbeit zu gehen, ist wirklich nicht jedermanns Sache. Und wenn Sie nicht allein wohnen, sollten Sie auch bedenken, dass es für eine konzentrierte Arbeit unbedingt notwendig ist, eine Tür hinter sich zumachen zu können – und dass nicht alle zehn Minuten jemand reinkommt, weil in diesem Zimmer auch Spielsachen, Vorräte oder Mineralwasserkästen verstaut sind. Auch bei Telefongesprächen mit Kunden mag es ja mal nett wirken, wenn im Hintergrund Kinder lachen oder toben. Auf Dauer erwartet Ihr Kunde aber, dass Sie sich auf sein Projekt konzentrieren und sich, genau wie er, der Familie erst nach Feierabend widmen.

Kosmetik in den eigenen vier Wänden

Das Home Office eignet sich längst nicht nur für Büroarbeiter. Physiotherapeuten, Yogalehrer und Kosmetiker verwandeln einen Teil ihrer eigenen vier Wände in eine Arbeitsstätte und kombinieren so Familie und Arbeit. In der Nähe von Düsseldorf betreibt die Kosmetikerin Jutta Müller seit mehreren Jahren ein gut gehendes Studio in ihrem Eigenheim. Vor dem Umbau war hier die Küche mit Blick auf den Vorgarten, doch gemeinsam mit ihrem Mann baute sie die vordere Hälfte des Erdgeschosses für ihre Zwecke um, einschließlich einer Toilette für ihre Kundinnen. Heute verschönert sie zwischen acht und zwölf Uhr Frauen aus der Umgebung, um dann pünktlich um 13 Uhr für die aus der Schule heimkehrenden Kinder das Essen auf den Tisch zu bringen.

Für ein Home Office spricht in vielen Fällen die familiäre Situation. Wenn die Kinder um 16 Uhr aus der Schule kommen und Sie ansonsten hektisch um 15.30 Uhr jedes Büro verlassen müssten, um rechtzeitig daheim zu sein, könnten Sie in diesem Fall bis zur letzten Minute arbeiten und dann Ihr Büro für den laufenden Tag schließen. Und falls es brennen sollte, spricht nichts dagegen, sich nach 20 Uhr noch einmal an den Schreibtisch zu setzen. Die Flexibilität eines Home Office ist gerade für Familienmenschen Gold wert.

Mithilfe der folgenden Checkliste in Tabelle 12.1 können Sie überprüfen, ob Sie der richtige Typ für ein Home Office sind beziehungsweise ob ein Arbeitsplatz zu Hause zu Ihrem Umfeld passt.

Reif fürs Home Office	Trifft zu
Sie arbeiten allein und planen nicht, Mitarbeiter einzustellen	
Sie verfügen über ein eigenes Arbeitszimmer	
In Ihrer Gemeinde gibt es DSL	
Zu Ihren Eigenschaften zählt Selbstdisziplin	
Sie trennen konsequent Arbeit und Freizeit	
Sie planen Ihren Tag und lassen sich nicht durch private Dinge ablenken	
Ihre Familie akzeptiert Ihr Home Office	
Sie sind zumindest in Ihrer Kernarbeitszeit allein zu Haus	
Sie brauchen für Ihre Arbeit nicht den ständigen Austausch mit Kollegen	
Sie sind eher ein Einzelgänger als ein Teamplayer	

Tabelle 12.1: Checkliste: Sind Sie reif fürs Home Office?

Sind Sie reif für's Büro? Diese Checklisten gibt es unter `http://www.wiley-vch.de/publish/dt/books/ISBN978-3-527-70654-9` zum Download.

Mieter oder Untermieter: Wenn Sie auswärts arbeiten

Wenn Sie zu der Überzeugung kommen, dass ein Arbeitsplatz zu Hause nichts für Sie ist, müssen Sie sich nach Alternativen umschauen. Entweder suchen Sie sich ein kleines Büro oder Sie schlüpfen irgendwo unter. Schauen Sie mal die Kleinanzeigen in Ihrer Tageszeitung oder in Immobilienportalen durch: Immer wieder bieten Unternehmen in allen Branchen einzelne Arbeitsplätze zur Untermiete an. Der Vorteil für Sie: Die Infrastruktur steht und die Kaffeemaschine läuft. Sie müssen nur noch einziehen.

Schauen Sie sich Ihre künftigen Vermieter gut an, schließlich verbringen Sie eine Menge Zeit mit ihnen. Auf die folgenden fünf Punkte sollten Sie unbedingt achten:

1. Habe ich einen abgeschlossenen Raum oder einen ruhigen Arbeitsplatz, um ungestört telefonieren und konzentriert arbeiten zu können?

2. Wie erfolgt die Abrechnung der Nebenkosten – vom Telefon bis zur Mitbenutzung der Kaffeemaschine?

3. Gibt es einen Konferenzraum für Besucher?

4. Wie gut ist mein neues Büro für mich und meine Kunden erreichbar?

5. Kann ich auf einen Sekretariatsservice zu greifen und wenn ja, zu welchen Kosten?

Während die Kosten für eine solche Untermiete überschaubar sind, halsen Sie sich mit der Anmietung eines eigenen Büros erheblich größere finanzielle Belastungen auf. Denn zu der monatlichen Miete kommen noch Investitionen in Büromöbel, Technik und Küchenausstattung. Doch wer als Freiberufler von Beginn an plant, Mitarbeiter einzustellen und zu expandieren, fährt mit der frühzeitigen Anmietung eines eigenen Büros in der Regel besser.

Bleiben zwei entscheidende Fragen:

1. Wie viel Büro brauche ich? Die Antwort hängt entscheidend von Ihrem Businessplan ab: Je eher Sie Angestellte rekrutieren wollen und je mehr dies werden sollen, desto größer ist Ihr Platzbedarf.

2. Wo soll mein Büro liegen? Hier hängt die Antwort im Wesentlichen von Ihrer Tätigkeit ab. Wer als Anwalt oder Steuerberater reüssieren möchte, kommt um eine mehr oder minder klangvolle Adresse in der Innenstadt nicht herum. Wer dagegen mit IT-Projekten oder als Grafiker sein Geld verdient, kann sich auch zu günstigeren Konditionen am Stadtrand einnisten. Und wer ein eigenes Yogastudio oder eine Physiotherapiepraxis eröffnen will, sollte auf eine gute Verkehrsanbindung Wert legen.

Was Sie auf jeden Fall beachten sollten: Hat Ihr Büro/Ihre Praxis

✔ ausreichend Fläche?

✔ eine Küche?

✔ einen Besprechungsraum?

✔ einen Klimaschutz oder eine Klimaanlage?

✔ eine moderne Verkabelung?

✔ einen Serverraum?

✔ ausreichend Anschlüsse für Telefon und Computer?

✔ Anschluss an ein Breitbandnetz?

✔ Parkplätze?

Unterschätzen Sie nicht den Wohlfühlfaktor! In manchen Fällen ist der Preis für ein Büro zwar unschlagbar günstig, doch die Aussicht, ab sofort Tag für Tag auf die Hinterhöfe eines Gewerbegebietes zu schauen, ist nicht wirklich prickelnd. Sie sollten jeden Tag gern zu Ihrer eigenen Firma gehen – und Ihren Arbeitsplatz entsprechend auswählen.

Arbeitsplatz für digitale Nomaden: Co-Working-Zentren

Wer die Kosten für das eigene Büro ebenso scheut wie die Pflichten eines Untermieters und dennoch den heimischen vier Wänden entfliehen will, findet in Städten mittlerweile immer häufiger die passende Alternative: Co-Working-Zentren. Der Vermieter stellt hierbei eine technische Grundausstattung, Tisch und Stühle sowie eine Cafeteria und vermietet beispielsweise Arbeitsplätze für zehn Euro pro Tag und Tisch.

Die Vorteile liegen auf der Hand: geringe Kosten, hohe Flexibilität und dennoch Anschluss an ein Netzwerk – wenn auch nur tageweise. In Co-Working-Zentren versammeln sich Freiberufler jeglicher Art – vom Webdesigner über den Spieleentwickler bis zum Existenzgründungsberater. Insbesondere im IT- und Webumfeld können Freiberufler in Zentren wie dem Berliner betahaus wertvolle Kontakte knüpfen. Und wenn Sie öfter einkehren, ergeben sich auch immer wieder Chancen für gemeinsame Kundenprojekte und Gelegenheiten zum Austausch: Im Gegenzug zur Optimierung der eigenen Website hilft da schon mal ein Berater seinem Tischnachbarn beim Ausfüllen der Anträge für den Gründerzuschuss.

Die Ausstattung Ihres Arbeitsplatzes

Von den mittlerweile mehr als zwei Millionen Ein-Mann-Unternehmen in Deutschland ist ein großer Teil als Dienstleister für Firmen tätig. Ihr gemeinsamer Nenner: Für ihren Job benötigen sie einen Computer, ein Telefon und einen Schreibtisch. Na ja, ein wenig mehr ist es schon, wie die folgenden Ausführungen zeigen.

Die Technik: Immer im Netz und (fast) immer erreichbar

Egal ob Sie Layouts versenden müssen, Dokumente lektorieren oder gemeinsam mit anderen Entwicklern an neuen Programmen tüfteln: Um Ihren Job vernünftig erledigen zu können, benötigen Sie eine schnelle Internetverbindung von mindestens zwei Megabit pro Sekunde. In den Städten ist dies in der Regel kein Problem. Hier werben Provider mit Geschwindigkeiten von 16 Mbit/s oder mehr. Auf dem Land sieht es da schon schlechter aus, sodass sich hier die Frage, ob Sie wirklich zu Hause arbeiten können, erheblich drängender stellt.

Während Sie bei der Internetverbindung auf eine möglichst hohe Leistung achten sollten, reicht bei der Hardware in der Regel der gängige Standard: Dies betrifft den Rechner ebenso wie den Drucker und mögliche Peripheriegeräte. Während das Faxgerät zunehmend an Bedeutung verliert, kommen Sie um die Anschaffung einiger anderer Geräte eigentlich nicht mehr herum.

Pflicht sind heutzutage:

✔ ein Scanner oder

✔ ein Multifunktionsgerät mit Drucker, Scanner und Kopierer

Gern vergessen und doch entscheidend für den Erfolg ist darüber hinaus eine weitere Hardwarekomponente: die externe Festplatte. Hierauf speichern Sie täglich oder zumindest wöchentlich den Inhalt Ihres Rechners und wappnen sich so gegen Datenverlust. Nach und nach werden sich zwar in den kommenden Jahren Cloud-Lösungen, also der Zugriff auf externe Netzwerke, durchsetzen, doch wenn Sie nicht gerade zur digitalen Elite zählen, reicht derzeit noch die simple zweite Festplatte aus.

PC oder Mac? Diese mittlerweile Jahrzehnte alte Glaubensfrage sollten Sie mit Blick auf drei Dinge beantworten:

1. **Was ist in Ihrer Branche üblich?** Während Medien und Werbung Apple-minded sind, dominieren in anderen Branchen ganz klar die MS-Betriebssysteme.

2. **Was liegt Ihnen selbst?** Wer seit Jahren mit einem bestimmten Betriebssystem arbeitet, muss sich nicht mehr zwangsläufig umstellen, weil seine Kunden in der anderen Welt zu Hause sind. Neue Softwaregenerationen haben die Grenzen zwischen den Systemen durchlässig gemacht.

3. **Was ist eventuell schon in Ihrem Besitz?** Gerade zu Beginn Ihrer Selbstständigkeit müssen Sie strikt auf Ihre Kosten achten. Es spricht nichts dagegen, erst einmal die bislang privat genutzten Geräte für Ihre Arbeit zu benutzen.

Bleibt das Thema Telekommunikation und die Frage, ob Sie überhaupt noch einen Festnetzanschluss brauchen. Die Antwort lautet: Wenn Sie mit Unternehmen zusammenarbeiten – ja! Es gibt immer noch eine ganze Generation von Kunden, die Mobilfunkgespräche auf Grund der Kosten und der vermeintlich schlechteren Verbindung scheuen und lieber auf dem Festnetz anrufen. Dort erwarten sie auch einen Anrufbeantworter und einen baldigen Rückruf, wenn sie eine Nachricht hinterlassen haben – ganz so wie in den 1980er und 1990er Jahren.

 Falls Sie im Home Office arbeiten, sollten Sie eine zweite Festnetznummer für Ihr Büro einrichten. Erstens stellen Sie so sicher, dass Ihre Leitung nicht durch stundenlange Telefonate Ihres Nachwuchses belegt ist und zweitens können Sie so die Ansage auf Ihrem Anrufbeantworter auf Ihre Kunden ausrichten. Kinderstimmen, die sagen: »Wir sind nicht zu Hause«, irritieren manchen Kunden.

Immer erreichbar – was Kunden heute erwarten

Die Grundregel lautet: Zwischen neun und 18 Uhr sollten Sie ansprechbar sein. Und wenn Sie in einer Besprechung sind oder eine wichtige Arbeit ungestört erledigen wollen, sollten Sie zumindest am gleichen Tag oder am nächsten Morgen zurückrufen. Voraussetzung dafür sind Anrufbeantworter auf allen Telefonen oder entsprechende Weiterschaltungen.

Und wie ist es nach 18 Uhr? Je nach Branche sitzen Ihre Ansprechpartner häufig auch noch um 19 oder 20 Uhr im Büro und kommen erst dann dazu, sich endlich mit Ihrem Text oder Ihrem Konzept zu beschäftigen. Jetzt hätten sie auch die Zeit, mit Ihnen darüber zu reden. Sie sollten also zu Beginn Ihrer Zusammenarbeit klären, ob von Ihnen eine Präsenz zu dieser Zeit erwartet wird.

Schwieriger wird das Ganze aufgrund der Zeitverschiebung bei internationalen Projekten. Eine gängige Grundregel besagt, dass die Zeit zwischen 22 Uhr abends und sieben Uhr morgens tabu ist, der Rest ist Verhandlungssache. Und wer regelmäßig für US-Kunden arbeitet, kommt sowieso nicht umhin, seine Arbeitszeiten entsprechend anzupassen – und dafür morgens eventuell erst um zehn Uhr zu starten.

Ungeachtet dessen dürfte Ihr Handy zu Ihrem zentralen Kommunikationstool werden. Der Siegeszug der Smartphones hat die Freiheiten für Freiberufler in einem bis dahin nicht gekannten Maß erhöht. Heute lassen sich problemlos zwischen zwei Terminen die E-Mails checken und beantworten oder Nachrichten im Internet verfolgen. Welches Smartphone Sie nutzen wollen, ist ganz Ihren persönlichen Vorlieben überlassen. Blackberry, iPhone oder Android: Sie alle verfügen über sämtliche Funktionalitäten, die Freiberufler brauchen.

Das Mobiliar: Ihr Rücken arbeitet mit

Der Laptop auf den alten Tisch vom Speicher, ein Küchenstuhl davor und fertig ist der Arbeitsplatz – an so eine Erstausstattung Ihres Arbeitsplatzes sollten Sie nicht einmal denken. Vielmehr sollten Sie sorgfältig darauf achten, sich so zu setzen und zu sortieren, dass Ihre Gesundheit keinen Schaden nimmt. Sie brauchen einen anständigen Bürostuhl, wie Sie ihn vielleicht früher auch als Angestellter besessen haben, einen ausreichend großen Tisch und eine vernünftige Ablage. Ja, Sie lesen richtig, Sie brauchen eine Ablage, egal was Sie machen. Denn auch in Zeiten des vermeintlich papierlosen Büros fällt verdammt viel Papier an. Und aus verschiedenen Gründen sollten Sie dies auch aufbewahren:

✔ Um gegenüber Ihren Auftraggebern immer lückenlos dokumentieren zu können, wann Sie was gemacht haben. Und wenn Sie dazu Ausdrucke benötigt haben, gehören diese zumindest bis zum Ende eines Projekts in die Ablage.

✔ Weil das Finanzamt von Ihnen verlangt, dass Sie Belege bis zu zehn Jahren verwahren. Schließlich will der Betriebsprüfer im Fall der Fälle auch Ihre längst abgerechneten Belege sehen.

Wenn Sie einer der Millionen Schreibtischtäter in Deutschland sind, sollten Sie darüber hinaus noch zwei weitere Dinge berücksichtigen. Erstens ist es gerade für Laptop- und Netbook-Nutzer ratsam, mit einem größeren Bildschirm und einer vernünftigen Tastatur zu arbeiten. Und zweitens sollten Sie es unbedingt vermeiden, Stunde für Stunde für Stunde zu sitzen. Ein kleiner Stehtisch in Ihrem Arbeitszimmer sieht nicht nur gut aus, sondern hilft Ihnen auch, viele Jahre beschwerdefrei freiberuflich zu arbeiten!

Daheim und doch unterwegs: Die Kunst des virtuellen Netzwerkens

Eine der wichtigsten Aufgaben an Ihrem neuen Arbeitsplatz ist von Beginn an das Netzwerken: Wer sich in seinen eigenen vier Wänden verkriecht, darf sich nicht wundern, wenn die Kunden ausbleiben. Glücklicherweise lässt sich heute beides verbinden: am heimischen Schreibtisch verweilen und stundenlang sein Netzwerk pflegen.

Nutzen Sie soziale Netzwerke

In Kapitel 10 können Sie lesen, wie Sie Ihre Einträge bei Xing, Facebook, LinkedIn & Co. anlegen. Einmal drin, sollten Sie aber auf keinen Fall darauf warten, dass jetzt ein potenzieller Kunde über Ihr Profil stolpert und Ihnen gleich einen Großauftrag erteilt. Vielmehr gilt es, die Online-Netzwerke systematisch für die eigenen Zwecke zu nutzen.

Auf dem Weg dorthin müssen Sie zunächst einmal möglichst viele Facebook-Freunde oder Xing-Kontakte finden. Entweder nutzen Sie die Werkzeuge der Anbieter und gleichen Ihre Outlook-Datenbank mit deren Beständen ab oder Sie geben einfach Namen für Namen ein – und werden staunen, wer alles in den sozialen Netzwerken vertreten ist. Dann nur noch eine Kontaktanfrage stellen und schon ist das Netzwerk wieder um einen Kopf größer.

Und was bringt das eigentlich? Erstens bringen Sie sich bei alten Kontakten aus Ihrer Angestelltenzeit wieder in Erinnerung und tauschen auch vielleicht ein bis zwei Mails aus. Aber das allein beflügelt Ihr Geschäft noch nicht. Wichtiger ist, dass Sie anschließend schauen können, welche interessanten Menschen zum Netzwerk Ihrer alten und neuen Freunde gehören. Finden Sie dort einen potenziellen Auftraggeber, dann können Sie Ihren Freund bitten, einen direkten Kontakt herzustellen. Und wenn Sie jetzt noch um die nächste Ecke schauen, dann werden Sie feststellen, dass Sie gar nicht so weit von einem Kontakt zu Ihrem Wunschauftraggeber entfernt sind. Und das ist doch ein hervorragender Grund, sich in sozialen Netzwerken zu engagieren, oder?

Die Software von Facebook & Co. bietet aber noch weit mehr Möglichkeiten. So können Sie gerade bei Xing auch nach Themen suchen und bestimmten Diskussionsgruppen beitreten. Wenn Sie dort originelle Beiträge platzieren und Lösungsvorschläge zu einem aktuellen Problem machen, registrieren dies eine Menge Menschen, mit denen Sie bislang überhaupt noch nichts zu tun hatten. Und eventuell ist einer darunter, der genau nach dieser Lösungsidee gesucht hat und kurz darauf den direkten Kontakt zu Ihnen aufnimmt.

 Bei Xing vermischen sich virtuelles und reales Netzwerken. So organisieren sowohl einzelne regionale Gruppen als auch einzelne Fachgruppen immer wieder Get-Togethers für ihre Community. Ein idealer Tummelplatz, um virtuelle Freunde im echten Leben kennenzulernen, Visitenkarten auszutauschen und dabei noch einen netten Abend zu verbringen.

Facebook dagegen ist eine ideale Plattform für Selbstvermarkter. In Kombination mit dem sozialen Microblogging-Dienst Twitter haben Sie hier die Möglichkeit, Ihr Netzwerk ständig über Ihre Aktivitäten auf dem Laufenden zu halten und beispielsweise auch auf interessante neue Artikel und Studien hinzuweisen. Umgekehrt können Sie auch andere Beiträge kommentieren und ergänzen und so in einen virtuellen Dialog eintreten.

 Vorsicht! Soziale Netzwerke können sich als enorme Zeitfresser entpuppen. Behalten Sie immer im Hinterkopf, warum Sie gerade online sind und welchen Zweck Sie mit Ihren Aktivitäten verfolgen. Das eigentliche Ziel jedes Selbstständigen ist und bleibt es, sein Geschäft auf- und auszubauen.

Fünf Regeln für den richtigen Umgang mit sozialen Netzwerken:

1. **Fallen Sie nicht mit der Tür ins Haus.** Sowohl reales als auch virtuelles Netzwerken funktioniert mehrstufig. Erst bauen Sie einen Kontakt auf, dann sprechen Sie auch über Ihre konkreten Interessen.

2. **Nutzen Sie Ihre Kontakte.** Kennen Sie das nicht auch? Wenn Ihnen ein Freund empfiehlt, sich Zeit für jemanden zu nehmen, machen Sie das wesentlich bereitwilliger, als wenn derjenige ungefragt auf Sie zukommt.

3. **Finden Sie den richtigen Ton.** Gerade Facebook verführt dazu, Privates und Berufliches zu vermengen und eher locker aufzutreten. Als Kreativer können Sie sich das leisten, als seriöser Berater sollten Sie dagegen auf ein durchgängig professionelles Auftreten, entsprechende Fotos und eine korrekte Rechtschreibung achten.

4. **Übertreiben Sie nicht.** Es mag im Einzelfall ganz witzig sein, Ihrem Netzwerk eine Nachricht mit Foto von Ihrem Marathonlauf zu senden, aber wenn man jeden Tag was Neues über Ihren Hund oder Ihre sportlichen Spitzenleistungen liest, zweifelt man früher oder später dann doch an Ihrer Ernsthaftigkeit.

5. **Vertiefen Sie Kontakte.** Ähnlich wie auf Dating-Portalen können virtuelle Kontakte immer nur ein erster Schritt sein. Früher oder später sollten Sie sich mit interessanten Menschen auch persönlich treffen, egal ob zum Lunch oder nur zu einem Kaffee im Büro.

Der Brief lebt: Andere Formen virtuellen Netzwerkens

Bei aller Begeisterung für soziale Netzwerke sollten andere Formen der schriftlichen oder fernmündlichen Kommunikation nicht in Vergessenheit geraten. Gerade Internet-Nerds übersehen gern, dass viele ihrer Ansprechpartner ihre Karriere noch zu einer Zeit gestartet haben, als um elf Uhr die Post von einem Boten gebracht wurde und ansonsten regelmäßig das Telefon klingelte. Gerade diese Spezies schätzt Dienstleister und Freelancer, die zumindest ab und an selbst zum Hörer greifen, um Erfahrungen über die letzten Projekte auszutauschen und den Rahmen für die weitere Zusammenarbeit abzustecken.

Diese Menschen registrieren darüber hinaus aufmerksam, inwieweit sich ihr Umfeld noch an alte Höflichkeitsregeln erinnert. Wer hier an den Geburtstag denkt, schriftlich gratuliert und vielleicht noch ein kleines Präsent mitschickt, hat einen Stein im Brett. Gleiches gilt für die Weihnachtskarte, die Sie ja durchaus für spießig halten mögen, die aber dennoch ihre Wirkung hat. Allerdings nur, wenn Sie nicht einfach Ihre Unterschrift unter den Vordruck »Frohe Weihnachten« setzen, sondern sich bemühen, ein paar persönliche Zeilen leserlich zu Papier zu bringen.

Wer Porto sparen will und die Weihnachtskarte nun wirklich altmodisch findet, kann diese Grüße auch per E-Mail erledigen. Aber auch hier gilt: Gefragt sind persönliche Worte – nicht einfach der Weiterversand irgendwelcher Gimmicks, bei denen es blinkt und singt.

 Beachten Sie die Netiquette. Die E-Mail ist mittlerweile das populärste schriftliche Kommunikationsmittel. Gern übersehen wird dabei, dass hier erst einmal die gleichen Regeln wie für den Brief gelten. Dies bedeutet, dass Folgendes zu jeder geschäftlichen E-Mail gehört:

✔ eine aussagekräftige Betreffzeile

✔ eine korrekte Anrede

✔ ein Text ohne Rechtschreibfehler

✔ eine passende Grußformel

Raus aus dem Büro: Netzwerken im richtigen Leben

Ein Thema zieht sich wie ein roter Faden durch dieses Buch: die Kundenakquise. Nur wem es gelingt, ausreichend Kunden zu gewinnen und zu binden, hat auf Dauer als Freiberufler Erfolg. Und dies ist keine Aufgabe für die ersten sechs Monate, sondern eine lebenslange Verpflichtung. Denn immer wieder werden Sie Kunden verlieren, sei es, weil sie Ihre Dienstleistung nicht mehr benötigen, sie hierfür selbst einen Mitarbeiter angestellt haben oder Sie durch einen günstigeren oder vielleicht auch besserer Anbieter verdrängt werden.

Um für solche Situationen gewappnet zu sein, benötigen Sie ein ausreichend großes Netzwerk. Sicher, das Internet vereinfacht mittlerweile die Kontaktanbahnung und die systematische Erweiterung des Kreises potenzieller Auftraggeber. Doch damit aus diesem Potenzial auch wirklich Kunden hervorgehen, hilft nur eins: raus aus dem Büro, rein ins wirkliche Leben. Fragt sich nur wohin. Bei der Auswahl Ihrer bevorzugten Methoden des Netzwerkens sollten Sie sich von zwei Überlegungen leiten lassen:

✔ Wo treffe ich potenzielle Kunden?

✔ Was mache ich gern?

Von Mittagessen und Happy Hours

Der klassische Weg, um Kontakte zu pflegen, ist nach wie vor der Business-Lunch. Zwischen zwölf und 14 Uhr trifft sich Deutschland, um über die jüngsten Gerüchte, die Konkurrenz und die Perspektiven für das Geschäft zu sprechen – und dabei auch zu Mittag zu essen. Für Angestellte ist dies ein Automatismus, da sie sich um diese Zeit einfach in die Kantine oder zum Italiener um die Ecke begeben. Für Freiberufler ist es ein Ereignis, das geplant sein will.

Sie sollten sich vornehmen, einmal pro Woche mit Leuten aus Ihrem Netzwerk essen zu gehen. In erster Linie sind dies Ihre bestehenden und potenziellen Kunden sowie Multiplikatoren. Legen Sie einen Termin beim Kunden einfach mal auf elf Uhr, dann ergibt sich die Verabredung zum Lunch schon fast automatisch. Ansonsten scheuen Sie sich nicht, Ihre Kontakte per Mail oder per Telefon anzusprechen und einen Termin vorzuschlagen – schließlich muss jeder mittags etwas essen. Warum nicht mit Ihnen?

Etwas vertrauter sind da schon Verabredungen gegen Abend. Doch in Branchen, in denen die Lunchpause nur allzu häufig aus einem schnell verschlungenen Sandwich besteht, ist die Happy Hour eine beliebte Alternative. Ob Sie dabei tatsächlich zum verbilligten Cocktail oder doch zum Mineralwasser greifen, hängt davon ab, wie gut Sie Ihren Gesprächspartner kennen.

Lecker Essen und erfolgreich akquirieren

Ein Kölner Texter setzt seit zehn Jahren auf den Lunch als entscheidende Form des Netzwerkens und begründet damit auch seinen ständigen Kundenzuwachs. Systematisch hält er den Kontakt mit rund 50 Multiplikatoren im Bundesgebiet, Agenturbesitzer ebenso wie Anwälte und Wirtschaftsprüfer. Mindestens einmal pro Jahr trifft er diese in ihrer Stadt zum Lunch. Das Ergebnis: Jedes Jahr ein paar Empfehlungen und jede Menge leckerer Mittagessen.

Von Rotariern und anderen geschlossenen Zirkeln

Bei Verabredungen zum Business-Lunch geht es zumindest unterschwellig immer auch um das Geschäft. Anders sieht es aus, wenn Sie sich entschließen, sich in Ihrer Stadt in einer der vielfältigen gesellschaftlichen Zirkel zu engagieren. Egal, ob Sie sich über ein Ihnen bekanntes Mitglied den Rotariern nähern, das Golfen lernen oder die Oper unterstützen – erwarten Sie sich hiervon keinen direkten Effekt.

Doch ganz ohne beruflichen Grund machen die meisten Beteiligten auch bei diesen Aktivitäten nicht mit. Im Rheinland heißt es: »Man kennt sich, man hilft sich«, und diese Lebensweisheit gilt bundesweit. Ungeachtet dessen sollten Sie sich nur dort engagieren, wo Sie auch wirklich mit Interesse dabei sind. Ansonsten werden fünf Stunden Wagner-Oper zu einer Tortur ohne Mehrwert, denn wenn Sie zum Gespräch danach nicht mehr als die Beschwerde über das lange Sitzen beizutragen haben, vertieft sich garantiert kein Kontakt.

Vorsicht Partnerfalle! Wer gesellschaftliche Netzwerke nutzt, um beruflich voranzukommen, sollte dies unbedingt vorher mit seinem Partner abstimmen. Denn solche Engagements fressen immer einen Teil der ohnehin schon spärlich bemessenen Freizeit. Hinzu kommt, dass in vielen Fällen auch die Präsenz des jeweiligen Partners erwartet wird – und da ist es wohl selbstverständlich, ihn oder sie vorher zu fragen.

Von Innungen und Verbänden

Wer sich in seiner eigenen Berufsgruppe engagiert, kann nicht davon ausgehen, dass dadurch direkt Kunden auf ihn aufmerksam werden. Doch durch den ständigen Austausch bei Sitzungen der eigenen Kammer, des Verbands oder der Innung ergeben sich dennoch eine Vielzahl von Kontakten, die beispielsweise bei größeren Projekten oder Interessenskonflikten von Nutzen sein können. Denn immer wieder erhalten Freiberufler von Unternehmen Anfragen, die sie nicht annehmen können, weil sie entweder schon ausgebucht sind oder bereits für einen Wettbewerber arbeiten. In solchen Fällen um Referenzen gefragt, erinnern sich viele gern ihrer Kollegen aus dem Verband – und schon ist ein neuer potenzieller Kundenkontakt entstanden.

Darüber hinaus hat das Engagement in solchen Organisationen gerade im Geschäft mit Unternehmen noch einen weiteren Vorteil: Es erhöht die Glaubwürdigkeit. Wer in seiner Kurzvorstellung zeigt, dass er nicht nur ähnliche Projekte bei anderen Kunden gemeistert hat, sondern zu diesem Thema auch eine Arbeitsgruppe in seinem Verband leitet, beweist hohe

Fachkenntnis. Und dies ist gerade beim Entscheidungsprozess von Kunden, die noch nie mit Ihnen zusammengearbeitet haben, das Zünglein an der Waage.

In Tabelle 12.2 finden Sie eine Vielzahl an Kriterien, die bei der Auswahl Ihrer Netzwerke eine Rolle spielen sollten.

Kriterium	Erfüllt
Möglicher Kontakt zu potenziellen Kunden	
Möglicher Kontakt zu Multiplikatoren	
Möglicher Kontakt zu Kollegen, die als Empfehler fungieren können	
Mögliches Engagement in Fachgruppen und Foren, um eigene Kompetenz zu erweitern und zu unterstreichen	
Erwerb von Funktionsbezeichnungen, die Kompetenz unterstreichen (Fachgruppenleiter, Ausschussvorsitzender etc.)	
Persönliches Interesse an den Themen des Netzwerkes	
Über das Berufliche hinausgehende Motivation für ein Engagement	

Tabelle 12.2: Welche Kriterien bei der Auswahl Ihrer Netzwerke wichtig sind

 Auch diese Checklisten finden Sie unter http://www.wiley-vch.de/publish/dt/books/ISBN978-3-527-70654-9.

Die eigene Praxis oder Kanzlei – Das kleine Einmaleins für klassische Freiberufler

13

In diesem Kapitel

▶ Jurist, Anwalt, Physiotherapeut – ein kapitalintensiver Start in den Job

▶ Wie Sie alle Fragen rund um die Finanzierung souverän managen

▶ Warum Sie sich auch als Personalmanager beweisen müssen

O b niedergelassener Arzt in seiner Praxis oder erfolgreicher Jurist mit eigener Kanzlei, ob gefühlsbetonter Physiotherapeut in seinem Behandlungszentrum oder akribischer Wirtschaftsprüfer im eigenen Büro – klassische Freiberufler, die ihren Beruf als Selbstständige ausüben, sind nicht nur in ihren Kerngebieten gefordert, sondern auch als Manager. Diesen Aspekt blenden viele Freiberufler dieser Sparten allerdings aus: Schließlich wollen sie Menschen beraten oder ihnen helfen und nicht akribisch Zahlen studieren oder Mitarbeiter führen.

Dazu gibt es zweierlei Dinge zu sagen: Erstens muss es gar nicht so zeitraubend und nervtötend sein, sich mit diesen Themen zu beschäftigen – sofern Sie es richtig machen. Und zweitens schaffen Sie sich in der Regel massive Probleme, wenn Sie diese Aufgaben einfach ignorieren.

Dieses Kapitel informiert Sie deshalb ausführlich darüber, welche fachfremden Aufgaben auf Sie warten und wie Sie diese souverän meistern. Sie erfahren, wie Sie sich das nötige Kapital für die Eröffnung Ihrer eigenen Praxis oder Kanzlei beschaffen. Sie lesen, wie Sie sich betriebswirtschaftlich so weit fit machen, dass Sie alle finanziellen Aspekte im Griff haben und Sie finden viele Hilfsmittel für eine motivierende und erfolgreiche Mitarbeiterführung.

Die ideale Finanzierung für einen perfekten Start

Nehmen wir einmal an, Sie sind Augenarzt und wollen eine eigene Praxis gründen. Stellen Sie sich jetzt vor, Sie bekämen eine Praxis zum Kauf angeboten, in die seit Jahrzehnten kein Cent mehr gesteckt wurde, deren abgewetzte Einrichtung nur noch einen morbiden Charakter verbreitet und an der das Computerzeitalter völlig spurlos vorüber gegangen ist! Falls Sie jetzt entsetzt den Kopf schütteln und sagen: »Nein, so will ich nicht anfangen«, sollten Sie dieses Kapitel unbedingt weiterlesen, denn es gibt viele Aspekte, die für den Kauf solch einer Praxis sprechen.

Ehe Sie sich auf den Weg zu Ihrer Bank machen, um über einen Kredit für die Einrichtung der eigenen neuen Räume zu verhandeln, wollen wir Ihnen kurz zu bedenken geben, dass es nicht immer unbedingt eine schicke neue Praxis oder Kanzlei sein muss. Stellvertretend für viele freiberufliche Sparten zeigt Ihnen Tabelle 13.1, auf welche Art zum Beispiel Selbstständige in den klassischen medizinischen Freien Berufen ihr eigener Chef werden:

Varianten ärztlicher Existenzgründung	In Prozent
Übernahme einer Einzelpraxis	43,2
Neugründung einer Praxisgemeinschaft	0,8
Neugründung einer Gemeinschaftspraxis	1,8
Neugründung einer Einzelpraxis	10,3
Beitritt zu einer Praxisgemeinschaft	0,6
Beitritt zu einer Gemeinschaftspraxis	9,7
Überführung einer bestehenden Einzelpraxis in eine Praxisgemeinschaft	1,2
Überführung einer bestehenden Einzelpraxis in eine Gemeinschaftspraxis	8,6
Übernahme einer Praxisgemeinschaft	1,5
Übernahme einer Gemeinschaftspraxis	14,3
Andere Gründungsformen	8,0

Tabelle 13.1: Auf diesen Wegen machen sich Mediziner in Deutschland selbstständig (Quelle: Deutsche Apotheker- und Ärztebank; Zentralinstitut für die kassenärztliche Versorgung)

Eine solche Entscheidung hängt natürlich von mehreren Aspekten ab. Zu ihnen gehören unter anderem

✔ der Standort

✔ die Größe des bereits vorhandenen Patienten-, Mandanten- oder Kundenstamms

✔ das Image des Vorbesitzers

✔ Ihre Bereitschaft, sich mit potenziellen Partnern zu arrangieren

✔ Ihre Bereitschaft, sich auf Bestehendes einzulassen

✔ der geforderte Kaufpreis

 Gönnen Sie sich eine ruhige Stunde und überlegen Sie, inwieweit Ihnen möglicherweise ein Start zu zweit, die Übernahme einer vorhandenen Kanzlei oder Praxis und auch der Beitritt in eine bestehende Gemeinschaft entgegen kommt. Wenn Sie feststellen, dass Sie dadurch zu weit von Ihren Idealvorstellungen abrücken, sollten Sie sich nicht zu einem solchen Schritt zwingen, nur weil es sehr viele anders machen. Allerdings sollten Sie sich sicher sein, dass Sie sich Ihren ausgewählten Weg finanziell wirklich leisten können.

Aber egal, für welchen Weg Sie sich am Ende entscheiden: Kapital brauchen Sie auf alle Fälle, um sich Ihre Träume zu erfüllen – und das nicht zu wenig!

Mit welchen Summen beispielsweise Mediziner rechnen müssen, sehen Sie in der Übersicht in Tabelle 13.2, die das durchschnittliche Gesamtfinanzierungsvolumen für eine Einzelpraxis in Westdeutschland in Euro zeigt (Preis gerundet).

Arztgruppe	Einzelpraxis-Neugründung	Einzelpraxis-Übernahme
Allgemeinärzte	111.000	139.000
Anästhesisten	64.000	116.000
Augenärzte	211.000	250.000
Chirurgen	202.500	323.500
Dermatologen	185.000	231.000
Gynäkologen	157.000	214.000
HNO-Ärzte	183.000	210.000
Internisten	197.000	207.000
Kinderärzte	109.000	197.000
Neurologen	136.000	168.000
Orthopäden	164.000	308.000
Psychiater/ Psychotherapeuten	51.000	63.000
Alle Ärzte	120.000	193.000

Tabelle 13.2: Wie viel Startkapital Mediziner brauchen

Nun mag es Sie vielleicht stutzig machen, dass Sie für eine bestehende Praxis mehr bezahlen als für eine gänzlich neue: Das Kostenverhältnis zwischen einer Neugründung beziehungsweise einer Übernahme erklärt sich daraus, dass Sie beim Kauf einer bestehenden Praxis beispielsweise den vorhandenen Patientenstamm mitfinanzieren müssen.

Wo erhalte ich Startkapital?

Nein, der Weg zur Bank muss nicht immer der einzige Weg sein, um das dringend nötige Startkapital für Ihre Kanzlei, Ihr Büro oder Ihre Praxis zu finden. In Kapitel 5 erfahren Sie einiges über die sogenannten 3 Fs: Family, Friends and Fools.

Andere klassische Formen der Kapitalbeschaffung einer Existenzgründung über Venture Capital, Business Angels oder eine Unternehmensbeteiligung kommen für eine Praxis- oder Kanzleigründung in der Regel nicht infrage, da sich der Prüfungsaufwand für eine Investition angesichts der benötigten Summen nicht lohnt. Hohe sechsstellige oder gar Millionen-Beträge sind für Anwälte, Ärzte oder Physiotherapeuten eher die Ausnahme, wenn sie den Schritt in die Selbstständigkeit wagen.

Die oben skizzierten Formen der Kapitalbeschaffung stellen Gründern in der Regel Eigenkapital zur Verfügung. Doch wer nicht reich geboren wurde, vermögend geheiratet oder geerbt hat, wird für sein Startkapital in der Regel auf fremdes Geld zurückgreifen. Und das hat auch einen entscheidenden Vorteil im Vergleich zur Beteiligung von Dritten am eigenen Geschäft: Sie bleiben stets Herr in Ihrem eigenen Haus, auch wenn Sie das Geld von Beginn Ihrer Selbstständigkeit an verzinsen müssen.

Die kleine Tabelle 13.3 vermittelt Ihnen einen Überblick, welche Finanzierungsmöglichkeiten Ihnen grundsätzlich offen stehen:

Art des Kapitals	Langfristige Finanzierung	Kurzfristige Finanzierung
Eigenkapital	Barmittel	
	Sacheinlagen	
	Private Equity	
Fremdkapital	Bankdarlehen	Kontokorrentkredit
	Gesellschafterdarlehen	Gesellschafterdarlehen
	Fördermittel	Factoring/Leasing

Tabelle 13.3: Kapital- und Finanzierungsarten

Professionelles Engagement

Eines vorneweg: Egal, wo Sie sich letztendlich Geld leihen, um Ihre eigenen Büro-, Kanzlei- oder Praxisräume zu finanzieren – behandeln Sie Ihre Geldgeber professionell, auch wenn es die eigene Familie ist. Neben einer pünktlichen Rückzahlung des Kapitals und der Zinsen schaffen regelmäßige Berichte über den Geschäftsverlauf Vertrauen – und je nachdem mit wem Sie hier zusammenarbeiten, stoßen Sie dabei in der Regel auch auf großes Interesse.

Worauf muss ich bei einem Kredit achten?

Das wichtigste Instrument, um bei Ihrer Bank souverän auftreten zu können, liegt bestimmt schon in Ihrer Schublade: der Businessplan. Er zeigt auf, was Sie in welchem Zeitraum leisten wollen und ob sich diese Pläne realisieren lassen. Erklären Sie darüber hinaus Ihren Gesprächspartnern genau, was Sie sich von ihnen wünschen beziehungsweise was Sie von ihnen erfahren wollen:

✔ Höhe des Darlehens

✔ Zeitraum des Darlehens

✔ Höhe des Zinssatzes

✔ Termine und Form der Tilgung

✔ Vorzeitige Kündigungsrechte

✔ Sondertilgungsrechte

✔ Sicherheiten

✔ Informationspflichten des Darlehensnehmers

Wer eine vorhandene Kanzlei oder Praxis übernimmt, hat natürlich in der Regel ein paar Pfunde mehr, mit denen er wuchern kann. Denn er kann davon ausgehen, dass der eine oder andere Mandant oder Patient von seinem Vorgänger bei ihm anklopfen wird.

Wägen Sie gut ab, wie viel Kredit Sie tatsächlich aufnehmen wollen: Wer zu knapp kalkuliert, kann sich möglicherweise dieses oder jenes Gerät nicht mehr leisten, das er aber eigentlich dringend benötigt. Zu großzügig dürfen Sie aber auch nicht kalkulieren, damit die Kredittilgung Sie finanziell nicht aufzehrt. Rechnen Sie auch damit, dass Ihre Kunden nicht immer pünktlich oder vielleicht sogar mal gar nicht zahlen. Solche alltäglichen Vorkommnisse dürfen Ihren Finanzplan keinesfalls gefährden.

Und so klappt's mit den Finanzen

Der Schritt in die Selbstständigkeit kostet vor allem klassische Freiberuflern viel Geld. Während Physiotherapeuten Liegen und Behandlungsgeräte anschaffen müssen, fließt bei Apothekern das Geld in der Regel in die Waren und eine fachgerechte Einrichtung. Je nach Geschäftstätigkeit kann auch die Höhe der Ausgaben enorm variieren: Apotheken bestellen schon mal Medikamente für vierstellige Euro-Beträge, Krankengymnasten müssen für ihre Pezzi-Bälle und Holzstangen dagegen nicht so tief in die Tasche greifen. All diese Ausgaben stehen im Idealfall von Beginn an entsprechenden Einnahmen gegenüber.

Damit Sie sich als Apotheker, Arzt oder Rechtsanwalt nicht permanent mit betriebswirtschaftlichen Herausforderungen herumschlagen müssen, haben wir Ihnen in Tabelle 13.4 eine Übersicht zusammengestellt. Richtig ausgefüllt, zeigt Ihnen das Dokument auf einen Blick, inwieweit Sie mit Ihren Finanzen beziehungsweise mit Ihrer Einnahmen- und Ausgabenpolitik richtig liegen.

Unter `http://www.wiley-vch.de/publish/dt/books/ISBN978-3-527-70654-9` finden Sie diese Checkliste auch als Word-Datei.

Natürlich ersetzt diese Übersicht keinesfalls die übrigen Kontrollinstrumente, die Sie in Kapitel 15 finden. Diese kleine Checkliste dient nur dazu, Ihnen einen ersten Überblick zu geben, ob Ihre Ausgabenintensität zu Ihrem Finanzierungsmodell passt beziehungsweise ob Ihr Kredit tatsächlich Ihre Ausgaben abdeckt.

Der erste Mitarbeiter – Auf dem Weg zum Unternehmer

Als Apotheker, Anwalt oder Arzt brauchen Sie in der Regel vom ersten Tag Ihrer Laden-, Kanzlei- oder Praxiseröffnung Hilfe – von einem oder sogar mehreren Mitarbeitern. Sind Sie dagegen Grafiker, Unternehmensberater oder Kosmetikerin und agieren als Einzelkämpfer, können Sie diesen Abschnitt getrost überspringen – vorausgesetzt, Sie wissen von Anfang an genau, dass Sie nicht expandieren oder die Verantwortung für angestellte Mitarbeiter übernehmen wollen. e erfolgreicher Sie am Markt sind, desto drängender stellt sich aber auch für Sie früher oder später die Frage, ob Sie sich nicht vom Ein-Mann-Unternehmen zum Unternehmer mit Mannschaft weiterentwickeln sollten. Sicher, ein Teil Ihrer Freiheit geht Ihnen verloren und mit der Einstellung von Mitarbeitern übernehmen Sie auch eine Menge zusätz-

Ausgaben	Ausgabenintensität für	Hoch	Mittel	Niedrig
Ausgaben bei Gründung	Büro-/Firmen-/Ladeneinrichtung			
	Technische Ausstattung (Computer, Telefon usw.)			
	Wareneinkauf			
	Notar, Berufskammer usw.			
	Beratung (Steuerberater, Anwalt)			
Fixe Ausgaben	Mitarbeiter			
	Miete			
	Steuern und Sozialversicherung			
	Firmen-Pkw			
	Zinsen und Tilgung			
	Versicherungen und Beiträge			
	Beratung (Steuerberater usw.)			
Variable Ausgaben	Marketingkosten			
	Wareneinsatz/Fremdleistungen			
	Kommunikationskosten			
	Bürobedarf oder Ähnliches			
	Reparaturen			
Unternehmerlohn	Gehalt des Freiberuflers			
Reserve	Reserve für unvorhergesehene Ausgaben			

Tabelle 13.4: Checkliste: Startkapital und Ausgabenkontrolle

licher Verantwortung. Aber dafür schaffen Sie eine entscheidende Voraussetzung, um künftig noch mehr Kunden mit Ihrer Dienstleistung begeistern zu können – und legen vielleicht sogar gleichzeitig den Grundstein für eine expandierende Firma.

Es gibt ein paar ganz prägnante Zeichen, die Ihnen verraten, wann Sie über die erste Einstellung nachdenken können oder sogar sollten:

✔ Ihre Tätigkeit wirft genügend Gewinn ab, um einen Mitarbeiter zu finanzieren.

✔ Sie haben bereits Rücklagen erwirtschaftet, um auch mal eine Durststrecke mit einem Team zu überwinden.

✔ Ihre Tätigkeit erfordert nicht in jedem Schritt Ihren persönlichen Einsatz, sondern lässt sich so aufspalten, dass Sie Teile delegieren können.

✔ Ihre Kunden erwarten nicht Ihre permanente persönliche Präsenz.

✔ Sie haben die notwendigen räumlichen Voraussetzungen für Angestellte.

Von Ihren persönlichen Voraussetzungen hängt auch ab, ob Sie Ihrem ersten Mitarbeiter nur einen 400-Euro-Vertrag geben können oder gleich einen Teilzeit- oder Vollzeitjob. Von Ihrem persönlichen Umfeld hängt ab, wie Sie bei der Suche nach einem geeigneten Kandidaten vorgehen. Manch einer verfügt über ein exzellentes Netzwerk in seiner Region, manch einer hat Kandidaten bereits als freie Mitarbeiter getestet, bevor er sie enger an sich bindet. Ansonsten kann man aber auch die ganze Klaviatur etablierter Unternehmer spielen – von der Bundesagentur für Arbeit bis zur Online-Annonce. Je mehr Quellen Sie anzapfen, desto mehr Zeit müssen Sie aber einplanen, um Bewerbungen zu sichten und entsprechende Gespräche zu führen.

Auf Expansionskurs in der Provinz

Mit sanftem Druck hatte ihr Arbeitgeber Katrin Schulz vor einigen Jahren in die Freiberufler-Rolle gedrängt. Für ein großes Unternehmen erstellte sie Übersichten über erschienene Artikel und archivierte diese – bis das Management meinte, dies sollten nun wirklich externe Fachkräfte machen. Sie nahm die Herausforderung an und startete als Freiberuflerin. In ihrem Heimatort im Norden, sprach sich bei den Mittelständlern schnell herum, dass eine engagierte Freiberuflerin Clipping-Dienste zu überschaubaren Konditionen anbot – und es trudelten immer mehr Aufträge ein. Im Hauswirtschaftsraum gestartet, kam sie im Jahr vier ihrer Selbstständigkeit nicht mehr umhin, ein Büro in der Nachbarschaft anzumieten. Dort schuf sie auch gleich Platz für mehrere Mitarbeiter – und füllte die Stühle nach und nach. Den Beginn machte eine 400-Euro-Kraft, die sie aus dem Kindergarten kannte. Diese brachte eine Freundin mit, die ebenfalls auf 400-Euro-Basis anfing, bevor sich beide eine sozialversicherungspflichtige Stelle teilten. Um ihr wachsendes Geschäft zu managen, heuerte Katrin Schulz danach eine Halbtagskraft als Assistentin an und begann mit dieser, ihre Akquise zu systematisieren. Als der erste Konzern anbiss, war die Zeit gekommen, eine Vollzeitkraft anzustellen, die diesen Job bislang auch in einem Unternehmen erledigt hatte. Die Freiberuflerin ist heute eine erfolgreiche Unternehmerin und plant jetzt erst einmal den Umzug in ein noch größeres Büro.

So finden Sie den richtigen Mitarbeiter

Um sich den Einstieg als Arbeitgeber ein wenig zu erleichtern, sollten Sie ein paar Tricks und Kniffe kennen, wie Sie den richtigen Mitarbeiter finden:

✔ **Erstellen Sie eine Stellenbeschreibung.** Darin legen Sie fest, was Ihr neuer Mitarbeiter genau leisten soll.

✔ **Nehmen Sie sich Zeit.** Sie werden viel Zeit mit Ihrem neuen Kollegen verbringen, also treffen Sie ihn ruhig zwei- oder dreimal, bevor Sie ihm eine Zusage geben.

✔ **Holen Sie Referenzen ein.** Zeugnisse sind Formalien. Einen besseren Eindruck erhalten Sie, wenn Sie ehemalige Chefs Ihres Wunschkandidaten vor Vertragsabschluss anrufen.

✔ **Klären Sie die Konditionen vorab.** Gehalt, Urlaubsgeld, Arbeitszeit und Sozialleistungen – halten Sie solch mögliche Komponenten eines Arbeitsvertrags schriftlich fest und verlassen Sie sich nicht auf ein beiderseitiges Nicken.

✔ **Hören Sie auf Ihren Bauch.** Ein kleines Team funktioniert nur dann, wenn die Chemie zwischen den Beteiligten stimmt. Hände weg von hoch qualifizierten, aber Ihnen nicht sympathischen Bewerbern.

Wo Sie nach den richtigen Mitarbeitern Ausschau halten

Früher war alles klar geregelt: Suchte ein Chef nach einem Mitarbeiter, setzte er in der Regel eine Annonce in die regionalen beziehungsweise überregionalen Zeitungen und hoffte, dass sich kurzer Zeit ein passender Bewerber vorstellig wurde. Daneben wurde vielleicht auch dem Arbeitsamt die freie Stelle gemeldet. Ab und zu erkundigte sich der eine oder andere Arbeitgeber auch noch bei Freunden oder Bekannten, ob sie nicht jemand wüssten, der die offene Stelle bei ihm übernehmen könnte.

Heute dagegen bieten sich Ihnen, wenn Sie sich nicht allein auf die Agentur für Arbeit verlassen wollen, wesentlich vielfältigere Möglichkeiten, Ihre Arzthelferin, Rechtsanwaltsassistentin oder einen zusätzlichen Physiotherapeuten zu finden, nämlich

✔ Stellenanzeigen in Zeitungen

✔ Jobbörsen im Internet

✔ Headhunter

✔ Ihr virtuelles und soziales Netzwerk

Insbesondere das Internet erweist sich für Arbeitgeber auf Mitarbeitersuche mehr und mehr als Fundgrube: Einerseits können Sie selbst Ihre Stellenanzeige ins Netz stellen, andererseits finden Sie im Internet jede Menge Profile von Mitarbeitern auf Jobsuche.

 Wer via Internet nach potenziellen Mitarbeitern Ausschau hält, hat einen gravierenden Vorteil: Er kann in aller Ruhe die Profile möglicher Kandidaten studieren und dann entscheiden, ob er sie zum Vorstellungsgespräch einladen will oder nicht. Auf diese Weise erspart er es sich, dutzende Bewerbungsmappen an diejenigen Kandidaten zurückzusenden, die für ihn nicht infrage kommen.

 Um sich viel Mühe und Arbeit bei der Mitarbeitersuche zu ersparen, sollten Sie die Stellenanzeige stets so exakt wie möglich verfassen: Schildern Sie die anstehenden Aufgaben des Beschäftigten möglichst detailliert und exakt. Sparen Sie auch beim Anforderungsprofil nicht mit Worten: Je genauer Sie beschreiben, welche Qualifikationen Ihr zukünftiger Mitarbeiter mitbringen soll, desto eher werden Sie auch den richtigen Kandidaten finden.

Was als Chef mit Mitarbeitern alles auf Sie zukommt

Ist es Ihnen schon mal passiert, dass ein Chef seinen Mitarbeiter vor Ihnen rund gemacht hat? Beispielsweise, weil er Ihnen nicht noch die Hosenmodelle X und Y gezeigt hat? Oder weil der Angestellte nicht schnell genug war? Oder weil der Chef einfach schlechte Laune hatte und der Mitarbeiter ihm scheinbar im Weg stand? Haben Sie etwas peinlich berührt zur Seite geschaut? Oder sich geräuspert? Vielleicht haben Sie dem armen Tropf auch heimlich zugezwinkert und sich fest vorgenommen, dass Ihnen als Chef so was nicht passiert?

Dann ist ja alles wunderbar! Denn dann

✔ gehen Sie stets intensiv auf die Persönlichkeit Ihrer Mitarbeiter ein

✔ haben Sie ein erfolgreiches Motivationskonzept gewählt

✔ verbreiten Sie weder Angst noch Schrecken

✔ üben Sie keinen Leistungs- oder sonstigen Druck auf Ihre Mitarbeiter aus

✔ sind Sie selbstkritisch statt selbstverliebt

✔ kommunizieren Sie verständlich und klar – auch in schwierigen Zeiten und bei schlechten Nachrichten

✔ hören Sie ausgesprochen gut zu

✔ agieren Sie stets mit Augenmaß

✔ akzeptieren Sie Ihre Mitarbeiter als Partner und nicht als Untergebene

Falls Ihnen jetzt doch ein wenig mulmig wird, weil Sie entweder schon Mitarbeiter führen oder gerade dabei sind, Ihre erste Rechtsanwaltsgehilfin oder Sprechstundenhilfe einzustellen: Keine Sorge – viele der Punkte, die wir gerade aufgezählt haben, machen viele Chefs automatisch richtig, sofern sie nicht zu der Fraktion der cholerischen, herrischen oder rechthaberischen Bosse zählen.

Um Ihren Kunden eine möglichst angenehme Atmosphäre zu schaffen – sei es in Ihrem Laden, sei es in Ihrem kleinen Unternehmen – müssen Sie vor allem eines tun: ein Mitarbeiterteam finden, das motiviert und begeistert seine Arbeit erledigt. Dafür gilt es, Ihre Beschäftigten erfolgreich zu führen. Helfen können Ihnen dabei

✔ Mitarbeitergespräche

✔ Zielvereinbarungsgespräche

✔ Projektabschlussbesprechungen

✔ Teamsitzungen

✔ Bonus- und/oder Prämiensysteme

✔ Fort- und Weiterbildungsmaßnahmen

✔ gemeinsame Ausflüge

✔ kleine Aufmerksamkeiten (kostenlose Getränke, Sonderkonditionen im Fitnessstudio um die Ecke oder Ähnliches)

Und wenn Sie erst Ihre Kanzlei oder Praxis eröffnet haben, müssen Sie klare Regeln einführen

✔ für die Abläufe in den Räumen

✔ wer welche Aufgaben erledigt

✔ für den Umgang mit den Kunden, Patienten oder Mandanten

✔ für Pünktlichkeit, Sauberkeit, Eigenverantwortlichkeit, Selbstständigkeit

Alle für einen – einer für alle

In einem Physiotherapiezentrum in Süddeutschland beschäftigte ein freiberuflicher Chef drei Mitarbeiter. Immer wieder traten zwischen den Beschäftigten und dem Arbeitgeber kleinere Streitigkeiten auf. Als der Freiberufler beschloss, sein Team zu einem zweitägigen Workshop in einen nahe gelegenen Klettergarten einzuladen, wendete sich alles zum Guten. Tagsüber bewältigten die vier als Team schwierige Kletterübungen, abends unterhielten sie sich über ihre Konflikte.

Der Vorwurf der drei: »Du hörst nie zu und nimmst Dir keine Zeit für unsere Belange!« Die Kritik des Chefs: »Ich bin froh, wenn wir ausgelastet sind und Ihr mault rum, wenn Ihr mal eine Überstunde machen müsst.« Nachdem der Freiberufler seinen Mitarbeitern die schwierige finanzielle Situation des Physiotherapiezentrums kurz dargestellt hat, verstanden die drei plötzlich, warum er oft nicht den Kopf dafür hatte, ihnen zuzuhören. Inzwischen machen sie einmal pro Woche eine Teamsitzung, in der sie miteinander sprechen, Lösungen erörtern und nicht nur die Arbeitseinteilung diskutieren. Positive Nebenwirkung: Die Patienten haben sie schon für die gute Stimmung im Team gelobt.

Auch wenn es schwerfällt: Nehmen Sie sich immer Zeit für Ihre Mitarbeiter. Chef sein bedeutet nicht, nur Anweisungen zu geben! Chef sein bedeutet, individuell auf seine Leute einzugehen und ein Team zu formen, das leistungsbereit und motiviert ist.

Gemeinsam stark – Wie Freiberufler große Projekte stemmen

14

In diesem Kapitel

▶ Das Management großer Aufträge

▶ Wie Sie sich die Zusammenarbeit mit anderen erleichtern

▶ Ab wann sich Mitarbeiter lohnen

Klein, fein, mein – zu Beginn Ihres Freiberufler-Daseins freuen Sie sich über jeden noch so kleinen Auftrag und arbeiten einen nach dem anderen – wenn auch unter Zeitdruck – nacheinander ab. Wenn Sie Ihre Arbeit gut machen, spricht sich dies herum und die Zahl und Größe der Aufträge wächst. Früher oder später müssen Sie dann entweder mit Tränen in den Augen lukrative Anfragen ablehnen oder sich aus Ihrem Solo-Idyll herauswagen und beginnen, gemeinsam mit anderen Freiberuflern auch größere Aufträge zu bewältigen. Dies ist gar nicht so schwer, wenn Sie von Beginn an mit klaren Regeln und den richtigen Werkzeugen arbeiten.

Die Alternative zum Zusammenschluss mit anderen Freiberuflern ist es, spätestens jetzt über die Rekrutierung von Mitarbeitern nachzudenken. Ausführliche Details dazu bietet Ihnen dieses Kapitel. Vielleicht kann Sie ja zu Beginn schon eine 400-Euro-Kraft sinnvoll entlasten? Vielleicht macht es aber auch Sinn, gleich jemanden halbtags oder ganztags einzustellen? Vom Freiberufler mutieren Sie so Schritt für Schritt zum Unternehmer. In einigen klassischen freien Berufen sind Sie dagegen schon ab Tag eins als Unternehmer aktiv – oder können Sie sich eine Arztpraxis ohne Helferin vorstellen?

Die Kunst des Projektmanagements – die Bewältigung von Großaufträgen

30.000 Euro Auftragsvolumen, drei Monate Zeit – das klingt erst einmal machbar. Doch während Sie noch kleinere laufende Aufträge abarbeiten, beginnt die Uhr für den zu Beginn so heiß ersehnten Großauftrag unerbittlich zu ticken. Dann kommt aber, wenn Sie wirklich anfangen wollen, ein Notfall bei einem anderen wichtigen Kunden dazwischen, und dann raubt Ihnen auch noch eine Grippe ein paar wichtige Arbeitstage– und schon wackelt der Termin für die Fertigstellung Ihres Großprojekts. Und Sie wissen: Wenn Sie diesen Auftrag versemmeln, ist der Kunde verloren. Damit Sie nicht ständig zu Nachtschichten gezwungen sind, sollten Sie größere Aufträge daher unbedingt mit System angehen.

In kleinen Schritten zu großen Aufträgen

Egal ob ein Buch, ein neues Softwaremodul oder der Bau eines Mehrfamilienhauses: Jedes größere Projekt eines Freiberuflers lässt sich in eine Vielzahl von Teilarbeiten zerlegen und damit erheblich besser bewältigen – und genau dies ist bereits ein Erfolgsgeheimnis guten Projektmanagements. Aber fangen wir ganz vorn an. Über Erfolg oder Misserfolg eines Projektes entscheidet häufig schon die Planung. Darunter fallen im Wesentlichen drei Dinge:

1. **Arbeitsplanung.** Gemeinsam mit Ihrem Auftraggeber legen Sie dabei fest, welche Arbeiten konkret Bestandteil Ihres Projektes sind und wie das Ergebnis aussehen soll.

2. **Ressourcenplanung.** Hier steht auf Basis der Arbeitsplanung die Beantwortung der Frage im Mittelpunkt, inwieweit Sie selbst in der Lage sind, die geforderten Tätigkeiten auszuführen oder ob bei einzelnen Schritten noch externe Fachkräfte gefordert sind.

3. **Zeitplanung.** Hierbei ordnen Sie die den einzelnen Tätigkeiten Zeiträume zu und bauen sogenannte Meilensteine ein. Sprich: Am Tag X sollen diese und jene Arbeit bereits erledigt sein, damit der Gesamterfolg des Projekts nicht gefährdet ist.

Unterschätzen Sie niemals den Aufwand bei der Festlegung der Projektziele, denn genau hierüber entbrennt im Verlauf eines Projekts gern der Streit. Je genauer Sie festlegen, was Sie leisten werden, desto weniger Angriffsfläche bieten Sie Ihren Auftraggebern.

Planen Sie mit Puffern! Irgendetwas klappt bei größeren Projekten immer nicht so wie gedacht. Wer auf Kante kalkuliert hat, gerät angesichts solcher Ereignisse direkt in Verzug.

Angesichts dieses Planungsaufwands mag der eine oder andere jetzt abwinken und lieber wieder zu seinen kleineren, überschaubaren Projekten zurückkehren. Doch wäre dies aus zwei Gründen kurzsichtig:

✔ Zum einen eröffnen sich Ihnen im Hinblick auf besonders interessante und lukrative Aufträge völlig neue Zukunftsperspektiven, wenn Sie zum ersten Mal ein größeres Projekt bewältigen. Eine sorgfältige Planung verhindert dabei unnötige Stresssituationen.

✔ Zum anderen gehört genau diese Planung sowieso zu Ihrem Handwerkszeug, denn unbewusst gehen Sie auch bei Ihren kleineren Aufträgen so vor – sonst hätten Sie ja ständig Probleme, Ihren Job in der vereinbarten Zeit und Qualität abzuliefern.

Werkzeuge für den Arbeitsalltag

»Planen Sie« ist leicht gesagt, aber wie macht das der gemeine Freiberufler im Alltag? Es gibt mittlerweile eine große Zahl von Projektmanagementprogrammen, die Sie bei der Planung und Abarbeitung von Projekten unterstützen – MS Project ist nur ein Beispiel, wenn auch ein häufig genutztes. Solche Programme helfen Ihnen bei der Systematisierung eines Auftrags, weisen den einzelnen Arbeiten feste Zeiten zu und alarmieren bei Verzögerungen.

Für den Anfang kommen Sie in der Regel aber auch mit einer Tabellenkalkulation und Ihrem ohnehin genutzten elektronischen Terminkalender in Outlook & Co. aus. In einem Tabellenkalkulationssheet wie in Abbildung 14.1 zerlegen Sie in der ersten Spalte Ihren Auftrag in Einzelschritte; das können die einzelnen Kapitel eines Buches sein, die einzelnen Module einer Software oder die Stufen der Planung eines Neubaus.

 Keine Angst vor kleinen Schritten! Je exakter Sie Ihr Projekt in einzelne Arbeiten zerlegen, desto leichter fällt die Zeitplanung.

Diesen einzelnen Arbeitsschritten ordnen Sie danach Zeiten zu – Woche für Woche. Rechnen Sie dabei rückwärts. Sprich: Vom vereinbarten Endtermin des Projekts ziehen Sie erst einmal drei Tage Reserve für Schlussarbeiten und Kontrolle ab und beginnen danach, jeder Arbeit eine entsprechende Zahl an Stunden oder Tagen zuzuweisen. Glücklich ist der, der für solche Kalkulationen über eine gut gepflegte Zeiterfassung verfügt, die ihm verrät, was er bei früheren Projekten für eine solche Tätigkeit benötigt hat. Ansonsten muss man sich auf Erfahrungswerte – vielleicht auch von Kollegen – verlassen.

So könnte Ihre Zeitplanung für ein größeres Projekt aussehen:

	KW 1	KW 2	KW 3	KW 4	KW 5	KW 6
Tätigkeit	4.1.-8.1.	11.1-15.1	18.1.-22.1	25.1-29.1	1.2-5.2.	8.2-12.2
Tätigkeit 1	███					
Tätigkeit 2		███				
Tätigkeit 3		███				
Tätigkeit 4			███			
Tätigkeit 5				███		
Tätigkeit 6				███		
Tätigkeit 7					███	
Tätigkeit 8					███	
Endkontrolle						███
Abgabe						12.2.

Abbildung 14.1: So managen Sie Ihre Zeit souverän

Abschließend müssen Sie Ihre Planung jetzt nur noch mit Ihrem Terminkalender synchronisieren und dabei für jeden einzelnen Schritt genügend Stunden blocken. Und diese Zeiten sind dann auch fix. Das bedeutet: Wenn der nächste Auftrag kommt, dürfen Sie solche Tätigkeiten nicht einfach locker in die kommende Woche verschieben und hoffen, dass Sie Ihren Rückstand noch einmal aufholen. Nein! Arbeiten Sie immer erst sorgfältig ein größeres Projekt ab, bevor Sie sich in das nächste stürzen. Ausnahme: Ihre Planung ist so gut, dass Sie auch zwei bis drei Projekte parallel bewältigen können.

Immer wieder sonntags

Seit Jahren konzentriert sich Michael Müller auf die Erstellung von Geschäfts-
berichten für kleinere börsennotierte Unternehmen und kann in seiner Nische
hervorragend leben. Die größte Herausforderung dabei: In der Regel endet bei
den Unternehmen das Geschäftsjahr am 31. Dezember und die heiße Phase des Geschäfts-
berichts liegt zwischen Februar und Anfang April. Dennoch gelingt es Michael Müller seit
Jahren, bis zu fünf Geschäftsberichte parallel zu erstellen. Er plant dafür zu Jahresbeginn
sämtliche Wochen bis Ende März in Absprache mit seinen Kunden minutiös durch und
macht ihnen zum Teil auch einen früheren oder späteren Beginn der Arbeit schmackhaft.
Eisern hält er sich zumindest einen halben Tag pro Woche für unvorgesehene Aufträge
frei – und muss dennoch den einen oder anderen Sonntag opfern, um Anmerkungen
von Vorständen, Aufsichtsräten und Wirtschaftsprüfern zeitnah in die Texte einzubauen.
Die Sonntagsarbeit stört ihn nicht besonders. Denn er weiß: Der Abgabetermin für alle
Berichte liegt Ende März – und danach beginnt der Frühling mit erheblich mehr Freizeit!

Die hohe Kunst des Projektmanagements: Die Arbeit im Team

Der Geschäftsbericht eines Unternehmens ist ein gutes Beispiel, warum es für viele Tätigkeiten nicht reicht, im Rahmen eines Projekts nur seine eigene Arbeit zu planen. Denn für ein
perfektes Produkt braucht der Kunde gleich mehrere Freiberufler: Grafiker, Texter, Übersetzer
und Lektoren. In vielen Fällen behält sich hierbei zwar der Kunde vor, die besten Freiberufler
auszuwählen, erwartet aber von einem der Beteiligten – in der Regel dem Grafiker oder Texter
–, gleich auch das Projektmanagement zu übernehmen. Wer sich vor solchen Aufgaben nicht
scheut, kann sich ein attraktives und vor allem lukratives Tätigkeitsfeld erschließen.

Planung ist gut, Kontrolle ist besser

Sobald mehrere Beteiligte ins Spiel kommen, gewinnt die perfekte Planung in Absprache mit
dem Kunden noch stärker an Gewicht. Schließlich gilt es jetzt, die Tätigkeiten und Termin-
pläne verschiedener Beteiligter zu synchronisieren – und von vornherein Schuldzuweisungen
auszuschließen. Wie geht das? Sechs Regeln für die Startphase:

1. **Einzelpläne erstellen**: Jeder Beteiligte eines Projekts muss nach Spezifikation des Auftrags
   offenlegen, wie lange er für die von ihm geforderten Arbeiten braucht.

2. **Ablaufplan festlegen**: Parallel beginnt der Projektverantwortliche, einen Ablaufplan für das
   gesamte Projekt zu erstellen, aus dem ersichtlich wird, in welcher Abfolge die einzelnen
   Beteiligten tätig werden.

3. **Synchronisieren**: Ausgehend vom Abgabetermin arbeitet der Projektmanager jetzt die einzelnen Zeitpläne in seinen Gesamtplan ein und kann so rückwärts errechnen, wann wer
   mit welcher Arbeit fertig sein muss.

4. **Verdichten:** In der Regel kommt nach einer ersten Zusammenfassung heraus, dass die Beteiligten das Projekt vor zwei Monaten hätten starten müssen, um pünktlich fertig zu werden. Im nächsten Schritt geht es also darum, zu überprüfen, welche Arbeiten sich parallel erledigen lassen und inwieweit vorbereitende Tätigkeiten nicht doch autonom abzuarbeiten sind.

5. **Meilensteine festlegen:** Während der Planung kristallisieren sich bestimmte kritische Punkte heraus, deren Fertigstellung unabdingbar für die weiteren Arbeiten und den Erfolg des Gesamtprojekts ist. Eine zentrale Rolle spielen hierbei nötige Freigaben und Materiallieferungen vonseiten des Kunden.

6. **Präsentieren:** Die so festgelegte Zeitplanung sollten Sie unbedingt in einem persönlichen Gespräch mit Ihrem Kunden genau durchgehen, bildet sie doch die Grundlage für die Zusammenarbeit in den kommenden Monaten.

Und dann kann es losgehen. Um sicherzustellen, dass alle Projektbeteiligte an einem Strang ziehen, müssen Sie unbedingt regelmäßige Treffen oder zumindest Telefonkonferenzen organisieren, bei dem jeder über den Stand seiner Arbeiten berichtet. Persönliche Treffen haben den entscheidenden Vorteil, dass Sie in Gestik, Mimik und Körpersprache leichter erkennen, ob die vorgetragene Zuversicht wirklich dem tatsächlichen Stand der Dinge entspricht. Zudem flüchten sich Menschen am Telefon generell leichter in Ausflüchte als Auge in Auge. Wenn also aufgrund der räumlichen Distanz regelmäßige Treffen aller Beteiligten nicht möglich sind, sollten sich zumindest die Projektmanager ab und an ein Bild vor Ort machen – insbesondere bei den Tätigkeiten, die für die fristgerechte Erledigung des Gesamtprojekts entscheidend sind.

Projektmanagement: Eine Wissenschaft für sich

Zum Thema Projektmanagement gibt es DIN-Normen, Handbücher, kiloweise Literatur und jede Menge Werkzeuge. Lassen Sie sich von soviel einschüchternder Wissenschaftlichkeit aber auf keinen Fall davon abhalten, als Projektmanager oder Beteiligter größere Aufträge zu stemmen. Im Spannungsfeld von Termintreue, Kostendruck und Qualitätsanspruch können Sie sich dabei allerdings das eine oder andere von der Wissenschaft abschauen. Zum Beispiel: den ganzheitlichen Blick!

Institutionen wie das US-amerikanische Project Management Institute, das die Bibel für diese Profession herausgibt, erklären, dass folgende Wissensbereiche zu einem erfolgreichen Projektmanagement gehören:

✔ **Terminmanagement.** Die notwendigen Informationen dazu finden Sie in den vorangegangenen Absätzen dieses Kapitels.

✔ **Kostenmanagement.** In der Regel vereinbaren Sie mit Ihrem Kunden ein Budget – und daran sollten Sie sich auch halten. Falls die Kosten steigen, gilt es, möglichst frühzeitig die Ursachen zu erforschen und – vor allem, falls Sonderwünsche des Kunden dafür verantwortlich sind – diesen rechtzeitig zu warnen.

✔ **Qualitätsmanagement.** Je größer das Projekt, desto zuverlässiger müssen Sie alle Spezifikationen, Arbeiten und Ergebnisse schriftlich dokumentieren, um die versprochene Qualität liefern zu können.

✔ **Personalmanagement.** Sobald Sie nicht mehr allein beschäftigt sind, müssen Sie die Fähigkeiten und Kapazitäten aller Beteiligten im Auge behalten und im Zweifelsfall hier auch auf die Einhaltung von Terminen pochen.

✔ **Beschaffungsmanagement.** Bevor Sie mit Ihrem Team starten, müssen Sie erst einmal die richtigen Dienstleister finden. Klar im Vorteil ist derjenige, der bereits über ein entsprechendes Netzwerk verfügt.

✔ **Risikomanagement.** Wer vor Beginn eines Projekts überlegt, was schief gehen könnte und was in dem Fall zu tun ist, erspart sich so manche schlaflose Nacht.

✔ **Kommunikationsmanagement.** Der vermutlich aufwändigste Teil eines jeden Projekts: Als Manager sind Sie dafür verantwortlich, dass alle Beteiligten jederzeit alles wissen, was sie wissen müssen – und zwischendurch ist immer mal wieder Seelenmassage oder Druck gefragt.

Sie sehen: Alles halb so wild – aber gut, wenn man vorher mal darüber nachdenkt. Gleiches gilt für die zahlreichen Konzepte für ein effizientes Projektmanagement nach Phasen. In Kurzform geht es darum, dass Sie aus einer Situationsanalyse heraus überlegen, ob Ihr Auftrag in der vorgegebenen Zeit machbar ist und sich danach an die Planung machen. Gerade bei größeren Projekten folgt eine umfangreiche Testphase, bevor man beispielsweise beginnt, eine neue Software versuchsweise in einem Büro zu installieren. Nach dieser Pilotphase folgt dann der sogenannte Roll-Out. Hier die Phasen noch einmal auf einen Blick:

1. **Situationsanalyse:** Wie sieht die Ausgangslage aus?

2. **Zieldefinition:** Was soll künftig besser laufen?

3. **Projektplanung:** Wie kommen Sie dahin?

4. **Umsetzung:** So kommen Sie Schritt für Schritt zum Ziel

5. **Test:** Läuft alles wie ursprünglich geplant?

6. **Roll-Out:** Projektende

 Rechung stellen nicht vergessen! Gerade bei größeren Projekten sind Abschlagszahlungen üblich. Sprich: Sie erhalten nicht erst nach Abschluss des Projekts Geld für Ihre Arbeit, sondern nach Bewältigung bestimmter Meilensteine oder die ersten zehn oder 20 Prozent bereits bei Auftragserteilung. Scheuen Sie sich nie, Ihre Kunden auf solche Abschlagszahlungen anzusprechen, denn auch Ihre Partner im Projekt wollen zwischendurch Geld sehen, um ihre Miete zu bezahlen!

Mehr Power ohne feste Bindung: Partnerschaften für Freiberufler

Bei Projekten gehen Sie eine Partnerschaft auf Zeit ein und kehren danach wieder in Ihre freie Berufstätigkeit zurück. Wenn sich allerdings die größeren Aufträge häufen, sollten Sie überlegen, ob es sich nicht lohnt, sich mit dem einen oder anderen Partner fester zu verbinden, beispielsweise in einer Partnerschaft. Die Vorteile liegen auf der Hand, denn eine Partnerschaft

✔ ermöglicht die Akquise und Realisierung großer Aufträge

✔ fördert den Austausch mit Branchenkollegen

✔ reduziert die Kosten für Backoffice-Leistungen wie Büro, IT-Support und Buchhaltungs-service

✔ bietet erhöhte wirtschaftliche Sicherheit durch vergrößertes Netzwerk und potenzielle Kundenbasis

Warum dann überhaupt noch allein bleiben? Weil es erstens sehr schwierig ist, den richtigen Partner zu finden (das gilt auch im Beruf!), Sie zweitens einen Teil Ihrer Unabhängigkeit aufgeben und Sie drittens die meisten größeren Projekte auch ohne feste Bindung an einen Partner bewältigen könnten.

Letztendlich ist es auch eine Frage des Typs, ob Sie in den kommenden Jahren lieber als Einzelkämpfer agieren wollen oder ob Sie nicht doch den Plausch an der Kaffeemaschine und das Feierabendbierchen mit den Kollegen vermissen. Wenn dem so ist, sollten Sie auf jeden Fall einen Kooperationsvertrag mit einem Partner Ihrer Wahl anstreben. Die wichtigsten Inhalte eines solchen Vertrages sind:

1. **Kooperationszweck.** Legen Sie genau fest, was Sie gemeinsam erreichen wollen. Geht es nur darum, ein Büro zu teilen oder wollen Sie auch gemeinsam Kunden akquirieren oder sich sogar jeweils ein Mindesteinkommen auszuzahlen? Und was ist mit den bisherigen Kunden?

2. **Rechte und Pflichten.** So lästig das klingt: Sie sollten auf jeden Fall einmal schriftlich festhalten, was Sie von dem oder den anderen Partnern jeweils erwarten (deren Pflichten) und was Sie dafür abgeben (deren Rechte). Das erspart später möglichen Streit – vor allem, wenn Sie gleich auch mögliche Sanktionen bei Nichterfüllung von Pflichten vereinbaren.

3. **Leistungsangebot.** Je mehr Sie draußen gemeinsam auftreten wollen, umso detaillierter sollten Sie beschreiben, was Sie dort zu welchen Konditionen anbieten wollen.

4. **Vergütung.** Zugleich gilt es aufzudröseln, wer wie viel für welche Tätigkeit bekommt. Das wird besonders knifflig, wenn einer immer neue Kunden anschleppt und der oder die anderen mehr abarbeiten. Bekommt der »Vertriebsmann« dafür eine Provision oder liegt sein Verrechnungssatz höher? Derlei Vorkommnisse sollten Sie vorher unbedingt klären, denn am Streit ums Geld scheitern die meisten Partnerschaften – im Beruf wie im Leben.

5. **Kostenaufteilung.** Besonders wichtig, wenn Sie Räume oder Geräte gemeinsam nutzen: Wer zahlt was und wer darf was wie lange zu welchen Konditionen nutzen?

6. **Entscheidungsfindung.** Festzulegen ist, wie Sie zu gemeinsamen Entscheidungen kommen, gerade wenn mehrere Partner an Bord sind. Gilt immer die Mehrheit, eine qualifizierte Mehrheit oder sogar Einstimmigkeit?

7. **Vertragsdauer.** Entweder setzen Sie sich eine Frist oder Sie beginnen gleich »auf unbestimmte Zeit.«

8. **Haftung.** Eine knifflige Frage, besonders bei großen gemeinsamen Projekten. In diesem Fall sollten Sie nicht zu sparsam sein, sondern sich gegebenenfalls den Rat eines Anwalts etwas kosten lassen.

9. **Neue Mitglieder.** Ihr Partner kennt einen alten Kumpel und bietet dem an, bei Ihnen einzusteigen. Darf er das überhaupt? Und wenn ja: Wer entscheidet, ob weitere Partner einsteigen? Nach welchen Kriterien wird eine Entscheidung getroffen? Auch das sollten Sie genau festlegen.

Das klingt nach einem ziemlich dicken Vertragswerk und ist auch nicht ganz ohne. Bei der Formulierung können Musterverträge helfen, aber es sollten immer die individuellen Gegebenheiten berücksichtigt werden. Denn letztendlich geht es hier um Ihre persönliche Existenz und Ihren Erfolg in den kommenden Jahren. Und so lästig die Niederschrift von solchen Dingen auch ist: Sie sollten nie ohne einen solchen Vertrag in eine Kooperation starten. Spätestens wenn es Ärger gibt, sind Sie heilfroh über die Zeit, die Sie hier investiert haben. Bevor Sie zur Unterschrift schreiten, sollten Sie in der Regel auch hier noch einen Juristen zu Rate ziehen – sicher ist sicher!

Mit dem Anwalt sollten Sie auch beraten, ob letztendlich ein solches Schriftstück und ein Handschlag reichen, um die Kooperation zu starten oder ob es der Gründung einer eigenen Gesellschaft bedarf. Hierzu bieten sich drei Formen an:

✔ die Gesellschaft bürgerlichen Rechts (GbR)

✔ die Partnerschaftsgesellschaft

✔ die Genossenschaft

Mehr Details zur Partnerschaftsgesellschaft lesen Sie in Kapitel 3.

Wenn mehrere Partner zusammenkommen und alle Beteiligten Geld in die Hand nehmen müssen, um die Zusammenarbeit zu starten, ist die Genossenschaft ein unbürokratisches und kostengünstiges Vehikel. Ansonsten reicht die flexibelste Form einer Gesellschaft in Deutschland: die GbR.

Um Enttäuschungen bei einer Partnerschaft von Beginn an zu vermeiden und mögliche Missverständnisse auszuräumen, weist Sie die Checkliste in Tabelle 14.1 auf alle wesentlichen Punkte hin.

 Diese Checklisten finden Sie im Internet unter `http://www.wiley-vch.de/publish/dt/books/ISBN978-3-527-70654-9`.

Studenten und Aushilfen richtig einsetzen

Die Kooperation mit anderen Freiberuflern ist nur ein Möglichkeit, größere Aufträge zu bewältigen. Eine anderer besteht darin, erst einmal auf freiberufliche Helfer oder Studenten mit entsprechenden Kompetenzen zurückzugreifen. Um als Freiberufler solche Aushilfen sinnvoll einsetzen zu können, müssen Sie sich zunächst überlegen, welche Arbeiten Sie zu welchen Kosten und mit welcher Vorlaufzeit delegieren könnten. Gut auslagern lassen sich an solche Nachwuchskräfte vor allem

Kriterien	Erfüllt
Sie haben bereits bei Projekten reibungslos zusammengearbeitet	
Die Zusammenarbeit in diesen Projekten hat Ihre Arbeit befruchtet	
Ihre Kompetenzen und die Ihres Partners ergänzen sich	
Es besteht Einigkeit über die Rollenverteilung in Ihrer Partnerschaft	
Sie können finanzielle Fragen vorab so klären, dass keiner sich benachteiligt fühlt	
Ihre Ziele als Freiberufler ähneln sich	
Sie haben einen vergleichbaren Qualitätsanspruch an Ihre Arbeit	
Sie verbringen gern Zeit mit Ihrem Partner	
Sie kennen sein familiäres Umfeld	
Sie gehen nach Feierabend gern mal miteinander ein Bier trinken (Unterschätzen Sie diesen Punkt niemals!!!)	

Tabelle 14.1: Checkliste: Vorsicht bei der Partnerwahl

✔ Recherchearbeiten

✔ Umsetzungen nach Vorlagen (beispielsweise Präsentationen)

✔ Kontrollaufgaben

Sicher, auch für solche Aufgaben gibt es spezialisierte Freiberufler, doch die haben andere Vorstellungen über die Höhe ihrer Stundensätze. Zugleich heißt das aber auch: Erwarten Sie nicht zuviel von einem 20- oder 23-Jährigen mit entsprechend wenig Berufserfahrung, der nebenbei auch noch für seinen Bachelor- oder Masterabschluss büffelt.

Das Schöne daran, es ist gar nicht so schwer, motivierte Studenten oder eifrige Hilfskräfte zu finden:

✔ Machen Sie einen Aushang in der entsprechenden Fakultät der Hochschule vor Ort.

✔ Nutzen Sie die Schwarzen Bretter in Supermärkten oder Ladengeschäften, um auch dort entsprechende Gesuche auszuhängen.

✔ Fragen Sie im Bekanntenkreis herum, ob nicht jemand jemanden kennt, der für die entsprechende Arbeit geeignet wäre.

✔ Stellen Sie auf Ihrer Homepage im Internet eine kleine Stellenanzeige ein.

✔ Erkundigen Sie sich bei freiberuflichen Kollegen, ob sie vielleicht eine Hilfskraft oder einen Studenten kennen, der auch Ihnen zur Seite stehen könnte.

Anschließend müssen Sie sich nur noch Gedanken darüber machen, wie viel Geld Ihnen Ihre Hilfskraft wert ist. Je anspruchsvoller die Tätigkeit, die Ihr Mitarbeiter erledigen soll, desto weniger dürfen Sie sich als Dagobert Duck entpuppen: Wer beispielsweise nur Belege sortieren lassen möchte, muss für seine Hilfskraft oder einen Studenten sicherlich nicht so tief in die Tasche greifen wie ein Freiberufler, der unter anderem die komplette Recherche seines geplanten Zeitungsartikels auslagern möchte.

Ein Ordner voll Ideen

Michael Baumann konzentriert sich seit Jahren auf die Erstellung von Texten und Reden für Unternehmen. Wenn er sich in neue Themen einarbeiten muss, nutzt er gerne Studenten der entsprechenden Fachrichtung, die er über sein persönliches Netzwerk, seine virtuellen Netzwerke oder auch noch klassisch per Aushang findet. Diese bereiten ihm beispielsweise das Thema »personalized medicine« in einem Ordner auf, in dem sie Online-Material mit Artikeln aus Fachzeitschriften und Ausschnitten aus Büchern kombinieren. Für Baumann bedeutet das: Er beschäftigt einen Studenten in der Regel eine Woche lang und zahlt dafür nicht einmal 1.000 Euro. Er kann sich auf Basis dieses Ordners binnen weniger Stunden in ein Thema einarbeiten und danach einen entsprechenden Text erstellen – für mehrere Tausend Euro. Und das Beste: Der Kunde zahlt Baumann in der Regel einen Tag Einarbeitung in ein Thema zu seinem eigenen Stundensatz – und damit hat er die 1.000 Euro für den Studenten schon wieder drin.

Projekt Unternehmen: Was Freiberufler als Arbeitgeber beachten müssen

Je nach Tätigkeit sind Sie bereits ab Tag eins Ihrer freiberuflichen Tätigkeit von einem kleinen Team umgeben. Das gilt beispielsweise für Ärzte und Apotheker, die für einen reibungslosen Praxis- beziehungsweise Ladenbetrieb auf Helferinnen angewiesen sind, aber auch für Wirtschaftsprüfer. Die meisten anderen Selbstständigen wachsen erst im Lauf ihrer Tätigkeit in die Arbeitgeberrolle hinein – oder sie bleiben auf Dauer eine One-Man-Show.

Falls Sie über die Beschäftigung von Mitarbeitern nachdenken, sollten Sie unbedingt die folgenden Stichpunkte beachten:

✔ **Anmelden nicht vergessen.** Mit dem ersten sozialversicherungspflichtigen Angestellten müssen Sie eine Betriebsnummer beim Arbeitsamt beantragen. Mehr Informationen dazu finden Sie in Kapitel 10. Danach müssen Sie für ihn den Arbeitgeberanteil zur Kranken-, Pflege, Renten- und Arbeitslosenversicherung abführen.

✔ **Schriftlichen Arbeitsvertrag abschließen.** Im Internet finden Sie Musterverträge. Auch Kammern und Verbände helfen Ihnen in diesem Punkt jederzeit weiter.

✔ **Lohnbuchhaltung einrichten.** Ihr Mitarbeiter erwartet jeden Monat pünktlich sein Gehalt, und zwar netto. Der Rest geht an das Finanzamt und die Sozialversicherungen. Buchhaltungsbüros bieten die Übernahme der Lohnabrechnung für wenige Euro pro Monat an – und Sie vermeiden, hierbei Fehler zu machen.

✔ **Chef sein.** Mitarbeiter erwarten, dass Sie ihnen Aufgaben und Verantwortungen zuteilen und deren Ergebnisse loben oder gegebenenfalls auch mal tadeln. Das kostet Sie zwar Zeit, ist aber unabdingbar, um Ihre Mitarbeiter auf Dauer an Ihren Betrieb zu binden und sie zu motivieren.

Sie sehen, neben Ihrem eigentlichen Geschäft gibt es als Chef noch zahlreiche andere Bereiche, mit denen Sie zunächst vielleicht gar nicht rechnen. Wenn Sie Zweifel haben, ob Sie wirklich an alles gedacht haben, was wichtig ist, um Mitarbeiter einzustellen und erfolgreich zu führen, kann sich jederzeit Rat von Experten holen: Unter den Motti »So führen Sie erfolgreich«, oder »Was gute Chefs alles beachten müssen« finden Sie unzählige Seminarangebote, die Ihnen das hierfür notwendige Rüstzeug vermitteln.

Teil V

Alles über Zahlen: Umsatz, Steuern, Versicherungen

The 5th Wave   By Rich Tennant

»Moment mal, er hat Dir eine Eigentumsversicherung verkauft, für den
Fall, dass die Hölle zufriert?«

In diesem Teil ...

Inzwischen haben Sie es geschafft: Sie haben alle bürokratischen und sonstigen Hürden mit Bravour gemeistert. All zuviel Zeit sollten Sie jetzt aber nicht zum Feiern verschwenden, denn nun stehen Ihnen zahlreiche große Herausforderungen bevor: Sie müssen nicht nur den beruflichen Alltag meistern, sondern auch den Überblick über Zahlen, Daten und Fakten Ihrer Agentur, Kanzlei oder Praxis bewahren.

In diesem Teil haben wir Ihnen alle wichtigen Finanzkontrollinstrumente zusammengestellt, die es Ihnen erleichtern, Ihre finanzielle Situation akribisch zu analysieren. Wir beschreiben auch, was das Finanzamt von Ihnen sehen will. Selbstverständlich können Sie in diesem Teil auch viele wichtige Details darüber lesen, wie Sie sich und Ihre Familie absichern, um nicht unnötige Risiken auf sich zu nehmen.

Auch wenn vielleicht derzeit alles gut läuft, am Ende dieses Teils sind Sie für nahezu alle Herausforderungen rund um die Finanzen und Ihre Sicherheit sensibilisiert.

Der Werkzeugkasten für den finanziellen Erfolg

In diesem Kapitel

▷ Wie Sie Ihre Finanzen souverän managen

▷ Welche Kostenkontrolleure Hilfe leisten

▷ Wie Sie eine finanzielle Schieflage korrigieren

*N*un, möglicherweise registrieren Sie schon die ersten Einnahmen Ihrer kleinen Agentur oder Ihres Studios und vielleicht stellen Sie auch schon erleichtert fest: » Das scheint ja finanziell alles rund zu laufen! « Wunderbar! Um aber tatsächlich auf Nummer sicher zu gehen, sollten Sie auch stets Ihre Kosten souverän unter Kontrolle haben. Schließlich sind die Ausgaben für Ihren Betrieb einer der bestimmenden Faktoren für den Erfolg oder Misserfolg eines Selbstständigen – und einen großen Teil der anfallenden Kosten können Sie in der Regel sehr gut kalkulieren.

In diesem Kapitel zeigen wir Ihnen daher nicht nur die wichtigsten Kostenpunkte, sondern demonstrieren zugleich, wie Sie Ihre Ausgaben und Ihre Umsätze in ein ideales Verhältnis zueinander bringen. Um nicht nach einigen Monaten oder vielleicht nach zwei bis drei Jahren finanziell in die Bredouille zu geraten, erzählen wir Ihnen auch einiges darüber, welche Ausgaben verzichtbar oder gar völlig überflüssig sind.

Wir sind uns ziemlich sicher, dass jetzt etliche Freiberufler abwinken und Sätze sagen wie: »Ich bin nur ein Ein-Mann-Betrieb; ich habe nicht viele Kosten.«, oder: »Ich arbeite in einem Zimmer meiner Privatwohnung. Miete für ein Büro fällt nicht an«. Das mag ja alles richtig sein – und natürlich muss nicht jeder Selbstständige Gehälter oder Waren bezahlen. Unterschätzen Sie Ihre Kostenblöcke trotzdem nicht: Fast bei jedem Freiberufler gibt es im Lauf der Zeit den einen oder anderen großen Kostenfaktor, der sich gravierend auf Ihr Geschäftskonto auswirkt.

Um nicht nach einiger Zeit als eigener Chef zu denjenigen zu zählen, die das Finanzamt oder die schlechte Zahlungsmoral ihrer Kunden als Grund für ihre Finanzmisere ausmachen, sollten Sie sich möglichst frühzeitig einen detaillierten Überblick über alle Kosten verschaffen, die Sie mit den Umsätzen Ihres Unternehmen abdecken müssen. Dazu zählen beispielsweise

✔ Miete

✔ Materialkosten

✔ Personalkosten

✔ IT und Kommunikation

✔ Versicherungen

✔ Steuern

✔ Zinsen

✔ Marketingausgaben

✔ Fortbildungskurse

✔ Und allen voran: Ihr eigenes Gehalt!

Da Sie Ihre Hausaufgaben bestimmt schon gemacht haben und längst ein präsentierfähiger Businessplan auf Ihrem Schreibtisch liegt, können Sie jetzt sofort damit anfangen, Ihre Kosten und Ihr Budget aufeinander abzustimmen. Im nächsten Schritt prüfen Sie dann noch Ihren privaten Haushaltsplan und überlegen sich eine effektive Vorgehensweise für die Kontrolle Ihrer Konten – dazu aber später.

Haben oder nicht haben: Soll-Ist-Vergleich

Wer mit viel Geduld und Ausdauer gern Puzzle mit 2.000, 3.000 oder gar 5.000 Teilchen legt, dem schlägt jetzt die große Stunde: Sobald Sie nämlich die wichtigsten Kennzahlen Ihres eigenen, kleinen Unternehmens passend zusammenstecken, verraten Ihnen die Zahlen wesentliche Fakten über die wirtschaftliche Situation Ihrer Agentur, Ihres Salons, Ihrer Kanzlei oder Ihrer Praxis.

Um finanziell nicht unter Druck zu geraten, weil die Kosten für Versicherungen, Miete oder die Gehälter der Mitarbeiter Monat für Monat Tausende Euro verschlingen, verwenden Selbstständige in der Regel viel Zeit darauf, Jahreserfolgsrechnungen, Gewinn-und-Verlust-Rechnungen und Liquiditätspläne zu erstellen.

 Wer als Unternehmensberater, Autor oder Grafiker tätig ist, hat es mit der Ermittlung seines Budgets sicherlich leichter als ein Arzt mit eigener Praxis oder ein Apotheker mit eigenem Laden. Dennoch sollten auch diese Berufsgruppen stets genauestens über ihre finanzielle Situation beziehungsweise die Finanzlage ihres Unternehmens Bescheid wissen. Freiberufler, die nach dem Motto *Pi mal Daumen* wirtschaften, setzen sich selbst nur unnötigen finanziellen Risiken aus.

Wenn Sie Ihren Businessplan zur Hand nehmen, haben Sie schon einige der markanten Zahlen und Fakten für eine effektive Ausgabenprüfung parat. Das restliche, notwendige Werkzeug, um Ihre Kosten beziehungsweise das ideale Verhältnis zwischen Ausgaben und Einnahmen zu prüfen, finden Sie in den nächsten Absätzen. Tabelle 15.1 verschafft Ihnen zunächst einen ersten Überblick.

 Unter http://www.wiley-vch.de/publish/dt/books/ISBN978-3-527-70654-9 finden Sie diese Checkliste auch als Word-Datei.

Falls Sie Ihren Businessplan noch nicht geschrieben haben, finden Sie in Kapitel 9 alle notwendigen Informationen dazu.

Berechnung	Im Detail bekannt
Die Einnahmen-Überschuss-Rechnung	
Die Gewinn-und-Verlust-Rechnung	
Die Umsatzerlöse	
Die Aufwendungen	
Die Zinsen	
Die Zinsaufwendungen	
Die Steuern	
Die Bilanz	
Die Verbindlichkeiten	
Der Liquiditätsplan	
Das Budget	

Tabelle 15.1: Checkliste: Erfolgreiche Liquiditätsplanung

Wer tatsächlich nur einen Laptop und einen Internetzugang braucht, um als Freiberufler Geld zu verdienen, kann sich darüber freuen, dass er die eine oder andere Spalte nicht beachten muss.

Natürlich dürfen Sie sich nicht in Sicherheit wiegen, wenn Sie – vielleicht sogar schon vor mehreren Monaten – Ihren Businessplan samt allen Annahmen fertig gestellt haben. Ihre Prognosen und Einschätzungen können sich jederzeit ändern: Sei es, weil die Weltwirtschaft ins Trudeln gerät, sei es, weil ausgerechnet in Ihrem kleinen Ort ein zweiter Arzt mit derselben Fachrichtung eine Praxis eröffnet. Sie müssen immer wieder prüfen, ob Sie von realen Konditionen für Ihr Unternehmen ausgehen oder ob Sie Ihre Planungen den veränderten Gegebenheiten anpassen müssen.

Mit all dem Zahlenmaterial, das Sie gesammelt haben, lässt sich jetzt wunderbar ein *Soll-Ist-Vergleich* erstellen. Vereinfacht bedeutet das: Für jede einzelne Position Ihres Businessplans – von den geplanten Einnahmen bis zu den Ausgaben für Telefon und Bewirtung – schreiben Sie neben Ihre Planzahl die tatsächlichen Ausgaben. Wenn es gut läuft, stimmen beide Zahlen halbwegs überein. Im schlimmsten Fall sind die Ausgaben höher und die Einnahmen geringer als geplant. Was dann zu tun ist, verraten wir Ihnen am Ende des Kapitels. Und im allerbesten Fall haben Sie mehr Geld verdient und weniger Geld ausgegeben als geplant und können so Ihre Reserven auffüllen.

Was am Ende übrig bleibt: Hilfsmittel zur Erfolgskontrolle

Rote oder schwarze Zahlen, Gewinn oder Verlust: Auch an dieser Stelle sollten Sie größte Sorgfalt walten lassen. Die Schritte, die Sie machen müssen, um Ihr Budget zu erarbeiten, kennen Sie bereits, dieses ist ja Bestandteil Ihres Businessplans, oder? Noch einmal in Kurzform: Sie schreiben alle Ein- und Auszahlungen tabellarisch untereinander. Abhängig davon, wie weitsichtig Sie planen, kann Ihr Budget einen Zeitraum von ein bis fünf Jahren umfassen.

Auch hier haben wir Ihnen in Tabelle 15.2 wieder eine Checkliste vorbereitet, um Ihnen die Arbeit ein wenig zu erleichtern.

Budget Unternehmen Musterbeispiel	Aktuelles Jahr	Folgejahr
	Einzahlungen	
Erlöse aus Umsatz		
Sonstige Einnahmen		
Summe der verfügbaren Einnahmen		
		Auszahlungen
Aufwendungen für Umsatz		
Personalkosten		
Wareneinkauf		
Allgemeine Betriebsausgaben		
Miete		
Kundenservice (Reisekosten etc.)		
Verwaltung (Buchhaltung etc.)		
Marketing- und Vertriebskosten		
Steuern		
Investitionen		
IT und Telekommunikation (Ihr Laptop, iPhone etc.)		
Einrichtung, evtl. Maschinen		
Summe der Auszahlungen		
Flüssige Mittel = Ihr Gehalt		

Tabelle 15.2: Checkliste: Ermittlung Ihres Budgets

 Diese Checkliste finden Sie als Worddatei unter `http://www.wiley-vch.de/publish/dt/books/ISBN978-3-527-70654-9`. So können Sie sie mit Ihren eigenen Ausgaben und Einnahmen füllen.

Der Betrag, den die Checkliste unter dem Punkt »Flüssige Mittel« ausspuckt, entspricht der Summe, die Ihnen – verteilt auf zwölf Monate – für Ihre privaten Ausgaben zur Verfügung steht. Bleibt Ihnen beispielsweise ein Betrag von 50.000 Euro übrig, dividieren Sie den durch zwölf und schon wissen Sie: Mehr als 4.166 Euro sollten Sie pro Monat nicht ausgeben, um nicht in die Miesen zu rutschen.

Ehe Sie allerdings loslegen, um auch für Ihre privaten Ausgaben eine detaillierte Übersicht zu erstellen, zeigen wir Ihnen noch, wie die Gewinnberechnung aussieht, die der Fiskus einmal jährlich von Ihnen einfordert.

Gott sei Dank hat das Finanzamt zumindest an dieser Stelle ein klein wenig Einsehen mit Ihnen und fordert eine umfassende Einnahmen-Überschuss-Rechnung beziehungsweise eine Gewinn-und-Verlust-Rechnung nur einmal jährlich.

Einnahmen-Überschuss-Rechnung

Als *Kleinunternehmer* reicht es normalerweise, wenn Sie dem Fiskus aufzeigen, dass Sie nicht mehr als 17.500 Euro jährlich umsetzen – dafür genügt eine formlose *Einnahmen-Überschuss-Rechnung*. Um dieses Dokument zu erstellen, addieren Sie alle Einnahmen Ihrer Agentur, Ihres Studios oder Ihres Büros zusammen und subtrahieren anschließend von der Summe alle Ausgaben, die Sie für Ihr Unternehmen im vergangenen Jahr getätigt haben. Das Resultat entspricht dann entweder dem Gewinn oder dem Verlust, den Sie in dem jeweiligen Geschäftsjahr erzielt haben. Mehr Material rund um das Thema Kleinunternehmer finden Sie in Kapitel 16.

Von Freiberuflern, die nicht mehr als 50.000 Euro Gewinn erzielen, verlangt das örtliche Finanzamt in der Regel eine Einnahmen-Überschuss-Rechnung. Falls Sie also beispielsweise 60.000 Euro Umsatz erwirtschaften und nach Abzug aller Steuern einen Gewinn von etwa 40.000 Euro machen, ist der Fiskus immer noch vollauf zufrieden.

Gewinn-und-Verlust-Rechnung

Wer als freiberuflicher Selbstständiger dagegen mehr als 50.000 Euro Gewinn jährlich erzielt, kommt um eine Gewinn-und-Verlust-Rechnung (GuV) nicht herum. In der GuV müssen Sie die Einnahmen und Ausgaben Ihrer Agentur oder Ihres Studios während einer bestimmten, zeitlich festgelegten Periode, gegenüberstellen.

Das folgende Beispiel in Tabelle 15.3 zeigt Ihnen, wie eine GuV normalerweise aussieht:

 Dieses Beispiel gibt es unter `http://www.wiley-vch.de/publish/dt/books/ISBN978-3-527-70654-9` als Word-Datei, so dass Sie es als Vorlage für Ihre eigene Gewinn-und-Verlust-Rechnung verwenden können.

Der wesentliche Unterschied zwischen dieser GuV, die auch Konzerne wie Siemens & Co. einmal pro Jahr vorlegen, und der Einnahmen-Überschuss-Rechnung liegt in der Frage der Abgrenzung: Während bei der GuV entscheidend ist, welchem Geschäftsjahr eine Einnahme oder Ausgabe zuzurechnen ist, zählt bei der EÜR nur eins: der Geldfluss. Sie buchen die Einnahme oder Ausgabe erst dann, wenn das Geld auf dem Konto ist – und erst dann bekommt auch der Fiskus seinen Teil.

 Mehr zur EÜR und GuV finden Sie in *Einnahme-Überschussrechnung für Dummies* und *GuV für Dummies*.

Gewinn-und-Verlust-Rechnung Müllers Firmenberatung; 01.01. bis 31.12.	2009	2010
Umsatz	60.000	75.000
Umsatzaufwendungen	8.000	−8.500
Rohertrag	52.000	66.500
Allgemeine Betriebsaufwendungen	−10.000	−10.000
Abschreibungen	−4.500	−4.000
Betriebsergebnis	37.500	52.500
Dividenden/Zinserträge	0	0
Zinsaufwendungen	−1.500	−1.250
Gewinn vor Steuern	36.000	51.250
Steuern	−1.800	−2.250
Bilanzgewinn	34.200	49.000

Tabelle 15.3: Beispiel: Gewinn-und-Verlust-Rechnung

Da Sie vermutlich alle Hände voll damit zu tun haben, Ihre Aufträge abzuarbeiten oder neue Kunden zu akquirieren, kann es sinnvoll sein, einem Steuerberater die Erstellung Ihrer GuV beziehungsweise EÜR zu überlassen. Für solch eine Arbeit wollen Sie nicht extra Geld ausgeben? Wer so sparsam unterwegs ist, sollte eines bedenken: Auch Sie gelten als Experte auf Ihrem Gebiet und werden engagiert, um den Auftrag perfekt zu erledigen. Das wollen Sie doch für Ihre eigenen Angelegenheiten bestimmt auch, oder? Mehr zu den Hilfsmitteln bei der Gewinnermittlung finden Sie in Kapitel 16.

Manch einer muss Bilanz ziehen

Jetzt kennen Sie nahezu alle wesentlichen Kontrollinstrumente, um Ihre Unternehmenskosten ideal im Griff zu behalten. Die EÜV bzw. die GuV zeigt Ihnen auf einen Blick, welchen Gewinn, Sie im Lauf des Geschäftsjahres erzielen. Einen wichtigen Kontrollmechanismus müssen wir Ihnen trotzdem noch vorstellen: die *Bilanz*.

Freiberufliche und allein auf sich gestellte Unternehmensberater, Journalisten, Schiffslotsen oder Sporttrainer können sich in der Regel jetzt entspannt zurücklehnen: Für sie ist das Thema Bilanz in der Regel uninteressant. Für Ärzte, Anwälte oder auch Apotheker ist es dagegen enorm wichtig, eine Bilanz zu erstellen und sich einen Überblick über das eigene Vermögen und die eigenen Schulden zu verschaffen.

Eine Bilanz besteht generell aus zwei Posten:

✔ dem Vermögen oder der Aktiva-Seite

✔ den Verbindlichkeiten oder der Passiva-Seite

Und wie bei der GuV gilt: Die Differenz der beiden Seiten zeigt Ihnen, ob Ihr Unternehmen, Ihre Praxis oder Ihre Kanzlei *Reinvermögen* vorweist. Die Aktiva stehen immer auf der linken, die Passiva auf der rechten Seite der Bilanz.

Unter den Punkt *Aktiva* müssen Sie alle Werte packen, die zu Ihrem Unternehmen zählen und die Sie zu Geld machen können:

✔ Anlagevermögen (Sachanlagen wie Immobilien, Maschinen, Geräte, Finanzanlagen)

✔ Umlaufvermögen (Waren, Forderungen aus Leistungen, Kassenbestand)

Unter den *Passiva* notieren Sie alle Zahlungsverpflichtungen und Schulden, die Sie für Ihr Unternehmen eingegangen sind:

✔ Kurzfristige Verbindlichkeiten (Rechnungsbeträge für Lieferungen und Leistungen)

✔ Langfristige Verbindlichkeiten (Darlehen)

Als dritter Posten der Passiva kommt noch das Eigenkapital dazu.

Eine klassische Bilanz finden Sie in Tabelle 15.4:

Bilanz		Betrag in Euro
Aktiva		
A.	**Anlagevermögen**	
I.	Immaterielles Vermögen	
II.	Sachanlagen	
III.	Finanzanlagen	
B.	**Umlaufvermögen**	
I.	Vorräte	
II.	Wertpapiere	
III.	Kassenbestand, Bankguthaben, Forderungen	
C.	**Rechnungsabgrenzungsposten**	
Summe Aktiva		
Passiva		
A.	**Eigenkapital**	
I.	Gezeichnetes Kapital	
II.	Kapitalrücklagen	
III.	Gewinnrücklagen	
IV.	Gewinn-/Verlustvortrag	
V.	Jahresüberschuss	
B.	**Rückstellungen**	
C.	**Verbindlichkeiten**	
D.	**Rechnungsabgrenzungsposten**	
Summe Passiva		

Tabelle 15.4: So sieht eine klassische Bilanz aus

Auch zum Thema Bilanz gibt es ein »für Dummies«-Buch: Buchführung und Bilanzierung für Dummies.

Diese klassische Bilanz haben wir Ihnen unter `http://www.wiley-vch.de/ publish/dt/books/ISBN978-3-527-70654-9` als Word-Datei zur Verfügung gestellt.

Wie Bares fließt: Der Cashflow

Unabhängig, ob Freiberufler mit Mitarbeitern oder ganz allein auf sich gestellt: Auch wenn die GuV üppige Gewinne verzeichnet und alles bestens läuft, sollten Sie auf eine sogenannte _Cashflow-Rechnung_ nicht verzichten. Was so hochtrabend klingt, bedeutet in der Praxis nichts anderes als die Kontrolle, dass Sie über das ganze Jahr hinweg genügend Euro in der Tasche haben, um zu überleben.

Wer weiß, dass er beispielsweise in den ersten beiden Quartalen des Jahres voll ausgebucht ist, der Auftragseingang in der zweiten Jahreshälfte aber extrem nachlässt, kann sich mithilfe seiner Cashflow-Rechung gut orientieren, wie es um die Liquidität seines Unternehmens bestellt ist.

In Tabelle 15.5 finden Sie eine stark vereinfachte Tabelle zur Cashflow-Berechnung:

	Posten	In Euro
+	Einnahmen vom Verkauf für Produkte oder Dienstleistungen	
−	Auszahlungen an Mitarbeiter und Lieferanten	
−	Auszahlungen, die sich nicht auf Investitions- oder Finanztätigkeiten beziehen	
=	**Einnahmen und Auszahlungen außerordentlicher Posten**	
−	Ausgaben für Investitionen in das Sachanlagevermögen	
−	Ausgaben für Investitionen in das immaterielle Anlagevermögen	
+	Einnahmen aus Krediten	
−	Auszahlungen an Unternehmenspartner oder Minderheitengesellschafter	
−	Auszahlung für Tilgung von Krediten	
+	**Vorhandene Finanzmittel aus dem vorangegangenen Monat/Quartal/Jahr**	
=	**Verfügbare (nicht verfügbar) Finanzmittel am Monats/Quartals-/Jahresende**	

Tabelle 15.5: Checkliste: grob vereinfachte Cashflow-Berechnung

Diese Checkliste gibt es auch zum Download! Unter `http://www.wiley-vch.de/ publish/dt/books/ISBN978-3-527-70654-9`.

Für einen Ein-Mann-Betrieb muss eine Cashflow-Rechnung auch gar nicht so üppig ausfallen. Doch auch in abgespeckter Form hilft Sie Ihnen, den notwendigen Überblick über Ihre Finanzen zu bewahren. Im Kern beantwortet Ihnen die Cashflow-Rechnung ganz einfach folgende Frage: Habe ich genügend Geld auf dem Konto, um meine Rechnungen und mein eigenes Gehalt zu bezahlen?

Und das Beste daran: Diese ganze kaufmännische Rechnungslegung ist keineswegs Hexerei. Selbst wenn Sie jetzt vor Ihrer Pro-forma-GuV sitzen und feststellen, dass Sie den Rotstift zücken müssen, hat sich noch kein Drama abgespielt: Nehmen Sie alle verfügbaren Kontrollinstrumente zur Hand und forschen Sie so lange, bis Sie die Ursache für die möglichen Fehlbeträge gefunden haben.

Wo bleibt eigentlich mein Geld? – Der private Haushaltsplan

Vor lauter Jonglieren mit Ihren Unternehmenszahlen dürfen Sie aber keinesfalls Ihre privaten Finanzen aus den Augen verlieren. Schließlich wollen Sie täglich mindestens eine Mahlzeit essen, mal ins Kino gehen und sich einen Urlaub gönnen, stimmt's? Und Ihre Miete müssen Sie ja auch noch irgendwie aufbringen!

Um ehrlich zu sein: Jetzt steht wirklich eine reine Fleißarbeit an. Also stellen Sie sich etwas Leckeres zu trinken auf den Tisch, zücken Ihren Taschenrechner und notieren haarklein, was Sie für Ihr privates Leben so ausgeben. Je nach Veranlagung sollten Sie auch ein wenig Schokolade als Nervennahrung griffbereit halten – vielleicht sehen Sie jetzt zum ersten Mal Ihre monatlichen Ausgaben auf einen Blick?! Das kann möglicherweise ziemlich hart für Sie werden!

Tabelle 15.6 gibt Ihnen einige Anhaltspunkte, woran Sie denken müssen, wenn Sie Ihre privaten Ausgaben auflisten:

Dieses Checkliste finden Sie als Download unter `http://www.wiley-vch.de/` `publish/dt/books/ISBN978-3-527-70654-9`.

Je genauer Sie in der Lage sind, Ihre Ausgaben Monat für Monat zu kalkulieren, desto besser wissen Sie natürlich, für welche Monate Sie Rücklagen bilden sollten beziehungsweise in welchen Monaten Sie nicht das gesamte verfügbare Geld ausgeben. Wer sich die Mühe macht, bereits am Jahresanfang einen detaillierten Budgetplan für seine privaten Ausgaben zu machen, kann unter Umständen sogar schon ermitteln, wie viel Geld er für seinen Urlaub oder sein Hobby ausgeben darf – möglicherweise ist dann ja sogar eine Woche mehr in der Ferienanlage auf Teneriffa, in Florida oder auf den Malediven drin.

Private Ausgaben	Januar	Februar	März	April...
Miete/Hausunterhaltung				
Heizung				
Strom				
Gas				
Wasser				
Ernährung/Haushalt				
Körperpflege/Medikamente				
Kleidung/Schuhe				
Telefon/Handy/Internet				
Rundfunk/TV				
Zeitungs-/Zeitschriften-Abos				
Vereinsbeiträge				
Krankenzusatzversicherung				
Lebensversicherung				
Private Haftpflichtversicherung				
Krankenversicherung				
Hausratversicherung				
Rechtsschutzversicherung				
Auto/Verkehrsmittel				
Kfz-Versicherung				
Kfz-Steuer				
Private Altersvorsorge				
Bausparvertrag				
Kreditratenzahlungen				
Sparverträge				
Taschengeld Kinder				
Urlaub				
Ausrüstung/Ausgaben für Hobby/Freizeit/Bildung				
Geschenke				
Genussmittel				
Fahrgeld				
Sonstiges				
Sonstige Festausgaben				
Gesamt				

Tabelle 15.6: Checkliste: Private Ausgaben

Strenger als jeder Bankangestellte: Die Sicherheitskontrolle

Wie Sie vielleicht schon öfter in diesem Buch festgestellt haben, ist Freiberufler nicht gleich Freiberufler. Da die Bandbreite vom bescheidenen Ein-Mann-Unternehmen bis hin zur Zahnarztpraxis mit jeder Menge Mitarbeitern reicht, gibt es für Freiberufler auch unterschiedliche Sicherheitschecks für ihre Konten.

Unabhängig von der Größe Ihres eigenen Unternehmens ist es natürlich zunächst die effizienteste Methode, den finanziellen Status Ihres Unternehmens mittels der nackten, betriebswirtschaftlichen Zahlen zu prüfen. Schließlich verrät ein genauer Blick auf diese Daten, was gut funktioniert beziehungsweise – und das ist viel wichtiger – was nicht gut klappt.

Wer sich als freiberuflicher Unternehmensberater, Dolmetscher, Lektor oder beratender Ingenieur durchschlägt, hat es in diesem Fall relativ einfach: Er muss regelmäßig die Ein- und Ausgänge auf seinem Konto kontrollieren, um zu wissen, wie es finanziell um ihn beziehungsweise sein Büro steht.

Überschreiten die Ausgaben die Einnahmen, gilt es eben, den Gürtel entweder etwas enger zu schnallen oder ein effektives Mahnverfahren einzuführen, um möglicherweise säumige Kunden zur pünktlichen Bezahlung der von Ihnen erbrachten Dienstleistung zu bringen. Wie Sie überflüssige Ausgaben erkennen und einsparen, können Sie weiter unten in diesem Kapitel nachlesen.

BWA: Betriebswirtschaftliche Auswertung

Wer dagegen als freiberuflicher Arzt, Anwalt oder Apotheker tätig ist, tut sich in der Regel nicht ganz so leicht wie freiberufliche Unternehmensberater, Lektoren oder beratende Ingenieure: Mediziner, Juristen und Co beschäftigten zu 99 Prozent Mitarbeiter, die durch die Entgeltzahlungen den finanziellen Druck auf eine Praxis oder Kanzlei deutlich erhöhen. Der Ausdruck eines Kontoauszugs allein reicht ihnen also nicht mehr: Wie Tausende Unternehmer in Deutschland sollten auch sie das Standardwerkzeug für den monatlichen Zahlencheck nutzen – die *betriebswirtschaftliche Auswertung* (BWA). Dieses Dokument enthält alle Erträge und Aufwendungen, die im vergangenen Monat bei einem Unternehmen erzielt wurden bzw. angefallen sind.

 Wenn Sie für die Buchhaltung Ihres Unternehmens einen Steuerberater beauftragt haben, liefert dieser Ihnen in der Regel die BWA.

Wie so eine betriebswirtschaftliche Auswertung aussieht, zeigt Ihnen die Übersicht in Tabelle 15.7. Sie sehen: Die BWA stellt systematisch Ist- und Sollwerte gegenüber und taugt daher bestens als Kontrollinstrument für den Finanzcheck Ihres Unternehmens.

Bezeichnung	Monats-wert	Plan-wert	Abweichung Plan/Ist	Kumulierter Wert Ist	Kumulierter Wert Plan	Erreichte Werte in %
Umsatzerlöse						
Veränderungen eigene Erzeugnisse						
Aktivierte Eigenleistungen						
Gesamtleistung						
Material-/ Warenverbrauch						
Rohertrag						
Sonstige, betriebliche Erlöse						
Betrieblicher Rohertrag						
Personalkosten						
Raumkosten						
Betriebliche Steuern						
Versicherungen/ Beiträge						
Kfz-Kosten (ohne Steuern)						
Werbe-/ Reisekosten						
Kosten Warenabgabe						
Abschreibungen						
Reparatur/ Instandhaltung						
Sonstige Kosten						
Gesamtkosten						
Betriebsergebnis						
Zinsaufwand						
Sonstiger neutraler Aufwand						
Zinserträge						
Sonstiger neutraler Ertrag						
Verrechnung kalkulatorischer Kosten						
Neutraler Ertrag						
Ergebnis vor Steuern						
Steuern vom Einkommen und Ertrag						
Vorläufiges Ergebnis						

Tabelle 15.7: Die betriebswirtschaftliche Auswertung

 Dieses Formular für eine betriebswirtschaftliche Auswertung bieten wir Ihnen zum Herunterladen unter http://www.wiley-vch.de/publish/dt/books/ISBN978-3-527-70654-9.

Korrekt ausgefüllt zeigt Ihnen die BWA sofort, ob Ihre Kanzlei oder Ihr Laden im vergangenen Monat Gewinn oder Verlust gemacht hat – und Sie können auch sehen, wie hoch Ihre Aufwendungen im Vergleich zu Ihren Umsätzen waren.

Falls Ihnen Ihre Kosten aus dem Ruder laufen, lohnt es sich, Ihre BWA mit branchenüblichen Aufstellungen zu vergleichen. Oft reicht da ein Blick, um zu erkennen, dass beispielsweise die Raum- oder Personalkosten, die Sie bezahlen, deutlich über den marktüblichen Preisen liegen. Und dann wissen Sie natürlich sofort, wo Sie am besten anfangen, Ihre Kosten zu reduzieren.

So rechnet das Gros

Natürlich unterscheiden sich die Aufwendungen von Branche zu Branche – je nach Personalbedarf oder Standort des Unternehmens. Dennoch gibt es eine allgemein anerkannte Faustformel, die Sie als erste Orientierungshilfe nützen können. So gehen freiberufliche Steuerberater oder Unternehmensberater davon aus, dass maximal 50 Prozent ihrer Aufwendungen Ausgaben für ihr Personal sein dürfen. Zehn Prozent rechnen sie für die Miete, weitere 20 Prozent für sonstige variable Aufwendungen – vom Porto über das Handy bis hin zum Briefpapier. Demzufolge bleibt ihnen eine Gewinnmarge von 20 Prozent.

Klar, die Aufwendungen schwanken schon mal, wenn Sie zum Beispiel den Wareneinsatz erhöhen müssen oder die Abschreibungen für Ihre Geräte auslaufen. Ein Fakt bleibt jedoch unumstößlich: Am Ende sollte ein Gewinn übrig bleiben!

Falls Sie bereits mit Ihrer Ein-Mann-Grafiker-Show oder Ihrer Kanzlei gestartet sind und spüren, dass Ihre Gewinne stetig sinken, die BWA Ihnen aber nicht die Antworten liefert, warum das so ist, dann knüpfen Sie sich die folgende Frageliste aus Tabelle 15.8 vor und beantworten alles so ehrlich wie möglich. Als Präventivmaßnahme können das auch Freiberufler machen, die bitteren finanziellen Momenten vorbeugen möchten.

Diese lange Fragenliste finden Sie auch unter `http://www.wiley-vch.de/publish/dt/books/ISBN978-3-527-70654-9` als Word-Datei.

Wie Sie erfolgreich Ihre Forderungen eintreiben

Gerade die letzte Frage in der Checkliste kann für den Erfolg beziehungsweise die Liquidität Ihres Unternehmens enorm wichtig sein: Denn unabhängig davon, wie nett oder interessant Ihre Kunden sind – nur ein zahlender Kunde ist ein wirklich guter Kunde! Um Ihre Liquidität richtig zu planen, sollten Sie sich auf die pünktlichen Zahlungseingänge Ihrer Kunden verlassen können.

Natürlich wissen wir, was Sie zu Beginn Ihrer Selbstständigkeit als Freiberufler alles leisten sollen: Hier ein Formular, dort einen Antrag, hier ein Kundengespräch, dort ein Eintrag in ein soziales Netzwerk ... Um das Ihnen zustehende Geld einzutreiben, brauchen Sie aber unbedingt auch eine klar formulierte Vorlage für Ihre Zahlungserinnerungen.

Kritische Fragen	Ja	Nein
Habe ich genügend Kapital?		
Habe ich meine Finanzierung auf ihre Richtigkeit geprüft?		
Habe ich falsch investiert?		
Arbeitet mein Unternehmen ökonomisch?		
Arbeite ich bzw. mein Unternehmen auf dem neuesten Standard?		
Nehme ich mir zuviel Honorar aus den Einnahmen meines Betriebs?		
Agiere ich zu chaotisch?		
Habe ich die passenden Mitarbeiter für mein Unternehmen?		
Leidet mein Unternehmen unter Liquiditätsengpässen?		
Geht der Umsatz zurück?		
Geht der Gewinn zurück?		
Finde ich ausreichend Kunden?		
Gibt es neue oder zusätzliche Konkurrenten?		
Verliert mein Unternehmen an Attraktivität?		
Lahmt die Konjunktur?		
Ändert sich die Branche, in der ich tätig bin?		
Zahlen meine Kunden nicht oder schleppend?		

Tabelle 15.8: Checkliste: Alarmsignale für sinkenden Gewinne

Ehe Sie sich jetzt daran machen, sich bitterböse Worte auszudenken, um ausstehende Honorare einzufordern, sollten Sie die typische Zahlungsmoral vieler Unternehmensbuchhaltungen hierzulande bedenken: Hinweise in Ihrer Rechnung, dass der aufgeführte Betrag sofort oder innerhalb von 14 Tagen zu begleichen sei, ignorieren die meisten Buchhalter konsequent. Nicht etwa, um Sie zu ärgern – vielmehr ist es in vielen Unternehmen Deutschlands Sitte,

✔ anfallende Rechnungen nur ein- oder zweimal monatlich anzuweisen

✔ Zahlungsziele von bis zu 90 Tagen festzulegen

 Wer nicht unnötig lang auf sein Honorar warten will, kann versuchen, seine Kunden mittels eines Preisnachlasses von zwei bis drei Prozent dazu zu bewegen, innerhalb von zehn oder 14 Tagen den ausstehenden Betrag zu begleichen. Allerdings schmälert das _Skonto_-Angebot Ihre Marge. Sie müssen also abwägen, ob Sie lieber auf ein paar Euro verzichten oder es sich leisten können, auch mal acht oder zehn Wochen auf Ihr Geld zu warten!

Ich will ja nicht drängeln, aber ...

Es zeichnet sich meist sehr schnell ab, welchen Ihrer Kunden Sie immer wieder daran erinnern müssen, dass Sie noch Geld von ihm bekommen. Hören Sie sich doch mal um! Die öffentliche Hand in Deutschland genießt zum Beispiel alles andere als einen guten Ruf, wenn es um ihre Zahlungsmoral geht. Zuerst freuen sich kleine Unternehmen, wenn sie einen Auftrag von der öffentlichen Hand ergattern. Monate später jedoch steht manch einer von ihnen fast vor dem Ruin, weil er möglicherweise in Vorkasse gegangen ist und nun partout sein Geld nicht bekommt.

Keine Angst vor großen Namen: Trauen Sie sich auch als einzelner Freiberufler oder kleines Unternehmen, sich gegen die fehlende Zahlungsmoral Ihrer Kunden zu wehren. Es hindert Sie nichts daran, längst überfällige Zahlungen einzufordern. Reagiert Ihr Kunde auch nicht auf Ihre Mahnungen, greifen Sie ruhig zum Telefon. Es bewährt sich in der Regel, den persönlichen Kontakt zu Ihrem Auftraggeber zu suchen, anstatt ihn mit schriftlichen Eingaben zu drangsalieren. Machen Sie Ihrem Kunden klar, dass auch Sie kalkulieren und Rechnungen bezahlen müssen.

Um nicht erst Wochen nach dem ursprünglich festgesetzten Zahlungstermin die erste Mahnung zu verschicken oder das erste Telefonat zu führen, sollten Sie sich vornehmen, ein internes Forderungsmanagement zu betreiben. Überprüfen Sie alle zwei Wochen, ob Ihre Kunden die ausstehenden Rechnungen bereits beglichen haben.

Wie eine höfliche, aber bestimmte Zahlungserinnerung aussehen könnte, sehen Sie in Abbildung 15.1.

Diese Mustermahnung finden Sie als Word-Dokument zum Abwandeln unter http://www.wiley-vch.de/publish/dt/books/ISBN978-3-527-70654-9.

Kein Zahlungseingang? Auf ein Wiedersehen vor Gericht!

Kann oder will der Auftraggeber trotz mehrfacher Aufforderungen die offene nicht Rechnung bezahlen, bleibt Ihnen leider nichts anderes übrig als der Gang durch die Instanzen. Ab diesem Moment geht in der Regel alles sehr zügig und vergleichsweise unbürokratisch: eine letzte Mahnung, und schon bald ist der Gerichtsvollzieher unterwegs.

Einen Antrag auf Erlass eines Mahnbescheids erhalten Sie inzwischen in fast jedem Schreibwarengeschäft. Anschließend geben Sie das ausgefüllte Dokument beim zuständigen Amtsgericht ab.

Ist Ihrem Auftraggeber der Mahnbescheid zugegangen, hat er zwei Wochen Zeit, seine Schulden zu begleichen beziehungsweise zu widersprechen. Passiert nichts, dürfen Sie beim gleichen Amtsgericht die Vollstreckung beantragen. Mit dem Vollstreckungsbescheid versucht normalerweise ein Gerichtsvollzieher, Ihr Geld einzutreiben.

Lassen Sie sich nicht weich kochen – egal, wie sympathisch Sie Ihren Kunden finden! Wenn eine offene Rechnung nicht bezahlt wird, kann das verschiedene Gründe haben: Entweder war der Kunde mit der abgelieferten Arbeit unzufrieden oder er ist ein wenig schlampig und hat einfach nur übersehen, dass die Rechnung bereits fällig geworden ist. Löst ein Anruf oder eine Mahnung das Problem jedoch nicht, sollten Sie auf der Hut sein: Möglicherweise hat Ihr Auftraggeber gar

Christian Pünktlich Unternehmensberater
Seidelstr. 11

10000 Nirgendwo

Firma In Verzug
Herrn Säumig
Postfach 22222

20000 Nachlässig   Nirgendwo, den 09.09.2009

Zahlungserinnerung zur Rechnung 0712/2009

Sehr geehrter Herr Säumig,

leider konnte ich zum heutigen Datum keinerlei Einzahlungen Ihrerseits auf meinem Konto feststellen. Ich gehe davon aus, dass es sich hierbei um ein Versehen handelt.

Überweisen Sie bitte bis zum 20. September 2009 den Betrag von 1.234,56 Euro für die geleisteten Arbeiten vom 20. Juni 2009.

Mit freundlichen Grüßen

Christian Pünktlich

Christian Pünktlich
Unternehmensberater   Bankverbindung: Kreissparkasse Nirgendwo
St.-Nr.: 303/303 33   BLZ: 100 100 10   Kto. 333 33 22 44

Abbildung 15.1: Beispiel: Zahlungserinnerung

kein Geld, um Sie zu bezahlen. Selbst wenn er glaubhaft versichert, er würde die Rechnung bald begleichen, sollten Sie in diesem Fall die Arbeit lieber einstellen – oft zahlen solche Kunden gar nicht mehr!

Nur drei Schritte bis zur Pfändung

Auch wenn Sie davon überzeugt sind, dass Ihre Kunden eine tolle Zahlungsmoral haben und Ihnen zuverlässig Ihr Honorar überweisen: Wer weiß, was er im Ernstfall unternehmen muss, tut sich leichter, die entsprechenden Schritte einzuleiten, um im Ernstfall doch noch an sein Geld zu kommen. In Tabelle 15.9 finden Sie eine Übersicht:

Was Sie tun müssen, um mittels Gesetz Ihr Geld einzufordern	Zeitpunkt
Schritt 1	
Antrag auf Erlass eines Mahnbescheids	Wenn der Schuldner trotz Mahnung nicht zahlt
Schritt 2	
Antrag auf Erlass eines Vollstreckungsbescheids	2 Wochen nach Zustellung des Mahnbescheids
Schritt 3	
Pfändung	Nach Eingang des Vollstreckungsbescheids

Tabelle 15.9: Zeitlicher Ablauf eines gerichtlichen Mahnwesens

Wenn's nicht rund läuft: Der finanzielle Engpass

Sie haben Ihre Agentur, Ihren Ein-Mann-Betrieb, Ihr Büro schon ein wenig länger? Es läuft nur soso lala und richtig viel Geld bleibt am Monatsende nicht hängen? Möglicherweise fällt es Ihnen überaus schwer, den Kredit für die Einrichtung Ihres kleinen Kosmetikstudios ab- zuzahlen? Ja? Und das, obwohl Sie sechs Tage die Woche acht Stunden arbeiten?

Nun, dann wird es höchste Zeit, dass Sie nicht mehr nur Ihre Konten kontrollieren, sondern sich fragen, ob Sie möglicherweise an der einen oder anderen Stellen Ausgaben einsparen können.

Welche Ausgaben sind überflüssig?

Wer mit seinem Freiberuflerdasein in eine finanzielle Schieflage gerät, dem bleiben normaler- weise zwei Wege, um seine Situation zu verbessern:

✔ Einsparungen im beruflichen Bereich

✔ Einsparungen im privaten Bereich

Am besten fischen Sie Ihren Businessplan aus der Schublade und verschaffen sich einen Über- blick darüber, mit welchen Ausgaben beziehungsweise Einnahmen Sie im Vorfeld Ihrer Selbst- ständigkeit überhaupt gerechnet haben. Anschließend vergleichen Sie Ihre beabsichtigten Pläne mit dem Ist-Zustand.

Möglicherweise stellen Sie ja fest, dass Sie nie vorhatten, eine 400-Euro-Kraft einzustellen, jetzt aber eine beschäftigen. Oder Ihr Vermieter hat inzwischen die Preise für Ihr Büro deutlich erhöht, während Ihre Kunden partout nicht mehr das marktübliche Honorar zahlen wollen.

Stellen Sie aus Gründen wie diesen Ihre Ausgaben akribisch auf den Prüfstand, um Sparpotenzial zu finden. Nehmen Sie vor allem die großen Kostenblöcke Ihres Unternehmens ins Visier:

✔ Mietausgaben

✔ Mitarbeiter

✔ Werbungskosten

✔ Reisekosten

✔ Büroausstattung

Wenn Sie hier kein Einsparpotenzial finden, da Sie Ihr Arbeitszimmer ohnehin schon in Ihrer Wohnung eingerichtet haben, die Hilfskraft gekündigt ist und Sie längst nur noch mit Billigfluglinien unterwegs sind, bleibt Ihnen noch die Möglichkeit, die kleineren Kostenblöcke, die bei einem Freiberufler auflaufen, ins Visier zu nehmen: Prüfen Sie,

✔ die Tarife für Ihr Telefon, Handy, Fax usw.

✔ die Kosten für Ihre Visitenkarten, Ihr Briefpapier, usw.

✔ die Ausgaben für Fachliteratur, Abonnements oder Newsletter

✔ die Kosten für Porto; möglicherweise lässt sich vieles auch per E-Mail versenden.

Wenn das alles immer noch nicht die erhofften Einsparungen bringt, bleibt Ihnen nicht anders übrig, als Ihre privaten Ausgaben zu senken.

Und auch hier gilt es zunächst die Dinge unter die Lupe zu nehmen, die meist viel Geld verschlingen:

✔ Auto

✔ Urlaub

✔ Hobbys, Freizeitgestaltung

✔ Restaurantbesuche

✔ Bekleidung

Die Chancen, auf die eine oder andere überflüssige Ausgabe zu stoßen, sind meist recht groß, denn ein wenig Luxus gestatten Sie sich bestimmt, oder? Sie müssen ja nicht unbedingt einen BMW X5 fahren, möglicherweise reicht Ihnen ja auch ein Mazda2 für die Fahrten, die Sie beruflich zu erledigen haben. Und Ihr Laptop macht es bestimmt auch mal vier bis fünf Jahre – Sie müssen ihn nicht unbedingt nach zwei bis drei Jahren ausrangieren, nur um wieder mit dem neuesten Modell arbeiten zu können.

Und einen kleinen Trost haben wir für Sie auch noch parat: Sobald es beruflich wieder richtig rund läuft, hindert Sie ja nichts daran, sich wieder ein wenig zu verwöhnen und zu Ihren alten Luxus-Gewohnheiten zurückzukehren.

Selbst wenn Sie schon den Rotstift zücken müssen, um das Ergebnis Ihrer Bilanz zu schreiben – wichtige Versicherungsverträge wie die private Haftpflichtversicherung oder die private Altersvorsorge sollten Sie wegen eines finanziellen Engpasses keinesfalls kündigen. Bevor Sie sich für so einen Schritt entscheiden, sollten Sie Ihre Geschäftsidee auf den Prüfstand stellen und sich fragen, ob dieser Weg für Sie überhaupt eine Zukunft hat.

Reicht der Notgroschen?

Um sich das Leben als Freiberufler nicht unnötig schwer zu machen und für schwierige Zeiten gewappnet zu sein, sollten Sie stets einen Notgroschen parat haben. So verhindern Sie souverän, dass Sie bei jeder eintrudelnden Rechnung – sei sie auch noch so klein – nervös werden müssen. Das klingt in Ihren Ohren möglicherweise völlig banal, aber eines dürfen Sie keinesfalls vergessen: Wer am Schreibtisch kreative Ideen entwickeln soll, Patienten effektiv behandeln will oder knifflige Paragraphen studieren muss, um für seinen Mandanten den Rechtsstreit vor Gericht zu gewinnen, der sollte den Kopf frei haben und nicht darüber nachdenken müssen, wie er seine nächste Stromrechnung oder die kommende Miete bezahlen kann.

Wie viel Geld Sie zur Sicherheit zurücklegen, hängt in der Regel von zwei Dingen ab:

✔ ob Sie ein Sicherheitsfanatiker sind oder auch mal eine Zeitlang mit einem Minus auf dem Konto ruhig schlafen können

✔ wie Ihre Branche sich entwickelt

Zählt Ihr Tätigkeitsfeld zu den Bereichen, die ein mögliches Einknicken der Konjunktur sofort zu spüren bekommen, wäre es schon empfehlenswert, etwas mehr Geld für den Ernstfall griffbereit zu halten. So können Sie als Betroffener längere Durststrecken halbwegs sicher überbrücken.

Um einen ausreichenden Betrag für schlechte Zeiten zurückzulegen, empfehlen Steuerberater und Gründungsberater in der Regel, zunächst alle monatlichen Kosten Ihres Unternehmens zu notieren (was Sie ja nach der Lektüre dieses Kapitel sowieso tun wollten). Anschließend sollten Sie diese Summe auf sechs Monate hochrechnen. Jetzt kontrollieren Sie, ob Ihre Rücklagen für diesen Betrag ausreichen. Falls dies nicht der Fall ist, sollten Sie die Differenz schnellst möglich auffüllen.

Wenn der Fiskus die Hand aufhält

In diesem Kapitel

▶ Welche Steuern Sie zahlen müssen

▶ Was der Fiskus sehen will

▶ Wie Sie das lästige Thema Steuern im Alltag bewältigen

---

*E*igentlich ist es doch ungerecht: Da wagen Sie etwas, machen sich selbstständig, schaffen vielleicht sogar noch Arbeitsplätze – und dann hält der Staat die Hand auf? Ja, das macht er, und über zu hohe Steuersätze zu klagen, hat noch nie geholfen. Wer sich rechtzeitig mit den wichtigsten Spielregeln vertraut macht, wird feststellen, dass der Fiskus schnell seinen Schrecken verliert.

Die wichtigste Voraussetzung dafür: Sie haben einen Überblick über Ihre Zahlen. Wie das geht, zeigt Ihnen Kapitel 15. Auf dieser Basis finden Sie sich rasch in die Welt der Vorauszahlungen und Elsterformulare ein, versprochen! Und wenn Sie nicht mehr weiter wissen, wartet ein ganzer Berufsstand nur auf Ihren Anruf. Auch wie Sie den richtigen Steuerberater finden, erfahren Sie in diesem Kapitel.

Wo der Fiskus zuschlägt

Zwei große Steuerarten speisen Jahr für Jahr den deutschen Staatshaushalt. Zu beiden Steuern leisten Sie als Freiberufler Ihren Beitrag, denn Sie zahlen

✔ Einkommensteuer

✔ Umsatzsteuer

Im Gegensatz zu anderen Selbstständigen unterliegen Sie dagegen nicht der Gewerbesteuer. Mehr über die Hintergründe dazu erfahren Sie in Kapitel 3.

Die Last der Einkommensteuer

In der Regel sind Freiberufler als Einzelunternehmer unterwegs und unterliegen daher mit ihrem gesamten Einkommen der Einkommensteuer. Auf den ersten Blick ändert sich dabei gar nicht so viel gegenüber dem Angestelltendasein. Einmal pro Jahr rechnen Sie Ihr gesamtes Einkommen zusammen, ziehen berufsbezogene Ausgaben und Vorsorgeaufwendungen ab und ermitteln dann Ihren ganz persönlichen Steuersatz an Hand der Progressionstabelle: Je mehr Sie verdient haben, desto höher ist Ihre prozentuale Steuerlast. Wer mehr über berufsbezogene Ausgaben oder Vorsorgeaufwendungen wissen will, kann sich in Kapitel 15 beziehungsweise 17 informieren.

Ab einem zu versteuernden Jahreseinkommen von rund 52.000 Euro zahlten Singles in Deutschland im Jahr 2009 satte 42 Prozent Steuern, sprich: Von jedem zusätzlichen Euro Einkommen kassiert der Staat derzeit 42 Cent. Bei Verheirateten verdoppeln sich die Grenzbeträge: Hier kassiert der Staat erst ab circa 104.000 Euro seine 42 Prozent – nicht zu vergessen plus Solidaritätszuschlag!

Und noch etwas: Wer als Freiberufler richtig gut verdient, kann auch mit der sogenannten Reichensteuer Bekanntschaft machen. Die greift ab einem zu versteuernden Einkommen von 250.000 Euro bei Singles und 500.000 Euro bei Verheirateten. Der Steuersatz liegt ab dieser Grenze bei 45 Prozent zuzüglich Soli. Sprich: Knapp die Hälfte jedes Euros holt sich also der Fiskus.

Jetzt mag sich mancher zurücklehnen und sagen, dass er so viel doch wahrlich nie und nimmer verdienen würde. An dieser Stelle ist jedoch höchste Vorsicht geboten: Nicht nur Ihr Einkommen als Freiberufler unterliegt der Einkommensteuer, sondern Ihr gesamtes Einkommen, und dazu zählen:

✔ Einkünfte aus Land- und Forstwirtschaft

✔ Einkünfte aus Gewerbebetrieb

✔ Einkünfte aus selbstständiger Arbeit

✔ Einkünfte aus nichtselbstständiger Arbeit

✔ Einkünfte aus Kapitalvermögen

✔ Einkünfte aus Miete und Verpachtung

✔ Sonstige Einkünfte

Sprich: Auch die Miete aus der geerbten Wohnung und die Pachtzahlung aus dem Landbesitz von Oma fließen in die Einkommensberechnung beim Fiskus ein.

Die Lust der Betriebsausgaben

Jetzt kommt allerdings die gute Nachricht: Das Finanzamt akzeptiert, dass Freiberufler Geld ausgeben müssen, um welches zu verdienen und mit dem Fiskus zu teilen. Wer fleißig Belege und Quittungen sammelt und in seiner Steuererklärung deklariert, kann seine Steuerlast erheblich mindern. Die wichtigsten Aufwendungen sind

✔ Dienstwagen

✔ Arbeitszimmer

✔ Spesen

✔ Abschreibungen

 Sammelwut lohnt sich! Das Finanzamt will Belege sehen, wenn es Ihre Ausgaben als steuermindernd anerkennen soll. Dass heißt: Sie müssen jede Tankquittung, jede Restaurantrechnung und jeden Taxibeleg aufheben und abheften, für den Fall, dass der Fiskus Ihre Angaben in der Steuererklärung überprüfen möchte.

Immer auf Achse – und der Fiskus ist immer dabei

Über das Thema Dienstwagen könnten wir ein eigenes Buch schreiben und müssten dieses auch noch jedes Jahr aktualisieren, weil sich sicher wieder irgendeine Vorschrift ändert. Eine Aussage bleibt aber in jedem Fall bestehen: Ihre dienstlichen Fahrten mit Ihrem Auto können Sie von der Steuer absetzen! Dazu bieten sich Ihnen zwei Möglichkeiten:

✔ Sie erklären Ihren Wagen zum Betriebsvermögen.

✔ Sie setzen nur Ihre Fahrten ab.

Wer sein Fahrzeug zu mehr als 50 Prozent dienstlich nutzt, kommt gar nicht umhin, es zum Betriebsvermögen zu zählen. Damit können Sie alle Kosten – von der Versicherung über Tankquittungen bis hin zu Reparaturen – von der Steuer absetzen. Allerdings gibt dann auch die sogenannte Ein-Prozent-Regelung. Aufgrund dieser Richtlinie müssen Sie sich ein Prozent des Listenpreises Ihres fahrbaren Untersatzes Monat für Monat als fiktive Betriebseinnahme zurechnen lassen. Und selbst wenn Ihr Golf zehn Jahre und reichlich verbeult ist, bedeutet das: Ein Prozent vom einstigen Listenpreis von vielleicht 20.000 Euro macht 200 Euro Einnahmen pro Monat – und die wiederum besteuert der Fiskus. Ach ja, und die Fahrstrecke zwischen Wohnung und Arbeitsplatz, die Sie ja mit Ihrem voll abgesetzten Wagen zurücklegen, wertet das Finanzamt auch noch als fiktive Einnahme mit 30 Cent pro Kilometer.

Die Alternative dazu heißt: Fahrtenbuch. Dabei lassen Sie Ihr Auto im Privatvermögen und rechnen nur jeden einzelnen Kilometer, den Sie dienstlich fahren, als Ausgabe ab. Dummerweise ist das Finanzamt hier besonders pingelig, sodass Sie nicht umhinkommen, jeden einzelnen Kilometer samt Datum, Uhrzeit und Kilometerstand sorgfältig zu notieren.

 Fahrtenbuch oder Ein-Prozent-Regel: Letztendlich ist die Entscheidung erstens ein Rechenexempel und zweitens eine Bequemlichkeitsfrage. Denn wer häufig kurze Strecken fährt, wird das Fahrtenbuch sicherlich schnell verfluchen!

Wenn der Fiskus Miete zahlt

Wer für seine freiberufliche Arbeit Räume anmietet, kann die Kosten zu 100 Prozent von der Steuer absetzen. Falls Sie dagegen von zu Hause aus tätig sind, müssen Sie ein wenig Überzeugungsarbeit leisten, um steuerliche Vorteile genießen zu können. Ursprünglich hatte der Gesetzgeber festgelegt, dass seit dem 1. Januar 2007 nur noch derjenige sein Arbeitszimmer steuerlich geltend machen kann, der dieses als Mittelpunkt seiner gesamten beruflichen Tätigkeit nutzt. Gute Nachricht für klassische Home Office-Nutzer: Sie können auf jeden Fall sämtliche Kosten für dieses Zimmer absetzen, von der anteiligen Miete über Strom und Heizung bis hin zum notwendigen Mobiliar.

Im Sommer 2010 erweiterte dann das Bundesverfassungsgericht den Nutzerkreis beträchtlich: Jetzt kann wieder jeder sein Arbeitszimmer von der Steuer absetzen, der keinen anderen Arbeitsplatz zur Verfügung hat. Dies bedeutet, dass auch ein Dozent wieder in den Genuss niedrigerer Steuern kommt, der zwar nicht von zu Hause aus unterrichtet, aber an der Hochschule keinen Schreibtisch für die Vorbereitung der Vorlesungen oder die Korrektur von Klausuren sein eigen nennt. Mehr noch: Die Richter legten fest, dass der Gesetzgeber diese großzügigere

Anerkennung des Arbeitszimmers rückwirkend zum 1. Januar 2007 akzeptieren muss. Wer also noch keine Steuererklärung 2009 abgegeben oder Widerspruch gegen seinen Bescheid eingelegt hat, kommt in den Genuss der neuen Regelung.

Aber Vorsicht: Ihr Arbeitszimmer sollte auch wirklich wie ein Arbeitszimmer aussehen, gerade für den Fall einer Steuerprüfung. Folgende Utensilien könnten dazu beitragen, dass Ihnen der Fiskus eine zumindest teilweise private Nutzung dieses Raumes unterstellt:

✔ Kleiderschränke

✔ Betten

✔ Spielzeug

✔ private Literatur

Doch nicht nur aus Angst vor der Steuerfahndung sollten Sie Ihr Arbeitszimmer auch wirklich als solches einrichten. Vielmehr lenken private Utensilien Sie untertags von der Arbeit ab. Das gleiche gilt, wenn jede Stunde ein Kind kurz stört, um ein Puzzle, eine Jacke oder ein Buch aus dem Zimmer zu holen. Mehr dazu auch in Kapitel 12.

Netzwerken und Steuern sparen

Ihre Reise zu einem Kongress, das Mittagessen mit einem Geschäftspartner und das Geburtstagsgeschenk für Ihren Kunden: In der Regel teilt das Finanzamt Ihre Auffassung, dass solche Ausgaben mit Ihrer Berufstätigkeit zusammenhängen, und akzeptiert sie daher als betriebliche Ausgaben.

Wichtig zu wissen ist jedoch, dass nur 70 Prozent der Bewirtungsausgaben Ihre Steuerlast mindern, der Rest ist Ihr Privatvergnügen. Und der Steuerabzug klappt auch nur, wenn die Restaurantrechnung folgende Bestandteile enthält:

✔ Datum

✔ Ort

✔ Teilnehmer

✔ Höhe der Bewirtungskosten

✔ Anlass der Bewirtung

Auch bei Geschenken gibt es eine Einschränkung: Sie dürfen höchstens 35 Euro kosten, ansonsten ist der Steuervorteil futsch. Aber für eine CD, ein Buch oder einen Blumenstrauß zum Geburtstag reicht dies allemal. Noch etwas: Pro Kunde akzeptiert der Fiskus nur ein Geschenk pro Jahr.

Beim Thema Reisen bleibt der Fiskus in der Regel gelassen: Flugtickets, Bahnfahrkarten, Taxiquittungen, Hotelübernachtungen – all das mindert die Steuerlast. Schwierig wird das Ganze erst, wenn Sie Berufliches und Privates vermengen und beispielsweise in New York erst einen potenziellen Kunden treffen und danach shoppen gehen. Auf Nummer sicher geht, wer zu 100 Prozent nachweisen kann, dass die Reise dienstlich bedingt und mit Terminen gespickt war.

Große Anschaffungen über Jahre abschreiben

Egal, ob Sie nur mit einem Laptop starten oder gleich eine Praxis einrichten müssen: Der Start in die Selbstständigkeit ist fast immer mit Investitionen verbunden, und auch in späteren Jahren müssen Sie immer wieder größere Beträge in neue Technik, neues Mobiliar oder andere Geräte stecken. Leider erlaubt das Finanzamt nicht, diese Ausgaben auf einen Schlag von der Steuer abzuziehen. Da Sie die Geräte ja auch einige Jahre nutzen wollen, schreibt Ihnen der Fiskus stattdessen vor, diese Geräte im Nutzungszeitraum nach und nach abzuschreiben. Das bedeutet: Wenn Sie 3.000 Euro in neue IT-Lösung investieren und diesen geschätzte vier Jahren nutzen wollen, können Sie Jahr für Jahr 750 Euro von der Steuer abziehen.

Bei kleineren Beträgen gibt sich das Finanzamt großzügig: Bei sogenannten geringwertigen Wirtschaftsgütern ist eine sofortige Abschreibung möglich. Und was ist geringwertig? Dafür gibt es vier Kriterien:

1. Das Gerät muss zum Anlagevermögen gehören, sprich längerfristig genutzt werden.

2. Die Anschaffungskosten dürfen 410 Euro nicht übersteigen.

3. Es muss beweglich und abnutzbar sein.

4. Es muss selbstständig nutzbar sein.

Der neue Drucker, die Schreibtischlampe oder das Smartphone mindern als geringwertige Wirtschaftsgüter also direkt nach Anschaffung die Steuerlast.

Einnahmen minus Ausgaben: Die persönliche Steuererklärung

Einmal pro Jahr kommt die Stunde der Wahrheit – mit Ihrer Steuererklärung. Denn jetzt will der Fiskus wissen, welche Einnahmen Sie im Kalenderjahr wirklich hatten und welche Ausgaben Sie deklarieren wollen. Bei der Abgabe gibt es zwei entscheidende Daten:

✔ Bis zum 31. Mai des Folgejahres müssen all diejenigen eine Steuererklärung vorlegen, die diese selbstständig erstellen.

✔ Bis zum 31. Dezember des Folgejahres ist jeder fällig, der sich von einem Steuerberater helfen lässt.

Fragen Sie jetzt nicht, warum diejenigen mehr Zeit bekommen, die sich von einem Profi helfen lassen. Merken Sie sich einfach: Am 31. Mai ist Steuertag! Bei der Beantwortung der Frage, welche Unterlagen Ihr Finanzamt sehen will, kommt es in erster Linie darauf an, wie viel Umsatz Sie als Freiberufler machen. Grob lassen sich drei Stufen unterscheiden:

✔ Kleinstunternehmer mit einem Umsatz von bis 17.500 Euro pro Jahr. Hier reicht eine formlose Gewinnermittlung.

✔ Selbstständige mit einem Umsatz von bis zu 500.000 Euro und einem Gewinn von bis zu 50.000 Euro pro Jahr. Hier muss eine sogenannte Einnahmen-Überschuss-Rechnung her.

✔ Unternehmer mit einem höheren Umsatz und Gewinn. Diese unterliegen der Buchhaltungspflicht samt Jahresabschluss.

Während die letzte Gruppe schon bei der Buchhaltung meist mit Profis zusammenarbeitet, ist die Einnahmen-Überschuss-Rechnung kein Hexenwerk und lässt sich auch allein bewerkstelligen. Beim Fiskus reichen Sie die sogenannte Anlage EÜR ein; die gesetzliche Grundlage bildet § 4 Absatz 3 des Einkommensteuergesetzes. Mehr zum Thema EÜR finden Sie in Kapitel 15.

Die folgende Übersicht erleichtert die Orientierung und lehnt sich an das Steuerformular an.

Die wichtigsten Betriebseinnahmen sind

✔ umsatzsteuerpflichtige Betriebseinnahmen (netto)

✔ umsatzsteuerfreie Betriebseinnahmen

✔ Sachentnahmen

✔ private Kraftfahrzeugnutzung

✔ private Telefonnutzung

✔ vereinnahmte Umsatzsteuer

Die wichtigsten Betriebsausgaben sind

✔ Wareneinkäufe (netto)

✔ bezogene Dienstleistungen (netto)

✔ Gehälter, Löhne für Mitarbeiter

✔ Abschreibungen

✔ Aufwendungen für geringwertige Wirtschaftsgüter

✔ Kfz-Kosten

✔ Miete für Geschäftsräume oder Home Office

✔ eingeschränkt abziehbare Betriebsausgaben (Bewirtungskosten etc.)

✔ abziehbare Vorsteuerbeträge

✔ im Kalenderjahr an das Finanzamt gezahlte Umsatzsteuer

Über das eigentliche Steuerformular hinaus sollten Freiberufler ihre Einnahmen und Ausgaben in übersichtlicher Form beispielsweise in einem Excel-Sheet erfassen und auf Nachfrage auch dem Finanzamt zur Verfügung stellen. Generell gilt dabei: Als Einnahmen-Überschuss-Rechner ist Ihr Bankkonto die entscheidende Referenz. Sie buchen immer dann eine Einnahme oder Ausgabe, wenn Geld fließt.

 Alle 14 Tage ist Buchhaltungstag. Um den Überblick nicht zu verlieren und zeitnah zu wissen, wo Sie stehen, sollten Sie sich angewöhnen, alle zwei Wochen Ihre Belege und Quittungen am Computer zu erfassen und zugleich sämtliche Bewegungen Ihres Bankkontos zu kontrollieren. Das dauert ein bis zwei Stunden und mindert den Schrecken vor der »ätzenden« Buchhaltung.

Die Krux der Vorauszahlung

Es könnte so einfach sein: Einmal im Jahr schicken Sie Ihre Einnahmen-Überschuss-Rechnung im Rahmen Ihrer Steuererklärung an das Finanzamt und überweisen danach Ihre Steuern. Doch so lange will der Fiskus nicht auf sein Geld warten. Sobald Sie ihm signalisiert haben, dass Sie fortan als Selbstständiger unterwegs sind, fordert er Sie auf, Ihr Einkommen zu schätzen. Und auf dieser Basis legt er dann gleich einmal Vorauszahlungen fest; in der Regel sind diese vier Mal pro Jahr fällig. Sehen Sie diese Vorauszahlungen aus zwei Gründen nicht nur als Last:

1. Als Arbeitnehmer bekommen Sie ja auch jeden Monat nur Ihr Nettogehalt ausgezahlt.

2. Als Selbstständiger sind Sie vor der Versuchung gefeit, das dem Fiskus gehörende Geld im Verlauf des Jahres selbst auszugeben.

Wenn Sie im Jahresverlauf eine Flaute in Ihren Auftragsbüchern sehen, informieren Sie umgehend Ihr Finanzamt. Im Dialog lässt sich meist erreichen, dass die Vorauszahlungen reduziert werden. Schließlich weiß das Finanzamt, dass es am Jahresende ohnehin seinen Teil von Ihrem Einkommen erhält.

Versäumen Sie niemals einen Termin. Ähnlich wie die Sozialversicherungen versteht auch der Fiskus bei Zahlungsverzug überhaupt keinen Spaß. Säumige Steuerzahler werden noch einmal kurz gemahnt, bevor das Finanzamt mit ganzer Härte zuschlägt und seine Forderung im Zweifelsfall auch mit gerichtlicher Hilfe eintreibt. Und solch ein Mahnverfahren hängt Ihnen noch Jahre bei der Schufa und anderen Auskunfteien nach.

19 Prozent für Vater Staat: Die Umsatzsteuer

Als Angestellter kennen Sie die Umsatzsteuer nur als Kostenposition, die Ihre Einkäufe um sieben oder sogar 19 Prozent teurer macht. Und in der Tat ist die Umsatzsteuer auch als Verbrauchssteuer konzipiert. Das heißt: Ihre Last soll der Endverbraucher tragen. Doch auch, wenn Sie künftig ausschließlich für andere Unternehmen arbeiten, können wir Sie nicht mit einer kurzen Einführung in die Umsatzsteuer verschonen – mit einer Ausnahme: Sie sind ein Kleinstunternehmer. Das klingt fies, soll aber eigentlich das Leben gerade von Gründern und Selbstständigen in einer Nische erleichtern.

Wer ist Kleinstunternehmer? Das sind Selbstständige mit einem Jahresumsatz von weniger als 17.500 Euro! Solange Sie diese Grenze nicht überschritten haben, können Sie sich von der Umsatzsteuer befreien lassen. Das heißt: Auf Ihre Rechnungen müssen Sie keine Umsatzsteuer aufschlagen, im Gegenzug können Sie aber bei Käufen auch keine Vorsteuer abziehen.

Interessant ist diese Regel in erster Linie für Freiberufler im Nebenberuf. Wer beispielsweise nach Feierabend noch Krimis verfasst oder ab und an einem Kumpel bei der Programmierung einer Website hilft, erzielt damit als Selbstständiger vielleicht ein paar Tausend Euro Einnahmen pro Jahr, aber nicht genug, um davon zu leben. Und auch nicht genug, um sich regelmäßig mit Umsatzsteuererklärungen & Co. herumzuschlagen.

Beim Thema Umsatzsteuer haben Sie als Unternehmer danach eine Wahlmöglichkeit: Entweder Sie deklarieren sich als Kleinstunternehmer und sind damit endgültig von der Beschäftigung mit dem Thema Umsatzsteuer befreit, verlieren aber zugleich Ihre Berechtigung zum Vorsteuerabzug. Oder Sie machen ebenfalls eine Umsatzsteuererklärung, nicht zuletzt, weil längst nicht alle Ihre Tätigkeiten umsatzsteuerbefreit sind. So fallen zum Beispiel viele gutachterliche Tätigkeiten nicht unter die Umsatzsteuerbefreiung. In diesem Fall können Sie die Beträge, die Sie als Vorsteuer gezahlt haben, beim Finanzamt geltend machen. Für den Rest gilt: Weiterlesen! Denn Sie sind umsatzsteuerpflichtig, das heißt, Sie haben überhaupt keine Wahl, ob Sie sich nun mit der Umsatzsteuer herumschlagen wollen oder nicht.

0 Prozent Umsatzsteuer – für heilkundliche Berufe

Es wäre zu simpel, wenn es nur einen Umsatzsteuersatz von 19 Prozent geben würde. Stattdessen gibt es gleich drei verschiedene Umsatzsteuersätze: 19, 7 und 0 Prozent. Und der Nullprozenter ist für Freiberufler zum Teil interessant. Denn nach § 4 Nummer 14 des Umsatzsteuergesetzes sind die Umsätze heilkundlicher Berufe steuerfrei. Sprich: Ärzte, Zahnärzte, Hebammen, Physiotherapeuten, Heilpraktiker und Co. rechnen ihre Leistungen brutto für netto ab.

Eine Steuer als durchlaufender Posten

Machen Sie sich zu Beginn eines klar: Die Umsatzsteuer, die Sie kassieren, gehört Ihnen nicht und Ihren Kunden stört die erhöhte Rechnung nicht, weil er Ihren Umsatzsteuerbeitrag als Vorsteuer absetzt. Ein Beispiel: Die Grafikerin Carlotta Perfekta stellt ihrem Kunden für eine Broschüre 40 Stunden à 50 Euro in Rechnung. Das macht 2.000 Euro Einnahmen für Carlotta. Ihre Rechnung lautet aber insgesamt über 2.380 Euro, denn zusätzlichen zu ihrer Arbeit stellt sie 19 Prozent Umsatzsteuer in Rechnung. Ihr Kunde überweist das Geld und verrechnet die 380 Euro Umsatzsteuer mit dem Betrag, den er selbst wiederum seinen Kunden als Umsatzsteuer in Rechnung gestellt hat. Und Carlotta überweist die 380 Euro auch gleich weiter ans Finanzamt.

Wer hat sich denn so etwas ausgedacht? Da muss jeder Freiberufler auf jeder Rechnung Umsatzsteuer ausweisen und am Ende bekommen die Kunden diese Steuer vom Finanzamt zurück? Ja, denn wie gesagt: Die Umsatzsteuer ist eine Verbrauchssteuer, die am Ende die Verbraucher tragen sollen. Dazwischen liegen allerdings unzählige Formulare, Gesetze und Verordnungen. Detailliert schreibt der Fiskus vor, was alles auf einer Rechnung stehen muss, damit er den Vorsteuerabzug akzeptiert. Achten Sie auf die folgenden Punkte penibel, denn sonst droht Ihren Kunden oder Ihnen im Rahmen einer Steuerprüfung wohlmöglich nachhaltiger Ärger und im schlimmsten Fall die Aberkennung der Vorsteuermöglichkeit.

Eine Rechnung muss enthalten:

✔ Ihren kompletten Namen und Ihre Adresse

✔ den kompletten Name und die Adresse des Kunden

✔ eine fortlaufende Rechnungsnummer

✔ das Rechnungsdatum

✔ Ihre Steuernummer beziehungsweise die USt-Identifikationsnummer

✔ die genaue Bezeichnung Ihrer Dienstleistung

✔ den Zeitraum der Leistungserbringung

✔ den Netto-Rechnungsbetrag

✔ gegebenenfalls. Spesen

✔ den separat ausgewiesenen Steuersatz

✔ den Gesamtbetrag

✔ die Kontoverbindung

✔ das Zahlungsziel

Alles unter Kontrolle

In der EU muss auf jeder Rechnung eine Steuernummer erkennbar sein. Wie Sie Ihre Umsatzsteuer-ID erhalten, erfahren Sie in Kapitel 10. So kann der Fiskus stichprobenartig kontrollieren, ob einem Abzug von Vorsteuer auch wirklich eine Zahlung von Umsatzsteuer gegenübersteht.

Die angenehme Seite: Der Vorsteuerabzug

Jetzt ist aber genug gemeckert über das bürokratische Monster Umsatzsteuer. Denn für Freiberufler hat sie einen besonderen Charme: Sie verbilligt den Einkauf aller betriebsnotwendigen Dinge um 19 beziehungsweise um sieben Prozent, wenn Sie beispielsweise eine Hotelübernachtung bei der Steuer geltend machen wollen. Denn wie für Ihren Kunden gilt auch für Sie: Sie sind zum Abzug der Vorsteuer berechtigt. Und das heißt: Die Summe aller Umsatzsteuerbeträge, die Sie Ihren Lieferanten gezahlt haben, können Sie von Ihrer Umsatzsteuerschuld abziehen – und zwar direkt.

Wenn Sie sich also einen neuen PC zu einem Ladenpreis von 799 Euro anschaffen, kostet Sie der nur 671,43 Euro. 127,57 Euro, sprich die im Ladenpreis enthaltenen 19 Prozent Umsatzsteuer, können Sie mit Ihrer nächsten Umsatzsteuervoranmeldung vom Fiskus zurückfordern.

Falls Ihre Kunden im vergangenen Monat Rechnungen in Höhe von 5.000 Euro bezahlt und Sie damit 950 Euro Umsatzsteuer kassiert haben, überweisen Sie nur 822,43 Euro an das Finanzamt. Und in dem unwahrscheinlichen Fall, dass Sie in diesem Monat gar keinen Umsatz gemacht haben, bekommen Sie die 125,57 Euro sogar vom Finanzamt auf Ihr Konto erstattet. Ja, das Finanzamt zahlt Ihnen in diesem Fall wirklich Geld aus.

 Kleinvieh macht auch Mist! Oder in diesem Fall: Kleine Beträge sparen auch Geld. Als Freiberufler tun Sie alles Mögliche, um Ihre Kunden bei Laune zu halten: ein Kaffee zur Begrüßung, Mineralwasser auf dem Besprechungstisch, ein Blumenstrauß im Eingang und eine Karte zum Firmenjubiläum. Als das sind betriebliche Ausgaben, die Sie von Ihrer Einkommensteuer absetzen können. Und in all diesen Ausgaben steckt Umsatzsteuer, die Sie als Vorsteuer absetzen können. Auch wenn es lästig fällt, Cent-Beträge zu erfassen, sollten Sie dies machen. Wer jeden Monat zehn Euro spart, ist schließlich am Ende des Jahres um 120 Euro reicher.

Immer wieder Zahltag

Noch einmal: Die Umsatzsteuer gehört Ihnen nicht – sie ist einfach nur lästig. Denn Sie müssen sie nicht nur Ihren Kunden korrekt in Rechnung stellen, sondern sie auch regelmäßig ans Finanzamt überweisen. Wie häufig der Fiskus von Ihnen Geld sehen will, hängt von Ihrem wirtschaftlichen Erfolg ab:

✔ Wer im Vorjahr weniger als 1.000 Euro Umsatzsteuer an den Fiskus gezahlt hat, muss nur einmal pro Jahr seine Umsatzsteuer deklarieren.

✔ Wer von seinen Kunden zwischen 1.000 und 7.500 Euro Umsatzsteuer kassiert hat, muss alle drei Monate eine Umsatzsteuervoranmeldung abgeben.

✔ Wer mehr als 7.500 Euro Umsatzsteuer kassiert hat, kann sich immer den 10. des Folgemonates im Kalender markieren: Denn dann ist wieder die monatliche Umsatzsteuervoranmeldung fällig.

 Bei Neustartern gibt sich das Finanzamt im ersten Jahr meist mit einer vierteljährlichen Vorauszahlung zufrieden. Unabhängig davon sollte aber jeder seine Umsatzsteuerschuld jeden Monat beiseite legen, um am Zahlungstag nicht in Verzug zu geraten.

Bei der Umsatzsteuervoranmeldung stellen Sie einfach zwei Positionen gegenüber: Die Höhe der von Ihnen kassierten Umsatzsteuer und die von Ihnen vorgelegten Vorsteuerbeträge; die Differenz gehört dem Finanzamt beziehungsweise wird vom Fiskus erstattet (siehe Tabelle 16.1).

Umsatzsteuerrechung	Betrag
Eingenommene Umsatzsteuer	1000 Euro
Gezahlte Vorsteuer	300 Euro
Zu zahlende Steuer an das Finanzamt	700 Euro

Tabelle 16.1: So viel Umsatzsteuer ist fällig

Virtuell oder persönlich: Hier finden Sie Unterstützung

Wenn Ihnen jetzt der Kopf schwirrt und Sie ernsthaft darüber nachdenken, ob Sie nicht doch lieber ein Angestellter bleiben, möchten wir Sie beruhigen. Schon nach kurzer Zeit ist die Umsatzsteuervoranmeldung nur noch eine Sache von einer halben Stunde und selbst die Steuererklärung lässt sich in überschaubarer Zeit bewältigen. Je größer und komplexer Ihr Geschäft indes wird, um so eher sollten Sie auf professionelle Hilfe zurückgreifen.

Per Mausklick zum Finanzamt

Spät entdeckte der Fiskus das Internet, aber mittlerweile macht er sich dessen Vorteile gern zunutze. Als Freiberufler spüren Sie dies insbesondere bei Ihrer regelmäßigen Umsatzsteuervoranmeldung, die Sie locker ohne Hilfe Ihres Steuerberaters erledigen können. Das Zauberwort heißt _Elster_. Der poetische Name steht in Langform für Elektronische Steuererklärung;

da klingt Elster doch viel hübscher. Unter www.elster.de können Sie nicht nur zahlreiche Formulare herunterladen, sondern eben mittlerweile auch Ihre Steuererklärung online abgeben. Von Jahr zu Jahr verbessern die Entwickler dabei die Nutzerführung. Im Wesentlichen fordert Elster drei Angaben zu Ihrer Umsatzsteuervoranmeldung:

✔ Persönliche Angaben, wie Steuernummer und Kontaktdaten

✔ Ihre Umsätze

✔ Ihre Vorsteuerbeträge

Nach einem Plausibilitätscheck geht das Formular dann direkt an Ihr zuständiges Finanzamt. Entweder haben Sie diesem jetzt auch schon einen Abbuchungsauftrag erteilt oder Sie überweisen Ihre Steuerschuld selbst.

Und das Elster-Programm kann noch mehr: Mit Elster könnten Sie theoretisch auch Ihre gesamte Steuererklärung elektronisch erledigen, doch dazu müssen Sie eine Menge Vorarbeiten leisten.

Steuerprogramme erleichtern das Leben

Aldi hat sie ebenso im Sortiment wie Softwarehändler und Kaufhäuser: Steuerprogramme. Diese systematisieren die Eingabe von Belegen und werfen im Idealfall am Ende eine vorgefertigte Steuererklärung aus. Ob Sie sich auf diese Programme einlassen, ist eine reine Geschmacksfrage. Während der eine die Nutzerführung und die zahlreichen Nachfragen schätzt, gibt der nächste nach einer halben Stunde auf, weil er sich immer noch im Punkt Dienstwagen befindet.

Sie sehen also: Es gibt nicht das eine, perfekte Steuerprogramm, sondern für jede Berufsgruppe und jedes Nutzerverhalten eine gute Lösung. Um eine für Sie passende Lösung zu finden, sollten Sie bestehende Anwender aus Ihrer Branche um Rat fragen, die sich mit den Tücken der Software schon länger beschäftigt haben. Bevor Sie dann eine Kaufentscheidung treffen, sollten Sie noch einmal gründlich überlegen, was eine solche Software leisten soll. Das Spektrum reicht von der Erledigung der kompletten Buchhaltung bis hin zur simplen Unterstützung bei der Steuererklärung. Wie hätten Sie's denn gerne?

Gerade Ein-Mann-Unternehmer sollten abwägen, wie viel Zeit sie mit ihrer Steuererklärung selbst verbringen wollen und an welchem Punkt dann doch ein Steuerberater schneller und effizienter arbeitet. Im Alltag setzt sich bei vielen eine Mischung aus der cleveren Nutzung von Excel und Elster und der Zusammenarbeit mit einem Profi durch.

Bei dieser Variante erfassen Freiberufler in einem Excel-Sheet sämtliche Zahlungsströme in ihrer Firma (siehe Abbildung 16.1). Das heißt für Sie: Sie nehmen sich den letzten Kontoauszug vor und sortieren die Einnahmen und Ausgaben in die verschiedenen Rubriken, von der Bewirtung bis zur Kfz-Reparatur. Im gleichen Excel-Sheet erfassen Sie Ihre Barausgaben für Briefmarken, Kaffee und Taxifahrten. Bei jedem einzelnen Beleg trennen Sie den Nettobetrag und die Umsatzsteuer und können so Monat für Monat mit wenigen Mausklicks sämtliche Daten für Ihre Umsatzsteuervoranmeldung zusammentragen. Am Jahresende geht die simple Tabellenkalkulation an einen Steuerberater, der stichprobenartig prüft, ob Sie auch alles richtig gemacht haben, und der danach auf dieser Basis Ihre Einkommensteuererklärung erstellt.

Beratung

Nr.	Text	Privat		Einnahmen				Bezogene Leistungen	Personalausgaben
		Konto	Einlagen/ Entnahmen	UST 19 %	UST 7 %	Einnahm. Netto	Umsatz- steuerer- stattung		
	Vortrag 1. Januar								
	Rechnung 134	1190,00		190		1000			
	Porto		10,00						
	Tanken		49,90						
	Bewirtung Dr. Müller	68,00							
	Rechnung 129	1785,00		285		1500			

Ausgaben

GWG	KFZ- Kosten	Raum- kosten	Geschenke	Bewirtung	Reise- kosten	Post	Telefon	Büro- bedarf	Zeitschriften, Bücher	gezahlte Vorsteuer
						10				
	41,93									7,97
				57,14						10,86

Abbildung 16.1: Ihre persönliche Steuertabelle auf einen Blick

 Die Steuertabelle gibt es auch unter `http://www.wiley-vch.de/publish/dt/books/ISBN978-3-527-70654-9` zum Herunterladen.

Ein Partner fürs (Freiberufler-) Leben: Der Steuerberater

Generell gilt: Je erfolgreicher Sie am Markt agieren, desto eher sollten Sie mit einem Steuerberater zusammenarbeiten. Aus drei Gründen:

1. Mit der Größe Ihres Unternehmens steigt in der Regel auch die Komplexität der Geschäftsvorfälle. Ausländische Kunden kommen ebenso hinzu wie Mitarbeiter und größere Anschaffungen.

2. Die Zusammenarbeit mit einem externen Profi hilft Ihnen dabei, sich den Rücken für das Wesentliche freizuhalten: die Gewinnung und Betreuung von Kunden und die Weiterentwicklung Ihres Angebots.

3. Mit einem Steuerberater gewinnen Sie auch einen wertvollen Berater in kaufmännischen Fragen.

Einzige Voraussetzung: Sie finden den richtigen Berater! Und das muss nicht unbedingt der Spezl vom Stammtisch oder der nette Herr im Büro um die Ecke sein, der immer so freundlich grüßt. Da der Wechsel eines Steuerberaters zeitaufwändig ist, sollten Sie bei dessen Auswahl Sorgfalt walten lassen. Die folgenden Punkte erleichtern die Entscheidungsfindung:

✔ Ihr Steuerberater versteht Ihre Branche und Ihre Geschäftätigkeit. Das zeigt sich in der Regel bereits im ersten Gespräch und an der Neugier Ihres Gegenübers. Positiv zu werten sind auch einschlägige Erfahrungen in Ihrer Branche.

✔ Ihr Steuerberater agiert auf Augenhöhe mit Ihnen. Und das heißt: Als Freiberufler sind Sie in der Regel am besten bei einem Freiberufler mit einer kleinen Kanzlei aufgehoben. Nur dort ist gewährleistet, dass Sie auch über Jahre denselben Ansprechpartner haben.

✔ Sie vertrauen Ihrem Steuerberater. Verlassen Sie sich hierbei auf Ihr Bauchgefühl, schließlich bekommt der Mann oder die Frau Einblicke in Ihr geschäftliches und privates Vermögen wie kaum ein Zweiter.

Da mit dem Fiskus in der Regel nicht zu spaßen ist, sollten Sie bei all diesen Themen nichts dem Zufall überlassen. Je korrekter und übersichtlicher Sie Ihre Einnahmen und Ausgaben darstellen, desto leichter fällt Ihnen die Zusammenarbeit mit Ihrem örtlichen Finanzamt – und desto mehr können Sie sich auf Ihre eigentlichen Aufgaben konzentrieren und so Ihr Freiberuflerdasein erfolgreich gestalten.

Lieber auf Nummer sicher gehen

In diesem Kapitel

▶ So viel Versicherung muss sein

▶ Was für private und was für gesetzliche Anbieter spricht

▶ Besonderheiten für klassische Freiberufler und Künstler

Gerade zu Beginn eines Freiberuflerlebens verschließen viele die Augen vor dem Thema Versicherungen und starten einfach ohne diesbezügliche Vorkehrungen in das neue Leben. Eine höchst riskante Strategie – besonders, wenn bereits Kinder auf der Welt sind. Dieses Kapitel soll jetzt nicht dazu dienen, Ihnen ein Rundum-Sorglos-Paket zu verkaufen, es soll Sie vielmehr für das Thema Versicherungen sensibilisieren. Denn der eine oder andere Schutz ist auch für Selbstständige unerlässlich. Dazu zählen

✔ Krankenversicherung

✔ Berufsunfähigkeitsschutz

✔ Altersvorsorge

✔ Absicherung der Familie im Todesfall

Wer als Anwalt, Steuerberater oder Schriftsteller startet, kommt sowieso nicht umhin, sich zu Beginn seines freien Lebens mit dem Thema Versicherungen auseinanderzusetzen. Denn sowohl bei den sogenannten Kammerberufen als auch bei der stetig wachsenden Heerschar von Künstlern gibt es besondere Institutionen, die der Altersvorsorge und Krankenversicherung ihrer Klientel dienen. Die Krankenkassen-Gretchenfrage: Privat oder gesetzlich?

Als Angestellter war das alles ganz einfach: Wer ein Normalverdiener war, wurde automatisch Mitglied einer gesetzlichen Krankenkasse. Wer zu den Besserverdienern zählte, hatte ein einmaliges Wahlrecht, ob er weiter Mitglied einer gesetzlichen Krankenkasse bleiben oder zu einem privaten Anbieter wechseln wollte – Rückkehr ausgeschlossen.

Wer sich bereits als Angestellter für die private Versicherung entschieden hat, kann die folgenden Ausführungen getrost überspringen. Denn er bleibt, von wenigen Ausnahmen abgesehen, auch weiterhin Mitglied dieser Versicherung. Alle anderen können dagegen jetzt wählen: Versichern Sie sich weiterhin freiwillig gesetzlich oder erliegen Sie den Verlockungen der privaten Krankenversicherer? Die Entscheidung hierüber hängt im Wesentlichen von folgenden Faktoren ab:

✔ **Alter**. Der Beitrag bei privaten Anbietern steigt mit zunehmendem Lebensalter.

✔ **Familienstand**. Während die gesetzliche Versicherung Kinder beitragsfrei mitversichert, werden bei den privaten für jeden zusätzlich Versicherten Extra-Beiträge fällig.

✔ **Krankengeschichte.** Private Versicherer verlangen einen Gesundheitscheck vor Vertragsabschluss und fordern beispielsweise von Kurzsichtigen oder Unfallgeschädigten Zuschläge. Bei den Gesetzlichen gilt: Ein Beitrag für alle.

✔ **Lebensart.** Auch Raucher und Extremsportler zahlen bei den privaten Anbietern extra. Gar nicht so verkehrt, schließlich verursachen sie in der Regel ja auch höhere Krankheitskosten.

✔ **Ansprüche an die ärztliche Betreuung.** Die Privaten locken mit Zauberworten wie Zweibettzimmer und Chefarztbetreuung. Als gesetzlich Versicherter macht man schon mal mit überfüllten Wartezimmern Bekanntschaft, selbst wenn man sowieso schon ewig auf einen Termin gewartet hat.

Was für die gesetzliche Versicherung spricht

Wer als Angestellter in einer gesetzlichen Krankenkasse (GKV) versichert war, kann dies als Freiberufler samt seiner Familie auch bleiben. Und genau in diesem »samt« steckt vermutlich der größte Vorteil von AOK, Barmer & Co.: Kinder kosten hier nämlich nicht extra, sondern sind beitragsfrei mitversichert. Aber dies sind nicht die einzigen Vorteile:

✔ Die Beitragsbemessungsgrenze deckelt den Höchstbeitrag.

✔ Männer und Frauen zahlen dieselben Beiträge.

✔ Ärzte und Versicherer rechnen direkt miteinander ab. Als Versicherter zahlen Sie lediglich Praxisgebühr.

✔ Die GKV versichert jeden – ohne Gesundheitsprüfung.

Fragt sich, was diese Vorteile kosten. Und jetzt wird es kompliziert: Angestellte beziehungsweise deren Arbeitgeber zahlen einfach hälftig bis zur Beitragsmessungsgrenze den einheitlichen Beitragssatz. Und Nicht-Angestellte? Auch für sie gilt die sogenannte Beitragsbemessungsgrenze – das Einkommen, bis zu dessen Höhe Beiträge fällig sind. 2009 lag diese Größe bei 3.675 Euro pro Monat.

Und auch Sie als Freiberufler zahlen einen einheitlichen Beitragssatz. Aber der beläuft sich nicht auf 14,9 Prozent, sondern auf 14,3 Prozent. Warum? Weil Freiberufler, anders als Angestellte, keinen Anspruch auf Krankentagegeld haben und dieses Risiko entweder zusätzlich versichern oder selbst tragen.

 Vorsicht bei längeren Krankheiten. Freiberufler haben keinen Anspruch auf Lohnfortzahlung im Krankheitsfall und keinen Anspruch auf Krankentagegeld. Sprich: Falls Sie tatsächlich einmal schwer erkranken sollten, müssen Sie vom ersten Tag an auf Ihre Rücklagen zugreifen. Vor diesem Hintergrund kann der Abschluss einer Krankentagegeldversicherung sinnvoll sein!

Alles klar? Tja, dann können wir es ja noch ein wenig schwieriger machen: Denn anders als Angestellte zahlen Selbstständige in der GKV immer und immerzu einen Mindestbeitrag – und der liegt bei 14,3 Prozent der knapp hälftigen Beitragsbemessungsgrenze, 2009 waren das 1.863,75 Euro. Dass heißt im Klartext: In Ihrem Businessplan müssen Sie mindestens knapp 270 Euro pro Monat für Ihre Krankenversicherung einkalkulieren.

Und dafür müssen Sie im Vergleich zu den Privaten auch noch ein paar Nachteile in Kauf nehmen. Dazu zählen:

✔ längere Wartezeiten

✔ Mehrbettzimmer im Krankenhaus

✔ höhere Zuzahlungen beispielsweise beim Zahnersatz

✔ eine tendenziell sinkende Zahl von Leistungen

Auf der anderen Seite sei jedoch betont, dass es bei den Gesetzlichen im Gegensatz zu den Privaten eine Beitragshöchstgrenze gibt: Für die GKV werden nie mehr als knapp 550 Euro (Stand 2010 und ohne Berücksichtigung von Zusatzbeiträgen) fällig. Das kann bei privaten Anbietern ganz anders aussehen, besonders, wenn Sie das 45. oder 50. Lebensjahr überschritten haben.

So viel Geld kostet Sie die GKV

Am Anfang steht die Frage nach Ihrem Einkommen – und zwar Ihres gesamten Einkommens, also auch Ihrer Zinsen und Mieteinnahmen. Wenn dieses gesamte Einkommen die Beitragsbemessungsgrenze überschreitet, zahlen Sie als Freiberufler Monat für Monat den Höchstbeitrag zur GKV. Mit einem entsprechenden Einkommensteuerbescheid oder einem Bescheid über Einkommensteuervorauszahlungen können Sie Ihre Kasse aber auch davon überzeugen, dass Sie weniger verdienen. Dann erhebt die Krankenkasse nur auf Ihr tatsächliches Einkommen den reduzierten Beitragssatz für Selbstständige. Weniger als knapp 270 Euro pro Monat werden das allerdings nie, denn für Selbstständige gilt ein Mindestbeitrag.

Und was private Versicherer bieten

Die private Krankenversicherung (PKV) in Deutschland punktet genau dort, wo die gesetzliche Konkurrenz schwächelt. Sie wirbt mit

✔ Chefarztbehandlung

✔ geringen Wartenzeiten

✔ Ein- oder Zweibettzimmern im Krankenhaus

✔ mehr Leistungen beispielsweise bei alternativen Heilmethoden

Dass Ärzte solchermaßen Versicherte hofieren, hat erst einmal einen ganz nüchternen Hintergrund: Sie verdienen mit Privatversicherten einfach mehr. Im Umkehrschluss bedeutet diese höhere Zahlungsbereitschaft allerdings auch, dass die Privaten nicht unbedingt günstiger sind als die Gesetzlichen. Im Gegenteil:

✔ Mit zunehmendem Alter steigen hier die Beiträge.

✔ Jedes Kind muss extra versichert werden.

✔ Bei Vorerkrankungen verlangen die Versicherungen Zuschläge.

Anders als bei den gesetzlichen Krankenkassen sind diese Beiträge unabhängig vom Einkommen. Sie richten sich vielmehr nach versicherungsmathematischen Wahrscheinlichkeiten. Und die entscheidende Wahrscheinlichkeit lautet: Jüngere werden seltener krank! Daher können die privaten Anbieter Jüngere auch mit günstigeren Tarifen locken. Über die Jahre folgt dann Beitragserhöhung auf Beitragserhöhung, sodass die Ersparnis der frühen Jahre nach und nach aufgezehrt wird. Allein aus Sparsamkeit sollte daher kein Freiberufler zu den Privaten wechseln. Denn nach den jüngsten Gesundheitsreformen ist dies eine Entscheidung fürs Leben. Während Sie beispielsweise früher noch als Arbeitsloser zurück zur GKV konnten, sind inzwischen nahezu alle Schlupflöcher verschlossen.

 Drum prüfe, wer sich ewig bindet. Wenn Sie sich für eine private Versicherung interessieren, heißt der entscheidende Rat: Nehmen Sie sich Zeit und vergleichen Sie in Ruhe alle Angebote. Ziehen Sie auch Vergleiche in Medien zurate, die beispielsweise die Beitragssteigerungen der Vergangenheit analysieren. Und falls Sie nicht hundertprozentig überzeugt sind, dass Sie den richtigen Schritt machen, lesen Sie erst einmal den nächsten Tipp.

 Das Beste aus beiden Welten. Angesichts der im Alter drohenden Beitragsexplosion bei der PKV und den unzureichenden Leistungen der GKV setzen viele Freiberufler auf eine Doppelstrategie: Sie sichern ihr Gesundheitsrisiko und das ihrer Familie in der GKV ab und schließen private Zusatzversicherungen beispielsweise für den Zahnersatz oder den Krankenhausaufenthalt ab, sobald es das Einkommen zulässt. Über ein Erwerbsleben hinweg ist eine solche Strategie in vielen Fällen kostengünstiger als die Vollversicherung bei den Privaten.

Krank für den Rest des Lebens – Die Berufsunfähigkeit

»Ach, ich werde schon nicht berufsunfähig«, denkt sich jetzt der eine oder andere Schreibtischtäter und blättert zur nächsten großen Überschrift weiter.

Stopp! Sicher wussten Sie nicht, dass

✔ in Deutschland jeder vierte Arbeitnehmer vor dem Renteneintritt aus gesundheitlichen Gründen berufsunfähig wird

✔ die wichtigsten Ursachen hierfür nicht Unfälle, sondern schlichter Verschleiß sind, beispielsweise Wirbelsäulen- und Gelenkschäden sowie zunehmend auch psychische Leiden

Dies zeigt: Sie sollten sich mit diesem – zugegebenermaßen unerfreulichen – Fall der Fälle auseinandersetzen. Denn für Sie als Freiberufler bedeutet Krankheit und nachfolgende Berufsunfähigkeit vom ersten Tag an eines: Keine Einnahmen mehr!

Damals, im letzten Jahrtausend im Wirtschaftswunderland Deutschland, war das Thema noch nicht derart virulent. Denn früher zahlte die Rentenversicherung bei Berufsunfähigkeit vorzeitig Rente. Doch das ist Vergangenheit: Eine volle Rente wegen Erwerbsminderung bekommt laut dem sechsten Buch des Sozialgesetzesbuch, Paragraf 43, nur derjenige, der

»wegen Krankheit oder Behinderung auf nicht absehbare Zeit außerstande ist, unter den üblichen Bedingungen des allgemeinen Arbeitsmarktes mindestens drei Stunden täglich erwerbstätig zu sein ...«

Wer mindestens sechs Stunden täglich erwerbstätig bleiben kann, bekommt nur die halbe Erwerbsminderungsrente. Nichts findet sich in diesem Gesetz mehr davon, dass man lediglich in seinem eigenen Beruf nicht mehr oder nur noch eingeschränkt tätig sein kann. Das neue Credo lautet: Wer noch irgendetwas machen kann, soll das machen, statt Rente zu kassieren. Und eine solche Erwerbsminderungsrente kann im Übrigen auch nur der beanspruchen, der mindestens fünf Jahre in die Sozialkassen eingezahlt hat. Freiberufler beispielsweise, die direkt nach dem Studium in die Selbstständigkeit gestartet sind, schauen somit in die Röhre.

Dagegen hilft nur eins: eine Versicherung. Deren Kosten hängen von verschiedenen Faktoren ab:

✔ Ihrem persönlichen Risiko, vorzeitig berufsunfähig zu werden

✔ der Risikogruppe, in die Sie Ihr Versicherer einteilt

✔ Ihrem Alter bei Eintritt

✔ dem gewählten Leistungsangebot

✔ dem Zahlungsbeginn

Je länger Sie auf Ihre finanziellen Reserven zurückgreifen, bevor die Versicherung einspringt, je risikoärmer Ihre Tätigkeit ist und je jünger Sie bei Vertragsabschluss sind, desto geringer ist der Beitragssatz. Im Klartext: Eine gute Nachricht für alle Schreibtischtäter der Geburtsjahre 1975 und später und ein echter Kostenblock für körperlich Schaffende. Wer beispielsweise als 30-jähriger Berater eine Berufsunfähigkeitsversicherung über eine Rente von 1.500 Euro abschließt, kommt mit Beiträgen von 55 bis 75 Euro pro Monat hin.

Kombiniere! In vielen Fällen lassen sich Berufsunfähigkeitsversicherungen mit Lebens- beziehungsweise Rentenversicherungen verbinden. Ob sich das lohnt, ist am Ende eine Kostenfrage.

Aber Vorsicht: Versicherung ist längst nicht gleich Versicherung. Die Tücke bei der Berufsunfähigkeit liegt im Kleingedruckten. Achten Sie bei der Auswahl unbedingt auf die folgenden Kriterien:

✔ **Enge Fassung der Berufsunfähigkeit.** Mancher Vertrag enthält eine sogenannte abstrakte Verweisung. Das bedeutet: Der Versicherer zahlt nicht, solange Sie noch ähnliche Tätigkeiten ausüben können, egal ob Sie das wollen und können oder nicht.

✔ **Früher Zahlungsbeginn.** Nach sechs Monaten sollte die Versicherung auch wirklich zahlen – und nicht, wie in manchen Fällen, erst nach drei Jahren.

✔ **Rückwirkung.** Häufig ignorieren Sie die Beschwerden, die zur Berufsunfähigkeit führen, erst einmal oder rechnen einfach nicht mit dem endgültigen Aus. Eine gute Versicherung zahlt bei Eintritt der Berufsunfähigkeit auch rückwirkend.

✔ **Lange Laufzeit.** Ihre Versicherung sollte auf jeden Fall so lange laufen, bis Sie Zugriff auf Ihre Altersvorsorge in Form von Rentenversicherungen und anderen Vermögensanlagen bekommen.

 Beantworten Sie die Fragebögen und die Fragen eines eventuell hinzugezogenen Arztes immer und in jedem Fall wahrheitsgemäß. Wer hier bewusst etwas verschweigt, um seinen Beitrag zu drücken, riskiert den Versicherungsschutz!

Und was ist im Falle eines Unfalls?

Neben der Berufsunfähigkeitsversicherung schließen viele auch noch eine private Unfallversicherung ab und decken damit zusätzlich das Risiko möglicher negativer Folgen eines privaten Unfalls ab. Immerhin gibt es in Deutschland pro Jahr bis zu acht Millionen Verletzte nach Unfällen. Manch einer verzichtet sogar auf den Berufsunfähigkeitsschutz und verlässt sich voll und ganz auf die die Versicherung gegen Unfälle, frei nach dem Motto, wenn ich einen Unfall habe und nicht mehr arbeiten kann, dann schützt mich auch eine solche Police.

Sachlicher Hintergrund dieser Sorglosigkeit: Die Unfallversicherung ist erheblich preisgünstiger als die Berufsunfähigkeitsversicherung – und das aus gutem Grund. Denn sie deckt längst nicht so umfassend die Risiken gerade im fortschreitenden Berufsleben ab. Sie ist am Ende »nur« eine Unfallversicherung. Und das statistische Risiko, auf Grund eines privaten Unfalls Invalide zu werden, ist nun einmal erheblich geringer als das Risiko der Berufsunfähigkeit. Wer also auf Nummer sicher gehen will, vergleicht sorgfältig die Angebote der Anbieter privater Unfallversicherungen und schließt hier noch eine Police ab, die in der Regel je nach Alter nicht mehr als 150 bis 300 Euro kostet. Viele Freiberufler verzichten indes auf diesen Zusatzschutz.

Ein Leben nach dem Beruf – Die Altersvorsorge

Wir wünschen Ihnen, dass Sie niemals von Ihrer Berufsunfähigkeitsversicherung Gebrauch machen müssen, sondern bis ins hohe Alter hinein Ihren beruflichen Aufgaben erfolgreich und mit Spaß nachgehen können. Denn einer der zahlreichen Vorteile von Freiberuflern ist, dass es für sie kein staatlich festgelegtes Renteneintrittsalter gibt. Ob und wann Sie sich aus dem Berufsleben zurückziehen, hängt allein von Ihrer persönlichen Entscheidung ab – und natürlich der Ihrer Kunden, die sich vielleicht irgendwann doch einem jüngeren Kollegen zuwenden.

Ab diesem Tag müssen Sie von Ihrem Ersparten leben. Je früher Sie sich damit beschäftigen, wie Sie Ihr Einkommen im hohen Alter bestreiten wollen, desto besser. Am besten starten Sie mit einem Kassensturz. Denn wenn Sie bereits zehn Jahre oder mehr als Angestellter verbracht haben, haben Sie schon einige Ansprüche angesammelt:

✔ **Staatliche Rente.** Einmal pro Jahr informiert Sie die staatliche Rentenversicherung, wie viel Rente Sie eines Tages erwarten dürfen.

✔ **Betriebsrente.** Gerade in größeren Betrieben ist die Betriebsrente unverändert eine gängige Form der Altersvorsorge.

✔ **Riester-Renten oder andere Sparformen.** Auch hier sammeln sich über die Jahre erkleckliche Beträge an.

✔ **Eigenheim.** Vielleicht haben Sie sogar schon eine eigene Immobilie erworben und mit der Schuldentilgung begonnen?

Dies alles wird aber nicht reichen, Ihren gewohnten Lebensstil als 70- oder 80-Jähriger aufrechtzuerhalten. Daher sollten Sie bereits zu Beginn Ihres Freiberuflerlebens systematisch das Thema Altersvorsorge angehen – und zwar in drei Schritten:

1. Festlegung der notwendigen Rente

2. Auswahl der geeigneten Anlageformen

3. Umsetzung durch monatliche Sparbeträge

Am Anfang steht die Frage, wie viel Geld Sie denn gern hätten. Um diese zu beantworten, sollten Sie Ihr aktuelles Nettoeinkommen nehmen, sofern Sie damit den gewünschten Lebensstil bestreiten können, und davon ein Viertel oder ein Drittel abziehen. Anschließend haben Sie eine ungefähre Vorstellung davon, was Sie im Alter Monat für Monat ausgeben wollen. Dementsprechend hoch muss die Summe sein, die Sie ansparen sollten, um Ihren Lebensabend unbesorgt genießen zu können.

Nicht erschrecken! In der Regel kommt bei einer solchen Rechnung ein enorm hoher Betrag heraus, der schon mal an der Millionengrenze kratzt – vor allem, wenn Sie nicht von den Ersparnissen selbst, sondern von den Erträgen leben möchten . Wie Sie das schaffen wollen? Indem Sie geschickt und gut beraten das ganze Spektrum der Ihnen zur Verfügung stehenden Anlageformen nutzen. Eine kleine Auswahl gefällig?

✔ Die eigene Immobilie

✔ Mietwohnungen

✔ Kapitallebensversicherung

✔ Private Rentenversicherung

✔ Freiwillige Beiträge zur gesetzlichen Rentenversicherung

✔ Aktien und Fonds

Ein Dreh- und Angelpunkt ist sicher die eigene Immobilie: Wer im Alter im eigenen abbezahlten Haus wohnt, hat erheblich weniger laufende Ausgaben als ein Mieter. Andere Ausgaben hat er allerdings trotzdem, sodass es auch keine sinnvolle Strategie ist, alles Ersparte in die Villa am Stadtrand zu stecken.

Natürlich kann dieses Buch hier eine umfangreiche Beratung für die Altersvorsorge nicht ersetzen. Daher erst einmal ein Tipp:

Lassen Sie sich unbedingt umfassend und von mehreren Experten beraten! Mögliche Anlaufstellen sind nicht nur die Bankfiliale an der Ecke, sondern auch Konkurrenzinstitute, Versicherer und Vermögensberater. Wer schon länger in die staatliche Rentenkassen eingezahlt hat, sollte auch diese konsultieren, um herauszufinden, ob es sinnvoll ist, noch weiter in diesen Topf einzuzahlen.

Vorsicht vor der Rentenlücke. Gern legen Ihnen Berater beim zweiten Gespräch eine Übersicht vor, aus der hervorgeht, dass Ihnen Millionen fehlen, um Ihre » Rentenlücke« zu schließen, sprich: die Differenz zwischen Ihrem aktuellen und dem Zielvermögen, das Sie benötigen, um Ihren Lebensstandard zu halten. Hinterfragen Sie auf jeden Fall sämtliche Annahmen. So berechnen Berater Ihre Altersvorsorge gern mal unter der Maßgabe des Vermögenserhaltes. Was bedeutet, dass Sie Ihre Altersvorsorge allein aus Zinsen bestreiten und das Vermögen ungeschmälert an die nächste Generation vererben. Das ist natürlich eine persönliche Entscheidung, aber Sie sollten wissen, dass Sie zumindest einen Teil Ihres Vermögens durchaus auch selbst verzehren können – und sich Ihre Rentenlücke dadurch natürlich erheblich mindert!

In diesen Beratungsgesprächen werden Sie immer wieder auf bewährte Faustregeln hingewiesen – und diese sollten Sie auch beherzigen. Dazu zählt insbesondere das Thema Streuung! Wer in eine Rentenversicherung einzahlt, in eine Immobilie investiert und jeden Monat einen Aktiensparplan füttert, läuft weniger Gefahr, während eines Börsen- oder Immobiliencrashs sein gesamtes Vermögen zu verlieren. Die eigene Immobilie schützt zudem vor Inflation, wenn beispielsweise Rentenwerte unter Druck geraten.

Eine zweite wichtige Grundregel lautet: Kontinuität! Altersvorsorge darf nicht zur Restgröße verkommen, bei der Sie das Geld, dass Sie nicht für Ihre Lebenshaltung benötigen, zur Seite legen. Vielmehr sollten Sie Sparbeiträge festlegen, die Monat für Monat von Ihrem Konto abgebucht werden. Das gilt für die Tilgung einer Immobilie sowieso, betrifft aber auch Versicherungsbeiträge oder Sparpläne. Und falls es knapp wird, sollten Sie erst einmal Ihre privaten Ausgaben durchforsten, bevor Sie bei der Altersvorsorge den Rotstift ansetzen. Denken Sie immer dran: Sie werden länger leben als Sie in der Regel arbeiten wollen – und für den Fall sollten Sie vorsorgen.

Glücklicher Freiberufler

Noch mit 81 Jahren praktiziert ein rheinländischer Anwalt mit Leib und Seele in seine Kanzlei. Sicher, er hatte mit 70 Jahren nach einer fünfjährigen Übergangszeit seine florierende Kanzlei an einen Jüngeren übergeben und von diesem einen erheblichen Betrag als Kaufpreis erhalten. Doch kurze Zeit später wurde dem Juristen langweilig und er wurde wieder aktiv. Ohne seinem Ex-Partner Mandanten wegzunehmen, akquirierte er erneut dort, wo Rheinländer Geschäfte machen: beim Karneval, beim Fußball und beim Golfen. Hatte er das Geschäft zunächst noch vom Home Office aus betrieben, suchte er sich angesichts des wachsenden Mandantenstroms rasch wieder ein paar Büroräume und eine gute Mitarbeiterin. Seine Altersvorsorge bleibt derweil unangetastet. Mittlerweile sieht er sie als das perfekte Startkapital für seine acht Enkelkinder. Wenn es nach ihm ginge, würden sie Freiberufler wie er – ein Leben lang.

Wer eine Praxis oder Kanzlei betreibt oder im Lauf seines Berufslebens aus seinem Ein-Mann-Unternehmen einen florierenden Betrieb aufbaut, hat noch eine weitere Quelle für Alterseinkünfte: die eigene Firma. Deren Verkauf spült häufig einen sechsstelligen Betrag in die Kasse und mindert den Zwang, ein Leben lang Monat für Monat Geld zur Seite zu legen. Zu 100 Prozent sollte man sich darauf aber auf keinen Fall verlassen: Wer weiß schon, ob das eigene Büro in 20 oder 30 Jahren in so einem Zustand sein wird, dass Käufer Schlange stehen?

Die wichtigsten Grundregeln zum Thema Altersvorsorge noch einmal in Kürze:

1. Machen Sie einen Kassensturz und beziehen Sie mögliche Rentenzahlungen aus Ihrer Zeit als Angestellter in sämtliche Berechnungen mit ein.

2. Je früher Sie mit Ihrer Altervorsorge beginnen, desto besser.

3. Kontinuität zahlt sich aus: Legen Sie jeden Monat einen Teil Ihres Einkommens für die Altersvorsorge zurück.

4. Vergleichen Sie gründlich. Lassen Sie sich bei der Auswahl geeigneter Produkte Zeit.

5. Streuen Sie das Risiko und investieren Sie in verschiedene Produkte.

6. Investieren Sie in die eigenen vier Wände und in die eigene Firma – zwei wichtige Säulen der Altersvorsorge für Freiberufler.

Eine Versicherung für Ihr Leben

Jetzt fehlt noch ein wichtiges Thema für Ihren Überblick in Sachen Schutz gegen die Unbilden des Lebens: die Risikolebensversicherung. Mit einer solchen Versicherung sichern Sie Ihre Familie gegen das Risiko Ihres Todes ab. Klar, niemand will an einen solchen Fall denken und glücklicherweise kommt eine solche Versicherung auch nur in den seltensten Fällen zum Tragen. Aber im Fall der Fälle gibt es den Hinterbliebenen zumindest für einige Jahre die notwendige materielle Sicherheit, um sich nach dem Tod des Hauptverdieners neu zu orientieren.

Wer eine Familie hat, sollte also in Erwägung ziehen, eine Risikolebensversicherung abzuschließen. Die gute Nachricht: Sie ist gar nicht so teuer. Wer als 30-Jähriger eine solche Versicherung mit einer Summe von beispielsweise 200.000 Euro abschließt, zahlt dafür, je nach Anbieter, jährlich 200 bis 400 Euro.

Schließen Sie Ihre Versicherung über eine Summe ab, die dem Vier- oder Fünffachen Ihres Jahresverdienstes entspricht. Wenn Sie also 50.000 Euro pro Jahr nach Hause bringen, sollte die Risikolebensversicherung 200.000 bis 250.000 Euro abdecken. Im schlimmsten Fall kann Ihre Familie dann zumindest vier bis fünf Jahre so weiterleben wie bisher.

Glücklich, wer Künstler ist

Manchen Freiberuflern bieten sich noch andere Wege, sich ideal abzusichern: Selbstständigen Künstlern und Publizisten wie Malern, Journalisten, Schriftstellern oder Bildhauern bietet das Künstlersozialversicherungsgesetz (KSVG) einen ähnlich guten Versicherungsschutz wie fest angestellten Arbeitnehmern. Jahrzehntelang hatten der Gesetzgeber und die Sozialämter immer wieder beobachtet, dass Künstler und Publizisten oft auf eine Versicherung verzichten und später auf die finanzielle Unterstützung des Staates angewiesen sind. Aus diesem Grund entstand 1983 die KSVG, das den freischaffenden Künstlern Deutschlands ein Mindestmaß an Absicherung gewährleisten soll.

Die Künstlersozialkasse (KSK), die das Gesetz in der Praxis umsetzt,– bezuschusst die Beiträge ihrer Mitglieder zu einer Krankenversicherung freier Wahl und zur gesetzlichen Renten- und Pflegeversicherung. Dadurch steht Künstlern und Publizisten, die in die KSK aufgenommen wurden, der gesamte gesetzliche Leistungskatalog zu. Dafür müssen sie allerdings die Hälfte der jeweils fälligen Beiträge aus eigener Tasche bezahlen. Diese Summen stockt die KSK auf aus

✔ einem Zuschuss des Bundes (20 Prozent)

✔ Sozialabgaben von Unternehmen, die Kunst beziehungsweise Publikationen verwerten (30 Prozent)

Wie hoch der monatliche Betrag ist, den ein Künstler oder ein Publizist an die KSK bezahlen muss, hängt von der Höhe seines Einkommens ab.

 Liegt das Einkommen eines Künstlers unter der Geringfügigkeitsgrenze von 3.900 Euro jährlich, darf er die Vorteile beziehungsweise das Angebot der KSK in der Regel nicht nützen. Einzige Ausnahme: Berufsanfänger, die ihre ersten Schritte ins Künstlerleben wagen.

Wie werde ich Mitglied in der KSK?

Nach dem Künstlersozialversicherungsgesetz gelten all diejenigen als Künstler, die Musik sowie darstellende oder bildende Kunst schaffen, ausüben oder lehren. Als Publizist erkennt der Gesetzgeber diejenigen an, die als Schriftsteller, Journalist, Übersetzer oder in anderer Weise publizistisch tätig sind oder Publizistik lehren.

Diese Tätigkeiten müssen Sie auf Dauer und in erwerbsmäßigem Umfang ausüben, wenn Sie eine Mitgliedschaft in der KSK beantragen. Das bedeutet, dass Sie damit Ihren Lebensunterhalt verdienen wollen und nicht nur Ihrem Hobby nachgehen.

Um Ihre Mitgliedschaft bei der KSK zu beantragen, müssen Sie unter anderem vorlegen:

✔ eine Fotokopie Ihres Reisepasses oder Ihres Personalausweises

✔ eine Bankverbindung

✔ eine genaue Beschreibung Ihrer Tätigkeit

✔ detaillierte Nachweise für Ihre Tätigkeit (Texte, Bücher usw.)

✔ Informationen über den Standort, an dem Sie Ihre Tätigkeit ausüben

✔ die Mitgliedsbescheinigung einer Krankenkasse Ihrer Wahl

 Es lohnt sich, möglichst viel Mühe auf die Zusammenstellung des Aufnahmeantrags zu verwenden. Wer das eine oder andere Dokument vergisst oder keine Arbeitsproben beilegt, erhält postwendend die Aufforderung der KSK, diese nachzureichen. Je mehr Arbeitsproben Sie beilegen können, desto besser – die KSK legt sehr strenge Maßstäbe an die Aufnahme neuer Mitglieder an.

In der Regel dauert es einige Wochen, bis Sie einen Bescheid erhalten, ob Sie als Mitglied akzeptiert sind oder nicht. Unter `www.kuenstlersozialkasse.de` können Sie sich auch darüber informieren, ob beziehungsweise wie Sie während der Wartezeit versichert sind.

Wie hoch ist mein monatlicher Beitrag?

Die Versicherungsbeiträge für die KSK errechnen sich aus dem Arbeitseinkommen des Künstlers oder Publizisten und den halben Beitragssätzen der verschiedenen Versicherungszweige und den gesetzlichen Zusatzbeiträgen. Durchschnittlich ergibt sich so eine Beitragbelastung zwischen 18 und 19 Prozent des Nettoeinkommens.

Das Jahreseinkommen errechnen Sie aus der Differenz Ihrer Betriebseinnahmen und Betriebsausgaben. Zu Betriebseinnahmen zählen unter anderem

✔ alle Einnahmen in Geld- und Geldeswert wie Honorare, Gagen, Lizenzen, Tantiemen, Entgelte usw.

✔ urheberrechtliche Vergütungen

✔ Stipendien, soweit sie einkommensteuerpflichtig sind

Als Betriebsausgaben gelten unter anderem

✔ Aufwendungen für Betriebsmittel wie Musikinstrumente, Büroausstattung, Computer usw.

✔ Aufwendungen für Betriebsräume wie Miete, Heizung, Reinigung usw.

✔ Fahrtkosten

✔ Kosten für Fortbildung

✔ betriebliche Versicherungen

✔ Beiträge für Berufsverbände

✔ Aufwendungen für Hilfskräfte

✔ Abschreibungen für Abnutzung und Substanzverringerung

 Die KSK verlangt von ihren Mitgliedern alljährlich im Herbst eine Schätzung, wie hoch das Einkommen für das folgende Jahr etwa ausfallen wird. Ein schwieriges Unterfangen für die Versicherten, da die Honorare je nach Auftrags- und Wirtschaftslage stark schwanken können. Nehmen Sie sich auch hier viel Zeit, um Ihr

mögliches Einkommen realistisch zu schätzen. Überlegen Sie, welche Auftraggeber möglicherweise abspringen, welche Sie dazu gewinnen könnten. Machen Sie sich bei freiberuflichen Kollegen schlau, wenn Sie solch eine Schätzung zum ersten Mal abgeben müssen. Und keine Sorge: Wer sein Einkommen aus Versehen zu optimistisch angesetzt hat, kann im Laufe des Jahres seine Angaben nach unten korrigieren.

 Wenn Sie davon ausgehen, dass Sie als freischaffender Künstler oder Publizist etwa 12.000 Euro im Jahr netto verdienen werden, müssen Sie monatlich mit einer Beitragsbelastung von etwa 180 bis 190 Euro rechnen. Wer ein Jahreseinkommen von 15.000 Euro erwartet, zahlt pro Monat einen Beitrag zwischen 220 und 240 Euro.

Die Vorteile der KSK liegen natürlich auf der Hand:

✔ Sie haben geringere Kosten für Ihre Absicherung als diejenigen Freiberufler, die nicht Mitglied in der KSK werden können.

✔ Die Ermittlung des monatlichen Beitrags ist transparent.

✔ Es besteht die Möglichkeit, die Beiträge an das tatsächliche Einkommen anzupassen.

Ganz ohne Nachteile geht es allerdings auch bei der KSK nicht ab:

✔ Sie müssen einen Beitrag für die gesetzliche Rentenversicherung leisten, auch wenn Sie das gar nicht wollen.

✔ Sie müssen sich durch ein mühevolles Aufnahmeprozedere quälen.

✔ Die Absicherung der KSK dient nur als Basis: Wer auf Nummer sicher gehen will, muss sich vor allem bei der Renten- und Berufsunfähigkeitsversicherung zusätzlich absichern.

Manchmal freiwillig, manchmal nicht – Was Genossenschaften und Versorgungswerke fordern

Wenn Sie Kapitel 3 schon gelesen haben, wissen Sie bereits, dass einige Freiberufler um eine Pflichtmitgliedschaft in der für sie zuständigen Kammer nicht herum kommen. Ob Ärzte-, Architekten- oder Rechtsanwaltskammer: Die wichtigste Aufgabe dieser Einrichtungen ist es, über die Berufszulassung ihrer Mitglieder zu entscheiden.

Unter Genossen

Neben diesen Vorschriften gibt es allerdings noch weitere zwingende Vorgaben, die Freiberufler bestimmter Sparten akzeptieren müssen. Dazu zählt beispielsweise die Pflichtmitgliedschaft in ihrer *Berufsgenossenschaft*. Die Berufsgenossenschaften sind die Träger der gesetzlichen Berufsunfallversicherung. Diese schützt vor den Folgen von Arbeitsunfällen und Berufskrankheiten, die Sie während Ihrer beruflichen Aufgaben erleiden und die Sie schlimmstenfalls aus der Bahn werfen können.

Zum Leistungsspektrum der Berufsgenossenschaften zählen unter anderem:

✔ Heilbehandlungen

✔ Verletztengeld

✔ berufsfördernde Leistungen zur Rehabilitation

✔ Leistungen zur sozialen Rehabilitation und ergänzende Leistungen

✔ Verletztenrente

✔ Pflegegeld

✔ Sterbegeld

✔ Hinterbliebenenrente

✔ Waisenrente

✔ Rentenabfindung

Um Ihnen ein wenig Arbeit abzunehmen, haben wir an dieser Stelle für Sie einige Genossenschaften inklusive ihrer Auflagen zusammengestellt. So sehen Sie schnell, ob Sie Pflichtmitglied in Ihrer Berufsgenossenschaft werden müssen oder nicht.

✔ **Die Verwaltungs-Berufsgenossenschaft (VBG).** Diese Einrichtung ist die Genossenschaft der Banken, Versicherungen, Verwaltungen und auch der Freien Berufe. Sie zählt nur Mitglieder, die sich freiwillig versichern wollen. Dazu gehören unter anderem Rechtsanwälte, Notare, Wirtschaftsprüfer, Architekten, Ingenieure, Schriftsteller, Künstler aus den Bereichen Wort, Bild, bildende und darstellende Kunst, Designer und Berufe der IT-Branche.

✔ **Die Berufsgenossenschaft für Gesundheitsdienst und Wohlfahrtspflege (BGW).** In der BGW sind Physiotherapeuten, Hebammen, Masseure, medizinische Bademeister, Fußpfleger, Logopäden, Kranken- und Altenpfleger, Betreiber von ambulanten Pflegediensten und Betreiber von privaten Tageseinrichtungen für Kinder pflichtversichert. Alle anderen Freiberufler aus Gesundheitsdienst und Wohlfahrtspflege können sich bei der BGW allerdings freiwillig versichern – beispielsweise Ärzte und Apotheker.

✔ **Berufsgenossenschaft für Energie Textil, Elektro, Medienerzeugnisse (BG ETEM).** Die ETEM zählt inzwischen zu den größten Berufsgenossenschaften Deutschland: Sie entstand aus den Zusammenschlüssen der BG Feinmechanik und Elektrotechnik, der Textil- und Bekleidungs-BG, der BG der Gas-, Fernwärme- und Wasserwirtschaft sowie der BG Druck und Papierverarbeitung. Sie deckt unter anderem Kameraleute und all die ab, die sich mit der Herstellung von Vorführung von Lichtbildstreifen befassen oder beispielsweise auch Fotografen, Foto-Designer sowie Bildberichterstatter mit eignem Labor. Je nach Zweig, dem die Versicherten innerhalb der BG ETEM angehören, können sie sich freiwillig als Mitglied versichern oder sie müssen Pflichtmitglied werden. Genaue Auskünfte lassen sich schnell unter www.bgetem.de finden.

Rente vom Versorgungswerk

Ähnliche Auflagen wie bei den Genossenschaften gibt es für einige Freie Berufe auch im Hinblick auf die Altersvorsorge: Viele müssen oder können das Kapital für ihr Senioren-Dasein über berufsständische Versorgungswerke regeln.

Der Ursprung dieser Einrichtungen reicht bis in die Inflationszeit nach dem Ersten Weltkrieg zurück: Damals war die private Altersvorsorge vieler Ärzte nahezu wertlos geworden. In der Folge dieser Misere entstand die Bayerische Ärzteversorgung – das erste berufsständische Versorgungswerk.

Sollten Sie als selbstständiger Freiberufler einen Job ausüben, für den es eine eigene Berufskammer gibt, wie es bei Architekten oder Ärzten der Fall ist, müssen Sie normalerweise Mitglied Ihrer Kammer werden – und sind damit auch bei Ihrer Kammer pflichtversichert, kommen also um eine entsprechende Beitragsleistung nicht herum.

Zu den bekannten Versorgungswerken Deutschlands zählen unter anderem

✔ das Versorgungswerk der Presse

✔ das Versorgungswerk der Steuerberater in Baden-Württemberg

✔ das Versorgungswerk der Rechtsanwälte in Nordrhein-Westfalen

Auch wenn Sie selbst als Freiberufler nicht immer die Wahl haben, ob Sie freiwillig in das Versorgungswerk Ihrer Zunft einzahlen wollen oder nicht – die Gefahr, dass Sie übermäßig geschröpft werden, besteht keinesfalls. So entspricht die Beitragsbemessungsgrenze, bis zu der Ihr Einkommen im Versorgungswerk beitragspflichtig ist, meist der Grenze der gesetzlichen Rentenversicherung.

Das Versorgungswerk der Steuerberater in Baden-Württemberg hat sie beispielsweise auf monatlich 5.500 Euro festgelegt. Der Beitragssatz beträgt 19,9 Prozent und ist damit ebenso hoch wie der Beitragssatz der gesetzlichen Rentenversicherung.

Viele Versorgungswerke gehen für die Berechnung der Beiträge von Freiberuflern ähnlich wie die Künstlersozialkasse vor: In den ersten beiden vollen Kalenderjahren setzen sie die Beiträge ihrer Mitglieder nach dem tatsächlichen Einkommen fest. Hierfür reicht ihnen in der Regel eine Schätzung. Allerdings fordern sie – ganz im Gegensatz zur Künstlersozialkasse – den Einkommensteuerbescheid nach.

Berufsanfänger können bei vielen Versorgungswerken einen Antrag stellen, dass ihr Regelpflichtbeitrag in den ersten 36 Berufsmonaten halbiert wird – das gilt allerdings nur dann, wenn sie ausschließlich selbstständig tätig sind und das 40. Lebensjahr noch nicht vollendet haben.

Damit Sie wissen, was Ihnen nach Ablauf der Pflichtmitgliedschaft zusteht, sollten Sie die jährlichen Anwartschaftsrechnungen studieren, welche die Versorgungswerke in der Regel verschicken.

Das springt am Ende raus

Ein 30-jähriger Steuerberater meldet sich beim Versorgungswerk an und nimmt erstmals die berufsständische Versorgung in Anspruch. Er beantragt erfolgreich die Halbierung seines Beitragssatzes, weil er Berufsanfänger ist. Sein persönlicher Beitragsquotient beträgt somit 0,5. Der eintrittsabhängige Faktor ist 2,8. Bis zum 60. Lebensjahr bleiben ihm noch 29 Jahre Zurechnungszeit. Nach dem Ende des ersten Beitragsjahres errechnet er seine Anwartschaft auf eine Berufsunfähigkeitsrente: 42,50 Euro (monatlicher Beitrag) $\times$ 30 (Summe der Versicherungsjahre 1 + 29) $\times$ 2,8 $\times$ 0,5 = 1.785 Euro monatlich.

Und wenn es im Job schief läuft – die Berufshaftpflicht

Fast haben Sie es jetzt geschafft und sich einen Überblick über die unerlässliche Absicherung gegen die Risiken des Alltags verschafft. Aber auch nur fast. Denn es bleibt die Frage, was tun, wenn Ihnen trotz aller Sorgfalt während Ihrer Arbeit mal etwas schief geht. Genau dies ist ein Fall für die Berufshaftpflicht.

Jetzt ist es keineswegs so, dass jeder Freiberufler unbedingt auch noch eine solche Versicherung braucht. Wer beispielsweise als freiberuflicher Unternehmensberater unterwegs ist, richtet in der Regel keine solche Schäden an, für die ihn ein Kunde in Regress nehmen könnte. Spötter könnten jetzt einwenden, dass er auch ebenso wenig Nutzen stiftet, aber das steht auf einem anderen Blatt. Die Berufshaftpflicht ist nur für ausgewählte Freiberufler von Interesse: Einige Berufsgruppen sollten aber unbedingt eine solche Police vorweisen und benötigen sie sogar zum Teil, um überhaupt in ihrem Beruf tätig zu werden; das gilt beispielsweise für Rechtsanwälte. Wie Ärzte, Architekten und Ingenieure können auch sie bei Ihrer Arbeit in der Tat Schäden auslösen, die sie mit ihrem privaten Vermögen nicht abdecken und möchten. Denken Sie nur mal an die Folgen eines kleinen Planungsfehlers für die Statik eines Bürogebäudes oder die in der Presse immer wieder zitierten Kunstfehler von Ärzten.

Im Internet finden sich zahlreiche Vergleichsrechner, die für verschiedene Berufsgruppen die günstigsten Policen herausfiltern. Achten Sie bei der Auswahl Ihrer Berufshaftpflicht vor Vertragsabschluss auf die folgenden Punkte:

✔ Eine passende Beschreibung der abzusichernden Tätigkeiten und Ihres Tätigkeitsgebiets. Nur diese Tätigkeiten und Einsätze sind versichert! Letzterer Punkt ist vor allem für Freiberufler entscheidend, die über Ländergrenzen hinweg tätig sind.

✔ Umfangreiche Leistungen des Versicherers. Dazu zählt üblicherweise die Freistellung von Ansprüchen Dritter ebenso wie die Abwehr unbegründeter Ansprüche sowie Übernahme gerichtlicher und außergerichtlicher Kosten.

✔ Versicherungsschutz für Personen-, Sach- und Vermögensschäden

✔ Möglichst wenig Ausschlüsse. Ihr Berufsverband kann Ihnen näher erläutern, welche Ausschlüsse in Ihrer Branche üblich sind.

✔ Ausreichend hohe Deckungssummen. Dabei sollten vor allem bei möglichen Personenschäden siebenstellige Summen abgesichert sein.

Teil VI

Der Top-Ten-Teil

In diesem Teil ...

Wie in jedem Buch der »für Dummies«-Reihe hat auch dieses einen Top-Ten-Teil. Hier finden Sie zehn wertvolle Tipps, die Sie als Freiberufler beachten sollten, damit Ihr Geschäft brummt. Außerdem warnen wir Sie vor zehn Fallen, in die Sie besser nicht tappen sollten und listen Ihnen hilfreiche Webseiten auf.

Zehn Punkte, die Freiberufler beachten müssen

In diesem Kapitel

▶ Kritische Kontrollen durchführen

▶ Zahlen, Daten und Fakten prüfen

▶ Auf dem Laufenden bleiben

***

Haben Sie Ihr erstes Projekt schon erfolgreich abgeschlossen? Super! Füllt sich der Terminkalender in Ihrer Praxis schneller als erhofft? Bestens! Die Umsätze und Gewinne der ersten Monate Ihres freiberuflichen Daseins stellen Sie zufrieden? Perfekt!

Bei diesen oder ähnlichen Erfolgen haben Sie allen Grund, sich einmal zurückzulehnen und kurz durchzuschnaufen! Aber von den ersten Erfolgen Ihrer Kanzlei, Ihrer Praxis oder Ihres Salons sollten Sie sich nicht blenden lassen: Damit Sie weiterhin so zufriedene Kunden, üppige Einnahmen und ein tolles Image genießen können, müssen Sie immer wieder prüfen, ob Sie nach wie vor alle wesentlichen Voraussetzungen erfüllen, damit es Ihrem kleinen Ein-Mann-Betrieb gut geht.

In diesem Kapitel erfahren Sie mehr darüber, welche Fragen Sie sich regelmäßig stellen sollten, um weiterhin die ideale Basis für den Erfolg Ihres Geschäfts zu gewährleisten.

Prüfen Sie Ihre Arbeitsqualität

Kennen Sie diese Situation? Sie haben eine Unternehmenspräsentation für Ihren Kunden A konzipiert, die ihm seit fünf Tagen vorliegt – ohne Reaktion seinerseits. Ihrem Kunden B haben Sie vor einer Woche die Texte für die geplante Broschüre gemailt, aber gehört haben Sie noch nichts von ihm. Und natürlich äußert sich auch Kunde C nicht zu Ihren Vorschlägen für die weitere Entwicklung seiner Mitarbeiter!

Nun, egal wie lange Sie schon als Freiberufler tätig sind, Sie werden sich wohl damit abfinden müssen, dass viele Auftraggeber Ihre Vorschläge, Konzepte und Ideen zwar toll finden, Ihnen aber kein Feedback geben. Ganz nach dem Motto »Nicht getadelt ist genug gelobt!« hüllen sich viele Kunden in Schweigen oder zeigen sogar Unverständnis, wenn man eine Reaktion von ihnen einfordert.

Da es aber für Sie und Ihr Geschäft enorm wichtig ist zu wissen, ob Ihre Kunden mit Ihnen zufrieden sind beziehungsweise ob Ihre Arbeitsqualität gleichbleibend gut ist, müssen Sie ab und zu kritisch mit sich selbst ins Gericht gehen. Die folgenden Punkte helfen Ihnen dabei. Fragen Sie sich, ob

✔ Sie stets pünktlich und zuverlässig sind

✔ Sie Ihren Auftraggebern ausreichend zuhören

✔ Sie Ihre Qualifikationen umfassend einsetzen, um Ihren Kunden zu helfen

✔ Sie Ihr fachliches Know-how voll ausschöpfen, wenn Sie Aufträge abarbeiten

✔ Ihre Kommunikation gegenüber Ihren Auftraggebern ausreicht

✔ Sie sich ausreichend auf neue Trends und Entwicklungen einstellen, um Ihren Kunden eine ideale Arbeitsleistung zu bieten

✔ der Service für Ihre Mandanten, Kunden oder Patienten perfekt ist

✔ Sie manchmal nachlässig oder gar schlampig agieren

 Falls Sie mit Ihrer eigenen Qualitätskontrolle nicht weiter kommen, sollten Sie sich nicht scheuen, das Gespräch mit Ihren Kunden zu suchen. Sind sie nicht hundertprozentig zufrieden, werden Sie Ihnen das mitteilen – schließlich wollen sie für ihr Geld die bestmögliche Qualität erhalten.

Sobald Sie feststellen, dass Ihre Arbeitsqualität nicht vollkommen den Wünschen Ihrer Kunden entspricht oder Sie Ihre eigenen Ansprüche nicht mehr erfüllen, sollten Sie möglichst schnell reagieren. Machen Sie sich auf die Suche nach den Ursachen und setzen Sie sich wieder zum Ziel, sich stets hundertprozentig zu engagieren.

 Wenn Sie merken, dass Sie müde oder ausgelaugt sind und daher nicht mehr die volle Leistung bringen können, sollten Sie sich eine Auszeit nehmen. Notfalls lehnen Sie sogar einen Auftrag ab, um sich den zeitlichen Freiraum dafür zu schaffen. Nehmen Sie jedoch niemals einen Auftrag an, wenn Sie gerade völlig demotiviert sind. Den Schaden, den Sie mittel- oder langfristig mit einer schlampigen Arbeit anrichten, ist in der Regel viel größer als der finanzielle Verlust, den Sie durch die Ablehnung eines Auftrags erleiden.

Achten Sie auf ein spannendes, ausgewogenes Kundenportfolio

Ob fest angestellter Arbeitnehmer oder Freiberufler – wer jahrein, jahraus die gleichen Aufgaben erledigt, langweilt sich früher oder später so sehr, dass er unter Umständen sogar die Lust an seinem Job verliert. Wenn Sie beispielsweise als selbstständiger Marktforscher immer wieder die Marktlage der europäischen Baubranche analysieren müssten, könnten Sie nach einiger Zeit bestimmt auch nachts um drei Uhr problemlos seitenlange Zahlenkolonnen runterbeten – egal, wie müde Sie gerade sind. Allerdings würde Ihr Gesichtsausdruck Bände sprechen, denn diese Beschäftigung macht bestimmt auf die Dauer keinen Spaß mehr.

Um nicht Gefahr zu laufen, sich beruflich zu langweilen oder fachlich zu stagnieren, sollten Sie daher immer darauf achten, ein spannendes, vielfältiges Kundenportfolio zu haben. Die Gründe dafür sprechen für sich:

✔ Sie bleiben flexibel.

✔ Sie stellen sich immer wieder neuen Herausforderungen.

✔ Sie lernen regelmäßig Neues dazu.

✔ Sie erweitern Ihre Dienstleistungspalette.

✔ Sie können unter Umständen Synergieeffekte nützen.

✔ Sie werden für weitere potenzielle Auftraggeber interessant.

✔ Sie mindern Ihre Abhängigkeit von einzelnen Kunden.

Und reden Sie sich nicht damit heraus, dass es in Ihrer Branche kaum Möglichkeiten gäbe, sich unterschiedliche Kunden zu suchen. Das lassen wir an dieser Stelle überhaupt nicht gelten! Auch wenn Sie sich mit Ihrer Tätigkeit beispielsweise auf kleine Betriebe konzentrieren: Kunden unterschiedlicher Charaktere finden sich nahezu überall. Achten Sie beispielsweise einmal nur auf

✔ die Betriebsgröße potenzieller Kunden: Mitarbeiterzahl, Umsätze usw.

✔ den Status möglicher Kunden: Ist er einer von vielen oder ist er der Marktführer in seiner Branche?

Journalistin, Redenschreiberin, Werbetexterin: eine Frau für alle Fälle

Ihre Karriere als eigene Chefin begann eine Kölnerin vor einigen Jahren als Journalistin. Woche für Woche schrieb sie Artikel rund um das Thema Versicherungen und Finanzen für regionale und überregionale Zeitungen und Fachmagazine. Nach einiger Zeit jammerte sie, dass sie keine Lust mehr habe, sich permanent über Garantiezins, Kündigungsfristen und Geldanlageprodukte die Finger wund zu schreiben.

Per Zufall wurde sie in dieser Phase von einem Kunden gefragt, ob sie nicht ein neues Konzept für seinen Internetauftritt entwickeln könne. Zwar drehte sich auch hier alles um Versicherungen und Geldanlage, doch die Aufgabenstellung war völlig neu für sie. Im Zuge dieser Arbeit machte sie immer wieder neue Bekanntschaften – unter anderem lernte sie bei einer Veranstaltung einen Unternehmenschef kennen, der gerade händeringend nach einem Schreiber für seine Vorträge und Reden suchte.

Natürlich nutzte die Kölnerin diese Gelegenheit sofort, und da die Zusammenarbeit prima klappte, übertrug ihr der Firmenlenker auch noch die Aufgabe, in Kooperation mit einer Werbeagentur neue Werbetexte für seine Produkte zu entwickeln.

Die unterschiedlichen Aufgaben ließen die Kölnerin ihre Klagen über die Monotonie ihrer Arbeit schnell vergessen. Denn: »Eine Rede zu schreiben ist etwas ganz anderes, als einen Zeitungsartikel zu verfassen. Und eine Präsentation über die Planungsfortschritte des Online-Projekts aufzubauen, ist wieder eine ganz andere Herausforderung«. Auch wenn es sie viel Mühe und Nerven gekostet hat, sich in die neuen Aufgaben einzuarbeiten – auf all die Abwechslung, die ihre Tätigkeit ihr jetzt bietet, würde sie unter keinen Umständen mehr verzichten wollen.

✔ das Verkaufs- oder Aktionsgebiet potenzieller Auftraggeber: regional, überregional, international

✔ das Image des zukünftigen Partners: Genießt er einen guten Ruf oder ist er in der Branche verschrien?

✔ die Aufgaben, die er Ihnen übertragen könnte: Lässt sich der Auftrag auf andere Leistungsbereiche ausdehnen oder kommt nur eine einzelne Tätigkeit infrage?

Halten Sie engen Kontakt zu Ihren Kunden

Ok, gerade haben wir Ihnen empfohlen, sich dann und wann auf die Suche nach Abwechslung zu machen. Dennoch dürfen Sie keinesfalls Ihre bisherigen Auftraggeber vernachlässigen – sofern Sie Ihnen lieb und teuer sind.

Erkundigen Sie sich in regelmäßigen Abständen bei Ihren Kunden, wie zufrieden sie mit Ihrer Arbeit sind. Versuchen Sie herauszufinden, ob Sie Ihren Auftraggebern weitere Wünsche erfüllen können und ob sie sich bei Ihnen gut aufgehoben fühlen.

 Hören Sie in diesen Gesprächen auf jedes noch so kleine Wort, das Ihr Gegenüber äußert. Achten Sie auch genau auf den Unterton, der dabei mitschwingt. Ein kleines »Ja, aber...« oder ein nachdenklicher, vielleicht auch ironischer Ton kann Ihnen signalisieren, dass da was nicht stimmt.

Wenn Kritik kommt, müssen Sie sich schleunigst um Ihren Kunden kümmern. Oft reicht schon eine kleine Aufmerksamkeit oder ein zusätzlicher Service, um die Laune Ihres Auftraggebers wieder zu verbessern:

✔ Wer eine Kanzlei oder eine Praxis betreibt, kann in seinem Wartezimmer Wasser anbieten oder neben den zahlreichen Zeitschriften zur Unterhaltung auch noch einen Fernseher installieren. Idealerweise halten Sie aber die Wartezeiten Ihrer Mandanten oder Patienten möglichst kurz.

✔ Wer größere Aufträge abarbeitet, kann seinen Kunden unaufgefordert und regelmäßig über den Ist-Zustand des Projekts informieren. Je nach Vorliebe des Kunden reicht mal eine kurze Mail, mal ein schnelles Telefonat.

✔ Seien Sie Ihrem Auftraggeber ruhig einmal einen Schritt voraus und präsentieren ihm neueste Entwicklungen – sofern, es die gerade gibt –, oder machen Sie ihn auf Trends aufmerksam, die er nicht versäumen sollte. So zeigen Sie nicht nur, dass Sie sich Gedanken um Ihren Auftraggeber machen, sondern sichern sich unter Umständen sogar einen neuen lukrativen Auftrag. ..

Klare Ansage

Twitter, Facebook, Xing und Co – das Web 2.0 verändert auch die Welt der Unternehmen gravierend. Ein freier Journalist, der seit einigen Jahren schon für ein börsennotiertes Unternehmen in Süddeutschland arbeitet, bat seinen langjährigen Auftraggeber gezielt um eine Stunde Zeit, um ihn über die Folgen beziehungsweise Risiken zu informieren, die diese sozialen Netzwerke mit sich bringen. Nach dem Vortrag stand für den Chef fest: Der Journalist soll nicht nur Web 2.0-Richtlinien für die Mitarbeiter entwickeln, sondern auch zukünftig die Auftritte des Unternehmens bei Xing, Twitter und Facebook hauptverantwortlich betreuen.

Denken Sie immer daran, dass es ungleich mehr Aufwand und Investitionen kostet, neue Kunden zu gewinnen, als bereits vorhandene Auftraggeber zu verwöhnen!

Beobachten Sie den Markt und reagieren Sie auf Veränderungen

Zugegeben, wir verlangen viel von Ihnen: Sie sollen regelmäßig mit sich ins Gericht gehen, Top-Qualität bieten, Ihre Konkurrenz kontrollieren, Ihre Finanzen im Griff behalten und gegebenenfalls auch noch Ihre Mitarbeiter motivieren. Und neben alledem raten wir Ihnen jetzt auch noch, das Leben draußen nicht zu vergessen.

Es gibt wohl keinen Markt, der sich nicht in den vergangenen Jahren oder Jahrzehnten verändert hat. Die Einflüsse können extrem vielfältig sein:

✔ die Globalisierung

✔ das Internet

✔ die Rohstoffpreise

✔ der Arbeitsmarkt

✔ die Umwelt

✔ die Konkurrenz

Natürlich kann sich der Wandel auf Ihrem Markt positiv oder negativ auf Ihren Umsatz und Ihren Gewinn auswirken. Ersteres wäre zwar sehr angenehm, ist aber leider nicht immer der Fall!

Lassen Sie Ihren Markt daher nie aus den Augen. Beobachten Sie ganz genau, ob der Bereich in Bewegung gerät, sich grundlegend wandelt beziehungsweise welche Einflüsse dominierend sind. Auf Veränderungen sollten Sie stets entschlossen reagieren, um ja nicht gegenüber Ihren Wettbewerbern ins Hintertreffen zu geraten.

Internet statt Print – online statt offline

Es ist gerade einmal zehn, elf Jahre her, da hätten Sie mit einer deutschen Tageszeitung Ihre komplette Wohnung tapezieren können. Heute dagegen wären Sie froh, wenn das bedruckte Papier für Ihr Wohnzimmer reichen würde. Anstelle von 350 bis 400 Seiten zählen Ausgaben von Süddeutsche und Co. inzwischen oft nur noch 100 bis 150 Seiten. Weil sie die Tragweite der Entwicklung vollkommen unterschätzten, versäumten es viele Journalisten in Deutschland, sich mit dem Thema ‘Texte für das Internet' auseinanderzusetzen. Doch nach und nach blieben bei den Printmedien die Anzeigenkunden aus, und schlimmer noch: Sie wendeten sich mit zunehmendem Interesse dem Internet zu, das sich immer stärker als idealer – und kostengünstiger – Ort für ihre Werbung etablierte.

Der Trend, Texte, Stellenausschreibungen, Verkaufsanzeigen für Autos und Immobilien oder die neuesten Nachrichten ins Netz zu stellen, hält ungebrochen an. Vom großen Dax-Konzern bis zum Ein-Mann-Betrieb tummelt sich mittlerweile nahezu jeder im Internet. Die Konsequenz für Deutschlands Journalisten: Wer weiterhin als Autor sein Geld verdienen will, sollte bereit sein, Content – sprich Inhalte – für das World Wide Web zu bieten. Ein Lernprozess, den Viele inzwischen absolviert haben: Längst schreiben selbst die renommiertesten Autoren Artikel fürs Internet.

Kontrollieren Sie, ob Sie Ihre Ziele erreichen

Die Werke selbst ernannter Experten, renommierter Psychologen und dynamischer Motivationsgurus füllen in Buchhandlungen meterlange Regale mit diesem Thema: Setze Dir konkrete Ziele und realisiere sie! Ihre einhellige Meinung: Das Wichtigste im Leben ist, bestimmte Vorgaben festzulegen und darauf hinzuarbeiten – egal, ob im privaten Bereich oder im Beruf.

Sie mögen zu solchen Lebensratgebern stehen wie Sie wollen, aber in diesem Punkt müssen Sie den Autoren Recht geben. Nur wenn Sie sich ein Ziel setzen, können Sie konsequent auf ein Ergebnis hinarbeiten, das Sie mit Zufriedenheit erfüllt.

Klar, Sie wollen mit Ihrer freiberuflichen Tätigkeit Umsätze und Gewinne erzielen, sich ein mehr oder weniger schönes Leben machen und sich nicht von launischen Chefs oder mürrischen Kollegen schikanieren lassen. Nun, leider reicht das allein nicht aus: Sie sollten schon noch ein wenig weiter gehen, wenn Sie Ihre Ziele festlegen. Wie weit beziehungsweise wie genau Sie Ihre Wunschergebnisse definieren sollten, können Sie in Kapitel 9 nachlesen.

Allerdings sichern Sie sich damit nur die halbe Miete: Um nicht unnötig in Schwierigkeiten zu geraten, sollten Sie nach Ihrem Start als Freiberufler auch regelmäßig kontrollieren, ob Sie die festgelegten Ziele tatsächlich erreichen! Egal, welche Ziele Sie sich gesetzt haben – prüfen Sie ruhig alle sechs Monate, ob Sie beispielsweise

✔ die gewünschten Umsätze erzielen

✔ die erhofften Gewinne erwirtschaften

✔ Ihr Kundenportfolio erweitert, angepasst oder – beispielsweise aus zeitlichen Gründen – reduziert haben

✔ Ihr berufliches Netzwerk ausgebaut haben

✔ die Suche nach dem dringend notwendigen Partner tatsächlich gestartet haben

✔ wirklich pro Halbjahr zwei Messen und zwei Fachkonferenzen besucht haben

Wie gesagt: Es gibt viele Ziele, die Sie verfolgen können beziehungsweise sollten.

 Stellen Sie bei einer dieser Routinekontrollen fest, dass Sie vielleicht keinerlei Maßnahmen ergriffen haben, um Ihre festgelegten Ziele zu erreichen oder Sie die Vorgaben einfach nicht realisieren können, sollten bei Ihnen alle Alarmglocken schrillen. Und umso lauter, je weiter Sie von Ihren anvisierten Zielen entfernt sind: Speziell, wenn es um Ihre Umsatz- und Gewinnabsichten geht, ist höchste Vorsicht geboten! Wer seine finanziellen Ziele deutlich verfehlt, gerät schnell ins Trudeln und steht möglicherweise innerhalb kürzester Zeit vor dem Ruin!

 Tragen Sie sich die Termine für Ihre Zielkontrollen am besten zu Beginn des Jahres in Ihren Terminkalender ein. Bereiten Sie eine Liste mit den Zielvorgaben vor, die Sie überprüfen wollen. Notieren Sie den Soll-Zustand und schreiben Sie während der Kontrolle den Ist-Zustand daneben. In einer dritten Spalte können Sie die Differenz festhalten – in roter oder grüner Tinte! So wissen Sie sofort, in welchen Bereichen Sie hinterherhinken, Ihre Ziele erreicht oder sogar übererfüllt haben.

Legen Sie schöpferische Pausen ein

Es ist eine hohe Kunst, das richtige Maß zwischen beruflicher Belastung und privater Freizeit zu finden. Zumal dann, wenn das Geschäft gerade boomt! Hier ein Projekt, dort noch ein Auftrag – und zu allem sagen Freiberufler gern ja, weil sie glücklich sind, so viele Aufträge zu erhalten. Schließlich wissen sie nie, ob nicht schon im nächsten Monat oder im kommenden Quartal Flaute herrscht.

Solche Argumente sind durchaus schlüssig und die Reaktionen ein typisches Phänomen der allermeisten Freiberufler. Trotz aller Angst vor schlechten Zeiten gilt jedoch: Übernehmen Sie sich nicht! Mal arbeiten wie ein Ackergaul oder die Nacht zum Tag machen, um einen Text, einen Entwurf oder ein Computerprogramm fertig zu stellen – ja! Aber bitte nicht wochen- oder gar monatelang! Bedenken Sie, dass Ihre Kreativität, Ihre Phantasie, aber auch Ihre Laune und Ausgeglichenheit massiv leiden, wenn Sie sich zu sehr auspowern!

 Nehmen Sie sich fest vor, Ruhephasen einzuplanen, in denen Sie bewusst Abstand von Ihrer beruflichen Tätigkeit halten! Eine andere Umgebung, andere Gesprächspartner oder völlig andere Aufgaben und Eindrücke – vom Rasenmähen bis zum Besuch einer Partie Ihres örtlichen Fußballvereins – lassen Sie abschalten und machen so den Kopf wieder für die zukünftigen Herausforderungen Ihres Jobs frei.

Wer sich mit dem Gefühl herumplagt, dass ihm alles zu viel ist und sich jede noch so kleine Aufgabe als Schwerstarbeit entpuppt, sollte dringend eine schöpferische Pause einlegen. Möglicherweise ist aber auch ein Arztbesuch angebracht – schließlich wollen Sie ja nicht, dass sich Ihre Erschöpfung zu einem echten Burnout-Syndrom entwickelt, oder?

Suchen Sie immer wieder neue Herausforderungen

Sie haben schon 23 Einfamilienhäuser mit Wintergarten und ausgebautem Dachgeschoss entworfen? Oder schon Heerscharen von Damen Feuchtigkeit spendende Masken aufgetragen und wieder abgeschrubbt? Möglicherweise haben Sie schon 44 Ehen geschieden und die jeweiligen Rosenkriege von Anfang bis Ende miterlebt?

Auch wenn Sie inzwischen Ihre Arbeit aus dem Effeff beherrschen – belassen Sie es nicht dabei! Setzen Sie sich das Ziel, sich im Rahmen Ihrer Möglichkeiten beziehungsweise der Branche weiterzuentwickeln und neue Herausforderungen zu suchen.

Prüfen Sie, ob es in Ihrer Branche neue Trends oder Entwicklungen gibt, die Sie spannend und interessant finden. So vermeiden Sie, ins Hamsterrad der immer gleichen Tätigkeiten zu geraten, die Sie früher oder später möglicherweise gähnend langweilig finden.

Warum sollten Sie als Anwalt nicht auch als Mediator Ihre Dienste anbieten? Und warum sollte ein Sporttrainer nicht auch ab und zu Vorträge über richtige Ernährung halten? Vorausgesetzt natürlich, Sie haben die passende Weiterbildung oder Zusatzausbildung dafür!

Neue Aufgaben, neue Herausforderungen bedeuten anfangs natürlich stets ein wenig mehr Arbeit, aber der Einsatz lohnt sich: Sie können nicht nur stolz darauf sein, dass Sie sich neue Kenntnisse und Fähigkeiten angeeignet haben und somit neue Dienstleistungen anbieten können. Idealerweise beschert Ihnen Ihr neues Betätigungsfeld auch zusätzliche Umsätze und Gewinne.

Bleiben Sie im Gespräch

»Was macht den eigentlich der Herr X?« »Haben Sie mal wieder Frau Y getroffen?« Nun, wenn sich potenzielle Auftraggeber, freiberufliche Kollegen oder ehemalige Partner so über Sie unterhalten, dann läuft etwas schief! Für selbstständige Freiberufler ist nichts gefährlicher, als im Nirwana zu verschwinden. Auch wenn Sie regelmäßig alle Hände voll zu tun haben: Sie müssen stets versuchen, sich sehen zu lassen und im Gespräch zu bleiben!

Verlassen Sie sich nicht darauf, dass ein Kunde, für den Sie vor einigen Monaten zu seiner vollsten Zufriedenheit ein Projekt abgewickelt haben, automatisch wieder an Sie denkt. Inzwischen hat er womöglich drei andere freiberufliche Ingenieure oder Grafiker kennengelernt und denkt für den anstehenden Auftrag zuerst an Ihre Konkurrenz statt an Sie!

Ob der Besuch einer Fachkonferenz, eine Verabredung zum Mittagessen oder eine kurze Stippvisite beim Kunden vor Ort: Lassen Sie sich regelmäßig blicken und bleiben Sie in Kontakt mit potenziellen Kunden beziehungsweise Ihren Auftraggebern. Wenn sich die Gelegenheit ergibt, können Sie natürlich auch der Presse für den einen oder anderen Artikel als Experte zur Verfügung stehen. Auch mit Moderationen oder einer selbst organisierten Diskussionsrunde oder Ähnlichem lässt sich oft Aufmerksamkeit erregen.

Ich bin dann mal da!

Ein freiberuflicher Unternehmensberater aus München besucht seit Jahren alle erdenklichen Unternehmer-Veranstaltungen, die in seiner Region stattfinden. Dort trifft er oft altbekannte Kunden, die ihn dann anderen Unternehmern vorstellen. Inzwischen zählt er einen Kundenstamm von rund zehn festen Auftraggebern. Allein vier davon hat er auf derartigen Veranstaltungen kennengelernt und – nach einigen weiteren, von ihm initiierten Treffen – als Klienten gewinnen können.

Behalten Sie alle wesentlichen Zahlen im Blick

Vielleicht gehören Sie zu der Spezies Freiberufler, die lange gezweifelt und gezögert hat, ob dieser Weg der richtige für sie ist. Möglicherweise saßen Sie nächtelang an Ihrem Schreibtisch und haben die Tasten Ihres Taschenrechners zum Glühen gebracht, um herauszufinden, wie viel Umsatz Sie monatlich machen müssen, um finanziell auf der sicheren Seite zu sein.

Wenn Sie den Sprung ins kalte Wasser gewagt haben und bereits als Freiberufler unterwegs sind, sollten Sie Ihre frühere Skepsis nicht vergessen. Ziehen Sie regelmäßig – zwei- bis dreimal im Jahr – die Finanzkennzahlen, die Sie für sich ermittelt haben, aus der Schublade und vergleichen Sie die Soll- mit Ihren Ist-Zahlen.

Je früher Sie erkennen, dass Sie zum Beispiel prognostizierte Umsätze nicht erreichen, desto leichter fällt es Ihnen, entsprechende Gegenmaßnahmen zu ergreifen. So ersparen Sie sich zum Jahresende böse finanzielle Überraschungen.

Unabhängig davon, wie detailliert Sie Ihre Kennzahlen zu Beginn Ihrer Selbstständigkeit aufgelistet haben: Gehen Sie nie davon aus, dass die Zahlenannahmen automatisch mit Ihrem tatsächlichen Umsatz und Gewinn identisch sind! Was theoretisch möglich ist, muss sich in der Praxis noch lange nicht als wahr erweisen.

Nehmen Sie rechtzeitig Partner ins Boot

Zugegeben: Wenn die Geschäfte von Freiberuflern hervorragend laufen, gehören die Kontrollen, ob alles nach Plan läuft und sie ihre Ziele erreichen, zwar zum Pflichtprogramm, aber niemand rechnet dann ernstlich mit Schwierigkeiten oder negativen Überraschungen. Allerdings lohnt es sich auch in diesem Fall, sich Zeit zu nehmen und die Gesamtsituation intensiv zu überdenken.

Ob als Arzt, Rechtsanwalt, Physiotherapeut oder Schiffslotse: Wer so viele Patienten, Mandanten oder Kunden anzieht, dass er die anfallende Arbeit kaum mehr allein stemmt, sollte überlegen, ob er sich nicht einen Partner sucht. Natürlich müssen Freiberufler zu diesem Zeitpunkt die Vor- und Nachteile, die dadurch für sie entstehen, Punkt für Punkt gegeneinander abwägen. Wer jedoch zu dem Schluss kommt, mit einem zweitem Mann oder einer zweiten Frau in der Praxis, der Kanzlei oder der Agentur würde vieles noch besser laufen, sollte nicht zu lange zögern, sich einen passenden Geschäftspartner zu suchen.

 Freiberufler, die zu lange versuchen, alles allein zu meistern, setzen sich allerlei Gefahren aus:

✔ Sie verlieren Kunden, weil sie Aufträge nicht mehr annehmen können.

✔ Sie beginnen, nachlässig oder gar schlampig zu arbeiten, weil sie unter enormen Zeitdruck stehen.

✔ Sie vernachlässigen ihre alltäglichen Verwaltungsarbeiten und verlieren auf Dauer den Überblick über die wesentlichen Zahlen und Fakten ihres Geschäfts.

Trauen Sie sich, in größeren Dimensionen zu denken und zu planen. Mit einem Partner kann Ihr kleines Unternehmen wachsen und andere, größere Aufgaben meistern. Es spricht doch nichts dagegen, sich vom Freiberufler zum veritablen Unternehmer zu wandeln, oder?

Zehn Fallen, vor denen Freiberufler sich hüten müssen

19

In diesem Kapitel

▷ Korrekturen verweigern

▷ Zahlen, Daten, Fakten missachten

▷ Weiterbildungsangebote ignorieren

Die Gründung Ihrer Praxis für Physiotherapie hat reibungslos geklappt? Fein! Ihren ersten Fall als freiberuflicher Anwalt vor Gericht haben Sie gewonnen? Bestens! Und erst gestern mussten Sie einem Unternehmen absagen, das händeringend nach einem Java-Experten gesucht hat, weil Sie auf Wochen ausgebucht sind? Vermutlich kann es nicht besser laufen!

Doch auch wenn Sie auf der Erfolgswelle gerade ganz oben schwimmen, sollten Sie sich für alle Eventualitäten wappnen. Hören Sie gut zu, wenn Ihnen freiberufliche Kollegen, ehemalige Unternehmer oder gute Freunde von Missgeschicken und Fehlern erzählen, die ihnen als Selbstständige passiert sind. Ein kleiner Patzer, ein fataler Zahlendreher, ja selbst eine ruppige Antwort kann manchmal schwerwiegende Folgen für Ihr Unternehmen haben. Oft ist gar nicht abzusehen, welche Kettenreaktion eine unglückliche, unüberlegte – oder gar nicht getroffene – Entscheidung auslöst. Das Ärgerliche daran: Im Nachhinein ist ein Schaden in der Regel weitaus schwieriger zu beheben. Vorbeugen ist besser als Bohren!

In diesem Kapitel erfahren Sie, in welche Fallen Freiberufler häufig tappen. Auf den nächsten Seiten geben wir Ihnen einige Tipps, damit Sie diese Stolpersteine souverän umgehen und nicht unnötig in Schwierigkeiten geraten.

Selbstzufriedenheit: Ausruhen, wenn die Auftragsbücher voll sind

Natürlich ist die Begeisterung groß, wenn Ihr Schreibtisch unter der Last der vielen Unterlagen für Ihre Aufträge ächzt und kracht. Wahrscheinlich hatten Sie – wie die meisten Freiberufler – vor Ihrer Gründung große Bedenken, ob Sie überhaupt genügend Aufträge an Land ziehen können, um zu überleben.

Doch auch wenn Ihre Praxis über Wochen ausgebucht ist oder Sie als Freier ein Projekt bearbeiten, dass Sie für einige Monate oder womöglich gar für ein Jahr beschäftigt, sollten Sie keinesfalls die Füße hochlegen und in den Tag hinein leben. Die Akquise neuer Kunden ist ebenso wichtig wie die intensive Pflege bisheriger Kontakte. Nur die wenigsten Kunden, Mandanten oder Patienten kommen von selbst, wenn Sie sie gerade brauchen. Sich nach den ersten Geschäftserfolgen darauf zu verlassen, dass es ab sofort so weitergeht, ist für jeden Freiberufler fatal.

Machen Sie sich einmal pro Monat Gedanken über Ihre Kundenstruktur beziehungsweise über potenzielle neue Auftraggeber. Dies gilt auch in Phasen, in denen Sie bis über beide Ohren in Arbeit stecken. Schließlich wollen Sie ja den nächsten Auftrag schon griffbereit haben, wenn Sie Ihre aktuellen Aufgaben abgearbeitet haben. Wer erst akquiriert, wenn er nichts mehr zu tun hat, sitzt schnell mal zwei, drei oder noch mehr Wochen ohne Verdienst da.

Überprüfen Sie Ihren Arbeitseinsatz und Ihr Zeitmanagement regelmäßig. Setzen Sie sich Ziele, bis wann Sie welche Aufträge oder Projekte fertigstellen wollen. Kalkulieren Sie ruhig ein oder zwei Tage Puffer ein, damit Sie die vorgegebenen Termine auf alle Fälle einhalten können. Mithilfe eines strikten Zeitmanagements kontrollieren Sie gleichzeitig, ob Sie effektiv und effizient arbeiten.

Abhängigkeit: Nur auf einen Kunden setzen

Freiberufler, die sich nur auf einen Kunden verlassen, gleichen Autofahrern, die wissen, dass sie mit ihrem Wagen über Hunderte von Kilometer auf steinigen Schotterpisten fahren müssen und kein Reserverad mitnehmen. Im Alltag passiert es trotz allem leider immer wieder, dass Freiberufler nur auf einen einzigen Kunden setzen – und am Ende bittere Verlierer sind.

Zum einen interpretiert der Fiskus das Verhältnis zwischen Auftraggeber und Freiberufler möglicherweise als *Scheinselbstständigkeit*, was überaus negative Folgen mit sich bringt. Wer sich detaillierter zum Thema Scheinselbstständigkeit informieren will, erfährt in Kapitel 7 mehr dazu. Zum anderen besteht die Gefahr, dass sich der Kunde von heute auf morgen anderweitig orientiert und einen anderen – vielleicht billigeren – Freiberufler verpflichtet oder gar in seinem Unternehmen eine neue Stelle für die bisherigen Aufgaben des Freiberuflers schafft.

Möglicherweise verschlechtert sich im Lauf der Zeit aber auch das Verhältnis zwischen Ihnen und Ihrem Auftraggeber oder das Aufgabengebiet verändert sich so sehr, dass Sie nicht mehr die passenden Qualifikationen mitbringen.

Achten Sie stets darauf, dass Sie mehrere Eisen im Feuer haben. Erledigen Sie ruhig mal die eine oder andere kleine Anfrage eines anderen Klienten, auch wenn Sie im Stress sind. Wägen Sie gut ab, ob Sie auf Anfrage noch zusätzliche Zeit für Ihren Hauptkunden investieren wollen, wenn Sie dadurch einen anderen Interessenten nicht mehr bedienen können. Je größer Ihr Kundenportfolio, desto geringer die Gefahr, eines Tages ohne Klienten da zu stehen.

Bequemlichkeit: Den ganzen Tag im Büro sitzen

Keine Frage, es gibt viel zu tun! Aufträge abarbeiten, Umsatzsteuervoranmeldung erledigen, mit Kunden telefonieren, Ablage machen, Fachmagazine lesen, Rechnungen schreiben und, und, und! Für viele Freiberufler ist es kein Problem, 24 Stunden am Tag hinter ihrem Schreibtisch zu sitzen, um alle vermeintlich notwendigen geschäftlichen Dinge zu erledigen.

Im Prinzip machen sie auch nichts falsch! Aber eben nur im Prinzip! Wer es sich auf seinem Bürostuhl zu gemütlich macht, verliert über kurz oder lang den Kontakt zu seinen Kunden, seinem Markt, seinen Konkurrenten – und bleibt auch selbst nicht im Gespräch.

Da solch ein Prozess sehr schleichend vonstatten geht, sollten Sie sich fest vornehmen, regelmäßig »vor die Tür« zu gehen, um Ihr Gespür für Entwicklungen, Trends, Stimmungen und Meinungen zu verbessern beziehungsweise auf dem neuesten Stand zu bleiben.

Gelegenheiten dazu bieten sich eigentlich immer an: Besuchen Sie

✔ Kunden

✔ Messen

✔ Konferenzen

✔ Branchenveranstaltungen

✔ Network-Events

✔ Zulieferer

✔ andere Freiberufler

✔ Konkurrenten

Ein weiterer Vorteil: Solche Unternehmungen verhindern auch, dass Sie früher oder später an Ihrem Schreibtisch einem Lagerkoller erliegen.

Überheblichkeit: Konkurrenz missachten

Eine gesunde Portion Selbstbewusstsein erleichtert Ihnen sicherlich Ihren Entschluss, sich selbstständig zu machen. Von dieser Stärke sollten Sie sich allerdings nicht dazu verleiten lassen, nur noch auf sich selbst zu achten. Märkte sind ständig in Bewegung und stellen Sie immer wieder vor neue Herausforderungen. Das wissen auch Ihre Konkurrenten und sie werden versuchen, sich bestens darauf einzustellen. Es wäre daher ein bitterer Fehler, die Konkurrenz zu ignorieren und nicht genau zu beobachten, wie sie agiert. Wie Sie mehr über Ihre Mitbewerber herausfinden, lesen Sie in Kapitel 8.

 In einer kleinen schwäbischen Stadt gab es zwei Physiotherapie- und Massagepraxen in einer Straße. Eine Zeitlang verteilte sich die Gunst der Patienten etwa gleich auf beide Einrichtungen. Nachdem jedoch einer der beiden freiberuflichen Physiotherapeuten den leeren Raum in seiner Praxis an eine selbstständige Kosmetikerin vermietet hatte, verlor der zweite Physiotherapeut einige seiner Patientinnen. Sie nutzten die räumliche Nähe der Kosmetikerin, um sich vor beziehungsweise nach ihrem Massagetermin noch mit einer Pediküre, Maniküre oder einer erfrischenden Gesichtsbehandlung verwöhnen zu lassen.

Passivität: Sich auf die bisherigen Qualifikationen verlassen

Arbeitsministerin Ursula von der Leyen predigt es. Bundeskanzlerin Angela Merkel erwähnt es regelmäßig. In den Tageszeitungen und Magazinen dieses Landes wird das Stichwort immer wieder aufgegriffen – _Lebenslanges Lernen_. Die Zeiten, in denen man eine Lehre oder ein Studium absolvierte und anschließend für das gesamte Berufsleben gerüstet war, gehören der Vergangenheit an.

Wer heute noch davon ausgeht, dass er als Redakteur nur Artikel schreibt, als Bauzeichner nur auf Pauspapier skizziert oder als Dirigent nur vor einem Orchester steht, manövriert sich ziemlich schnell in eine Sackgasse. Wer veraltete Dienstleistungen anbietet oder sich neuen Trends verschließt, verliert bei seinen Kunden rapide an Attraktivität und muss anderen Platz machen.

 Versuchen Sie im Lauf eines Geschäftsjahres mindestens drei- bis viermal mit anderen Freiberuflern, Kunden oder Branchenexperten über Entwicklungen, Einflüsse und die Konkurrenz in Ihrer Branche zu diskutieren. Laden Sie ruhig mal zu einem kleinen Workshop oder einer Diskussionsrunde ein. Falls Ihre Kunden oder befreundete Freiberufler nicht am gleichen Standort sitzen, greifen Sie zum Telefon – Hauptsache Sie halten sich auf dem Laufen und wissen, welches Fachwissen und welche neuen Kenntnisse Sie sich unbedingt aneignen müssen, um weiterhin ein attraktiver Geschäftspartner zu bleiben.

Ignoranz: Kundenwünsche nicht berücksichtigen

Am besten machen Sie den Test mit sich selbst: Überlegen Sie mal genau, warum Sie nicht mehr zu Ihrem früheren Lieblings-Italiener gehen oder Ihre Würstel nicht mehr beim Metzger um die Ecke holen. Möglicherweise schreibt der nette, temperamentvolle Mailänder die leckere Pizza mit Mozzarella und Tomaten nicht mehr auf die Speisekarte. Vielleicht bietet Ihnen der verschmähte Metzger zu wenig Auswahl an Wurst und Fleisch an. Also gehen Sie seither in ein anderes italienisches Restaurant beziehungsweise in eine andere Metzgerei, wo Sie das bekommen, was Sie wirklich wollen – schließlich sind Sie als Kunde ja niemandem zu ewiger Treue verpflichtet.

Die Moral von der Geschicht': Wer die Wünsche und Bedürfnisse seiner Kunden nicht ausreichend kennt, kann seine Klienten schnell an die Konkurrenz verlieren. Ob Service, Beratung oder Verkauf bestimmter Produkte – um befriedigende Umsatz- und Gewinnzahlen zu erzielen, sollten Sie die Wünsche Ihrer Auftraggeber keinesfalls ignorieren.

 Je enger Sie mit Ihren Kunden in Kontakt stehen, desto mehr erfahren Sie über ihre Erwartungen und Ansprüche. Anschließend liegt es an Ihnen, penibel zu prüfen, ob Ihr Angebot zu den Bedürfnissen der Kunden passt.

Wie Sie mehr über Ihre Kunden erfahren und wunschgerecht auf sie eingehen, können Sie in Kapitel 7 nachlesen.

Disziplinlosigkeit: Ohne festgelegtes Tagespensum arbeiten

Sie haben jahrelang davon geträumt, Ihr eigener Chef zu sein und sich Ihre Zeit selbst einteilen zu können? Und jetzt wollen Sie diese Freiheit auch ausnützen? Absolut verständlich! Dennoch sollten Sie nicht einfach ins Blaue hinein leben.

 Jeden Auftrag, den Sie als Freiberufler annehmen, müssen Sie irgendwann einmal abgeben – normalerweise zu einem festgelegten Termin. Wer sich an solche Fristen nicht hält und seine Arbeit mal einen Tag oder vielleicht sogar mal eine Woche oder einen Monat zu spät abliefert, erwirbt sich ein äußerst schlechtes Image und treibt seine Kunden der Konkurrenz direkt in die Arme. Und Sie wissen selbst: Ist der Ruf erst ruiniert, beginnt oft eine lange, lange Durststrecke, ehe unzuverlässige Freiberufler wieder eine Chance erhalten.

Um gar nicht erst in diese Falle zu tappen, sollten Sie sich täglich ein bestimmtes Arbeitspensum vornehmen. Motivieren Sie sich, indem Sie Ihre Aufgaben auflisten und sie abhaken, sobald sie erledigt sind. Um sich nicht unnötig unter Druck zu setzen, wäre es zudem vernünftig, wenn Sie stets einen zeitlichen Puffer vor den Abgabeterminen einbauen: Schließlich gibt es immer wieder Tage, an denen Sie unkreativ oder krank sind oder ein Kunde verzweifelt um Hilfe schreit und Sie sofort und auf der Stelle zu ihm eilen müssen.

Sorglosigkeit: Budgetcheck vernachlässigen

Können Sie sich noch an Ihre Anfänge als Skifahrer erinnern? Vermutlich sind Sie vorsichtig im Pflug die Pisten runtergerutscht und waren froh, wenn Sie es ohne Sturz nach unten geschafft hatten. Inzwischen schwingen Sie wahrscheinlich elegant im Carverstil die Berge hinunter und verstehen gar nicht, warum Ihnen Skifahren am Anfang so schwer gefallen ist.

Ähnliche Erfahrungen machen Sie als Freiberufler möglicherweise auch: Wahrscheinlich haben Sie in den ersten Monaten immer kritisch geprüft, ob Ausgaben, Umsatz und Gewinn passen. Nachdem Ihre Rechnung stets reibungslos aufgegangen ist, nehmen Sie es mit Ihrem Budget inzwischen nicht mehr so genau. Großzügig erfüllen Sie sich den Traum einer vollautomatischen, schicken Kaffeemaschine für Ihr Büro, tauschen Ihren einfachen Schreibtisch gegen ein stilvolles, repräsentatives Designermodell aus oder genehmigen sich einen teuren, neuen Laptop mit allem Schnickschnack.

 Nach dem Motto »*Augen zu und durch*« lassen sich die Finanzen eines Unternehmens auf Dauer nicht regeln. Kommt dann auch noch eine gewisse Risikobereitschaft dazu, stehen Sie schneller als gedacht vor einem finanziellen Scherbenhaufen.

Egal, welche Tätigkeit Sie ausüben und egal, wo Sie arbeiten: Gewisse Kosten laufen bei allen Freiberuflern auf. Dementsprechend sollten Sie es nicht versäumen, regelmäßig Ihr Budget beziehungsweise das Verhältnis zwischen Ihren Ausgaben, Ihren Umsätzen und Ihren Gewinnen zu prüfen. Hinweise, wie Sie realistisch planen, finden Sie in Kapitel 15.

Wägen Sie genau ab, welche finanziellen Risiken Sie eingehen wollen. Erstellen Sie einen Plan B, falls Ihre finanziellen Kalkulationen gar nicht oder nur teilweise zutreffen. Und behalten Sie stets den Überblick über Ihr Budget, um negative Überraschungen zu vermeiden.

Sturheit: An Ideen und Plänen krampfhaft festhalten

Theoretisch mag ja alles fantastisch klingen: die Geschäftsidee, die Kundenzahlen, der Zeitaufwand, die Umsatzerlöse. Sobald Sie aber vor Ihrem Computer sitzen und anfangen zu rechnen, stellen Sie immer wieder fest, dass Sie am Ende Ihrer Kalkulation einen Rotstift brauchen.

Die Gründe für die roten Zahlen können vielfältig sein: Mal taucht unerwartet ein Konkurrent auf, mal ändern sich die Bedürfnisse der Kunden, mal bietet der Markt keinen Platz mehr für einen weiteren Wettbewerber.

Ob kurz vor dem Schritt in die Selbstständigkeit oder einige Zeit danach – sobald Sie feststellen, dass Ihre Idee nicht funktioniert oder Ihr Plan nicht aufgeht, sollten Sie handeln. Riskieren Sie nicht Ihren Ruin, nur weil Sie nicht wahrhaben wollen, dass Sie sich vertan, die Konkurrenz unterschätzt oder den Bedarf potenzieller Kunden falsch eingeschätzt haben.

Stattdessen sollten Sie versuchen, eine gesunde Distanz zu Ihrem Projekt zu finden. Dann können Sie besser mögliche Schwächestellen an Ihrer Idee erkennen und leichter die passenden Lösungen finden, um diese auszumerzen. Vielleicht liegt es ja auch nur an Ihrem Marketing, Ihrer Akquise oder Ihren Preisen, dass Sie partout keine schwarzen Zahlen schreiben. Trauen Sie sich in solch einer Phase ruhig, um Rat zu fragen: Es gibt viele Ansprechpartner, die Ihnen unter Umständen schnell helfen können:

✔ Fachexperten

✔ Unternehmer

✔ Freunde

✔ Branchenkollegen

✔ Steuerberater

✔ Anwälte

Taubheit: Kritiker ignorieren

Unabhängig davon, ob Sie sich gerade erst für den Schritt in die Selbstständigkeit entschlossen haben oder schon seit einiger Zeit freiberuflich arbeiten – kritische Bemerkungen von

Freunden, ehemaligen Kollegen oder Branchenexperten hören Sie bestimmt nicht so gern. Vielleicht haben Sie monatelang über Ihrem Geschäftsmodell, Ihrem Kundenportfolio oder der Vermarktungsstrategie gebrütet und jetzt sollen Fehler oder Unstimmigkeiten darin stecken? Sie geben Ihr Bestes, aber das ist Ihren Kunden nicht gut genug? Entsprechend fällt bei vielen die Reaktionen auf Kritik aus: Sie wird ignoriert, als Unfug abgetan oder erst zu einem Zeitpunkt ernsthaft überdacht, an dem es möglicherweise schon zu spät ist.

 Wer nicht bereit ist, sich Kritik an seinem Geschäftsmodell, seinem Auftreten als Auftragnehmer oder seinem Umgang mit Kunden genau anzuhören und zu überdenken, riskiert eine Menge. Stures, uneinsichtiges Verhalten kann einen Freiberufler sehr schnell in den Ruin treiben, da er Anerkennung und Respekt, aber vor allem seine Kunden verliert.

Sie sollten also lernen, konstruktiv mit Kritik umzugehen: Hören Sie sich ruhig an, was Ihr Gegenüber Ihnen zu sagen hat. Überlegen Sie dann im Stillen, ob in der geäußerten Kritik ein Körnchen Wahrheit steckt oder Sie Ihrem Kritiker – wenn auch sicher zähneknirschend – absolut Recht geben müssen. Jetzt haben Sie eine gute Grundlage, entsprechend zu reagieren und die besagten Kritikpunkte zu verbessern oder aus der Welt zu schaffen. Und wenn Sie nach gründlichem Nachdenken zu dem Schluss kommen, dass die Kritik völlig unberechtigt ist: umso besser!

Die zehn wichtigsten Internet-adressen für Freiberufler

20

In diesem Kapitel

▶ Informative Internetseiten studieren

▶ Weiterführende Tipps verfolgen

L eichter als heutzutage geht es kaum, detaillierte Informationen über nahezu alle Lebens- und Berufsbereiche zu finden. Das Internet bietet Ihnen fast ausnahmslos alle wesentlichen Auskünfte, die Sie suchen. Egal, ob Sie Ihren Urlaub buchen, gut erhaltene Möbel verkaufen oder neueste Trends studieren – meist trennen Sie nur einige wenige Klicks von den gesuchten Informationen.

Auch als Freiberufler ist das Internet für Sie eine unerschöpfliche Fundgrube. Von der genauen Definition, wer sich denn überhaupt Freiberufler nennen darf, über Tipps für die Erstellung eines Businessplans, wichtige Daten und Fakten über die Branche, Veranstaltungen und Messen, bis hin zu den notwendigen Formularen für die Behörden finden Sie dort alles, was Sie für Ihren Start beziehungsweise Ihr Dasein als Freiberufler brauchen.

In diesem Kapitel haben wir für Sie zehn Internetportale zusammengestellt, die informative Inhalte und weiterführende Tipps beinhalten. Sie zeigen Ihnen verständlich bis ins kleinste Detail, worauf Sie als Freiberufler achten müssen.

www.freie-berufe.de

Wer mit dem Gedanken spielt, sein Glück als Freiberufler zu versuchen, ist auf der Homepage des Bundesverbandes der Freien Berufe bestens aufgehoben. Hier finden Sie leicht alle wesentlichen Fakten zu den verschiedenen Bereichen, die für Freiberufler relevant sind. Der Verband hat seine Seiten auch mit einer ausführlichen Liste bestückt, die einen großen Teil der Berufe aufzählt, die der Gesetzgeber beziehungsweise der Fiskus als Freie Berufe anerkennt. Ferner erfahren Sie alles Wissenswerte über

✔ den Start in die freiberufliche Selbstständigkeit

✔ die rechtlichen Grundlagen eines Freiberuflers

✔ charakteristische Berufsbilder von Freien

www.ifb-gruendung.de

Das Institut für Freie Berufe Nürnberg bietet den Besuchern seiner Internetseiten quasi einen Vollservice an: Unter www.ifb-gruendung.de erfahren Sie, was Sie vor Ihrem Start in die Selbstständigkeit alles beachten müssen. Detail für Detail erläutert das Portal, woran Sie denken und was Sie erledigen müssen. Die Seiten enthalten jede Menge Einzelheiten zu allen relevanten Gründungsinformationen für Freie Berufe sowie Fallbeispiele von erfolgreichen Freiberuflern. Gleichzeitig informiert das Portal Freiberufler, die noch mehr wissen möchten, über bestehende Angebote:

✔ Beratungstage

✔ Einzelberatungen

✔ Coaching für Freie Berufe (Vorgründungs- und Nachgründungsphase)

✔ Konzeptberatung und -abnahme

✔ Beraterdatenbanken

www.kfw.de

Die KfW-Bankengruppe, vor ein paar Jahren noch bekannt als Kreditanstalt für Wiederaufbau, schreibt unter anderem das Thema Finanzen und Kredite groß. Falls Sie also für Ihren Start in die Freiberuflichkeit Kapital benötigen, könnte die KfW-Bankengruppe die ideale Adresse für Sie sein. Sie macht auf ihren Seiten Angaben zu

✔ Kreditgrößen

✔ Kreditkonditionen

✔ Sicherheiten

✔ Finanzierungsvorraussetzungen

✔ Beispielen, denen die KfW bereits Kredite gewährt hat

Außerdem hält die KfW-Bankengruppe noch ausführliche Tipps für die Gewinnermittlung und die Steuerpflicht von Freiberuflern parat.

www.gruendungsstarter.de

Das Online-Angebot von www.gruendungsstarter.de richtet sich speziell an Existenzgründer und Jungunternehmer und ist damit natürlich als Informations- und Serviceportal auch ideal für Freiberufler geeignet. Hier können potenzielle Freiberufler schnell und unkompliziert Kontakte zu kompetenten Existenzgründungsberatern knüpfen.

Nach ihrer Anmeldung bekommen die Interessenten allerlei Fragen zu ihrem Gründungsvorhaben beziehungsweise ihrer Selbstständigkeit gestellt, die sie online beantworten. Anschließend können die Ratsuchenden ihre Angaben als Berateranfrage an maximal drei Berater gleichzeitig senden. Stimmt einer der kontaktierten Berater der Anfrage zu, setzt er sich mit dem jeweiligen Kandidaten in Verbindung.

In welcher Phase seines Vorhabens der angehende Freiberufler den Kontakt zu einem Berater sucht, ist völlig unerheblich. Ob noch während der ersten Überlegungen oder bereits kurz vor dem Schritt in die berufliche Freiheit – das Konzept des Portals hält für jeden interessierten Nutzer nützliche Tipps und Hinweise parat. www.gruendungsstarter.de hilft Freiberuflern

✔ schnell kompetente Berater zu finden

✔ unkompliziert Kontakt aufzunehmen

✔ Zeit durch interaktive Vorarbeit zu sparen

✔ professionelle, auf ihr Vorhaben zugeschnittene Beratungsergebnisse zu erhalten

✔ sich umfassende und topaktuelle Rechtsinformationen zu verschaffen

✔ sich ausführlich über hilfreiche, weiterführende Fachthemen wie Franchising zu informieren

✔ sich mit einer ersten To-Do-Liste den Schritt in die Selbstständigkeit zu erleichtern

www.foerderdatenbank.de

Normalerweise müssen Sie nicht allzu viel Geld investieren, wenn Sie eine freiberufliche Gründung planen – es sei denn, Sie eröffnen einen nagelneue Arzt- oder Massagepraxis oder eine gediegene Anwaltskanzlei. Aber auch Freiberufler, die für ihren Job nur einen Laptop und einen Schreibtisch benötigen, sollten bedenken, dass sie die Anlaufphase ihrer kleinen Agentur oder ihres Ein-Mann-Betriebs finanziell überstehen müssen. Der Aufbau von vertrauensvollen Kundenkontakten dauert in der Regel einige Zeit und in dieser Phase verdienen sie möglicherweise noch nicht genügend, um allen finanziellen Verpflichtungen nachzukommen.

Das Portal von www.foerderdatenbank.de verschafft Nutzern einen Überblick über

✔ alle Förderprogramme des Bundes, der Länder und der EU

✔ relevante Termine und Fristen rund um die Förderprogramme

✔ einzelne Finanzierungsbausteine inklusive ihrer Vor- und Nachteile

✔ eine detail- und erfolgreiche Finanzplanung für Gründungsvorhaben

✔ eine Vielzahl von Förderorganisationen

www.softwarepaket.de

Das Softwarepaket für Gründer und junge Unternehmer ist ein kostenloses Programm des Bundesministeriums für Wirtschaft und Technologie. Die Software hilft angehenden Selbstständigen und Unternehmern, ihre Gründung vorzubereiten. Zugleich bietet es die Möglichkeit, mit seiner Hilfe den geschäftlichen Alltag zu meistern.

In der Rubrik *Gründung vorbereiten* erfahren Nutzer Wissenswertes über

✔ die richtige Rechtsform

✔ alle wichtigen Branchenzahlen

✔ die richtige Preiskalkulation

✔ die ideale Standortwahl

✔ alle wesentlichen Formalitäten

✔ die optimale Finanzierung

Die Rubrik *Businessplan erstellen* zeigt den Lesern, wie sie

✔ das Geschäftskonzept darstellen

✔ die Zahlungen planen

✔ die Gewinne berechnen

✔ den Kapitalbedarf ermitteln

✔ den Kapitalbedarf finanzieren

✔ die Branche beschreiben

✔ die Kennzahlen dokumentieren

✔ die Kennzahlen vergleichen

✔ alle relevanten Tabellen und Übersichten erstellen

In der Rubrik *Unternehmen führen* finden Nutzer umfangreiche Funktionen zur Unternehmensführung. Dazu zählen die Bereiche

✔ Kasse (Einzahlungen, Auszahlungen)

✔ Geschäftsjournal (Einnahmen, Ausgaben, Statusreport)

✔ EÜ-Rechnung

✔ Rating (Ratingcheck, Ratinganalyst)

✔ Finanzierung

✔ Zeiterfassung

✔ Zukunftscheck

✔ Strategieplaner

✔ Geschäftsvorfälle anzeigen

www.ihk.de

Unabhängig davon, wo Sie sich als Freiberufler selbstständig machen wollen – zwischen Nordsee und Zugspitze hält der Deutsche Industrie- und Handelskammertag überall einen Ansprechpartner für Sie parat. Unter www.ihk.de finden Sie die Adressen von mehr als 80 IHK-Niederlassungen, die Sie ausführlich über das Thema freiberufliche Gründung beraten. Wer sich im Vorfeld bereits gründlich auf das Gespräch mit einem IHK-Experten vorbereiten will, erhält alle nötigen Informationen und Daten auf den zahlreichen IHK-Internetseiten:

✔ Anmeldeformulare für Gründer-Aktionen der IHK

✔ Hintergrundwissen für Gründungen

✔ Weiterführende Links

www.foerderland.de

Sie sitzen schon seit einiger Zeit hinter Ihrem Schreibtisch im Büro und erledigen die ersten Aufträge? Super! Nebenbei klingelt dauernd das Telefon, weil weitere Kunden Sie engagieren wollen? Perfekt! Es scheint zu laufen. Vergessen Sie aber bitte vor lauter Arbeit Ihr Finanzamt nicht, das sich schon diebisch auf Ihre erste Steuerzahlung freut.

Die Seiten des Portals www.foerderland.de helfen Ihnen dabei, an alle wesentlichen Daten und Fakten zu denken. Ausführlich und genau erläutern Sie Ihnen all die Steuerformalitäten, die Sie berücksichtigen müssen:

✔ Anmeldung der freiberuflichen Tätigkeit

✔ Umsatzsteuervoranmeldung

✔ Steuervorauszahlung

✔ Jahressteuererklärung

Falls Sie nicht zu viel Zeit in Ihre Steuererklärungen investieren wollen, finden Sie auf den Seiten von www.foederland.de ein kleines Kästchen, das Sie bei der Suche nach einem Steuerberater in Ihrer Nähe unterstützt.

www.xing.de

Möglicherweise haben Sie schon einige Kundenkontakte und Ihr eigenes, kleines Unternehmen ist schon ganz schön angelaufen. Dennoch sollten Sie nicht vergessen, sich ein großes Netzwerk zu schaffen. Denn mit Sicherheit hilft es Ihnen, sich gelegentlich mit anderen Unternehmern oder Freiberuflern über ihre Erfahrungen, Erfolge oder Missgeschicke auszutauschen. Vielleicht kann Ihnen ja auch der eine oder andere wertvolle Tipps geben oder einen wichtigen Kontakt vermitteln.

Auf www.xing.de tummeln sich viele Selbstständige, aber auch potenzielle Kunden, die Ihnen möglicherweise weiterhelfen oder attraktive Aufträge anbieten können. Neben dem Adressbuch bietet www.xing.de noch zusätzliche Kontaktmöglichkeiten an, durch die Sie Gleichgesinnte, Kunden oder vielleicht auch Partner finden können:

✔ Gruppen mit bestimmten thematischen Schwerpunkten

✔ Gruppen mit einem bestimmten regionalen Einzugsgebiet

✔ öffentliche Events unter verschiedensten Mottos

www.123recht.net

Endlich sein eigener Chef! Vor lauter Euphorie über die Gründung denken Freiberufler wahrscheinlich nur selten über juristische Fragen nach. Im Arbeitsalltag jedoch tauchen bei den Meisten immer wieder Rechtsfragen auf, über die sie sich informieren müssen. Manchmal sind es nur Kleinigkeiten, manchmal aber auch massive Probleme mit möglicherweise schwerwiegenden Folgen. Die Seiten von www.123recht.net bieten ihren Besuchern unter anderem ausführliche Informationen über:

✔ Computerrecht

✔ Arbeitsrecht

✔ Internetrecht

✔ Haftungsfragen

Damit es gar nicht erst zu juristischen Streitigkeiten kommt, stellt das Portal noch weiteres Material zur Verfügung:

✔ Musterverträge

✔ Musterbriefe

✔ Pflichtversicherungen

✔ Kosten

Wem all diese Informationen nicht weiterhelfen, der kann auf www.123recht.net nach einem passenden Anwalt suchen, der ihm seine juristischen Fragen detailliert und umfassend beantwortet.

Stichwortverzeichnis

Symbole

3 F's 106, 183
30-Sekunden-Regel 162

A

Abgrenzungsmerkmale
    der Freiberuflichkeit 52
Abhängigkeit 268
Abmahnung 154
Abschlagszahlungen 196
Abschreibung 229
Absicherung 80
Akquise 90
Aktiva 210
Alleinstellungsmerkmal 111, 123
Altersvorsorge 244
    betriebliche 59
Anlagevermögen 211
Anrufbeantworter 174
Arbeitgeberpflichten 200
Arbeitnehmer 64
    fest angestellter 118
    sozialversicherungspflichtig 101
Arbeitsamt 152
Arbeitslosenversicherung 113
Arbeitsorganisation 115
Arbeitsplatz
    Ausstattung 173
Arbeitsqualität 257
Arbeitsrecht 280
Arbeitsvertrag 55
Arbeitszimmer 170
    absetzen 227
Architektenkammer 153
Ärztekammer 153
Aufwand 141
Ausgaben 139
    private 213
    überflüssige 221
Ausgabenkontrolle 185
Aushilfen 198

Auslastungsgrad 101
Auswertung
    betriebswirtschaftliche 215

B

Bank 80
Bedarf
    Ermittlung 96
Beispielmahnung 219
Beitragsbemessungsgrenze 240
Beitragshöchstgrenze 241
Belohnungen 89
Bequemlichkeit 268
Berufe
    freie Kulturberufe 46
    heilkundliche 46
    kammerfähige freie 57
    technische und naturwissenschaftliche 47
Berufsgenossenschaft 250
    Pflichtmitgliedschaft 251
Berufskammer 57
Berufsordnung der Landesärztekammer 159
Berufsunfähigkeit 59, 242
Berufsverbände 179
Beschaffungsmanagement 196
Betriebsausgaben 226, 230
Betriebseinnahmen 230
Betriebshaftpflichtversicherung 59
Betriebsnummer 152, 200
Betriebsrente 101
Betriebsvergleichszahlen 138
Bewirtungsausgaben 228
Bilanz 210
    Beispiel 211
Boheme
    digitale 75, 86
Branche
    Analyse 134
    Entwicklung 95
    Veränderungen 95
Briefpapier 157

Buchhaltung 165
 regelmäßige 230
Budget
 Check 271
Budgetermittlung 208
Bundesagentur für Arbeit 97
Bundesrechtsanwaltsordnung 160
Büro
 Miete 171
 Untermiete 171
Business Angels 183
Business-Lunch 178
Businessplan 35, 129, 138, 206
 Kontrolle 144
 Korrekturen 144
Businessplan light 143
BWA 215

C

Cashflow
 Rechnung 212
Charakterzüge
 erforderliche 76
Chef
 Anforderungen 188
Co-Working-Zentren 173

D

Delegieren 164
Dienstleister
 externe 41
Dienstvertrag 55
Dienstwagen 227
Diplomand 66
Dispokredit 80
Disziplin 76, 77
Disziplinlosigkeit 271
Dumpingpreise 124

E

Eigenkapital 183, 211
Eigenverantwortlichkeit 76
Einkommensteuer 225
 Vorauszahlung 231

Einnahmen 100, 139
Einnahmen-Überschuss-Rechnung 209, 229
Einsparpotenzial 222
Einsparungen 221
Eintragungsausschuss 58
Einzelunternehmer 149
E-Lancer 56
Elster 234
Empfehler 109
Empfehlungen 109
Engpass
 finanzieller 221
Entscheidungsfaktoren 30
Erfolgskontrolle 207
Erlös 141
Erreichbarkeit 174
Ertrag 141
Erwerbsminderungsrente 243
Existenzgründung 70
Existenzgründungsberatung 276

F

Facebook 125
Fahrtenbuch 227
Family, Friends and Fools 81
Festnetzanschluss 174
Finanzamt 151
Finanzierung 79, 181
Firmenbroschüre 158
Firmenname 149
Flyer 158
Förderprogramme 277
Forderungen 217
Forderungsmanagement 217
Freelancer 50, 56
Freie Berufe 45
 Bundesverband 275
 Institut 276

G

Gebühr 123
Gebührenordnung
 Ärzte 98
Geburtstagsgrüße 177
Gehalt

jährlich 100
Gelassenheit 90
Genossenschaft 198
Geringfügigkeitsgrenze 248
Geschäftsführer 150
Geschäftsidee 63, 72, 93
Geschäftsmodell 68, 70, 132
    importieren 70
Gesellschaft bürgerlichen Rechts (GbR) 198
Gesellschaft mit beschränkter Haftung
    (GmbH) 149
Gesundheitsprüfung 240
Gewerbeamt 150
Gewerbeschein 151
Gewerbetreibender 50
Gewinn 141, 271
Gewinnermittlung 276
Gewinnplan 141
    Beispiel 141
Gewinnschätzung 152
Gewinn-und-Verlust-Rechnung 206

H

Haftungsfragen 280
Handelsgesellschaft
    offene 51
Handelsregister 150
Headhunter 188
Heilmittelwerbegesetz 159
Herausforderungen 264
Home Office 169
Honorar 44, 71, 93, 123
    Ermittlung 100
    marktüblich 96
Honorarordnung
    Architekten und Ingenieure 98

I

Ignoranz 270
Industrie- und Handelskammer 94, 97, 152
Innungen 179
Integration 112
Internet 42
Internetadressen
    wichtige 275

Internetauftritt 153
Internetseiten
    nützliche 156
Ist-Zustand 95

J

Jobbörsen 97, 188

K

Kalkulation 138
Kammerberuf 45
Kammerberufe 57
Kapital 276
    Bedarf 278
Kapitalgesellschaft 150
Kapitallebensversicherung 245
Karriere 63
    Entwicklung 67
Katalogberuf 48
Katalogberufen ähnliche Berufe 48
Kleinstunternehmer 229, 231
Kleinunternehmer 209
Kommunikation 79
Kommunikationsfähigkeit 76
Kommunikationsmanagement 196
Konkurrenz 68, 117, 134, 269
    definieren 34
Konkurrenzkampf 122
Kontrolle 87
Kontrollinstrumente 185, 215
Kooperationsvertrag 197
Kosten
    fixe 139
    kalkulatorische 139
    potenzielle 205
    variable 139
Kostenmanagement 195
Kraftfahrtversicherung 59
Krankenkasse
    gesetzlich 239
Krankentagegeld 240
Krankentagegeldversicherung 240
Krankenversicherung 113
    privat 59, 241
Kredit

Kriterien 184
Kreditvertrag 81
Kritik 272
Kunde 68
  Akquise 267
  Gewohnheiten 94
  Struktur 94
Kunden
  alte 107
  Analyse 104
  Definition 103
  Erwartungen 104
  gute 110
  Kontakt 264
  schlechte 104
  Wünsche 105, 270
Kundenbindung 110
Kundenkontakt 260
Kundenportfolio 258
Künstlersozialkasse (KSK) 248
Künstlersozialversicherungsgesetz (KSVG)
  248

L

Landesapothekerkammern 159
Lernen
  lebenslang 270
Liquiditätsplan 142, 206
Liquiditätsplanung 142, 206
Lohnfortzahlung 240
Lohnnebenkosten 65

M

Mahnbescheid 219
Markt 68, 93
  Beobachtung 261
  definieren 133
  Kenner 95
  Potenzial 95
  Veränderungen 96
  Volumen 94
Marktanalyse 93
Marktforschung
  primäre 32
  sekundäre 32

Materialkosten 205
Mehrverdienst 84
Mindestumsatz 139
Misserfolge 76
Mitarbeiter 185
  freier 50, 65, 119
  Führung 189
  Motivation 190
  Regeln 189
  Suche 187
Mittel
  flüssige 208
Mund-zu-Mund-Propaganda 107, 111
Musteringenieurkammergesetz 160

N

Namenswahl 147
Negieren 164
Netzwerk 73, 108, 124, 279
  gesellschaftlich 179
  lokal 109
  sozial 109, 155, 179
  virtuelle 175
Nischen 69

O

Online-Auftritt 125
Outsourcing 165

P

Partner 265
Partnergesellschaft 51
Partnerschaften 196
Partnerschaftsgesellschaft 150, 198
Partnerschaftsgesellschaftsgesetz 45
Partnerschaftsregister 51
Passiva 210
Passivität 270
Pauschalist 53, 119
Pausen
  schöpferische 263
Personalmanagement 196
Pfändung 221
Pflegeversicherung 113

Plan
  Änderungen 272
Planung 87
Porträtfoto 155
Präsenz 264
Preise 123
Preiskampf 124
Preisstrategie 136
Progressionstabelle 225
Projektmanagement 191, 195
  Phasen 196
  Programme 192
  Zeitplanung 193
Puffer
  finanzieller 223
  zeitliche 164, 192

Q

Qualitätsmanagement 195

R

Recherche 93
Rechnung
  Bestandteile 232
Rechnungsformular 158
Rechnungslegung
  kaufmännische 213
Rechtsanwaltskammer 153
Rechtsanwaltsvergütungsgesetz 98
Rechtsform 278
Rechtspersönlichkeit 150
Rechtsschutzversicherung 59
Referenzen 123
Reichensteuer 226
Reinvermögen 210
Rentabilität 100
Rentenlücke 246
Rentenversicherung 113
  private 245
Rentenversicherungspflicht 113
Reserven 90
Risiken
  absichern 37
Risikobereitschaft 76
Risikobewusstsein 79

Risikolebensversicherung 247
Risikomanagement 196

S

Scheinselbstständigkeit 113, 268
Sekundärmarktforschung 94
Sekundärquellen 93
Selbstdisziplin 170
Selbstzufriedenheit 267
Skonto 218
SMART-Formel 88
Smartphone 175
Solidaritätszuschlag 226
Soll-Ist-Vergleich 206, 207
Sorglosigkeit 271
Sozialversicherung 100
Springer
  freiberuflicher 70
Stammkapital 150
Standesorganisationen 153
Standort 169
Standortwahl 136
Startkapital 183
Statistisches Bundesamt 94
Stellenanzeigen 188
Steuerberater 237
Steuerberaterkammer 153
Steuererklärung 229, 279
  elektronische 234
  Tabellenkalkulation 235
Steuerformular 230
Steuern 205
Steuernummer 151, 233
Steuerpflicht 151
Steuerprogramm 235
  Beispiel 236
Steuersatz
  persönlicher 225
Strategie 122
Streitigkeiten
  juristisch 280
Stundensatz 101

T

Tabellenkalkulation 193

Tagesplanung 162
Talent 69
Tätigkeit
    weisungsgebunden 114
Teamarbeit 194
Terminmanagement 195

U

Überheblichkeit 269
Umlaufvermögen 211
Umsatz 139, 141, 271
    Chancen 96
Umsatzchancen 139
Umsatzsteuer 231
    Voranmeldung 234, 279
Umsatzsteuer-ID 233
Umsatzsteuer-Identifikationsnummer 151
Unabhängigkeit
    beruflich 66
Unfallversicherung
    private 59
Unique Selling Proposition 33, 111, 135
Unsicherheit 89
Unternehmensbeteiligung 183
Urlaubsplanung 167
Urlaubsvertretung 168
USP 135
USt-ID 151

V

Venture Capital 183
Verbindlichkeiten 211
Verbrauchssteuer 232
Vermögenswirksame Leistungen 101
Versicherungen 205
    Pflichtversicherungen 280
Versorgungswerk 59, 250, 252
Verständnis
    wirtschaftliches 76
Visitenkarten 157
Vorsteuer
    Abzug 233

W

Webdesigner 154

Website
    eigene 153
Weihnachtskarte 177
Weiterbildung
    Angebote 267
Werbefreiheit 60
Werbeverbot 59, 159
    berufsständische 60
Werbung 59, 124
Werkvertrag 55
Wettbewerber 93
    potenzieller 117
    reale 117
    Strategien 120
Wettbewerbsverbot 107
Wirtschaftsgüter
    geringwertige 229
Wirtschaftsprüferkammer 153
Wochenplanung 163
    ABC-Analyse 163
Work-Life-Balance 166

X

Xing 125

Z

Zahlen
    betriebswirtschaftliche 138
    Kontrolle 265
Zeit
    Management 161, 268
Zeiteinteilung
    freie 85
Zeitfresser 162, 164, 176
Zeitmanagementsysteme
    elektronische 162
Ziele 83, 86, 130
    Kontrolle 262
Zielgruppe 103
Zielvereinbarung 87
Zinsen 206
Zusammenarbeit
    formalisiert 109
    informell 109
Zusatzversicherungen
    private 242

FÜR DUMMIES®

KUNDEN FINDEN UND BINDEN

Beratung und Consulting für Dummies
ISBN 978-3-527-70516-0

Call Center für Dummies
ISBN 978-3-527-70339-5

Dialogmarketing für Dummies
ISBN 978-3-527-70327-2

Erfolgreich Verhandeln für Dummies
ISBN 978-3-527-70410-1

Erfolgreich Verkaufen für Dummies
ISBN 978-3-527-70435-4

Fundraising, Sponsoring und Spenden
für Dummies
ISBN 978-3-527-70391-3

Guerilla Marketing für Dummies
ISBN 978-3-527-70549-8

Kundenservice für Dummies
ISBN 978-3-527-70305-0

Marketing für Dummies
ISBN 978-3-527-70640-2

Modernes Verkaufen für Dummies
ISBN 978-3-527-70448-4

PR für Dummies
ISBN 978-3-527-70296-1

Pressearbeit für Dummies
ISBN 978-3-527-70503-0